中華文化復興運動推行委員會(國家文化總會)
國立編譯館中華叢書編審委員會 主編

史記今註

（三）

馬持盈 註

臺灣商務印書館

目次

【第三冊】

卷二十三　禮書第一

自本篇禮書以下，繼有樂書、律書、曆書、天官書、封禪書、河渠書、平準書，共為八書，專門研究天道運行的法則，及遵循天道法則而推行之國家大政，如政治、軍事、經濟、水利諸事。此為司馬遷編著《史記》體制之一大類別，以專門問題為中心，而非以人物為中心。

太史公曰：洋洋美德乎㈠！宰制萬物㈡，役使羣眾㈢，豈人力也哉㈣？余至大行禮官㈤，觀三代損益㈥，乃知緣人情而制禮㈦，依人性而作儀㈧，其所由來尚矣㈨。

【註】㈠此句是描寫「禮」的表現及其功能之美，引用《中庸》之言：「大哉聖人之道，洋洋乎發育萬物，峻極於天；優優大哉，禮儀三百，威儀三千。」㈡主宰萬物而制約之。㈢指導羣眾而役使之。㈣豈是靠著人們的強制力量呢？（這就是說，人類社會的維持，不能靠強力的壓迫，而必須禮樂的感化。）㈤大行：官名，主持禮儀，漢景帝時改稱「大鴻臚」。㈥看到了三代盛時對於禮制的減刪或增加。㈦纔知道順應人情而制定禮節。㈧依從人性而創作儀範（生活規範）。㈨它的由來是很古遠的事情了。尚：古遠也。（可見禮樂道德都不外於「人情」、「人性」，所以中國文化的傳統，自始就強調人情人性，而反對「唯力」主義，「唯物」主義，但與狂放無度之自由主義，亦大異

其趣，因為古聖主張無論何事均須有其節度。）

人道經緯萬端㈠，規矩無所不貫，誘進以仁義㈡，束縛以刑罰㈢，故德厚者位尊，祿重者寵榮，所以總一海內而整齊萬民也㈣。人體安駕乘㈤，為之金輿錯衡以繁其飾㈥；目好五色，為之黼黻文章以表其能㈦；耳樂鐘磬，為之調諧八音以蕩其心㈧；口甘五味，為之庶羞酸鹹以致其美㈨；情好珍善，為之琢磨圭璧以通其意。故大路越席(一〇)，皮弁布裳(一一)，朱弦洞越(一二)，大羹玄酒(一三)，所以防其淫侈，救其彫敝(一四)。是以君臣朝廷尊卑貴賤之序，下及黎庶車輿衣服宮室飲食嫁娶喪祭之分，事有宜適，物有節文(一五)。仲尼曰：「禘自既灌而往者，吾不欲觀之矣(一六)。」

【註】㈠人生的道理，縱橫複雜，包絡萬端。（直線為經，橫線為緯。）㈡以仁義為本，循循善誘而教導之。㈢遇有作惡不改者，不得已乃以刑罰束縛之。㈣這就是統一海內而整齊萬民生活行為的原理。㈤從「人體安駕乘」至「救其凋敝」這一段話，是指人君的生活行為而言。㈥金輿：以銅器為裝飾之車輛。金：銅器也。錯衡：在車輛橫扼之上，刻鏤華紋以為飾。㈦黼黻文章以表其能：在禮服上，繡些華麗的文彩，以表現其美觀的功能。黼黻：古帝王禮服上所繡的各種形狀的文彩。黼，

音甫。黻，音弗（ㄈㄨˊ）。㈧蕩：寬慰。㈨庶羞：各種有滋味的食物。致：供給。㈩大路：即大輅，大車。越席：以蒲草編成之席。⑪皮弁：以鹿皮所製成之冠，古帝王視朝時服之。⑫朱弦：練朱絲弦也。洞越：瑟下無底也。⑬大羹：太古之羹，不調以鹽菜及五味。大與太同。玄酒：黑色之水也，太古無酒，即以此黑色之水當酒用。⑭彫敝：即凋敝，墮落而衰敝。所以用先人們這些原始的生活器用，就是為的防止後人們的奢侈與墮落。⑮每一事都有它適當的安排，每一物都有它節文的表示。⑯禘祫（ㄉㄧˋ　ㄒㄧㄚˊ）之禮，所以序昭穆也，故毀廟之主及羣廟之主，皆合祭於太祖。灌者，酌酒獻於太祖，以降神也。既灌之後，列尊卑，序昭穆。而魯逆祀，躋僖公，亂昭穆，故不欲觀之。（躋與隮同，登也，上升也。）

周衰，禮廢樂壞，大小相踰㈠，管仲之家，兼備三歸㈡。循法守正者見侮於世，奢溢僭差者謂之顯榮。自子夏，門人之高弟也㈢，猶云「出見紛華盛麗而說，入聞夫子之道而樂，二者心戰，未能自決㈣」，而況中庸以下，漸漬於失教，被服於成俗乎㈤？孔子曰「必也正名㈥」，於衞所居不合。仲尼沒後，受業之徒沈湮而不舉㈦，或適齊、楚，或入河海㈧，豈不痛哉！

【註】㈠指政治地位之高低大小而言。相踰：不守禮法，踰越身分地位之規定，而以權力與財富，

破壞禮法之規矩。㈡像管仲不過是天子之陪臣，而居然兼備了「三歸」的享受。三歸：娶三姓女也。婦人謂嫁曰「歸」。㈢就子夏來說，他是孔子門徒中最優秀的高足弟子。《論語》論四科，曾言文學方面以子游、子夏為魁首。㈣他還這樣的說：「出了夫子之門，看見花花世界的美麗奇豔而心悅神馳；入了夫子之門，聽聞夫子講授的至德要道，而其樂陶陶，這兩種喜好在我的心中，矛盾戰鬥，而我不能自己決定，到底應該何去何從。」㈤以子夏這樣優秀的人，尚且如此，而況中等以下的人，為錯誤的教化所污染，（漸漬：污染也。失教：錯誤的教化。）為腐敗的習俗所征服。（被服：征服也。成俗：腐敗的習俗。）怎麼樣能不同流合污呢？㈥一定要確正其名分。㈦沉落埋沒而不被舉用。㈧《論語》云：「太師摯適齊；亞飯干適楚；……鼓方叔入於河；播鼗武入於漢；少師陽、擊磬襄入於海。」此即指魯哀公時，禮樂崩壞，賢人皆去也。

至秦有天下，悉內六國禮儀㈠，采擇其善，雖不合聖制㈡，其尊君抑臣，朝廷濟濟，依古以來㈢。至于高祖，光有四海，叔孫通頗有所增益減損㈣，大抵皆襲秦故㈤。自天子稱號下至佐僚及宮室官名，少所變故。孝文即位，有司議欲定儀禮，孝文好道家之學，以為繁禮飾貌，無益於治，躬化謂何耳㈥，故罷去之。孝景時，御史大夫鼂錯明於世務刑名，數干諫孝景曰：「諸侯藩輔，臣子一例，古今之制也。今大國專治異政，不禀京師，恐不可傳後。」孝景用其計，而六國畔逆，以錯首名㈦，天子誅錯以解難㈧。事在袁盎語中㈨。是後官者養交安祿而已，莫敢復議㈩。

【註】㈠內：納也，採納也。㈡指出秦法不合於聖人之制度。㈢下面似缺失一句。㈣叔孫通：漢時薛地人，為博士，說高祖定朝儀，採古禮與秦儀雜用之，使羣臣演習，禮畢，高祖大喜曰：「吾今而後，乃知天子之貴也。」㈤大抵：大略，大多數。㈥孝文帝喜觀道家的學術，以為繁冗的禮節，表面的裝飾，怎能算是躬行節儉，以身作則呢？㈦此處「畔」通「叛」。孝景帝時，鼂錯為御史大夫（副丞相），務於刑名之學，數次求諫，說孝景帝削奪藩王之權，於是六國（吳、楚、趙、菑川、濟南、膠西）起兵叛亂，以鼂錯為罪魁禍首。㈧孝景帝殺了鼂錯以解脫患難。㈨殺鼂錯是袁盎（尤）陷害的秘計。㈩居官者只知結交人緣，彼此好感，尸位素餐，養尊處優，再不敢有所主張了。

今上即位㈠，招致儒術之士，令共定儀，十餘年不就。或言古者太平，萬民和喜，瑞應辨至㈡，乃采風俗，定制作。上聞之，制詔御史曰：「蓋受命而王，各有所由興，殊路而同歸，謂因民而作，追俗為制也㊂。議者咸稱太古，百姓何望㊃？漢亦一家之事，典法不傳，謂子孫何㊄？化隆者閎博，治淺者編狹㊅，可不勉與！」乃以太初之元改正朔，易服色，封太山，定宗廟百官之儀，以為典常，垂之於後云。

【註】㊀今上：指漢武帝而言。㊁辨至：即遍至，普遍而至也。㊂因應民心而作法，追循風俗而立制。㊃議者都稱讚太古之美，但是時代已經不同了，如果不能制定適合時代之典法，何以滿足今日百姓之望？㊄漢代也是一家之事，就應當制定漢家獨立的典法，如果典法不傳，何以對得起後代的子孫？㊅教化隆盛者就風度閎博，治道短淺者就器量編狹。（言外之意，諷示儒士們不可頑固不化，拘泥於太古之舊。漢武帝厭惡儒生之心理於此可見矣。）

禮由人起。人生有欲，欲而不得則不能無忿，忿而無度量則爭㊀，爭則亂。先王惡其亂，故制禮義以養人之欲，給人之求，使欲不窮於物，物不屈於欲，二者相待而長，是禮之所起也㊁。故禮者養也。稻粱五味，所以養口也；椒蘭芬茝㊂，所以養鼻也；鐘鼓管弦，所以養耳也；刻鏤文章，所以養目也；疏房牀第几席㈣，所以養體也。故禮者養也㈤。

【註】下面的議論都是從《荀子》禮論篇引錄而來的。㈠《荀子》的原文是：「人生而有欲，欲而不得，則不能無求；求而無度量分界，則不能不爭。」此文寫為：「欲而不得則不能無忿，忿而無度量則爭。」似不如《荀子》原文之合理易解。因為「欲而不得則求」，求之不得則爭，「欲」與「爭」之間，還有一段可能協調的緩衝。如果依此文之言，「欲而不得則忿」，就成為「欲」與「爭」之間的直接衝突，根本無「度量分界」之制衡作用了。在荀子的術語中，「忿」與「爭」是一件事情，他曾說過，「禮者，所以防忿爭，一統序也。」可見「忿」與「求」是大不相同的。所以應以荀子之言為妥。㈡使欲望不為有限之物質所窮，物質不為無限之欲望所屈，兩者相待而長，相協調而進行，這就是「禮」的發生的原因、「禮」的制衡作用的功能亦在於此。㈢茝：音采，香草也。㈣疏房：疏，通也。疏房：通明之房也。又釋疏為窗也。第：音滓，牀簀也。簀，席也。㈤禮就是養人之欲，給人之求，使人得其身心健康也。

君子既得其養，又好其辨也㈠。所謂辨者，貴賤有等，長少有差，貧富輕重皆有稱也。故天子大路越席，所以養體也；側載臭茝㈡，所以養鼻也；前有錯衡，所以養目也；和鸞之聲㈢，步中武象，騶中韶濩，所以養耳也㊃；龍旂九斿，所以養信也㊄；寢兕持虎，鮫韅彌龍，所以養威也㊅。故大路之馬，必信至教順，然后乘之，所以養安也㊆。孰知夫（士）出死要節之所以養生也㊇，孰知夫輕費用之所以養財也㊈，孰知夫恭敬辭讓之所以養安也㊉，孰知夫禮義文理之所以養情也⑪。

【註】㊀辨：分別也，分別其貴賤貧富長幼之差也。㊁側：特也。臭：香也。茝：音（ㄔㄞˇ），香草也。言天子行動，特得以香草自隨也。其餘則否。又以側為邊旁，載者，置也，言天子之旁常置有香草也。㊂和，鸞，皆鈴也，所以為行動之節也。韓詩內傳曰：「鸞在衡，和在軾前，升車則馬動，馬動則鸞鳴，鸞鳴則和應。」㊃武，武王樂也。象：武舞也。韶：舜樂也。濩：湯樂也。《史記正義》謂：「步猶緩，緩車則和鸞之音中於武象，騶車則中於韶，濩也。」㊄天子之旗，上繪以龍，謂之龍旗。斿：音游，旂之直幅附於旗竿者謂之縿，其旁綴橫幅附於縿而飛揚者，謂之斿。九斿，即九幅飛揚之斿也。信：此旗一出，即代表天子，使萬民見而信之，此即所以養信也。㊅天子乘輿的裝飾，於車輪之上，畫以武士寢兕持虎之狀。兕，音似，狀如牛，以兕牛皮為席，而武士寢臥於其上，即謂之寢兕。「持虎」者，謂以虎皮為弓衣而武士執持之者也。又解謂「持」字是「特」字之誤，寢兕特虎，謂畫輪為飾。劉昭注〈輿服志〉引《古今注》武帝天漢四年令諸侯王朱輪特虎居前。

「特虎」者，每輪畫一虎也。鮫韅：韅，音顯，馬之腰帶也，以革為之，其上畫為蛟形，即謂之蛟韅。彌龍：以金飾橫枙為龍也。以上諸飾物，如龍，虎，兕，皆表示威武，故云「所以養威也」。㈦信至教順：信字當為倍字，《荀子》原文即為「倍至教順」，言其對於馬要加倍的訓練，使之聽從，否則容易驚動，對於天子，便不安全了。所以馬要加倍的訓練，使其不驚不跳，所以養天子之安全也。㈧誰能夠真正知道決心犧牲（出死），誓立名節（要節），正是垂名千古，生命永在的道理呢？㈨誰能夠真正知道減少消耗（輕費用），正是儲蓄財源的道理呢？㈩誰能夠真正知道恭敬辭讓，正是保證安全的道理呢？（恭敬辭讓：恭敬就是不驕傲，不怠慢；辭讓就是不爭權，不奪利。一個人如果驕傲怠慢，爭權奪利，必樹敵招怨，遭遇多方攻擊，那便不安全了。）㈡誰能夠真正知道禮義文理，正是修養性情的道理呢？（禮義：就是明禮義，知廉恥，處彼我之間，要先人而後己；處利害之際，要重義而輕利。文：就是無論對人作事，都要有法則，有條理，文明而不粗野。理：就是重理性，講道理，心平氣和，一切以真理為依歸。這樣，纔能保持心理平衡，精神健康，所以說「禮義文禮之所以養情」。）

人苟生之為見，若者必死㈠；苟利之為見，若者必害㈡；怠惰之為安，若者必危㈢；情勝之為安，若者必滅㈣。故聖人一之於禮義，則兩得之矣；一之於情性，則兩失之矣㈤。故儒者將使人兩得之者也，墨者將使人兩失之者也。是儒墨之分㈥。

【註】㈠一個人，如果只看見一個「生」字，那麼，他就必定走上「死路」。為什麼？因為他只看見了一個「生」，於是乎千方百計以求「生」，凡可以得「生」者，都要不問是非不擇手段而去幹，結果，作姦犯科，身敗名裂，那不就是「死」路嗎？所以一個人只知苟且偷生者，並不一定能得「生」。㈡一個人，如果只看見一個「利」字，那麼，他就必然要大受其「害」。為什麼？因為他只看見了一個「利」字，於是乎處心積慮以求「利」，凡可以得「利」者，那怕是出賣朋友出賣國家民族，他都要去幹，結果，社會不齒其為人，國家懲之以重法，那不就是大受其「害」嗎？㈢一個人，如果以四體不勤，懶怠不動為安全，那麼，結果必致於危險。為什麼？因為他失掉了生命力了。就一個人而論，懶惰不動的人，沒有運動，沒有活動，身心各部門的機能，都要消退，豈不是「日薄西山」很危險的事嗎？就一個國家而論，懶於興革，怠於防備，粉飾太平，自我陶醉，國防不修，內政失理，如措身於積薪之上，火未及燃，因謂之安，而其實，焚身之患，已在不遠。那不是很危險的嗎？㈣一個人，如果只知道以「情」勝為安，那麼，其結果必至於滅亡。為什麼？因為他只知道以「情」勝，而不知道禮義文理，於是乎只知有己，不知有人，只見一「利」，不見一「義」，只好野蠻，不重「文明」，只講暴力，不重真理，吃喝嫖賭，無所不為，賣友賣國，無惡不作，身心的健康與平衡，完全失去，那麼，其結果還不是迅即毀滅嗎？㈤處於這種生死利害安危存亡的關頭，只是

一念之差，便決定成敗得失。所以聖人要一切聽從於禮義，就兩得之矣；如果一切聽從於情性，就兩失之矣。㊅儒者使人兩得，墨者使人兩失，這就是儒墨的分別。（其實，這話是冤枉。墨者最主張「義」，主張犧牲，為他人而出死，主張「兼愛」。所謂「其道太苦」，就是說墨者的犧牲精神，為仁義而死的精神，一般人難以做到。他們的人格是絕對高尚，值得令人敬佩，有什麼「兩失之矣」。）

治辨之極也㊀，彊固之本也㊁，威行之道也㊂，功名之總也㊃。王公由之，所以一天下，臣諸侯也㊄；弗由之，所以捐社稷也㊅。故堅革利兵不足以為勝㊆，高城深池不足以為固㊇，嚴令繁刑不足以為威㊈。由其道則行，不由其道則廢。楚人鮫革犀兕，所以為甲，堅如金石；宛之鉅鐵，施鑽如蠭蠆，輕利剽遬，卒如熛風。然而兵殆於垂涉，唐昧死焉；莊蹻起，楚分而為四參。是豈無堅革利兵哉？其所以統之者非其道故也㊉。汝潁以為險，江漢以為池，阻之以鄧林，緣之以方城。然而秦師至鄢郢，舉若振槁。是豈無固塞險阻哉？其所以統之者非其道故也⑪。紂剖比干，囚箕子，為炮格，刑殺無辜，時臣下懍然，莫必其命。然而周師至，而令不行乎下，不能用其民。是豈令不嚴，刑不峻哉？其所以統之者非其道故也㊂。

【註】㊀本段上句似缺少「禮者」兩字。所以應當是「禮者，治辨之極也，強固之本也……。」治辨：治國家，辨名分。極：最高原則。禮是治國家辨名分的最高原則。㊁彊固之本：彊，強也。強盛堅固的根本辦法。㊂推行威令的正確路線（道）。㊃立功成名的事業總匯。㊄王公由禮義而行，所以能統一天下，臣服諸侯。㊅不由禮義而行，所以喪棄了國家（社稷）。㊆所以堅革利兵不足以算是勝利。㊇高城深池不足以算是堅固。㊈嚴令繁刑不足以算是威風。㊉鮫：音交，鯊魚。犀：音西，體大如牛，皮極堅厚。兕：音似（ㄙˋ）如野牛，皮堅厚，可製甲。宛：河南南陽縣。鉅鐵：剛硬的鐵。施鑽：所發揮的穿刺的力量。又解為矛刃矢鏃等武器。蠆：音冊（ㄔㄞˋ），蠍類。剽：音票（ㄆㄧㄠˋ），輕捷。遬：同「速」。熛：音標（ㄅㄧㄠ），疾也。垂涉：一作垂沙，楚地名。唐昧：楚大將名。莊蹻：楚莊王之後。參：同「三」字。（楚人以鮫革犀兕製成甲冑，其堅如金石；再加以南陽的剛鐵所製成的矛刃矢鏃等武器，其毒如蜂蠆，其輕利快速，疾如飄風，然而兵敗於垂沙，其大將唐昧死焉。及至莊蹻繼起，楚國遂破裂而為三，四，這難道是他沒有堅甲利兵嗎？然而其所以失敗者，乃是由於他的領導路線（統）不是正道（禮義）的原故。㊁汝：水名，源出河南魯山縣西之伏牛山。潁：水名，源出河南嵩縣東南三十五里之陽乾山。江：岷江。漢：水名，由漢中東南入江。鄧林：湖北襄陽縣南鳳林山，謂之「鄧林」。方城：在湖北竹山縣東南四十一里，其山頂上平，

四面險峻，山南有城，長十餘里，名為方城。鄢：湖北宜城縣境。郢：楚都，湖北江陵縣。振：同「震」，震蕩也。槁：枯木。（楚人以汝河潁河為險阸，以江水漢水為池壕，以鄧林為阻塞，以方城為圍牆，然而秦兵到了鄢郢，取其首都如搖撼落葉之容易；這難道是他沒有固塞險阻的地勢嗎？乃是由於他的領導路線不是正道的原故。㊂商紂王剖殺比干，囚拘箕子，為炮烙之刑，虐殺無罪之人，於是（時，是也）臣下人人恐怖（懍然），沒有一個能自己保證其生命的。然而周家的軍隊一到，他的命令不能行於下面，人民不為其所用。這豈是他的法令不嚴刑罰不峻（苛暴）嗎？乃是由於他的領導路線不是正道的原故。

古者之兵，戈矛弓矢而已，然而敵國不待試而詘㊀。城郭不集，溝池不掘，固塞不樹，機變不張，然而國晏然不畏外而固者，無他故焉，明道而均分之，時使而誠愛之，則下應之如景嚮㊁。有不由命者，然後俟之以刑，則民知辠矣㊂。故刑一人而天下服。辠人不尤其上，知辠之在己也㊃。是故刑罰省而威行如流，無他故焉，由其道故也㊄。故由其道則行，不由其道則廢。古者帝堯之治天下也，蓋殺一人刑二人而天下治。傳曰「威厲而不試，刑措而不用㊅」。

【註】㈠古代聖王的武器，也不過是戈矛弓矢而已，然而敵國不待作戰（試）而屈服（詘，屈也）。㈡城郭也不高築（集），溝池也不深掘，固塞也不建造（樹），機變（發射武器之機械）也不張設，然而國家平安無事（晏然），不畏外寇而堅固者，沒有別的原因，只是明白的教導（道，即導）人民，而均分其生活資料（均富於民），以農閒之時使用民力（使民以時），而以真心至誠愛護人民，所以人民順從政府的命令，如影之隨形，如響之斯應。㈢其中偶然有不聽從命令者，然後才待之（俟之）以刑罰，那麼，人民就知道他所犯的罪刑了（辜，罪也。音姑）。㈣所以一人受刑而天下之人都為之心服。受刑的人，絕不怨恨上面，因為知道罪過是在於自己本身。㈤所以刑罰省減，而威令之推行如流水之易。這沒有別的原因，完全是由於領導路線正確之故。㈥經傳上說：「威令雖嚴而不試驗，刑罰雖有而不使用。」（措，置之一旁而不動用也。）

天地者，生之本也；先祖者，類之本也㈠，君師者，治之本也。無天地惡生㈡？無先祖惡出？無君師惡治？三者偏亡㈢，則無安人。故禮，上事天，下事地，尊先祖而隆君師㈣，是禮之三本也㈤。

【註】㈠類：種類。㈡惡：音烏，怎樣。㈢偏亡：並非全亡，只要亡一樣，就不能平安。另一種解釋，把「偏」字讀作「遍」字，即是全部的亡。兩種解釋比較起來，以第一種解釋為妥當。因為三

者不能亡任何一種，沒有天地，根本無生物可言，沒有祖先，根本無人類可言，沒有君師，根本變成了無文化無政府狀態。所以三者不能亡其一，不待三者全亡，即已天下大亂無安生之人矣。㊃隆：高高的尊敬。㊄這是禮的三大本原。

故王者天太祖㊀，諸侯不敢懷㊁，大夫士有常宗㊂，所以辨貴賤。貴賤治，得之本也㊃。郊疇乎天子㊄，社至乎諸侯㊅，函及士大夫㊆，所以辨尊者事尊，卑者事卑，宜鉅者鉅，宜小者小。故有天下者事七世，有一國者事五世，有五乘之地者事三世㊇，有三乘之地者事二世㊈，有特牲而食者不得立宗廟㊉，所以辨積厚者流澤廣，積薄者流澤狹也㊁。

【註】㊀王者以其太祖配天，如周家文武之功起於后稷，故推崇后稷以配天焉。㊁諸侯不敢懷有以太祖配天而食之野心，禮云：「諸侯不敢祖天子」，即此意也。㊂《禮記》曰：「別子為祖，繼別為宗，百世不遷者，謂別子之後也。」㊃得：即德字，得之本，即道德之本也。㊄疇：止也，郊疇乎天子，即《大戴禮》所謂「郊止乎天子也」，非天子不得郊祭天地鬼神也。㊅言天子以下至諸侯得立社。㊆函：包括也，謂諸侯以下至士大夫得祭社，即《禮記》所謂「大夫成羣立社，曰置社」亦曰里社也。㊇古者十里為成。成出革車一乘。五乘之地，謂大夫有采地者，得立三廟也。㊈祭法

所謂適士，立二廟也。㈩《禮記》曰：「庶人祭於寢」。㈡積：與「績」同，功業也。天子七廟，諸侯五廟，大夫三廟，士二廟，故謂「德厚者流廣，德薄者流卑，是以貴始，德之本也。」

大饗上玄尊，俎上腥魚，先大羹，貴食飲之本也㈠。大饗上玄尊而用薄酒，食先黍稷而飯稻粱㈡，祭嚌先大羹而飽庶羞㈢，貴本而親用也㈣。貴本之謂文，親用之謂理㈤，兩者合而成文，以歸太一，是謂大隆。故尊之上玄尊也，俎之上腥魚也，豆之先大羹，一也㈥。利爵弗啐也㈦，成事俎弗嘗也㈧，三侑之弗食也㈨，大昏之未廢齊也㈩，大廟之未內尸也，始絕之未小斂，一也⑪。大路之素幬也⑫，郊之麻絻⑬，喪服之先散麻，一也⑭。三年哭之不反也⑮，清廟之歌⑯一倡而三歎⑰，縣一鐘尚拊膈⑱，朱弦而通越，一也⑲。

【註】㈠大饗，祫祭先王，以生魚為俎實，不臑熟之也。上：尚也。玄酒，明水也。大羹：肉汁，無鹽梅之味者也。本：先祖原始之飲食。《禮記》曰：「郊血，大饗腥也。」㈡饗，與享同，四時享廟也。用，酌獻也。以玄酒為尚，而獻以酒醴，先陳黍稷而後飯以稻粱也。㈢祭，月祭也。嚌，音計（ㄐㄧˋ）嚐也。至齒也。謂尸舉大羹，但至齒而已。㈣貴本親用：貴本是尊崇先祖的原始飲食，

表示時時不敢忘本。親用是現在活著的人飲食生活。如生魚，明水，黍稷，皆先祖原始的飲食生活。熟魚，酒、稻粱，美味，乃現在活著的人之飲食生活。㊄貴本是禮制的表演，親用是生活的實用。㊅尊之上玄尊，俎之上生魚，豆之先大羹，三者如一，皆是本，故云一也。㊆儀禮祭祀畢，祝西面告成，是為剩爵。祭初未行無算爵，故不啐入口也。啐，音碎，入口嘗之也。㊇成事卒哭之祭，故記曰：「卒哭曰成事」。既是卒哭之祭，始從吉祭，故受胙爵而不嘗俎也。㊈禮，祭必立侑（佐也）以勸尸食，至三飯而後止，每飯有侑一人，故有三侑。既是勸尸，故不相食也。⑩廢齊：謂昏禮父親醮子而迎之前，故〈曲禮〉云「齋戒以告鬼神」，是昏禮有齊也。（齊，齋也。）⑪此五者，皆禮之初始，質而未備，亦是貴本之義，故云一也。⑫《禮記》曰：「乘素車，貴其質也。」鄭玄云：「素車，殷輅也。」幬，音稠，謂車蓋以素帷，亦質也。⑬《周禮》曰：「王祀昊天上帝，服大裘而冕。」《論語》曰：「麻冕，禮也。」孔安國曰：「冕，緇布冠，古者績麻三十升布以為之。」絻，音免，亦作「冕」。⑭《儀禮・士喪禮》曰：「始死，主人散帶，垂之三尺。」《禮記》曰：「大功以上散帶也。」大路以下，三事相似如一，故云一也。散麻取其質無文飾，亦貴本也。⑮《禮記》曰：「斬衰之哭，若往而不反。」⑯清廟之歌，謂王以樂歌清廟之篇也。⑰一人倡，發歎句，三人從歎，言和之者寡也。⑱懸一鐘尚拊膈。膈者，懸鐘之虡架也。不擊其鐘而拊其格，不取其聲，亦質也。膈，音格（ㄍㄜˊ），支架也。拊，擊也。⑲大瑟而練朱其弦，又通其下孔，使聲濁且遲，上質而貴本，不取其聲文。自三年以下四事，皆不取其聲也。

凡禮始乎脫㊀，成乎文㊁，終乎稅㊂。故至備，情文俱盡㊃；其次，情文代勝㊄；其下，復情以歸太一㊅。天地以合，日月以明，四時以序，星辰以行，江河以流，萬物以昌，好惡以節，喜怒以當。以為下則順，以為上則明㊆。

【註】㊀脫，粗疏概略也，言禮之初始，多半是粗疏不完備。㊁繼而就完成了許多周密的條文。㊂最後就達到了使人喜悅的目的（稅，音悅，喜樂也）。㊃所以最完備的是情與文兩者都能盡善盡美。㊄其次，是情勝於文或者是文勝於情。㊅其下焉者是歸還於太一時代之質樸無文。㊆當禮的作用發展到最美滿的程度之時，能使天地以合，日月以明，四時以序，星辰以行，江河以流，萬物以昌，好惡以節，喜怒以當，以為下則順，以為上則明。這樣看來，整個的宇宙萬物都為禮所美化了。

太史公曰：至矣哉㊀！立隆以為極㊁，而天下莫之能益損也。本末相順，終始相應㊂，至文有以辨㊃，至察有以說㊄。天下從之者治，不從者亂；從之者安，不從者危。小人不能則也㊅。

【註】㊀至矣哉：言禮的價值，真是美好到極點了。㊁立隆以為極：建立起最高的準則。㊂有了禮，天下就沒有衝突，沒有不協調的，於是本與末都互相通順，終與始都互相呼應。㊃條理非常之

周詳，而可以分辨尊卑貴賤。㊄觀察非常之明白，而可以悅服人心。說，同悅。㊅小人不能則：小人不能取法於此。這裡所謂之「小人」，不是指一般無知無識的愚夫愚婦，而是指在政治上有地位但沒有品德的人而言的。因為禮義是要人以羣為重，以利為輕，以犧牲自我而成全他人為立身行己之原則，這種人是君子。與君子相反的，就是爭權奪利，重財輕義的人，這種人是標準的「小人」。

禮是貌誠深矣㊀，堅白同異之察，入焉而弱㊁。其貌誠大矣，擅作典制褊陋之說，入焉而望㊂。其貌誠高矣，暴慢恣睢，輕俗以為高之屬，入焉而隊㊃。故繩誠陳，則不可欺以曲直㊄；衡誠縣，則不可欺以輕重㊅；規矩誠錯，則不可欺以方員㊆；君子審禮，則不可欺以詐偽㊇。故繩者，直之至也；衡者，平之至也；規矩者，方員之至也；禮者，人道之極也㊈。然而不法禮者不足禮，謂之無方之民；法禮足禮，謂之有方之士㊉。禮之中，能思索，謂之能慮；能慮勿易，謂之能固。能慮能固，加好之焉，聖矣㊁。天者，高之極也；地者，下之極也；日月者，明之極也；無窮者，廣大之極也；聖人者，道之極也㊂。

【註】㊀禮之貌，在《荀子》上是「禮之理」，應以《荀子》「禮之理」為佳，因為孔子講禮以心

為重不以貌為重也。㈡連同上句意思是說禮的道理實在是深遠啊，堅白同異的理論可以算是很明察的了，但是，一入於禮的透視，它便沉溺下去了。（堅白同異：戰國時，有公孫龍者，善為堅白同異之辯。他著有「堅白論」，行於世，一時學者為此問題，意見互起，爭論甚異。公孫龍能合眾異而為同，故謂之「同異」。弱：即溺也。）㈢禮的道理實在是廣大啊！一些擅自編造典章制度的褊狹淺陋之學說，一入於禮的評價，便自慚形穢了。（望：慚愧，羞怍。）㈣禮的道理實在是高明啊！一些暴慢恣睢，輕視俗務，自鳴清高的人，一入於禮的裁判，便墜落下去了。（暴戾恣睢：野蠻悖理，逞性發怒。隊：即墜也。）㈤所以只要把繩墨陳列出來，就沒有人能夠欺騙以曲直；㈥只要把權衡（稱子）懸掛起來，就沒有人能夠欺騙以輕重；㈦只要把規矩（規圓；矩方）設置（錯：即措，置也）起來，就沒有人能夠欺騙以方圓；㈧君子以禮為評判（審，判也）的標準，就沒有人能夠欺騙以詐偽。㈨所以繩墨是直線的最高中準，權衡是平量的最高中準，規矩是方圓的最高中準，禮是人生行為的最高中準。㈩有些人不照著禮去行（不法禮），或者行之而不夠，這些人就叫作沒有人生正確方向的人（無方之民）；有些人照著禮去行，而且行的很充分，這些人就叫做有了人生正確方向的人（有方之士）。㈡在禮的範圍之中，能夠運用思考，研索其精義，這叫作能夠思慮；能夠思慮了，又能躬行實踐永遠不變（勿易），這叫做能夠固定其所守；能夠思慮其精義了，能夠固定其所守了，再加之以能夠滿心的喜好，那便是聖人了。㈢天者，是高到極點了，地者，是低到極點了，日月者，是光明到極點了，無窮（太空）者，是廣大到極點了，聖人者，是人生行為到極點了。

以財物為用㈠，以貴賤為文㈡，以多少為異㈢，以隆殺為要㈣。文貌繁，情欲省，禮之隆也㈤；文貌省，情欲繁，禮之殺也㈥；文貌情欲相為內外表裏，並行而雜，禮之中流也㈦。君子上致其隆，下盡其殺，而中處其中。步驟馳騁廣騖不外，是以君子之性守宮庭也㈧。人域是域，士君子也㈨。外是，民也㈩。於是中焉⑪，房皇周浹⑫，曲（直）得其次序，聖人也⑬。故厚者，禮之積也；大者，禮之廣也；高者，禮之隆也；明者，禮之盡也⑭。

【註】㈠如貢獻、贈餽，問慰等事，都要多少有些財物以表現心意，所以說「禮者以財物為用」。㈡如車服旗章各種不同的文采裝飾，都是代表貴賤尊卑的身分，所以說「以貴賤為文」。㈢上下有別，用物的多少亦不同，所以說「以多少為異」。㈣隆：豐盛。殺：減少。該豐盛則豐盛，該減少則減少，所以說「以隆殺為要」。㈤文理（司馬遷為「文貌」，不如《荀子》原文之「文理」，故採用「文理」二字）繁重，情用儉省，是禮之所當隆重的。㈥文理儉省，情用繁重，是禮之所當減少的。㈦文理情用，相為內外表裏，並行而雜，有時文理勝於情用，有時情用勝於文理，是禮之中流，言其清濁相混也。㈧君子對於禮之當隆者，則上致其隆；對於禮之當減者，則下盡其減，對於禮之宜中者則處之以中，無論是步驟，馳騁，或者是疾騖，都不外於禮，禮就是君子的宮庭，無論處

於任何狀況之下，君子都能守之而不離。㊈以人生行為的規範為規範（人域是域），這是君子一類的典型。㊉外是，即外此，此指禮而言。民也：一般無知的人民。外是，民也：言離開了禮，就是一般無知的人民。㊁於是中焉：即於此中焉，於禮之中。㊂房皇：即旁皇，即徘徊也。周浹：周帀也。亦可解釋為圓通和順無往而不自得之意。㊃曲得其次序：委曲宛轉，通權達變，以達成禮的次序。總結以上的話，知禮，守禮，勉強而行之，這是君子。一般人民，常常是不知禮，因而常常離開了禮。只有聖人是安而行之，從容中道，動容周旋，都是自自然然合於禮。㊄故聖人之所以能成其厚者，以其積禮之久也；聖人之所以能成其大者，以其行禮之廣也；聖人之所以能成其高者，以其崇禮之隆也；聖人之所以能成其明者，以其於禮無所不知無所不行也。

卷二十四　樂書第二

樂書者，即《禮記》中之樂記也。《禮記》之中，除〈大學〉、〈中庸〉及〈禮運篇〉外，以〈樂記〉一篇為足以代表中國正統思想。讀此一篇，即足以充分瞭解中國正統思想一開始就堅決反對「唯物」思想與「唯利」思想，請讀者注意及之。

太史公曰：余每讀虞書，至於君臣相敕(一)，維是幾安(二)，而股肱不良，萬事墮壞(三)，未嘗不流涕也。成王作頌，推己懲艾，悲彼家難(四)，可不謂戰戰恐懼，善守善終哉？君子不為約則修德，滿則弃禮(五)，佚能思初，安能惟始(六)，沐浴膏澤而歌詠勤苦(七)，非大德誰能如斯！傳曰「治定功成，禮樂乃興」。海內人道益深(八)，其德益至，所樂者益異。滿而不損則溢，盈而不持則傾。凡作樂者，所以節樂(九)。君子以謙退為禮，以損減為樂，樂其如此也(一〇)。以為州異國殊，情習不同，故博采風俗，協比聲律(一一)，以補短移化，助流政教(一二)。天子躬於明堂臨觀(一三)，而萬民咸蕩滌邪穢，斟酌飽滿，以飾厥性(一四)。故云雅頌之音理而民正(一五)，嘄噭之聲興而士奮⑯，鄭衞之曲動而心淫⑰。及其調和諧合，鳥獸盡感⑱，而況懷五常，含好惡，自然之勢也？

【註】㈠敕：音翅（ㄔˋ），警惕勉勵。㈡總是想著如何能從危難（幾）之中得到安定（古之聖君，安不忘危，居安思危）。㈢「股肱惰哉，萬事墮哉。」㈣成王因管蔡之亂，作小毖之詩，自己責備自己不能防患未然，內有「未堪家多難，予又集於蓼（苦難）」之句，即司馬遷所謂「推己懲艾（憂傷而自責），悲彼家難」之來由。㈤君子不因為窮困（約）而（則）始修德，不因為富足（滿）而（則）或棄禮。這就是說，君子不論生活環境之窮困或富足，永遠是修德守禮的。㈥佚樂的時候能想著起初的苦難：安定的時候能想著開始的危險。這就是所謂「居安思危」，「安不忘危」。㈦沐浴於幸福生活的膏澤之中，而歌詠不忘當年窮困生活之勤苦。（不像那些暴發戶，一頓飽飯忘記了三年餓。）㈧人道益深：即仁道益深，愛護人民之道益深。㈨凡作樂（音讀約）者，所以節樂（音讀落）：作音樂的原意，就是為的要節制人的快樂，使人們不至於樂極忘返。㈩君子以謙退為禮，以損減為樂（約），樂（落）其如此也。⑪廣泛的搜集各地之民風俗謠，再配合排列（協比）以清濁高下之聲律，這就成為樂歌。⑫音樂的功用，可以移風易俗，幫助政令教化之推行。⑬明堂：據《大戴禮》所謂：「明堂九室，三十六戶，七十二牖，以茅蓋屋，上圓下方，外環以水，曰辟雍，即古之太學也。」⑭萬民接受了音樂的陶冶之後，都洗刷了內心的汙穢，吸取了飽滿的生力，以整飾

他們的性靈。㊄雅、頌：《詩經》篇名，雅有大雅、小雅之別，大雅之詩，恭敬莊嚴，以發先王之德；小雅之詩，歡欣和悅，以盡羣下之情。兩者，皆正樂也。頌有周頌、魯頌。所以說，「雅頌之音樂一奏，而民心自正。」㊅嘄：音囂，眾聲喧嘩也。噭：音叫，高急呼號之聲。對敵作戰時，士兵們齊聲喊殺之聲。所以說：「緊急喊呼的聲音一興，而士氣自然奮發。」㊆鄭衞之詩歌，大多是男女幽會情奔之愛情描寫，孔子說：「鄭聲淫」，因此「鄭衞之歌曲一動而人心發淫」。㊇堯舜之時，命夔主持音樂，八音和諧，鳳凰來鳴，百獸來舞。可見音樂力量之大。

治道虧缺而鄭音興起，封君世辟，名顯鄰州，爭以相高㊀。自仲尼不能與齊優遂容於魯㊁，雖退正樂以誘世，作五章以刺時㊂，猶莫之化。陵遲以至六國㊃，流沔沈佚㊄，遂往不返，卒於喪身滅宗，并國於秦。

【註】㊀政治敗壞而鄭音盛行，封國之君，世襲之主（世辟），聲名顯著之人，也都爭著高捧鄭音。㊁齊人贈送女子樂隊於魯君，季桓子受之，孔子因此斷定魯國的政治沒有希望，所以退而整理樂歌，推崇雅頌，貶低鄭衞之音。但是挽救不了。㊂孔子譏諷季桓子之接受齊女樂，故作歌引詩曰：「彼婦人之口，可以出走；彼婦人之謁，可以死敗。優哉游哉，聊以卒歲。」此即五章之刺也。㊃陵遲：逐漸走向下坡。㊄沔：音免，水滿而流溢也。佚：音亦（ㄧˋ），游蕩無節也。

秦二世尤以為娛㊀。丞相李斯進諫曰：「放弃詩書㊁，極意聲色㊂，祖伊所以懼也㊃；輕積細過，恣心長夜㊄，紂所以亡也。」趙高曰：「五帝、三王樂各殊名，示不相襲。上自朝廷，下至人民，得以接歡喜，合殷勤，非此和說不通㊅，解澤不流㊆，亦各一世之化，度時之樂㊇，何必華山之騄耳而后行遠乎㊈？」二世然之。

【註】㊀尤以音樂為娛樂。㊁放弃：即放棄。㊂儘量的醉心於聲色。㊃祖伊，商紂時之賢臣，曾諫紂王，紂王不聽。㊄放縱其心，作長夜之飲。㊅和說：即和悅。㊆解澤不流：即德澤不流。㊇超度時代的音樂。㊈騄耳：良馬名，一日千里，周穆王八駿之一。亦作「騄駬」。

高祖過沛詩三侯之章㊀，令小兒歌之。高祖崩，令沛得以四時歌儛宗廟。孝惠、孝文、孝景無所增更，於樂府習常肄舊而已㊁。

【註】㊀高祖過沛詩三侯之章，即大風歌，其辭曰：「大風起兮雲飛揚，威加海內兮歸故鄉，安得猛士兮守四方。」侯，語辭也，兮，亦語辭也，沛詩有三「兮」，故云「三侯」也。㊁肄，音異，習也。

至今上即位，作十九章㈠，令侍中李延年次序其聲，拜為協律都尉。通一經之士不能獨知其辭，皆集會五經家，相與共講習讀之，乃能通知其意，多爾雅之文㈡。

【註】㈠〈禮樂志〉安世居中樂有十九章。㈡通一經之士：只通達一種經書之士，不能夠瞭解其辭之意義，所以要集合五經專家們共同講習之，才能通達其意，內容多半都是些爾雅之文。爾雅：書名，凡十九篇，訓詁名物，通古今之異言，為五經之綰錧，唐以後始列於經部。清人邵晉涵引證先儒之言，謂為孔子門人所作，非出於一人之手也。爾雅，作形容詞，即典雅，亦可通。

漢家常以正月上辛祠太一甘泉，以昏時夜祠，到明而終。常有流星經於祠壇上。使僮男僮女七十人俱歌。春歌青陽，夏歌朱明㈠，秋歌西暤㈡，冬歌玄冥㈢。世多有，故不論。

【註】㈠《爾雅》云：「春曰青陽，夏曰朱明。」㈡西方少暤也。㈢玄冥：漢郊祀歌名，其詞曰：「玄冥陵陰，蟄蟲蓋藏」云。言冬藏也。

又嘗得神馬渥洼水中㈠，復次以為太一之歌。歌曲曰：「太一貢兮天馬下㈡，霑赤汗兮沫流赭㈢。騁容與兮跇萬里㈣，今安匹兮龍為友。」後伐大宛得千里馬，馬名蒲梢，次作以為歌。歌詩曰：「天馬來兮從西極，經萬里兮歸有德。承靈威兮降外國，涉流沙兮四夷服。」中尉汲黯進曰㈤：「凡王者作樂，上以承祖宗，下以化兆民。今陛下得馬，詩以為歌，協於宗廟，先帝百姓豈能知其音邪？」上默然不說。丞相公孫弘曰㈥：「黯誹謗聖制，當族㈦。」

【註】㈠南陽新野有暴利長其人者，當武帝時遭刑，屯田燉煌界，得一奇馬，獻之。欲神奇此馬，乃云馬從水中出。渥洼：水名，在甘肅安西縣，黨河之支流也。渥：音握。洼：音娃。㈡太一：北極大星也。㈢神馬汗血霑濡也，流沫如赭。㈣騁：音逞，儘量表現。容與：善走之馬，舉足如飛，翺翔天空似的。跇：音逝，行走也。言其如果儘量表現其翺翔奔馳的才華，則一日可以行萬里之遠。㈤汲黯：漢武帝時最耿直之忠臣。㈥公孫弘：媚君取容之佞臣。㈦誹謗：批評君上之錯誤者，《史記》：「誹謗者族」。當族，謂當判以滅族之罪，即家滅九族也。

凡音之起，由人心生也。人心之動，物使之然也㈠。感於物而動，故形於聲㈡；聲相應，故生變㈢；變成方，謂之音㈣；此音而樂之㈤，及干戚羽旄，謂之樂也㈥。樂者，音之所由生也，其本在人心感於物也㈦。是故其哀心感者，其聲噍以殺㈧；其樂心感者，其聲嘽以緩㈨；其喜心感者，其聲發以散㈩；其怒心感者，其聲麤以厲⑪；其敬心感者，其聲直以廉⑫；其愛心感者，其聲和以柔⑬。六者非性也，感於物而后動⑭，是故先王慎所以感之⑮。故禮以導其志，樂以和其聲，政以壹其行，刑以防其姦⑯。禮樂刑政，其極一也，所以同民心而出治道也⑰。

【註】從此段以下，都是〈樂記〉上的話。㈠聲音的發生，由於人心的活動；而人心的活動，則由於外物的刺激。㈡感受外物的刺激而活動，所以表現於聲音。㈢聲音互相應和，所以就發生了許多變化。㈣許多變化構成為一定的格調（方），就是音樂符號。㈤把這許多音樂符號連綴起來，就成為樂章。㈥把這些樂章與干戚（武舞）羽旄（文舞）的舞蹈道具配合起來，就是所謂「樂」了。㈦樂是由於聲音而生，而其本音則是由於人心感受外物刺激而來。㈧所以感受外物刺激而心情悲哀者，其所發生的聲音必然是澗竭而低悶（噍以殺）。㈨感受外物刺激而心情快樂者，其所發生的聲音必然是輕鬆而舒緩（嘽以緩）。㈩感受外物刺激而心情喜悅者，其所發出的聲音必然是興奮而開朗（發

以散）。㈡感受外物刺激而心情忿怒者，其所發出的聲音必然是粗惡而暴厲（麤以厲）。麤，即「粗」字。㈢感受外物刺激而心情肅敬者，其所發出的聲音必然是正直而清白（直以廉）。㈢感受外物刺激而心情愛好者，其所發出的聲音必然是和順而溫柔（和以柔）。㈣這六種情緒，都不是天性的本然，而是感受外物的刺激所發生的變動。㈤因此，古先聖王對於人心的感受，非常的注意。㈥所以用禮儀的節制以輔導其志向，用音樂的陶冶以和好其聲息，用政治的教化以齊一其行動，用刑罰的懲戒以防止其姦邪。㈦禮、樂、刑、政，最高的目標只有一個，那就是同一民心而實現治國平天下的理想。（「同民心而出治道」一語，非常之活潑而有力，我很想用腦筋翻釋得好一點，但搜索枯腸，無以譯「出」字之神韻。讀了王夢鷗先生之譯句為「實現治國平天下的理想」，欣敬不已，故樂用之。所謂「出」者，非「實現」之謂乎？所謂「治道」者，非「治國平天下的理想」之謂乎？譯筆駕輕就熟而有力，自愧不如也。）

凡音者，生人心者也。情動於中，故形於聲，聲成文謂之音㈠。是故治世之音安以樂，其正和；亂世之音怨以怒，其正乖；亡國之音哀以思，其民困。聲音之道，與正通矣㈡。宮為君，商為臣，角為民，徵為事，羽為物。五者不亂，則無惉懘之音矣㈢。宮亂則荒，其君驕；商亂則搥，其臣壞；角亂則憂，其民怨；

徵亂則哀，其事勤；羽亂則危，其財匱㈣。五者皆亂，迭相陵，謂之慢。如此則國之滅亡無日矣㈤。鄭衛之音，亂世之音也，比於慢矣㈥。桑閒濮上之音，亡國之音也，其政散，其民流，誣上行私而不可止㈦。

【註】㈠凡是音樂，都是由於人心而生，情感動於內心，所以表現於聲調，聲調成為一定的節奏（文），就謂之音樂。㈡所以太平時代的音樂，安祥而快樂，其政治必然是和順而正常的；敗亂時代的音樂，怨恨而忿怒，其政治必然是乖逆而反常的；亡國時代的音樂，悲哀而憂思，其人民必然是窮困而苦痛的。所以音樂之道與政治完全是息息相通的了。㈢假定以宮聲代表君主，以商聲代表臣下，以角聲代表人民，以徵（音止）聲代表事件，以羽聲代表物質，五者不亂，就沒有不協調的聲音了。（沾懘之音：沾，音鐵。懘，音滯。沾懘，不爽利不協調也。）㈣如果是宮聲亂了，那就證明它的國務荒廢，其君主必然是驕縱的。如果是商聲亂了，那就證明它的政治傾邪（搥：同「陂」，傾邪不正也），其官吏必然是腐敗的。如果是角聲亂了，那就證明它的社會愁苦，其人民必然是怨恨的。如果是徵聲亂了，那就證明它的民間哀痛，其徭役（事）必然是繁多（勤）的。如果是羽聲亂了，那就證明它的經濟危急，其財政必然是匱乏的。㈤如果是五者都錯亂了，互相牴觸傾軋，這就叫做「慢」音。既然到了這種地步，那就說明它的國家的滅亡是沒有幾天的了。㈥鄭國、衛國的音

樂，是亂世的音樂，已經接近（此，即「比」字之誤，比，連也。）於慢音了。㈦桑間、濮上的音樂（桑間、濮上，言男女幽會之地也。《漢書・地理志》謂：「衞地有桑間濮上之阻、男女亦亟聚會，聲色生焉」。後世言淫風，曰桑間濮上。《詩經》桑中篇有句，謂：「爰采唐矣，沬之鄉矣！云誰之思？美孟姜矣。期我乎桑中，要我乎上宮，送我乎淇之上矣。」），是亡國的音樂，它的政治已經是散亂了，它的人民已經是解體了，欺騙君上，各顧其私，已經到了不可收拾的地步了。

凡音者，生於人心者也；樂者，通於倫理者也㈠。是故知聲而不知音者，禽獸是也；知音而不知樂者，眾庶是也。唯君子為能知樂㈡。是故審聲以知音，審音以知樂，審樂以知政，而治道備矣㈢。是故不知聲者不可與言音，不知音者不可與言樂。知樂則幾於禮矣㈣。禮樂皆得，謂之有德。德者得也㈤。是故樂之隆，非極音也；食饗之禮，非極味也㈥。清廟之瑟，朱弦而疏越，一倡而三歎，有遺音者矣。大饗之禮，尚玄酒而俎腥魚，大羹不和，有遺味者矣㈦。是故先王之制禮樂者，非以極口腹耳目之欲也，將以教民平好惡而反人道之正也㈧。

【註】㈠一切聲音都是發生於人心的感應，一切音樂都是貫通於人倫的常理。㈡所以知聲響而不知

節奏之音者，禽獸是也；知節奏而不知音樂之真義者，一般普通的眾庶是也；惟有君子能夠知道音樂的真義。㊂所以仔細的研判（審）聲響以推知節奏之音；再仔細的研判節奏之音以推知音樂的真義；再仔細的研判音樂的真義以推知政治的設施，於是乎治國平天下之道就大大的完備了。㊃所以不知聲響者不可與之談節奏之音；不知節奏之音者不可與之談音樂之真義。惟其能夠知道音樂之真義，那就差不多也知道禮儀的真義了。㊄對於禮樂都能夠得到其真義，就可稱為有德之人。什麼叫做「德」呢？就是對於禮樂有深切心得之意。㊅所以最隆重的音樂，並不是最好聽的音樂；最盛大的宴饗，也並不是最講究的滋味。㊆周朝大祭的時候，伴奏清廟樂章所用的瑟，也不過是朱紅色的弦和幾個疏疏落落的底孔，一人倡詩，三人應和而已，但是細細聽來，卻有說不盡的韻道（有遺音者矣）。大祭享之禮，以玄水為酒，盤子裡放些生肉生魚，大羹也不加以梅鹽的調和，可以說是平淡到極點了，但是細細想來，卻有說不盡的滋味。㊇所以古先聖王之制定禮樂，並不是要儘量的滿足人們口腹耳目的低級趣味，而是要教導人民保持其喜怒哀樂的心理平衡，以恢復於人生行為的正常規範而已。

人生而靜，天之性也；感於物而動，性之頌也㊀。物至知知，然后好惡形焉㊁。好惡無節於內，知誘於外，不能反己，天理滅矣㊂。夫物之感人無窮，而人之好惡無節，則是物至而人化物也。人化物也者，滅天理而窮人欲者也㊃。於是有悖逆詐偽之心，有淫佚作亂之事㊄。是故彊者脅弱，眾者暴寡，知者詐愚，勇者苦怯，疾病不養，老幼孤寡不得其所，此大亂之道也㊅。是故先王制禮樂，人為之節：衰麻哭泣，所以節喪紀也；鐘鼓干戚，所以和安樂也；婚姻冠笄，所以別男女也；射鄉食饗，所以正交接也㊆。禮節民心，樂和民聲，政以行之，刑以防之。禮樂刑政四達而不悖，則王道備矣㊇。

【註】㊀人之初生，湛靜無私，這是上天所賦於人類的本性。之後，感受了外物的刺激而有所衝動，這就是「欲望」。㊁外物到了我們的面前，憑我們的知覺就知道什麼是我們所喜歡的，什麼是我們所厭惡的，於是就形成為好惡之心。㊂如果在我們的內心，好惡沒有節制，而知覺又被外物所誘惑，不能反省自己，那麼，天賦的理性就要滅絕了。㊃外物對於人們的刺激沒有窮盡，而人們的好惡又沒有節制，那就等於外物一到而人們便立刻被外物所同化了，人被外物所同化，那就是滅絕天理而赤裸裸的追求人欲了。㊄於是乎就有了悖逆詐偽之心，有了淫佚作亂之事，傷天害理，無所不為。㊅所以強者就脅迫弱者，眾者就暴虐寡者，智者就欺侮愚者，勇者就苦待怯者，疾病的人不得其養，老幼孤寡不得其所，這就是大亂之道。㊆所以先王制定禮樂，來節制人生行為：衰（讀崔）麻哭泣，所以節制人們的喪事；鐘鼓干戚，所以調劑人們的安樂；婚姻冠笄（笄，音ㄐㄧ，簪也，女子成年者，

曰「及笄」），所以區別男女的分限；射鄉食饗（射禮，鄉飲酒禮，饗禮，都是大眾在一起同比同樂），所以端正人們的社交活動。㈧禮的作用是在於節制民心，樂的作用是在於調和民聲，政的作用是在於推行命令，刑的作用是在於防止邪惡，禮樂刑政四者通行於天下，而人民沒有悖違之者，那麼，王者的治道就算是完備了。（這一段，就充分說明我們中華文化的正統思想是徹底反對「唯物史觀」的，我們反對「人化為物」，我們反對「滅天理而窮人欲」。共產黨不然，他們根本不知道什麼叫「天理」，什麼叫「良心」，只認識物質，只認識權利，所以弄得天下大亂。為人民之幸福，為國家之安定，我們就非消滅共匪組織及其唯物思想不可。）

樂者為同，禮者為異。同則相親，異則相敬㈠。樂勝則流，禮勝則離㈡。合情飾貌者，禮樂之事也㈢。禮義立，則貴賤等矣；樂文同，則上下和矣；好惡著，則賢不肖別矣；刑禁暴，爵舉賢，則政均矣㈣。仁以愛之，義以正之，如此則民治行矣㈤。

【註】㈠音樂的作用在於使人相同，禮儀的作用在於使人相異。人相同，則互相親愛；人相異，則互相尊敬。㈡音樂過勝，則使人流連而忘返；禮儀過勝，則使人疏遠隔離。㈢攝合人們的情感，表示尊敬的風度者（飾：表示也。貌：風度也），就是禮樂應有的任務（事）。㈣所以禮義一立，則貴賤就有次序（等）了；樂文一同，則上下就能和睦了；好惡一有明顯的標準，則賢與不肖就分別出

來了；以刑罰禁制惡暴，以爵祿舉用賢能，則政事就能平均了。㈤以仁心來愛護人民，以義理來指導（正）人民，能夠這樣，那麼，管理人民之道可以說是很成功了。

樂由中出，禮自外作㈠。樂由中出，故靜；禮自外作，故文㈡。大樂必易，大禮必簡㈢。樂至則無怨，禮至則不爭。揖讓而治天下者，禮樂之謂也㈣。暴民不作，諸侯賓服，兵革不試，五刑不用，百姓無患，天子不怒，如此則樂達矣㈤。合父子之親，明長幼之序，以敬四海之內。天子如此，則禮行矣㈥。

【註】㈠音樂是從人的內心發出，禮節是從人的外貌表現（作）。㈡因為音樂是從人的內心發出，所以以靜為主；因為禮節是從人的外貌表現，所以以文（進退周旋皆有威儀，言語酬酢皆有條理）為尚。㈢真正是偉大的音樂，必然是平易近人；真正是偉大的禮節，必然是簡要不煩。㈣音樂的力量發揮出來了，則彼此和合而無怨恨；禮儀的力量發揮出來了，則上下安分而不爭奪。拱手互讓而能夠把天下治得平平安安者，就是禮樂的功能了。㈤由此便沒有暴亂的人民，四方的諸侯賓服，戰爭的武器不須比試，五種的刑罰不須施用，百姓沒有苦痛，天子沒有惱怒，這個樣子，就算是音樂的功能徹底達成了。㈥攝合父子的親愛，明白長幼的次序，使四海之內都能彼此相敬，這個樣子，就算是禮儀的功能徹底推行了。

大樂與天地同和，大禮與天地同節㈠。和，故百物不失；節，故祀天祭地㈡。明則有禮樂，幽則有鬼神，如此則四海之內合敬同愛矣㈢。禮者，殊事合敬者也；樂者，異文合愛者也㈣。禮樂之情同，故明王以相沿也㈤。故事與時並，名與功偕㈥。故鐘鼓管磬羽籥干戚，樂之器也；詘信俯仰級兆舒疾，樂之文也㈦。簠簋俎豆制度文章，禮之器也；升降上下周旋裼襲，禮之文也㈧。故知禮樂之情者能作，識禮樂之文者能術㈨。作者之謂聖，術者之謂明。明聖者，術作之謂也㈩。

【註】㈠偉大的音樂，與天地同其和愛；偉大的禮儀，與天地同其節度。㈡由於和愛，所以百物不失其生養；由於節度，所以祀天而祭地。㈢在明處則有禮樂的輔導，在暗處則有鬼神的保護，所以四海之內都能夠合敬而同愛了。㈣禮者，事物各殊，但最終的目的則在於合敬；樂者，奏節各異，但最終的目的則在於合愛。㈤禮樂的用意是相同的，所以歷代明王常常有互相沿襲的地方。㈥所以事業與時代相並，聲名與功勳相伴。㈦所以鐘鼓管磬，羽籥干戚，這些都是音樂的器具；詘（屈）信（伸）俯仰，級（綴，舞位的標誌）兆（舞位的界限）舒疾，這些都是音樂的條理。㈧簠（音甫，古祭祀燕享以盛稻粱之器）簋（音癸，古祭祀燕享以盛稻粱之器，簋多圓形，簠多方形）俎豆，制度

文章，這些都是禮的器具。升降上下周旋裼襲（裼，音錫，捲起袖子也。襲者，放下其所捲之袖也），這些都是禮的節奏。㈨所以能夠知道禮樂之情趣者，就能夠創作新的禮樂；能夠認識禮樂之節奏者，就只能述說舊的禮樂。㈩能夠創作新的禮樂者，便叫做聖人；能夠述說（術：即述字）舊的禮樂者，便叫做明士。明聖者，就是能夠述說或創作的意思。

樂者，天地之和也；禮者，天地之序也。和，故百物皆化；序，故羣物皆別㈠。樂由天作，禮以地制。過制則亂，過作則暴。明於天地，然後能興禮樂也㈡。論倫無患，樂之情也；欣喜驩愛，樂之（容）〔官〕也。中正無邪，禮之質也；莊敬恭順，禮之制也。若夫禮樂之施於金石，越於聲音，用於宗廟社稷，事于山川鬼神，則此所以與民同也㈢。

【註】㈠音樂是天地的和氣，禮儀是天地的秩序，因為有和氣，所以萬物皆得以化育；因為有秩序，所以羣物皆有其類別。㈡音樂是法乎和之行於天者而作，禮儀是依乎理之行於地者而制，過乎制則無理，無理則亂，過乎作則失和，失和則暴。所以必須明乎天地的自然法則，然後才能興禮樂。㈢音樂的歌辭（論），清濁抑揚有倫次而不相錯亂，這是音樂的本情；聽了之後，令人欣喜歡樂，這是音樂的功能（官）。中正無邪，這是禮儀的本質；莊敬恭順，這是禮儀的體制。至於禮樂之施之於金

石，播（越）之於聲音，用之於宗廟社稷，以事奉山川鬼神，這是與人民所共同實行的。

王者功成作樂，治定制禮㈠。其功大者其樂備，其治辨者其禮具㈡。干戚之舞，非備樂也；亨孰而祀，非達禮也㈢。五帝殊時，不相沿樂；三王異世，不相襲禮㈣。樂極則憂，禮粗則偏矣㈤。及夫敦樂而無憂，禮備而不偏者，其唯大聖乎㈥？天高地下，萬物散殊，而禮制行也㈦；流而不息，合同而化，而樂興也㈧。春作夏長，仁也；秋斂冬藏，義也㈨。仁近於樂，義近於禮㈩。樂者敦和，率神而從天；禮者辨宜，居鬼而從地⑪。故聖人作樂以應天，作禮以配地⑫。禮樂明備，天地官矣⑬。

【註】㈠古之王者，事業成功了，然後創作音樂；政治安定了，然後制作禮儀。㈡其事功愈大者，其音樂愈是完備；其政治愈理者（辨，辦也，辦理也），其禮儀愈是具全。㈢干戚之舞（周武王之舞。樂以文德為貴，故用朱絲疏越，所以周用干戚為舞，不能算是完備的音樂），不能算是完備的音樂。孰亨（即熟烹，把祭物烹熟）而祀，不能算是通達禮儀（因古代祭物都用生肉生魚，不用煮熟的肉魚）。㈣所以五帝的時代不同，就不互相沿襲其音樂；三代的處世各異，就不互相承襲其禮儀。㈤音樂用之過度，就要憂苦；禮儀行之粗倦，就要偏失。㈥至於提倡音樂（敦樂）而不發生憂苦之

弊，完備禮儀而不發生偏失之過者，那就只有大聖人纔能辨得到啊！㈦天高於上，地卑於下，萬物散佈於其中，形形色色，各不相同，必須保持一定的秩序，而後始能各得其宜，各安其分，聖人法天地之序而制禮，於是乎禮制就推行起來了。㈧天地之氣，流行不息，合同氛氳，化生萬物，聖人法天地之和而作樂，於是乎音樂就興盛起來了。㈨春天耕作，夏天長生，這是天地生育萬物之仁。秋天收斂，冬天儲藏，這是天地管制萬物之義。㈩仁愛和合與音樂相近，義理規律與禮儀相近。㈡音樂所以倡導和合，依循神的陽氣而法則乎天；禮儀所以區別名分，處於鬼的陰氣而法則乎地。㈢所以聖人創作音樂以順應天道的和合生養，制定禮儀以配合地道的秩序，收成。㈢禮樂之制作，既明且備，那就是完成了天地的功能（官）了。

天尊地卑，君臣定矣㈠。高卑已陳，貴賤位矣㈡。動靜有常，小大殊矣㈢。方以類聚，物以羣分，則性命不同矣㈣。在天成象，在地成形，如此則禮者天地之別也㈤。地氣上隮，天氣下降，陰陽相摩，天地相蕩，鼓之以靁霆，奮之以風雨，動之以四時，煖之以日月，而百（物）化興焉，如此則樂者天地之和也㈥。

【註】㈠取法於天尊地卑之理，而規定出君臣之禮。㈡高低的形勢已經陳列出來，那麼，貴賤的地位也就分別出來了。㈢動靜既有常規，那麼，小大的事物也就區別出來了。㈣方以類聚：方字解釋

甚為分歧，有解釋為「道」，「術」者，有解釋為「行蟲」者，如鄭玄是。有解釋為「禽獸之屬」者，如孔穎達是。有解釋為「人種」者，如劉原父謂：「方以類聚，言中國蠻夷戎狄之民，各以類而聚。」比較而言，以劉氏之說為是。《左傳》曾有「非我族類，其心必異」之句，「方」即「族」字之解，種族也。物以羣分：劉氏曰：「飛潛動植之物，各以羣而分。」族以類聚，物以羣分，則性命各不相同。性命不同，故制禮亦不同。㊄在天成象：日月星辰之象。在地成形：山川人物之形。如此說來，那麼，所謂「禮」者，就是聖人法天地之別而制定出來的。㊅以下是講聖人法天地之和而作樂。地氣上隮：隮：音基，上升也。言地氣上升也。天氣下降：言天氣往下降也。陰陽相摩：陰陽之氣交互摩擦。天地相蕩：天地之氣互相鼓蕩。鼓動之以雷霆，奮發之以風雨，振動之以四時，溫暖之以日月，有這麼多的自然條件的湊和，所以百物就因之而化合發生了。如此說來，那麼，所謂「樂」者，就是聖人法天地之和而制定出來的。（這一段理論，正是上文所謂「大樂與天地同和，大禮與天地同節」。可見中國政治思想都是法天地好生之德而擬定的。）

化不時則不生，男女無別則亂登，此天地之情也㊀。及夫禮樂之極乎天而蟠乎地，行乎陰陽而通乎鬼神，窮高極遠而測深厚㊁。樂著太始而禮居成物㊂。著不息者天也，著不動者地也㊃。一動一靜者，天地之間也。故聖人曰「禮云樂云㊄」。

【註】㊀造化不得其時，則不能生物；男女沒有分別，則禍亂發作（登），這是天地間自然的情理。㊁到了禮樂之峻極於天而蟠（音盤，盤據，盤充）滿於地，行乎陰陽之理而通乎鬼神之道，就可以窮究高明，極研邈遠，探測深厚，而無所不知矣。㊂音樂顯示（著）於太始（天）之初，而禮儀永居於成物（地）之位。㊃顯示其不息之道者，是天（天行健，君子以自強不息）。顯示其不動之德者是地。㊄一動一靜者，是天地之間的萬事萬物，所以聖人說：「禮云樂云」，言禮樂所以統攝天地之間的萬事萬物而使之各得其和各守其序也。

昔者舜作五弦之琴，以歌南風；夔始作樂，以賞諸侯㊀。故天子之為樂也，以賞諸侯之有德者也。德盛而教尊㊁，五穀時孰㊂，然后賞之以樂。故其治民勞者，其舞行級遠㊃；其治民佚者，其舞行級短㊄。故觀其舞而知其德，聞其謚而知其行㊅。大章，章之也；咸池，備也㊆；韶，繼也；夏，大也㊇；殷周之樂盡也㊈。

【註】㊀南風，養民之詩也。其辭曰：「南風之薰兮，可以解吾民之慍兮！南風之時兮，可以阜吾民之財兮。」夔：舜之臣名，主持音樂。㊁德行盛大而教令尊嚴。㊂五穀以時而熟。㊃以苛擾煩碎（勞）之道治民者，參加樂舞的人就少了。（舞行級遠，間隔距離遠，舞者稀少，由君德薄也。君德薄，則王賞賜樂舞的人就少。）㊄以優悠安閒（逸道）之道治民者，參加樂舞的人就多了。（舞

行級短，間隔距離近，舞者眾多，由君德厚也。君德厚，則王賞賜樂舞的人就多。）㈥所以觀其舞人之多少，即知其道德之厚薄。聽其謚法之優劣，即知其行為之善惡。㈦大章：堯樂也，言堯帝之德大為章明也。咸池：黃帝所作樂名，堯帝增修而用之。咸，皆也。池，施也，言其德之無所不施也。㈧韶：繼也，舜樂名，言舜帝能繼承堯帝之德也。夏：大也，禹樂名，言禹帝能光大堯舜之德也。㈨殷周之樂：謂湯之大濩，周武王之大武也。盡：言其於人事盡其極矣。

天地之道，寒暑不時則疾，風雨不節則饑。教者，民之寒暑也，教不時則傷世。事者，民之風雨也，事不節則無功㈠。然則先王之為樂也，以法治也，善則行象德矣㈡。夫豢豕為酒，非以為禍也；而獄訟益煩，則酒之流生禍也㈢。是故先王因為酒禮，一獻之禮，賓主百拜，終日飲酒而不得醉焉，此先王之所以備酒禍也㈣。故酒食者，所以合歡也㈤。

【註】㈠依天地正常的道理來講，如果寒暑不得其時，那麼，人們就容易發生疾病；如果風雨沒有節制，那麼，水旱之災就相繼而來，就要造成饑餓。教令者，人民之寒暑也，如果教令不得其時，就會造成世間的傷亡；事工者，人民之風雨也，如果事工沒有節制（如大興土木之類），就會害多利少，失掉了功效。㈡由此可知古先聖王之為樂也，是取法於天地之道而以之為治於天下也，如果君

上之行政善良，則臣下之行為即倣效君上之德行（象德：倣效其德行）而無不為善矣。㊂豢：養也。豕：豬。為酒：作酒也。言先王之所以豢養豬豕，製造酒醴，本以為敬神待客和睦親族之用，並不是為禍於人類的，但是由於有酒而獄訟犯罪者，日以增加，那就是因為飲酒無度（流）所發生的禍端。㊃鄭玄曰：「一獻，士飲酒之禮。百拜，以喻多也。」言先王因此制為飲酒之禮，敬酒一次而禮節有百拜之多，表面上看起來是在終日飲酒，而事實上是在終日行禮，所以終日飲酒而不致於醉，這就是先王所以防止酒禍的辦法。㊄所以飲酒食肉者，是要大家集合在一起共同歡樂的意思。

樂者，所以象德也；禮者，所以閉淫也㊀。是故先王有大事，必有禮以哀之；有大福，必有禮以樂之㊁；哀樂之分，皆以禮終㊂。

【註】㊀音樂者所以表現人們的德性，禮儀者所以防止人們的淫邪。㊁所以先王規定凡是遇有死喪之大事，必有衰麻哭泣之禮以表示哀傷；凡是遇有吉慶之大事，亦必有鐘鼓琴瑟之禮以表示快樂。㊂哀傷與快樂的分限，皆歸結於禮儀的節制而不致於過哀過樂。

樂也者，施也；禮也者，報也㊀。樂，樂其所自生；而禮，反其所自始㊁。樂章德，禮報情反始也㊂。所謂大路者，天子之輿也；龍旂九旒，天子之旌也；青黑緣者，天子之葆龜也；從之以牛羊之羣，則所以贈諸侯也㊃。

【註】㊀庾蔚之曰：「樂者，所以宣暢四氣。導達情性，功及物而不知其所報，即是出而不反，所以謂『施』也。禮者，所以通彼此之意，故有往必有來，所以謂『報』也。」㊁音樂是快樂其所自生，如舜以繼承堯為樂而作大韶，武王以其武功能施及天下為樂而作大武，這些都是快樂其所自生。禮儀是報答（反）其所自始，如萬物本乎天，故先王舉行郊祭大典以祀天；人本乎祖，故先王舉行禘典以敬其祖之所自出。這些都是反其所自始。㊂音樂是表彰功德，而禮儀是報答恩情而恢復其原始之質樸的。㊃天子賜車，則上公及同姓侯伯金輅，異姓則象輅，四衞則革輅，藩國則木輅，受於天子，則總謂之大輅也。天子賜旗，上公則賜以九旒，侯伯則七旒。寶龜，則以青黑色為之緣飾，以賜於諸侯。又賜之以牛羊之羣。以上諸物，都是天子賜於有功諸侯之物，此言報禮之事也。

樂也者，情之不可變者也；禮也者，理之不可易者也。樂統同，禮別異，禮樂之說貫乎人情矣㊀。窮本知變，樂之情也；著誠去偽，禮之經也㊁。禮樂順天地之誠，達神明之德，降興上下之神，而凝是精粗之體，領父子君臣之節㊂。

【註】㈠音樂也者，是感情之不可改變者也；禮儀也者，是事理之不可更易者也。樂的功能在於統領一切而使之歸於和同；禮的功能在於分別一切而使之守其差異。這樣的一同一異的結果，使人們兼相愛，交相敬，所以禮樂的道理可以說是貫通乎全部的人情而無所不包攝了。㈡窮究心理的本原，推知聲樂的變化，這是音樂在情感上的自然流露；發揚真誠的品德，剷除虛偽的行為，這是禮儀在事理上的修養典範（經）。㈢所以禮樂的功能真是偉大極了，它可以順應天地的情感，它可以通達神明的心意（德），它可以升降上天下地的一切神祇，而凝育宇宙萬物大小精粗的形體，它可以統領父子君臣的生活行為而使之各守其分各盡其節。

是故大人舉禮樂，則天地將為昭焉㈠。天地欣合，陰陽相得㈡，煦嫗覆育萬物，然后草木茂，區萌達，羽翮奮，角觡生，蟄蟲昭穌，羽者嫗伏，毛者孕鬻，胎生者不殰而卵生者不殈㈢，則樂之道歸焉耳㈣。

【註】㈠所以有德有位的大人只要舉行禮樂，則天地生養化育之道都將為之昭示出來了。㈡天地欣然而合好，陰陽交感而相得。㈢以氣溫之曰煦，以體溫之曰嫗。嫗，音雨（ㄩˇ）。曲出曰區，如菽豆之類。直出曰萌，如稻稷之類。達：生出也。羽翼奮，言鳥類也。奮其翅膀而飛也。角觡生：牛羊有鰓曰角，麋鹿無鰓曰觡。鳥獸得天地覆育煦嫗，故飛者則奮翅翮，走者則生角觡也。觡，音格，麋

角有枝曰觡，無枝曰角。觬，謂角外皮之滑澤者。角之無觬者曰觡。蟄蟲昭穌：蟄藏之蟲初出，如暗而得明，如死而更生，故曰昭穌也。羽者嫗伏：羽者，鳥也，鳥生卵則嫗伏之而生子。毛者孕鬻：毛者獸也，胎生，獸懷孕而生子。孕鬻：妊孕而育子也。鬻，同育字。殰：懷胎在內而死曰殰。殰，音讀。殈：裂也，卵析不成子曰殈。殈，音洫，鳥卵裂也。以上所言，皆謂天地欣然相合，陰陽交感相得，所以就煦嫗覆育，生長了萬物，草木茂盛，五穀萌生，鳥兒長出翅膀，獸兒生出角觡，蟄伏的昆蟲也都復生過來，鳥兒體伏而生子，獸兒懷孕而生子，胎生者不至於死在腹中，卵生者不至於破裂於地。㊃這一切萬物的順利生長，都應當歸功於聖人音樂之道的參贊化育的力量。

樂者，非謂黃鍾大呂弦歌干揚也，樂之末節也，故童者舞之；布筵席，陳樽俎，列籩豆，以升降為禮者，禮之末節也，故有司掌之㊀。樂師辯乎聲詩，故北面而弦㊁；宗祝辯乎宗廟之禮，故後尸㊂；商祝辯乎喪禮，故後主人㊃。是故德成而上，蓺成而下；行成而先，事成而後㊄。是故先王有上有下，有先有後，然后可以有制於天下也㊅。

【註】㊀所謂音樂者，並不是指著黃鐘大呂弦歌干揚那些樂器道具說的，那些都是末節，只要兒童們舞之就夠了。所謂禮儀者，也並不是指著舖擺筵席，陳設樽俎，佈列籩豆以及登堂下階打躬作揖說

的，那些也都是末節，只使有關單位的官員們主持一下就夠了。（黃鐘，陽律之長。大呂，陰律之長。干、盾也。揚：鉞也，皆舞者所執。）㈡樂師雖能瞭解聲詩歌詞，但是，他們不知道音樂的哲理，所以只能坐於卑處，北面而鼓琴瑟。㈢宗祝，太祝，即有司之類也。他們雖能辨正宗廟之禮，但宗廟之敬在尸（神主），宗祝只能隨伴在尸主的後面。㈣商祝：祝習商禮者，商人教以敬於接神。但喪禮之哀在主人，所以商祝也是處於卑位，只能隨在主人的後面。㈤由此可以知道，具有禮樂德行之成就的人，是最值得尊重的，應居於上位。具有禮樂技藝之成就的人，是習於末枝小藝，不足為重，應居於下位。修德行有成就的人，應當居於前面；辦事物有成就的人，應當居於後面。㈥因為先王對於上下先後尊卑本末的區劃，都有了詳審的評價和規定，所以纔能夠處理（制）天下大事。

樂者，聖人之所樂也，而可以善民心。其感人深，其風移俗易，故先王著其教焉㈠。

【註】㈠音樂者，是聖人最喜歡的東西，它可以使民心向善，它的感化人的力量非常之深，它能夠轉移風氣，改變習俗。所以先王對於音樂這一門教育，非常之表彰。

夫人有血氣心知之性，而無哀樂喜怒之常，應感起物而動，然后心術形焉㈠。是故志微焦衰之音作，而民思憂㈡；嘽緩慢易繁文簡潔之音作，而民康樂㊂；粗厲猛起奮末廣賁之音作，而民剛毅㊃；廉直經正莊誠之音作，而民肅敬；寬裕肉好順成和動之音作，而民慈愛㊄；流辟邪散狄成滌濫之音作，而民淫亂㊅。

【註】㊀人們有血氣心知的天性，而沒有哀樂喜怒之常情，必須是受了外物的刺激而發生了感動，然後人們的心術才表現於音樂了。㊁所以急促（志，係「急」字）細碎（微）噍涸（焦）低沉（衰）的音樂一奏，我們就可以知道他的人民一定是愁思而憂慮的。㊂舒暢（嘽，音灘）寬緩（緩）悠閒（慢）平易（易），文理豐富而音節簡明的音樂一奏，我們就可以知道他的人民一定是康泰而安樂的。㊃粗疏嚴厲，猛然而起，奮然而收，廣放憤怒（賁）的音樂一奏，我們就可以知道他的人民一定是剛強而堅毅的。㊄清明（廉）直率，剛勁、端正、莊嚴、誠懇的音樂一奏，我們就可以知道他的人民一定是嚴肅而莊敬的；寬大、綽裕，圓潤（肉好），順成（成者，樂之一終，順成者，言此樂之一終甚順利也），和平而活潑（動）的音樂一奏，我們就可以知道他的人民一定是慈祥而愛人的。㊅流蕩、偏僻、邪惡、散亂、敵成（成者，樂之一終，狄（敵）成者，言其樂之一終極為衝突不順利），滌濫（泛濫）的音樂一奏，我們就可以知道他的人民一定是淫亂而荒唐的。

是故先王本之情性，稽之度數，制之禮義，合生氣之和，道五常之行，使之陽而不散，陰而不密，剛氣不怒，柔氣不懾，四暢交於中而發作於外，皆安其位而不相奪也㊀。然后立之學等㊁，廣其節奏㊂，省其文采㊃，以繩德厚也㊄。類小大之稱，此終始之序㊅，以象事行㊆，使親疏貴賤長幼男女之理皆形見於樂：故曰「樂觀其深矣㊇」。

【註】㊀所以古先聖王之作樂，是根據於人們的本性和情感，而稽查於五聲十二律之度數，規定以清濁高下尊卑隆殺之節奏（制之禮義），化合以天地生氣之和，誘導以仁義禮智信之五常之行（道五常之行），使之陽氣雖動而不至於散失，陰氣雖靜而不至於鬱滯，剛氣正大而不至於暴怒，柔氣和順而不至於怯懦。陽陰剛柔，四者暢通於內心而發作於外表，都能夠安守其本身崗位，而不相爭奪。㊁然後普遍的推行音樂教育以化民成俗。立之學，如樂師掌國學之政，大胥掌學士之版是也。立之等，如十三舞勺，成童舞象之類是也。㊂增加其節奏，使學者多所學習。㊃審察（省）其音曲之辭句，使五聲之相和相應，若五色之雜以成文采也。㊄以檢約（繩）其固有之善而使之德行篤厚也。㊅以法度規律五音的大小，使各得其稱，以終始排比黃鐘太呂的位置，使各得其序。㊆以作為其事行之表象，如宮為君，宮亂則君荒之類是也。㊇使親疏貴賤長幼男女之倫理，都可以從聲樂中表現出來。所以說音樂的觀察能力是極其深遠的。

土敝則草木不長，水煩則魚鼈不大，氣衰則生物不育，世亂則禮廢而樂淫㊀。是故其聲哀而不莊，樂而不安，慢易以犯節，流湎以忘本㊁。廣則容姦，狹則思欲，感滌蕩之氣而滅平和之德，是以君子賤之也㊂。

【註】㊀地力疲竭（敝），則草木不長。水力煩細，則魚鼈不大。元氣衰耗，則生物不發達。世局混亂，則禮儀廢弛而音樂淫蕩。㊁所以亂世之音，其聲調悲哀而不莊重，歡樂而不安定，簡慢草率（慢易）而破壞（犯）節奏，流連沉迷而忘棄本性。㊂寬聲（廣）則藏容姦邪，窄聲（狹）則刺發情慾，滅縮（感為「蹙」字之誤）條暢之氣，而消滅和平之德。所以君子很是看不起亂世的音樂。

凡姦聲感人而逆氣應之，逆氣成象而淫樂興焉㊀。正聲感人而順氣應之，順氣成象而和樂興焉㊁。倡和相應，回邪曲直各歸其分，而萬物之理以類相動也㊂。

【註】㊀凡是以姦惡的聲音刺激於人者，人即以悖逆之氣應之，到了悖逆之氣成為形態，而淫亂的音樂就興盛起來了。㊁凡是以正大的聲音刺激於人者，人即以和順之氣應之，到了和順之氣成為形態，而和平的音樂就興盛起來了。㊂一倡一和，都有反應，倡之以邪曲者，反應以邪曲；倡之以正

直者，反應以正直。回邪曲直各歸其必得之反應，而萬物之理也都是根據於它們的屬類以互相發動的。

是故君子反情以和其志，比類以成其行。姦亂聲色不留聰明，淫樂廢禮不接於心術㊀，惰慢邪辟之氣不設於身體，使耳目鼻口心知百體皆由順正，以行其義㊁。然后發以聲音，文以琴瑟，動以干戚，飾以羽旄，從以簫管㊂，奮至德之光，動四氣之和，以著萬物之理㊃。是故清明象天，廣大象地，終始象四時，周旋象風雨㊄；五色成文而不亂，八風從律而不姦，百度得數而有常；小大相成，終始相生，倡和清濁，代相為經㊅。故樂行而倫清，耳目聰明，血氣和平，移風易俗，天下皆寧㊆。故曰「樂者樂也」。君子樂得其道，小人樂得其欲。以道制欲，則樂而不亂；以欲忘道，則惑而不樂㊇。是故君子反情以和其志，廣樂以成其教，樂行而民鄉方，可以觀德矣㊈。

【註】㊀所以負有政治之責的君子，要恢復（反）其性情之正以和順其心志，要比照其屬類之別以成就其行為，使姦惡之聲，淫亂之色，不留於聰明（耳目）之內，使淫蕩的音樂，邪慝（音特）的禮貌，不接於心術之中；㊁使惰怠傲慢邪妄乖僻之習氣，不存在於身體之上；使耳、目、鼻、口、心、

知、百體都能夠走向順正之路以行其光明正大之義。㊂然後發動以聲音，而奏之以琴瑟，動之以干戚，飾之以羽旄，而伴之以簫管。㊃奮發至德的光輝，鼓動四時的和氣，以顯示萬事萬物的理則。㊄所以音樂的清明有象於天，音樂的廣大有象於地，音樂的終而復始有象於四時，音樂的周迴旋轉有象於風雨。㊅五色成文而不雜亂，八風從律而不侵擾，大而日月星辰之度，小而百工器物之度（百度），各得其數而有常規，小大相互成全，終始相互生長，倡和清濁，彼此更替互為經紀。㊆所以音樂行而倫理清，耳目因之而聰明，血氣因之而和平，轉移風氣，改革習俗，使天下之人皆得安寧。㊇所以說：「音樂就是快樂」，君子以能藉音樂而得道為快樂，小人以能藉音樂而滿足欲望為快樂。以道義控制欲望，則快樂而不至於荒亂；以欲望忘了道義，則困惑而不能得到真正的快樂。㊈所以君子恢復本來的性情以和順其志意，推廣音樂的功能以完成其教化，音樂之教行而人民走向於正道，這樣子，纔可以真正的觀察人們的德性了。

德者，性之端也；樂者，德之華也；金石絲竹，樂之器也。詩，言其志也；歌，詠其聲也；舞，動其容也：三者本乎心，然后樂氣從之㊀。是故情深而文明，氣盛而化神，和順積中而英華發外，唯樂不可以為偽㊁。

【註】㊀「德」是心性的端倪，而音樂則是「德」的英華，至於金石絲竹，那不過是音樂的器具罷

了。詩所以發抒人們的心思，歌所以唱出人心的聲音，舞所以藉姿態的動作以表達其心意，三者都是根據於內心的發動，然後以樂器演奏出來。㊁所以感情深厚者而文辭自然明麗，氣勢充沛（盛）者而變化自然神妙，和順之氣積於中者，而英華之德自然發於外，所以音樂完全是內心感情之自然流露，一點作偽不得。

樂者，心之動也；聲者，樂之象也；文采節奏，聲之飾也㊀。君子動其本，樂其象，然后治其飾㊁。是故先鼓以警戒㊂，三步以見方㊃，再始以著往㊄，復亂以飭歸㊅，奮疾而不拔，極幽而不隱㊆。獨樂其志，不厭其道㊇；備舉其道，不私其欲㊈。是以情見而義立，樂終而德尊㊉；君子以好善，小人以息過㊁；故曰「生民之道，樂為大焉㊂。」

【註】㊀音樂者是內心有所感動而發，聲音者，是音樂的表象，至於文采節奏乃是聲音的裝飾，使其悅耳動人而已。㊁君子必須是動了真情，喜歡音樂的表象，然後纔去修治文采節奏的裝飾。㊂音樂之作，必先擊鼓以聳動眾聽，故曰「先鼓以警戒」。㊃舞之將作，必先三舉足以示其舞之方法，故曰「三步以見方」。㊄再始：一節終而再作也。往：進也。再始以著往者，再擊鼓以明其進也。㊅亂：終也，如云「關雎之亂」。歸，舞畢而退，就位也。復亂以飾歸者，復擊鐃以謹其退也。以上

兩句，言舞者周旋進退之事。㈦舞蹈的動作雖是奮迅疾速，但是並不倉匆慌張（拔），音樂的情調雖是幽微難知，但是並不故意隱瞞。㈧自己的內心有一種獨到的快樂，所以對於自己所崇信的真理，永遠不覺得厭煩。㈨把自己所崇信的真理，全部的毫無保留的公之於世，內心沒有一點的私欲。㈩所以真情一表現而道義隨之建立、音樂的終結使德行因之尊貴。㈡君子以聽音樂而好善，小人以聽音樂而改過。㈢所以說，「對於人生之道，音樂的關係是很大的了。」

君子曰：禮樂不可以斯須去身㈠。致樂以治心，則易直子諒之心油然生矣。易直子諒之心生則樂，樂則安，安則久，久則天，天則神。天則不言而信，神則不怒而威㈡。致樂，以治心者也；致禮，以治躬者也㈢。治躬則莊敬，莊敬則嚴威㈣。心中斯須不和不樂，而鄙詐之心入之矣；外貌斯須不莊不敬，而慢易之心入之矣㈤。故樂也者，動於內者也；禮也者，動於外者也。樂極和，禮極順㈥。內和而外順，則民瞻其顏色而弗與爭也，望其容貌而民不生易慢焉㈦。德煇動乎內而民莫不承聽，理發乎外而民莫不承順㈧，故曰「知禮樂之道，舉而錯之天下無難矣㈨」。

【註】㈠禮樂不可以有頃刻之間（斯須）離開身體。㈡發揮（致）音樂的作用以治理心性，則平易

正直親愛（子）忠信（諒）的心性，便油然而生了。平易正直親愛忠信的心性發生，則快樂，快樂則安適，安適則久遠，久遠則如天如神，能如天，則不言而人自信；能如神，則不怒而人自畏。㊂發揮音樂的作用，所以調理心性者也；發揮禮儀的作用，以調理行為（治躬）者也。㊃發揮禮儀的作用，以調理行為，則莊敬，莊敬則有威嚴。㊄心中頃刻之間有不和不樂，則卑鄙姦詐之心便進來了；外貌頃刻之間有不莊不敬，則怠慢輕忽（易）之心便進來了。㊅所以音樂者是發動於內心的，禮儀者是表現於外貌的，音樂的最高目標在於和，禮儀的最高目標在於順。㊆若是為君者，能夠做到內和而外順，那麼，人民只要一看見他的顏色，便自然不與之相爭了；只要一望其容貌，便自然沒有輕忽怠慢的心理了。㊇德煇動乎內心，而人民沒有不聽從的；理義發乎外表，而人民沒有不承順的。㊈所以說，如果真是能夠瞭解禮樂的功效，把它發揮起來，舉而措之以治天下，是毫無困難的。

樂也者，動於內者也；禮也者，動於外者也㊀。故禮主其謙，樂主其盈㊁。禮謙而進，以進為文；樂盈而反，以反為文㊂。禮謙而不進，則銷；樂盈而不反，則放㊃。故禮有報而樂有反。禮得其報則樂，樂得其反則安㊄。禮之報，樂之反，其義一也㊅。

【註】㊀音樂是發動於內心的情感，禮儀是表現於外部的動作。㊁所以禮儀以謙卑退讓為主，音樂以和順充實（盈）為主。㊂禮儀雖然以謙退為主，但在實際工作上則以奮勉進取為美（文）；音樂

雖然以充實為主，但在心性陶冶上則以反省節制為美。㊃禮若是單主謙退而不能奮勉進取，則志氣銷沉。樂若是單主充實而不能反省節制，則心性狂放。㊄所以禮有報答（禮尚往來），而樂貴自反（自我控制），行禮而得其報答則快樂，舉樂而能自反則安寧。㊅禮之報答，樂之自反，其意義是一樣的，就是要使人們的心性與行為都能合乎中道而已。

夫樂者樂也，人情之所不能免也㊀。樂必發諸聲音，形於動靜，人道也㊁。聲音動靜，性術之變，盡於此矣㊂。故人不能無樂，樂不能無形㊃。形而不為道，不能無亂㊄。先王惡其亂，故制雅頌之聲以道之，使其聲足以樂而不流，使其文足以綸而不息㊅，使其曲直繁省廉肉節奏，足以感動人之善心而已矣，不使放心邪氣得接焉，是先王立樂之方也㊆。是故樂在宗廟之中，君臣上下同聽之，則莫不和敬；在族長鄉里之中，長幼同聽之，則莫不和順；在閨門之內，父子兄弟同聽之，則莫不和親㊇。故樂者，審一以定和，比物以飾節，節奏合以成文，所以合和父子君臣，附親萬民也，是先王立樂之方也㊈。故聽其雅頌之聲，志意得廣焉；執其干戚，習其俯仰詘信，容貌得莊焉；行其綴兆，要其節奏，行列得正焉，進退得齊焉㈩。故樂者天地之齊，中和之紀，人情之所不能免也㈡。

【註】㈠音樂是使人快樂的，快樂是人情所不能免的。㈡快樂必然發之為聲音，表現於動靜，這是人生的道理。㈢聲音與動靜，以及性術的變化，都在音樂之中完全表現出來了。㈣所以人情不能沒有快樂，樂於心者就不能不表現於外而形之於歌舞。㈤形之於歌舞而不為文辭節奏以輔導（道）之，則不能不流於荒亂。㈥古先聖王厭惡歌舞之流於荒亂，所以制定雅頌的樂聲以輔導之，使它的聲音足以令人快樂而不至流於荒亂，使它的文辭足以強化人心而不至歸於息滅（綸而不息：《詩經》有言：「王言如絲，其出如綸；王言如綸，其出如綍」，謂其言出而彌大也，即有加強之意。）㈦使它的樂律之清濁高下，或宛轉而曲，或徑出而直，或豐富而繁，或減殺而省、或稜隅而廉，或圓潤而肉，或止而節，或作而奏，皆足以感發人之善心，而不使放肆之心，邪僻之氣，得以接近於人們的身心。這就是古先聖王所以制定音樂的基本宗旨。（方：道理，宗旨。）㈧所以音樂在宗廟之中，君臣上下共同來聽它，就沒有不和敬的了；音樂在族長鄉里之中，長幼老少共同來聽它，就沒有不和順的了；音樂在閨門之內，父子兄弟共同來聽它，就沒有不和親的了。㈨所以音樂者是先要審明一個主體而後配之以各樂器之和聲，比擬事物之情況以修飾其節奏，集合了諸多的節奏就成為完整的音樂。這些音樂的作用，所以合和父子君臣的關係，附親萬民的感情者也。這就是古先聖王所以制定音

樂的基本宗旨。⑩所以聽了雅頌的歌聲，就會使人們的心地寬大起來；執起干戚的舞器，學習其俯仰屈伸的動作，就會使人們容貌莊敬起來；走進舞蹈的方位，踏著舞蹈的節拍，就會使行列正直起來，使進退整齊起來。⑪所以音樂者是天地的和合（齊），是中和的紀綱，是人情之所不能免的。

夫樂者，先王之所以飾喜也；軍旅鈇鉞者，先王之所以飾怒也㈠。故先王之喜怒皆得其齊矣。喜則天下和之，怒則暴亂者畏之㈡。先王之道，禮樂可謂盛矣㈢。

【註】㈠音樂者是先王之所以表飾喜悅的，軍旅鈇鉞者是先王之所以表飾威怒的。㈡所以先王之喜怒都能得其和合（齊）之道了，喜則普天之下一片和氣，怒則暴亂者畏懼而不敢作亂。㈢先王治國平天下之道，禮樂的功能可以說是最盛大的了。

魏文侯問於子夏曰：「吾端冕而聽古樂則唯恐臥㈠，聽鄭衛之音則不知倦㈡。敢問古樂之如彼，何也？新樂之如此，何也㈢？」

【註】㈠魏文侯問於子夏說道：「我端端正正穿戴著禮服禮帽而聽古樂，就強打精神，惟恐怕睡著了。㈡但是聽著鄭衛之音，就根本不知道什麼是疲倦。㈢請問對於古樂為什麼是那個樣子？而對於新樂為什麼又是這個樣子呢？」

子夏答曰：「今夫古樂，進旅而退旅㈠，和正以廣㈡，弦匏笙簧合守拊鼓㈢，始奏以文，止亂以武㈣，治亂以相，訊疾以雅㈤。君子於是語，於是道古，修身及家，平均天下：此古樂之發也。今夫新樂，進俯退俯，姦聲以淫，溺而不止，及優侏儒，獶雜子女，不知父子。樂終不可以語，不可以道古：此新樂之發也㈥。今君之所問者樂也，所好者音也。夫樂之與音，相近而不同㈦。」

【註】㈠旅：眾也，旅進而旅退，言大夥兒一塊兒進，又一塊兒退，言其同進同退也。㈡和正以廣，言古樂之聲，和順正大而又寬閒。㈢鄭玄曰：「合，皆也。言眾皆待擊鼓乃作也。捬者，以韋為表，裝之以糠也。」正義云：「拊，一名『相』，亦奏古笙樂也。弦：琴也。匏，瓠屬也，四十六簧，笙十九至十三簧也。簧，施於匏笙之管端者也。合，會也。守，待也。拊者，皮為之，以糠實之如革囊也，用手撫之鼓也。言奏弦匏笙簧之時，若欲令堂上作樂，則撫拊，堂上樂工聞撫拊乃弦歌也。若欲令堂下作樂，則擊鼓，堂下樂工聞鼓乃吹管播樂也。言弦匏笙簧，皆待拊為節，故言會守拊鼓也。」㈣鄭玄曰：「文謂鼓，武謂鐘也。」㈤鄭玄曰：「相即拊也，所以節樂。雅，亦樂器名，狀如漆筩，中有椎。」治亂以相：亂，終也，收場也。以相，即以拊也。子夏答覆魏文侯道：「說到古樂，是大夥兒一塊兒同進，也一塊兒同退，樂聲和順正大而寬閒，各種樂器如弦匏笙簧的動作，都

等著拊與鼓的指揮，若欲使堂上樂工作樂，則撫拊，若欲使堂下樂工作樂，則擊鼓。開始奏樂的時候以鼓，終止奏樂的時候以鐘；用「相」（拊也）控制混亂的聲音，用「雅」控制迅疾（訊疾）的聲音。君子就靠著這種聲樂以表達語言，以稱述古事，以修身齊家平天下，這就是古樂的表演。㈥說到鄭衞的新樂，大夥兒彎腰屈脊而進，又是彎腰屈脊而退，姦邪的聲音，淫蕩的腔調，使人迷醉墮落而不能自止，還有些戲子（優）矮人（侏儒），男女揉雜（獶雜），父子不分，這種音樂，既（終）不可以告人，又不可以道古。這就是新樂的表演。㈦現在君之所問者是聲樂，而君之所喜好者是音調。說到聲樂與音調，似乎是相近，而實際上是大不相同的。」

文侯曰：「敢問如何㈠？」

子夏答曰：「夫古者天地順而四時當，民有德而五穀昌，疾疢不作而無祅祥，此之謂大當㈡。然后聖人作為父子君臣以為之紀綱，紀綱既正，天下大定，天下大定，然后正六律，和五聲，弦歌詩頌，此之謂德音，德音之謂樂㈢。詩曰：『莫其德音，其德克明，克明克類，克長克君。王此大邦，克順克俾。俾於文王，其德靡悔。既受帝祉，施于孫子。』此之謂也㈣。今君之所好者，其溺音與㈤？」

【註】㊀文侯又問聲與音之分別。㊁子夏回答魏文侯道：「古代的時候，天地和順而四時得當，人民有德行而五穀茂盛，疾疢（疢：音趁，病也）不發作，妖怪也沒有，這叫做「大當」（萬事合宜，王夢鷗先生譯為「太平」之年，亦佳）。㊂然後聖人起來，訂立父子君臣的名義，以為人倫的紀綱，紀綱既然端正了，天下纔能大定。天下大定了，然後再考正六律的度數，調和五聲的大小，弦歌詩頌，這纔叫作「德音」，有德的聲音，纔能叫做「樂」。㊃《詩經》上說：『廣大的（莫其，莫然的，莫，大也）德音，他的德行非常之光明（其德克明），既然非常之光明，而又非常之善良（克明克類，類，善也）。所以他可以作長上，也可以作君王（克長克君），為此大邦之王（王此大邦），他能夠順應人民，又能夠接近人民（克順克俾，俾者，比也，比者，接近也）。以至於文王（俾於文王，俾者，比也，比者，至也），他的德行也是毫無遺憾（其德靡悔）。終於受了上天的福祥（既受帝祉，既者，終於也），並且把福祥傳給他的子孫們（施於孫子，施，讀移，延及也）。』《詩經》上這一段話，就是所謂「德音」。㊄現在君之所喜好者，不是有德之音，乃是墮落之音（溺音）！」

文侯曰：「敢問溺音者何從出也㊀？」

子夏答曰：「鄭音好濫淫志，宋音燕女溺志，衛音趣數煩志，齊音驁辟驕志，四者皆淫於色而害於德，是以祭祀不用也㊁。詩曰：『肅雍和鳴，先祖是聽。』夫肅肅，敬也；雍雍，和也。

夫敬以和，何事不行㈢？為人君者，謹其所好惡而已矣。君好之則臣為之，上行之則民從之。詩曰：『誘民孔易』，此之謂也㈣。然后聖人作為鞉鼓椌楬壎篪，此六者，德音之音也㈤。然后鐘磬竽瑟以和之，干戚旄狄以舞之。此所以祭先王之廟也，所以獻醻酳酢也，所以官序貴賤各得其宜也，此所以示後世有尊卑長幼序也㈥。鐘聲鏗，鏗以立號，號以立橫，橫以立武。君子聽鐘聲則思武臣㈦。石聲硜，硜以立別，別以致死。君子聽磬聲則思死封疆之臣㈧。絲聲哀，哀以立廉，廉以立志。君子聽琴瑟之聲則思志義之臣㈨。竹聲濫，濫以立會，會以聚眾。君子聽竽笙簫管之聲則思畜聚之臣㈩。鼓鼙之聲讙，讙以立動，動以進眾。君子聽鼓鼙之聲則思將帥之臣⑪。君子之聽音，非聽其鏗鎗而已也，彼亦有所合之也⑫。」

【註】㈠衞文侯又說：「請問所謂『溺音』者，何從而出？」㈡子夏回答說：「鄭音嗜慾汎濫，荒淫人的心志；宋音晏安娛樂（燕女），陷溺人的心志；衞音迫促疾速（趨數，讀如促速），煩亂人的心志，齊音傲慢乖僻（驁，桀傲不馴。辟，乖僻），驕縱人的心志。這四種聲音都是淫於色情而敗壞

德行，所以在祭祀大典的時候不用它們。㊂《詩經》上說：『肅敬而雍和的音樂，纔是先祖們所愛聽的音樂』。所謂「肅肅」，就是恭敬的意思；所謂「雍雍」，就是和悅的意思。如果能夠恭敬而和悅，還有什麼事情行不通呢？㊃為人君者最要緊的就是謹慎小心於自己的好惡而已矣，如果君好之，則臣下必然亦為之，如果上行之，則人民必然亦從之，《詩經》上說：『誘導人民是極其容易（孔易）的事情』就是這樣的道理。㊄鞉：音陶（ㄊㄠˊ），本作鞀，亦作鼗，小鼓也。椌：音腔（ㄑㄧㄤ）樂器也，椌楬，謂柷敔也，大椌曰柷。柷敔、皆樂器名，樂之初，先擊柷以作之，樂之末，戞敔以止之。柷形如方斗，上寬下窄，深一尺五寸，三面木板，正中各隆起如鼓以受擊，一面正中開圓孔，納擊之之具，作樂先擊之以起樂，其擊之之具曰止。柷音祝（ㄓㄨˋ）。楬：音竭（ㄐㄧㄝˊ）止樂器也，敔之別名。敔：音語（ㄩˇ），樂器名，形如伏虎，背有二十七鉏鋙，用木櫟之發聲，以止樂也。壎音勳（ㄒㄩㄣ），以土為之，大如鵝卵，形以錘，吹之為聲。篪，音馳（ㄔˊ），樂器也，以竹為之，六孔，一孔上出名翹，橫吹之，即橫笛是也。以上乃言聖人製作鞉，鼓，椌，楬，壎，篪，這六種樂器所發出來的聲音，纔是有德行的聲言。㊅然後用鐘磬竽瑟以和奏，用干戚旄狄（旄狄，即旄翟，山雞尾羽，文舞之用）以舞蹈，這是祭祀先王宗廟所用的音樂，這是獻酬酳（音引，獻飲也）酢（音作，客人答勸主人飲酒）所用的音樂。用這種音樂所以論列貴賤的次序使之各得其宜也，所以啟示後世要有尊卑長幼的次序之觀念也。㊆鏗：音坑（ㄎㄥ），清脆洪亮。橫：盛氣充滿也。鐘的聲音清脆洪亮，可以用之發動號令，發動號令所以振作士氣（橫），振作士氣所以建立武功。所以君子一聽鐘聲便想念到那些作戰的武臣。㈧磬：音坑（ㄎㄥ），堅勁強固的。石，磬也。磬的聲音堅勁強硬，可以辨別是非利害，能夠辨別是非利害，就可以打破生死關頭而效命犧牲，所以君子一聽磬聲便想念到那些為國家死守陣地的封疆之臣。㈨絲：八音之一，謂琴瑟之類，其弦皆以絲為之，故言絲即言琴瑟也。琴瑟的聲音悲哀，悲哀則有稜角有骨格，（廉），有稜角有骨格便能立定志氣，所以君子一聽到琴瑟的聲音，便想念到那些有志氣有節義之臣。㈩竹：八音之一，謂簫、管，竽笙之類，以竹為之。竽：音于，樂器也，三十六簧，長四尺二寸。濫，同攬，收斂也。竹管樂器的聲音收斂，收斂就可以會合，能夠會合就可以結聚民眾，所以君子一聽到笙竽簫管的聲音便想念到那些容民親眾之臣。㈡鼙：音皮（ㄆㄧˊ）戰鼓。讙：音歡（ㄏㄨㄢ），羣聲歡呼。戰鼓的聲音浩蕩諠譁，可以煽搖鼓動，能夠煽搖鼓動就可以動員兵眾，所以君子一聽到戰鼓之聲便想念到那些統馭大軍的將帥之臣。㈢如此說來，君子之聽音樂，並不是單單聽牠的聲音洪亮而激昂便算完了，實在是由於音樂的聲音對於他的複雜多樣的內心聯想有所呼應有所契合的原故。」

賓牟賈侍坐於孔子，孔子與之言，及樂，曰：「夫武之備戒之已久，何也㈠？」

【註】㈠有一位賓牟賈者，陪坐於孔子之側，孔子和他談及樂舞之事，就問他道：「武樂開始的時候，首先擊鼓以提醒樂工及舞士，要他們準備動作了，但是為什麼遲了那麼久的時間，他們才舞動起來呢？」

答曰：「病不得其眾也㊀。」

【註】㊀病，憂也，以不能得其眾為病也。賓牟賈答道：「那是模倣武王伐紂之時，擔憂著不能得到士眾之心，所以要用很久的時間準備，然後才能出戰。這就是遲了很久而舞者始出的意思。」

「永歎之，淫液之，何也㊀？」

【註】㊀永歎：長詠而歎。淫液：聲音連延流液不斷的樣子。孔子就說：「為什麼把歌聲拉得那麼長而流連不斷的樣子呢？」

答曰：「恐不逮事也㊀。」

【註】㊀逮：及也，趕上也。賓牟賈答道：「那是模倣武王恐怕諸侯有後至的趕不上參加伐紂戰爭之期待心情。」

「發揚蹈厲之已蚤，何也㊀？」

【註】㊀發揚：形容歌樂之激昂震怒。蹈厲：形容舞蹈之頓足踴地，象徵一場惡戰的情景。已蚤：對上句之「已久」而言，形容其時間之緊張而短促。孔子又說：「為什麼歌聲激動舞步緊張之時間又

是那樣的短急結束呢？」

答曰：「及時事也㈠？」

【註】㈠賓牟賈答道：「那是象徵伐紂戰爭，把握時機一戰而勝之速也。」

「武坐致右憲左，何也㈠。」

【註】㈠坐：跪也。致右：右膝至地也。致，至也。憲左：憲，讀為軒輊之軒，仰起也。憲左，仰起左足也。孔子又說：「為什麼舞武樂之人，有時忽然而跪，以右膝至地而左足仰起呢？」

答曰：「非武坐也㈠。」

【註】㈠賓牟賈回答說：「那不是武舞的跪」。

「聲淫及商，何也㈠？」

【註】㈠淫：過度也。商：五音之商，於四時為秋，主肅殺。孔子又說：「為什麼聲音過於表現著殺氣呢？」

答曰：「非武音也㊀。」

【註】㊀賓牟賈回答說：「那不是武音啊。」

子曰：「若非武音，則何音也㊀？」

【註】㊀孔子又說：「如果不是武音，那麼，它又是什麼音呢？」

答曰：「有司失其傳也。如非有司失其傳，則武王之志荒矣㊀。」

【註】㊀賓牟賈答道：「那恐怕是主管音樂的人，傳說錯誤了。假定不是主管音樂的人傳說錯誤，那簡直是武王年老糊塗了。」

子曰：「唯丘之聞諸萇弘，亦若吾子之言是也㊀。」

【註】㊀孔子說道：「我以前也聽萇弘先生提過這個問題，和你所說的一樣。」

賓牟賈起，免席而請曰：「夫武之備戒之已久，則既聞命矣。敢問遲之遲而又久，何也㊀？」

【註】㈠免席：避開座位。賓牟賈起身，避開座位而向孔子請教著說：「大武之樂，先擊鼓備戒已矣，乃始作舞，我既已領教過了，但是，為什麼久立於舞位（綴）不動，遲而又久是何意呢？」

子曰：「居㈠，吾語汝。夫樂者，象成者也㈡。總干而山立㈢，武王之事也；發揚蹈厲，太公之志也；武亂皆坐㈣，周召之治也。且夫武，始而北出㈤，再成而滅商㈥，三成而南㈦，四成而南國是疆㈧，五成而分陝，周公左，召公右㈨，六成復綴，以崇天子㈩。夾振之而四伐(一一)，盛（振）威於中國也(一二)。分夾而進(一三)，事蚤濟也(一四)。久立於綴(一五)，以待諸侯之至也。且夫女獨未聞牧野之語乎？武王克殷反商(一六)，未及下車，而封黃帝之後於薊(一七)，封帝堯之後於祝(一八)，封帝舜之後於陳(一九)；下車而封夏后氏之後於杞(二〇)，封殷之後於宋(二一)，封王子比干之墓，釋箕子之囚，使之行商容而復其位(二二)。庶民弛政(二三)，庶士倍祿。濟河而西，馬散華山之陽而弗復乘；牛散桃林之野(二四)而不復服；車甲衅(二五)而藏之府庫而弗復用；倒載干戈，苞之以虎皮(二六)；將率之士，使為諸侯，名之曰『建櫜』(二七)，然后天下知武王之不復用兵也。散軍而郊射，左射貍首，右射騶虞㉘，而貫革之射息也㉙。裨冕搢笏㉚，而虎賁之士稅劍也㉛。祀乎明堂㉜，而民知孝；朝覲㉝，然后諸侯知所以臣；耕藉㉞，然后諸侯知所以敬：五者天下之大教也。食三老五更於太學㉟，天子袒而割牲㊱，執醬而饋㊲，執爵而酳㊳，冕而總干㊴，所以教諸侯之悌也。若此，則周道四達，禮樂交通，則夫武之遲久，不亦宜乎？」

【註】㊀居：坐下也。㊁象成：表示其成功的過程。㊂總干：總：執持也。干：盾也。山立：如山之站立。㊃武亂皆坐：武樂到了末章，全體皆跪下。以象安民無事也。㊄始而北出：奏樂，象武王觀兵孟津之時。㊅成：奏也，再成即再奏也，象克殷之時。㊆三成而南：舞者第三奏，往而轉向南，象武王伐紂得勝，向南還西安之時也。㊇舞者第四奏，象周朝太平時，南方荊蠻都來歸服，為周之疆界。㊈舞者第五奏，分兩隊進行，表示分陝東西而治。陝以西，召公治之；陝以東，周公治之。㊉舞者第六奏，回復原位，表示兵還振旅，以崇天子。⑪夾振：兩人持鐸夾舞者而振動之。鐸：大鈴也。四伐：擊刺的步伐，即《尚書．牧誓篇》所謂「今日之事，不過四伐五伐」，言對敵擊刺，再進四步或五步，即停止一下，整修隊伍而後再進。⑫盛威：盛音逞，即發揮威武。中國：即國中，一國之中心部位，即中原各地是也，紂都於河南之朝歌，即中原地區也。言武王由陝西出兵而

逞威於中原地區也。⑬分夾而進：分開兩列行進。⑭事蚤濟也：象徵著伐紂的事業，已經成功，於是乎分陝而治，自陝（河南陝縣）以西，召公治之；自陝以東，周公治之。⑮綴：排成行列之舞位也。⑯克殷反商：反，返也，言武王勝殷之後，由商虛而返於其西京也。⑰薊：在河北薊縣。⑱祝：即祝阿，在山東長清縣東北。⑲陳：今河南淮陽縣。⑳相：今河南杞縣。㉑宋：河南商邱縣。㉒行商容：仍舊使用商朝舊日的生活方式。㉓庶民弛政：弛：脫離。政：征也，戰爭。弛政，即脫離了戰爭之苦。㉔桃林：在河南靈寶縣西，曰桃丘。㉕弢：音滔（ㄊㄠ），藏弓的袋。㉖苞：包裹之也。㉗建櫜：櫜，音高（ㄍㄠ），收藏兵器的套子，為弓衣，甲衣，與受劍之器，皆曰櫜。所以能櫜弓矢而不用者，皆將率之士的力量，故建立以為諸侯，因謂之曰「建櫜」。㉘郊射：為射宮於郊外，以習射禮。在東郊學射，歌貍首之詩以為節；在西郊學射，歌騶虞之詩以為節。㉙貫革：射穿甲革也。㉚裨冕：衣裨衣而冠冕也。裨衣，袞之類也。裨，音婢（ㄅㄧˋ）。搢：音禁（ㄐㄧㄣˋ）插也，如搢笏，古士大夫之裝飾。㉛稅劍：即脫劍也。㉜明堂：講明政教之堂，古代祀上帝，祭先祖，朝諸侯，養老尊賢，凡舉行大典禮者，皆於明堂行之。自上古至唐、宋，其制各異。據《大戴禮》之說，謂明堂九室，三十六戶，七十二牖，以茅蓋屋，上圓下方，外環以水，曰辟雍，即古之太學也。㉝覲：音僅（ㄐㄧㄣˇ），古者諸侯北面而見天子，曰覲。㉞籍：音寂（ㄐㄧˊ），籍田，亦即藉田，天子親耕之田，以供宗廟祭祀。㉟五更：年老更事致仕之人。㊱袒：露臂也。割牲：割牲體之肉。㊲饋：獻食。㊳爵：酒杯。酳：音飲（ㄧㄣˇ），飲酒也。㊴冕而總干：頭戴冠冕，手持盾牌以舞，所以娛樂老者。

【譯】茲將本段全文，譯之如下：

孔子說道：「你坐下，我來告訴你，本來樂舞是顯示其成功的事蹟的。執持干盾而立定如山，那是武王的事情。至於以後樂舞變而為激動緊張，那是顯示姜太公耀武揚威的豪氣。到了最後，舞者都跪下，那是顯示武功已成，而由周公召公共同輔政，偃武修文之治也。說到武樂的進行，第一回合，是顯示武王出兵到孟津會諸侯以伐紂。第二回合，是顯示打敗了紂王。第三回合是顯示武王凱旋而歸，向南向西而返鎬京。第四回合是顯示南方荊蠻都來臣服於周，其土地都歸入於周之版圖。第五回合是顯示武功大成，周召二公兩輪馬車分陝而治，以文德為教也。第六回合是顯示各路諸侯齊集京都，擁護天子。在這六個回合之中，舞隊的形式不斷變化，初而是兩人執鐸夾著舞者，搖著鈴子，調節擊刺的步伐，這是顯示兵威的強大。繼而是分開兩列行進，顯示武功已成，周、召、二公之文德分治。至於樂聲初奏之時，舞隊所以久立而不動者，那是顯示武王在等待諸侯之會師，為時頗久也。況且，你難道沒有聽說過牧野的故事嗎？當武王戰勝了殷家，自商虛返京的時候，沒有等著下車，就把黃帝之後代封於薊地，把帝堯之後代封於祝地，把帝舜之後代封於陳地；及至下車以後，又把夏后氏之後代封於杞地，把殷家之後代封於宋地，又把王子比干的墓地加新了土，把箕子從囚牢之中釋放出來，使他得以繼續行使商朝的禮俗，並恢復其職位。於是乎一般人民都得以脫離了戰爭之苦，而公務人員也得到了加倍的俸祿。武王渡過了黃河，由洛陽向西而行，沿途把戰馬放散於華山之陽，而不再騎用了，把牛隻放散於桃林之野，而不再轉輸了，把兵器都塗上牲血（衅，讀如釁，以牲血塗兵器也）而收藏於府庫，不再使用。把干戈都倒載著，用虎皮包裹起來。把領兵作戰的將帥之士，封之為諸侯。由於他們作戰有功，獲致和平，收藏武器而不用，所以名之為『建櫜』。從這些措施看來，天下之人纔知道武王決心不再用兵了。解散了軍隊而舉行郊射之禮，在東郊學射的時候，演奏貍首的音樂（貍：音離（ㄌㄧˊ）獸名，貓屬，種類甚多。貍首之詩，今已逸失。惟《禮記・射義》謂：「天子以騶虞為節，諸侯以貍首為節。節者，歌詩以為發矢之節度也。一終為一節。」）。在西郊學射的時候，演奏騶虞的音樂以為節（騶虞，《詩經》召南中之一篇），而停止那種貫穿皮革的猛烈射擊。大家頭戴冠冕，身披袞衣，腰插笏版，於是雄赳赳的武士們都不帶寶劍了。祭祀於明堂，使諸侯們瞭解孝順之道；北面而覲見天子，使諸侯們瞭解為臣之道；親耕於籍田，使諸侯們瞭解敬祖之道；招待三老五更於太學，使諸侯們瞭解養老之道；天子袒著上衣，替老者分割牲體，執著醬碟向老者獻食，端著酒杯向老者勸飲，戴著冠冕，拿著盾牌，既歌且舞以娛老者，使諸侯們瞭解尊長之道。這五者，是天下很重大的教化之道。經過如此艱巨而複雜的教化過程，於是周家的教化，普遍於四海，而禮樂的力量，交通於上下。由此說來，大武之樂，所以進行得時間長久，大武之舞，所以表象的動作遲久，豈不是應當的嗎？」

子貢見師乙而問焉，曰：「賜聞聲歌各有宜也，如賜者宜歌何也㈠？」

【註】㈠子貢見了師乙（樂師名乙）而問聲歌之道，他說：「賜（子貢自呼其名）聽說學習聲歌各有自己個性之所宜，像我這樣究竟適宜於學習何種聲歌呢？」

師乙曰：「乙，賤工也，何足以問所宜。請誦其所聞，而吾子自執焉㈠。寬而靜，柔而正者宜歌頌；廣大而靜，疏達而信者宜歌大雅；恭儉而好禮者宜歌小雅；正直清廉而謙者宜歌風；肆直而慈愛者宜歌商；溫良而能斷者宜歌齊㈡。夫歌者，直己而陳德；動己而天地應焉，四時和焉，星辰理焉，萬物育焉㈢。故商者，五帝之遺聲也，商人志之，故謂之商；齊者，三代之遺聲也，齊人志之，故謂之齊。明乎商之詩者，臨事而屢斷；明乎齊之詩者，見利而讓也。臨事而屢斷，勇也；見利而讓，義也。有勇有義，非歌孰能保此㈣？故歌者，上如抗，下如隊，曲如折，止如槀木，居中矩，句中鉤，累累乎殷如貫珠㈤。故歌之為言也，長言之也。說之，故言之；言之不足，故長言之；長言之不足，故嗟歎之；嗟歎之不足，故不知手之舞之足之蹈之㈥。」

子貢問樂。

【註】㈠師乙回答曰：「我是個微賤的樂工，怎麼能夠答覆你關於你適宜於學習何種聲歌的問題？不過，我可以把我所聽到的有關於這一問題的知識轉告於你，請你自己抉擇好了。㈡寬厚而安靜，柔順而平正者，適宜於學習頌體的聲歌；廣大而安靜，通達而誠信者，適宜於學習大雅的聲歌；恭儉而好禮者，適宜於學習小雅的聲歌；正直清廉而謙讓者，適宜於學習風體的聲歌；放任直率而慈愛者，適宜於學習商體的聲歌；溫良而能決斷者，適宜於學習齊體的聲歌。㈢所謂聲歌者，就是一點不打折扣的（直己）公開表白自己的心意。發動了自己的真情而使天地為之順應，四時為之調和，星辰為之條理，萬物為之發育。㈣所以商聲者，是五帝之時所遺留下來的聲歌，商朝的人把它記錄下來，所以謂之「商」。齊聲者，是三代之時所遺留下來的聲歌，齊國的人把它記錄下來，所以謂之「齊」。所以真正是明瞭商體的詩者，臨事就常常能夠決斷；真正是明瞭齊體的詩者，見利就常常能夠退讓。臨事能常常決斷者，就是「勇」；見利而能退讓者，就是「義」，既有勇而又有義，如果不是聲歌的力量，誰能夠保持此種美德？㈤所以聲歌的抑揚頓挫，變化無窮，高音像是愈抬愈高，低音像是愈降愈低，轉折時忽如中斷，終止時寂如槁木，微曲之音（居讀如據，微曲也），合乎矩尺（中矩），極彎之音（句，讀如勾，甚曲也），合乎環鈎，連續而充實的聲調如同連串的珠子一樣的

美妙。㈥所以聲歌就是言語，是拉長了的言語，由於心中喜悅，所以形之於言語；形之於言語，還不夠充分表達心中的喜悅，所以把言語拉長以表達之；把言語拉長還不夠表達心中的喜悅，所以繼之以嗟歎；繼之以嗟歎還不夠表達心中的喜悅，所以不知不覺就手舞足蹈起來了。」

凡音由於人心，天之與人有以相通，如景之象形，響之應聲。故為善者天報之以福，為惡者天與之以殃，其自然者也。

故舜彈五弦之琴，歌南風之詩而天下治；紂為朝歌北鄙之音，身死國亡。舜之道何弘也？紂之道何隘也？夫南風之詩者生長之音也，舜樂好之，樂與天地同意，得萬國之驩心，故天下治也。夫朝歌者不時也，北者敗也，鄙者陋也，紂樂好之，與萬國殊心，諸侯不附，百姓不親，天下畔之，故身死國亡。

而衞靈公之時㈠，將之晉，至於濮水之上舍㈡。夜半時聞鼓琴聲，問左右，皆對曰「不聞」。乃召師涓曰：「吾聞鼓琴音，問左右，皆不聞。其狀似鬼神，為我聽而寫之。」師涓曰：「諾。」因端坐援琴，聽而寫之。明日，曰：「臣得之矣，然未習也，請宿習之。」靈公曰：「可。」因復宿。明日，報曰：「習矣。」

即去之晉，見晉平公。平公置酒於施惠之臺㊂。酒酣，靈公曰：「今者來，聞新聲，請奏之。」平公曰：「可。」即令師涓坐師曠旁，援琴鼓之。未終，師曠撫而止之曰：「此亡國之聲也，不可遂。」平公曰：「何道出？」師曠曰：「師延所作也。與紂為靡靡之樂，武王伐紂，師延東走，自投濮水之中，故聞此聲必於濮水之上，先聞此聲者國削。」平公曰：「寡人所好者音也，願遂聞之。」師涓鼓而終之。

【註】㊀時衞都楚丘：在今河南省滑縣東六十里。㊁濮水之上舍：在今河北東明縣界，即師延投水處也。㊂施惠之臺：一本「慶祁之堂」，《左傳》云：「虒祁之宮」，在山西絳州西四十里，臨汾水也。

平公曰：「音無此最悲乎？」師曠曰：「有。」平公曰：「可得聞乎？」師曠曰：「君德義薄，不可以聽之。」平公曰：「寡人所好者音也，願聞之。」師曠不得已，援琴而鼓之。一奏之，有玄鶴二八集乎廊門；再奏之，延頸而鳴，舒翼而舞。

平公大喜，起而為師曠壽。反坐，問曰：「音無此最悲乎？」師曠曰：「有。昔者黃帝以大合鬼神，今君德義薄，不足以聽之，聽之將敗。」平公曰：「寡人老矣，所好者音也，願遂聞之。」師曠不得已，援琴而鼓之。一奏之，有白雲從西北起；再奏之，大風至而雨隨之，飛廊瓦，左右皆奔走。平公恐懼，伏於廊屋之閒。晉國大旱，赤地三年。

聽者或吉或凶。夫樂不可妄興也。

太史公曰：夫上古明王舉樂者，非以娛心自樂，快意恣欲，將欲為治也。正教者皆始於音，音正而行正㈠。故音樂者，所以動盪血脈，通流精神而和正心也㈡。故宮動脾而和正聖，商動肺而和正義，角動肝而和正仁，徵動心而和正禮，羽動腎而和正智㈢。故樂所以內輔正心而外異貴賤也；上以事宗廟，下以變化黎庶也㈣。琴長八尺一寸，正度也。弦大者為宮，而居中央，君也。商張右傍，其餘大小相次，不失其次序，則君臣之位正矣㈤。故聞宮音，使人溫舒而廣大；聞商音，使人方正而好義；

聞角音，使人惻隱而愛人；聞徵音，使人樂善而好施；聞羽音，使人整齊而好禮㈥。夫禮由外入，樂自內出。故君子不可須臾離禮，須臾離禮則暴慢之行窮外；不可須臾離樂，須臾離樂則姦邪之行窮內㈦。故樂音者，君子之所養義也㈧。夫古者，天子諸侯聽鐘磬未嘗離於庭，卿大夫聽琴瑟之音未嘗離於前，所以養行義而防淫佚也㈨。夫淫佚生於無禮，故聖王使人耳聞雅頌之音，目視威儀之禮，足行恭敬之容，口言仁義之道。故君子終日言而邪辟無由入也㈩。

【註】㈠太史公說：上古的明王所以興舉音樂者，並不是為的娛樂自心，快意縱欲，乃是為的要治理國家。端正教化者都始於樂音；樂音端正而後其行為端正。㈡所以音樂者就是動盪血脈，通流精神而使人們的心理狀態保持和順與平衡的。㈢所以宮聲動盪脾部而得其和正，則成為「聖」；商聲動盪肺部而得其和正，則成為「義」；角聲動盪肝部而得其和正，則成為「仁」；徵聲動盪心臟而得其和正，則成為「禮」；羽聲動盪腎部而得其和正，則成為「智」。㈣所以音樂的作用，就是內可以輔導正心而外可以分別貴賤，對上可以事奉宗廟，而對下可以變化黎庶。㈤琴長八尺一寸，正度也。弦大者為宮聲，而居於中央，象徵君的位置。商聲張於右傍，其餘大小相列，不失其次序，那就

表示君臣之位都安置得很正確了。㈥所以一聽到宮的聲音，就使人溫舒而廣大；一聽到商的聲音，就使人方正而好義；一聽到角的聲音，就使人惻隱而愛人；一聽到徵的聲音，就使人樂善而好施；一聽到羽的聲音，就使人整齊而好禮。㈦禮是從外部規範而入，樂是從內心流露而出。所以君子不可以頃刻之間離開禮儀，如果有頃刻之間離開禮儀，那麼，一切暴慢的行為就會破壞了外部的規範；君子也不可以頃刻之間離開音樂，如果有頃刻之間離開音樂，那麼，一切姦邪的行為就會破壞了內心的純潔。㈧所以音樂者，君子之所以修養行為之義理也。㈨古者，天子諸侯聽鐘磬之音，未嘗離於庭；卿大夫聽琴瑟之音，未嘗離於前，就是為的要修養行義而防止淫佚的。⑩淫佚都是發生於沒有禮義的控制，所以聖人使人耳聽雅頌之音，目觀威儀之禮，足行恭敬之容，口言仁義之道。所以君子終日言語，而邪僻沒有可能進入於他的身心。

卷二十五　律書第三

王者制事立法，物度軌則㈠，壹稟於六律㈡，六律為萬事根本焉㈢。

【註】㈠制事：制作事物。立法：定立法則。物度：物之法度。軌則：亦言法度也。㈡壹：皆也，完全的。稟：遵從。六律：陽氣有六，為六律；陰氣有六，為六呂。陽六之名：黃鐘，太簇，姑洗，蕤賓，夷則，無射。陰六之名：大呂，夾鐘，中呂，林鐘，南呂，應鐘。律者，述也，所以述陽氣也；呂者，旅也，旅者，助也，所以助陽氣也。天地之氣，陰陽相助而萬物生。黃鐘者，陽氣踵黃泉而出，以孳萌萬物，始於子，在十一月，為六氣之元。大呂者，言陰氣助陽氣以萌芽萬物，位於丑，在十二月。此黃鐘與大呂之關係也。太簇者，簇，族也，奏也，進也，言陽氣大進於地而通達於一切生物也，位於寅，在正月。夾鐘者，言陰氣夾助太簇以宣四方之氣而生出萬物也，位於卯，在二月。此太簇與夾鐘之關係也。姑洗者，言陽氣洗物，必使之新潔也，位於辰，在三月。中呂者，言微微的陰氣，始起而未成，居於中以助姑洗之陽氣而宣氣齊物也，位於巳，在四月。此姑洗與中呂之關係也。蕤賓者，蕤，繼也；賓，儐也，導也。言陽氣始導陰氣，使繼萬物也，位於午，在五月。林鐘者，言陰氣受任助蕤賓之陽氣而使萬物長大茂盛也。位於未，在六月。此蕤賓與林鐘之關係也。夷則

者，夷，傷也，則，法也，言陽氣正法度而使陰氣夷當傷之物也。位於申，在七月。南呂者，南，任也，言陰氣旅助陽氣之夷則而任成萬物也。依於酉，在八月。此夷則與南呂之關係也。無射者，射，厭也，言陽氣究物而使陰氣畢剝落之，終而復始，無厭已也。位於戌，在九月。應鐘者，言陰氣應陽氣之無射，該藏萬物而雜陽閡種也。位於亥，在十月。此無射與應鐘之關係也。三統者，天施、地化、人事之紀也。黃鐘為天統，律長九寸。林鐘為地統，律長六寸。太簇為人統，律長八寸。此三律謂之三統。㊂〈律曆志〉云：「夫推曆生律，制器：規圓矩方，權重衡平，準繩嘉量，探賾（深也）索隱，鉤深致遠，莫不用焉」，是萬物之根本。

其於兵械尤所重㊀，故云「望敵知吉凶㊁，聞聲效勝負」㊂，百王不易之道也。

【註】㊀易云：「師出以律」，可見律對於兵械之重要性。劉伯莊曰：「吹律審聲，聽樂知政，師曠審歌，知晉楚之強弱。故云兵家尤所重。」㊁凡敵陣之上，皆有氣色，氣強則聲強，聲強則其眾勁。律者，所以通氣，故知吉凶也。正義謂：凡兩軍相敵，上皆有雲氣及日暈。〈天官書〉云：「暈等，力均，厚長大，有勝；薄短小，無勝。」故望雲氣知勝負強弱。㊂《周禮》：「太師執同律以聽軍聲，而占其吉凶」。故《左傳》謂「師曠知南風之不競」，即其類也。校：比較也。

武王伐紂，吹律聽聲㈠，推孟春以至于季冬，殺氣相并，而音尚宮。同聲相從，物之自然，何足怪哉？

【註】㈠武王伐紂，吹管律而聽聲音，得宮音，其徵象為君兵同心，即昭示其必勝。兵書云：「夫戰，太師吹律，合商則戰勝，軍事張強。角則軍擾多變，失士心；宮則軍和，主卒同心。徵則將急數怒，軍士勞。羽則兵弱少威焉。」

兵者，聖人所以討彊暴，平亂世，夷險阻，救危殆㈠。自含（血）〔齒〕戴角之獸見犯則校㈡，而況於人懷好惡喜怒之氣？喜則愛心生，怒則毒螫加㈢，情性之理也。

【註】㈠夷險阻：平也，掃蕩險阻也。㈡見犯則校：被侵犯則與之相鬥爭（校，戰鬥也）。㈢螫：音遮（ㄓㄜ），蛇蟲等用尾針刺人或毒牙咬人。

昔黃帝有涿鹿之戰，以定火災㈠；顓頊有共工之陳，以平水害㈡；成湯有南巢之伐，以殄夏亂㈢。遞興遞廢，勝者用事，所受於天也㈣。

【註】㊀神農氏孫暴虐，黃帝伐之，故以定火災。㊁共工，主水之官，少昊氏衰，秉政作虐，故顓頊伐之。陳，讀陣，為陣地以作戰也。㊂南巢，安徽巢縣也。殄：音舔（ㄊㄧㄢˇ）平滅也。㊃勝者用事：勝利者主持國事也。

自是之後，名士迭興，晉用咎犯㊀，而齊用王子㊁，吳用孫武㊂，申明軍約，賞罰必信，卒伯諸侯㊃，兼列邦土㊄，雖不及三代之誥誓㊅，然身寵君尊，當世顯揚，可不謂榮焉？豈與世儒㊆闇於大較㊇，不權輕重，猥云德化㊈，不當用兵，大至君辱失守，小乃侵犯削弱，遂執不移等哉！故教笞不可廢於家，刑罰不可捐於國，誅伐不可偃於天下㊉，用之有巧拙，行之有逆順耳。

【註】㊀咎犯：即舅犯，古文「舅」皆作「咎」。舅犯，晉之大夫。㊁王子成父。㊂春秋時，齊人，以兵法見吳王闔廬，用為將，西破強楚，北威齊、晉，遂霸諸侯。著《孫子》十三篇，為兵家所祖。㊃卒伯諸侯：即卒霸諸侯，即終於稱霸於諸侯也。㊄兼列邦土：擴張國家的土地。㊅三代之誥誓：夏、商、周三代之主，統一天下，有誥誡之語、誓眾之詞，文治武功，足以為法於後世，孫武等無此大的成就，故曰不及三代之誥誓。㊆世儒：世俗之腐儒，不通世故的書生。㊇闇於大較：不明

白大的道理。㈨猥：音韋（ㄨㄟˇ）狂妄，如「猥云德化」，即妄言德化。或解為助詞，有「乃」字之意。㈩偃：休止也。

夏桀、殷紂手搏豺狼，足追四馬，勇非微也；百戰克勝，諸侯慴服，權非輕也。秦二世宿軍無用之地㈠，連兵於邊陲，力非弱也；結怨匈奴，絓禍於越㈡，勢非寡也。及其威盡勢極，閭巷之人為敵國。咎生窮武之不知足㈢，甘得之心不息也㈣。

【註】㈠駐軍於無用之地。㈡以三十萬備匈奴，以五十萬守五嶺。絓：音（ㄍㄨㄚˋ），結連也，即結禍於南越。㈢窮武：儘量的使用武力。㈣貪得之心不息。

高祖有天下，三邊外畔；大國之王雖稱蕃輔，臣節未盡㈠。會高祖厭苦軍事㈡，亦有蕭、張之謀㈢，故偃武一休息，羈縻不備㈣。

歷至孝文即位，將軍陳武等議曰：「南越、朝鮮自全秦時內屬為臣子，後且擁兵阻阸，選蠕觀望㈤。高祖時天下新定，人民小安，未可復興兵。今陛下仁惠撫百姓，恩澤加海內，宜及士民樂用，征討逆黨，以一封疆。」孝文曰：「朕能任衣冠，念不到此。會呂氏之亂，功臣宗室共不羞恥，誤居正位㈥，常戰戰慄慄，恐事之不終㈦。且兵兇器，雖克所願，動亦秏病，謂百姓遠方何㈧？又先帝知勞民不可煩，故不以為意。朕豈自謂能？今匈奴內侵，軍吏無功，邊民父子荷兵日久㈨，朕常為動心傷痛，無日忘之。今未能銷距㈩，願且堅邊設候㈡，結和通使，休寧北陲，為功多矣。且無議軍。」故百姓無內外之繇，得息肩於田畝，天下殷富，粟至十餘錢，鳴雞吠狗，煙火萬里，可謂和樂者乎！

【註】㈠表面上雖稱為藩國，實際上並不完全服從中央。㈡會：恰好碰到。㈢蕭何、張良。㈣只用方法予以牢籠，並不作軍事討伐的準備。㈤選蠕觀望：選，同巽，音遜，卑順也。巽蠕，圓柔，滑頭，沒有堅決肯定的態度。觀望形勢，沒有中心的信仰。㈥功臣宗室都不以我之無能為羞恥，而共同擁戴我。㈦恐怕不能完成我的任務。㈧何以對得起百姓與遠方？㈨荷兵：負荷兵器。㈩銷距：消滅抗拒。距，拒也。㈡設侯：設置偵探。繇：同徭，服戰事之徭役也。以上是言漢文帝以和平的外交政策，與匈奴訂立互不侵犯，所以人民得享和平之福，因之，經濟繁榮，天下殷富，所以文

帝一代的政治，在歷史上是一段最值得稱贊的。

太史公曰：文帝時，會天下新去湯火㈠，人民樂業，因其欲然，能不擾亂，故百姓遂安。自年六七十翁亦未嘗至市井，游敖嬉戲如小兒狀。孔子所稱有德君子者邪㈡！

【註】㈠新去湯火：剛剛脫離了戰爭的塗炭不久。㈡漢文帝可以算得是孔子所稱說的「有德君子」啊！

書曰：七正二十八舍㈠。律曆，天所以通五行八正之氣㈡，天所以成孰萬物也。舍者，日月所舍。舍者，舒氣也。

【註】㈠索隱謂：「七正：日，月，五星，七者可以正天時。二十八宿，七正之所舍也。舍，止也。宿，次也。言日月五星運行，或舍於二十八次之分也。」㈡索隱謂「八謂八節之氣，以應八方之風。」

不周風居西北，主殺生。東壁居不周風東，主辟生氣㈠而東之。至於營室㈡。營室者主營胎㈢陽氣而產之。東至于危。危，垝也㈣。言陽氣之（危）垝，故曰危。十月也，律中應鍾㈤。應鍾者，陽氣之應，不用事也。其餘十二子為亥。亥者，該也㈥。

言陽氣藏於下，故該也。

【註】㊀辟：音闢。㊁定星也，定中而可以作室，故曰營室，其星有室象也。㊂營胎：一作營含。㊃垝：音詭，毀壞也。㊄《白虎通》云：「應者，應也，言萬物應陽而動，下藏也。漢初依秦，以十月為歲首，故起應鐘。」㊅孟康云：「閡，藏塞也，陰雜陽氣藏塞，為萬物作種也。」

廣莫風居北方㊀。廣莫者，言陽氣在下，陰莫陽廣大也，故曰廣莫。東至於虛。虛者，能實能虛，言陽氣冬則宛藏於虛㊁，日冬至則一陰下藏，一陽上舒，故曰虛。東至于須女㊂。言萬物變動其所，陰陽氣未相離，尚相（如）胥（如）也㊃，故曰須女。十一月也，律中黃鍾。黃鍾者，陽氣踵黃泉而出也。其於十二子為子。子者，滋也；滋者，言萬物滋於下也。其於十母為壬癸。壬之為言任也，言陽氣任養萬物於下也。癸之為言揆也，言萬物可揆度，故曰癸。東至牽牛。牽牛者，言陽氣牽引萬物出之也。牛者，冒也，言地雖凍，能冒而生也。牛者，耕植種萬物也。東至於建星。建星者，建諸生也。十二月也，律中大呂。大呂者。其於十二子為丑㈤。

【註】㈠廣莫：即廣漠，廣大也。㈡宛，音蘊，藏也。㈢須女：星名，一作務女，又作婺女，在織女之南，四星。㈣相胥：相需要也。㈤丑者，紐也，言陽氣在上未降，萬物厄紐未敢出也。

條風居東北，主出萬物。條之言條治萬物而出之，故曰條風。南至於箕。箕者，言萬物根棋㈠，故曰箕。正月也，律中泰蔟㈡。泰蔟者，言萬物蔟生也，故曰泰蔟。其於十二子為寅。寅言萬物始生螾然㈢也，故曰寅。南至於尾，言萬物始生如尾也。南至於心，言萬物始生有華心也。南至於房。房者，言萬物門戶也，至于門則出矣。

【註】㈠徐廣曰：「根棋，一作根橫」。㈡中：合也，在律上來說，是與泰蔟相應合的。㈢螾然：螾，即蚓字，蚯蚓也，萬物始生，如蚯蚓似的。

明庶風居東方。明庶者，明眾物盡出也。二月也，律中夾鐘。夾鐘者，言陰陽相夾廁也㈠。其於十二子為卯。卯之為言茂也，言萬物茂也。其於十母為甲乙。甲者，言萬物剖符甲而出也㈡。乙者，言萬物生軋軋也。南至于氐，氐者，言萬物皆至也。南至於亢。亢者，言萬物亢見也。南至于角。角者，言萬物皆有枝格如角也。三月也，律中姑洗。姑洗者，言萬物洗生㈢。其於十二子為辰。辰者，言萬物之蜄也㈣。

【註】㈠在律上來說，合乎夾鐘，言陰陽相夾助也。㈡符甲：即孚甲，言草木之甲皆分裂而發生萌芽也。㈢在律上來說，合乎姑洗，言萬物必洗得很潔淨也。㈣蜄：音振，言萬物之振動也。

清明風居東南維，主風吹萬物而西之。〔至于〕軫。軫者，言萬物益大而軫軫然㈠。西至于翼。翼者，言萬物皆有羽翼也。四月也，律中中呂。中呂者，言萬物盡旅而西行也。其於十二子為巳。巳者，言陽氣之巳盡也。西至于七星。七星者，陽數成於七，故曰七星。西至于張。張者，言萬物皆張也。西至于注。注者，言萬物之始衰，陽氣下注，故曰注。五月也，律中蕤賓。蕤賓者，言陰氣幼小，故曰蕤㈡，痿陽不用事，故曰賓。

【註】㈠軫：音診（ㄓㄣˇ）軫軫然，盛大的樣子。㈡蕤：音瑞，陽平（ㄖㄨㄟˊ），花下垂的樣子。

景風居南方。景者，言陽氣道竟，故曰景風。其於十二子為午。午者，陰陽交，故曰午㈠。其於十母為丙丁。丙者，言陽道著明，故曰丙；丁者，言萬物之丁壯也，故曰丁。西至于弧。弧者，言萬物之吳落㈡且就死也。西至于狼。狼者，言萬物可度量，斷萬物，故曰狼。

【註】㈠〈律曆志〉云：「咢布於午」。㈡徐廣曰：「吳，一作『柔』。」

涼風居西南維，主地。地者，沈奪萬物氣也㈠。六月也，律中林鐘㈡，林鐘者，言萬物就死氣林林然。其於十二子為未。未者，言萬物皆成，有滋味也。北至於罰。罰者，言萬物氣奪可伐也。北至於參。參言萬物可參也，故曰參。七月也，律中夷則㈢，夷則，言陰氣之賊萬物也。其於十二子為申。申者，言陰用事，申賊萬物，故曰申。北至於濁。濁者，觸也，言萬物皆觸死也，故曰濁。北至於留。留者，言陽氣之稽留也，故曰留。

八月也，律中南呂。南呂者，言陽氣之旅入藏也。其於十二子為酉。酉者，萬物之老也，故曰酉。

【註】㈠正義謂：「沈，一作『洗』。」㈡《白虎通》云：「林者，眾也，言萬物成熟，種類多也。」㈢就律上來說，合乎夷則，言陰氣助陽氣摧殘萬物之當傷者也。（至於意同至于。）

閶闔風居西方。閶者，倡也；闔者，藏也。言陽氣道萬物，闔黃泉也。其於十母為庚辛。庚者，言陰陽庚萬物，故曰庚；辛者，言萬物之辛生，故曰辛。北至於胃。胃者，言陽氣就藏，皆胃胃也。北至於婁。婁者，呼萬物且內之也。北至於奎㈠，奎者，主毒螫殺萬物也，奎而藏之。九月也，律中無射㈡，無射者，陰氣盛用事，陽氣無餘也，故曰無射。其於十二子為戌。戌者，言萬物盡滅，故曰戌㈢。

【註】㈠索隱謂：「天官書『奎為溝瀆，婁為聚眾，胃為天倉』。今此說並異，及六律十母，又與漢書不同，今各是異家之說也。」㈡射：音亦。《白虎通》云：「言萬物隨陽而終，當復隨陰而起，無有終也。」以上所言六呂，十干，十二支，均與《漢書．律曆志》不同。㈢〈律曆志〉謂「畢入

於戌也」。

律數：

九九八十一以為宮

三分去一，五十四以為徵

三分益一，七十二以為商

三分去一，四十八以為羽

三分益一，六十四以為角

黃鐘長八寸十分之一，宮㈠

大呂長七寸五分三分之一㈡

太簇長七寸七分二，角

夾鐘長六寸一分三分一

姑洗長六寸七分四，羽㈢

仲呂長五寸九分三分二，徵

蕤賓長五寸六分三分一

林鐘長五寸七分四，角㈣

夷則長五寸四分三分二，商

南呂長四寸七分八，徵

無射長四寸四分三分二

應鐘長四寸二分三分二，羽

【註】㈠索隱：「案上文云，律九九八十一，故云長八寸十分一，而漢書云：黃鐘長九寸者，九分之寸也。劉歆、鄭元等皆以長九寸即十分之寸，不依此法也。云宮者，黃鐘為律之首，宮為五音之長，十一月以黃鐘為宮，則聲得其正。舊本多作七分，蓋誤也。」㈡索隱謂：「十一月以黃鐘為宮，五行相次；大呂為商者，大呂所以助陽宣化。」㈢亦以金生水故也。㈣索隱謂：「水生木，故以為角，不用蕤賓者，以陰氣起，陽不用事，故去也。」

生鐘分㈠：

子一分㈡。丑三分二㈢。寅九分八㈣。卯二十七分十六㈤。辰八十一分六十四。巳二百四十三分一百二十八。午七百二十九分五百一十二。未二千一百八十七分一千二十四。申六千五百六十一分四千九十六。酉一萬九千六百八十三分八千一百九十二。

戌五萬九千四十九分三萬二千七百六十八。亥十七萬七千一百四十七分六萬五千五百三十六。

【註】㊀此算術生鐘律之法也。㊁索隱：「自此以下十一辰，皆以三乘之，為黃鐘積實之數也。」㊂索隱：「案子律黃鐘長九寸，林鐘為衡，衡長六寸，以九比六，三分少一，故云丑三分二，即是黃鐘三分去一，下生林鐘數也。」㊃索隱：「十二律以黃鐘為主，黃鐘長九寸，太簇長八寸，圍八分，寅九分八，即是林鐘三分益一，上生太簇之義也。」正義：「孟康云：『元氣始起於子未分之時，天地人混合為一，故子數獨一。』漢書律曆志云：『太極元氣，函三為一，行於十二辰，始動於子，參之於丑得三，又參於寅得九，又參之於卯得二十七；又參之於辰，得八十一；又參之於巳，得二百四十三；又參之於午，得七百二十九；又參之於未，得二千一百八十七；又參之於申，得六千五百六十一；又參之於酉，得萬九千六百八十三；又參之於戌，得五萬九千四十九；又參之於亥，得十七萬七千一百四十七。』此陰陽合德，氣鐘於子，化生萬物者也，然丑三分二，寅九分八者，並是分之餘數，而漢書不說也。」㊄索隱：「此以丑三乘寅，寅三乘卯，得二十七，南呂為卯，衡長五寸三分寸之一，以三約二十七得九，即黃鐘之本數。又以三約十六，得五縣三分之一，即南呂之長，故云卯二十七分十六，亦是太簇三分去一下生南呂之義。以下八辰，並準此，然丑三分二，寅九分八者，皆分之餘數也。」

生黃鐘術曰：以下生者，倍其實，三其法㈠。以上生者，四其實，三其法㈡。上九，商八，羽七，角六，宮五，徵九㈢。置一而九三之以為法㈣。實如法，得長一寸㈤。凡得九寸，命曰「黃鐘之宮。」故曰音始於宮，窮於角㈥；數始於一，終於十，成於三；氣始於冬至，周而復生。

【註】㈠索隱：「生黃鐘，術曰以下生者：案：蔡邕曰：『陽生陰為下生，陰生陽為上生，子午巳申為上生，己酉為下生。』又律曆志云：『陰陽相生自黃鐘始，而左旋八八為五。』孟康注云：『從子數辰至未得八，下生林鐘數。又自未至寅亦得八，上生太簇律是也。然上下相生，皆以此為率。』今云以下生者，謂黃鐘下生林鐘，黃鐘長九寸，倍其實者，二九十八。三其法者，以三為法約之得六，為林鐘之長也。」㈡索隱：「四其實者，謂林鐘上生太簇，林鐘長六寸，以四乘六得二十四。以三約之得八，即為太簇之長。」㈢索隱：「此五聲之數，亦上生三分益一，下生三分去一，宮下生徵，徵益一上生商；商下生羽，羽益一上生角。然此文似數錯，未暇研覈也。」㈣索隱：「漢書律曆志曰：『太極元氣，函三為一，行之於十二辰，始動於子，參之於丑得三，又參之於寅得九。』是謂因而九三之也。韋昭曰：『置一而九，以三乘之，是也。』樂彥云：『一氣生於子，至丑而三，是一三也。又自丑至寅為九，皆以三乘之，是九三之也。又參之卯，得二十七；參之於辰，得八十

一；又參之於巳，得二百四十三；又參之於午，得七百二十九；又參之於未，得二千六百八十七；又參之於申，得六千五百六十三；又參之於酉，得一萬九千六百八十三；又參之於戌，得五萬九千四十九；又參之於亥，得十七萬七千一百四十七，謂之該數。此陰陽合德，氣鍾於子，化生萬物也。然丑三分，寅九分者，即分之餘數也。」㊄索隱：「實如法得一，實謂以子一乘丑三，至亥得十七萬七千一百四十七為實數。如法謂以上萬九千六百八十三之法除實得九，為黃鐘之長。言『得一』者，算術設法辭也。『得』下有『長』，『一』下有『寸』者，皆衍字也。」韋昭云：「得九寸之一也。姚氏謂得一即黃鐘之子數。」㊅索隱：「即如上文宮下生徵，徵上生商，商下生羽，羽上生角，是其窮也。」

神生於無㊀，形成於有㊁，形然後數，形而成聲㊂，故曰神使氣，氣就形。形理如類有可類。或未形而未類，或同形而同類，類而可班，類而可識。聖人知天地識之別，故從有以至未有㊃，以得細若氣，微若聲㊄。然聖人因神而存之㊅，雖妙必效情，核其華道者明矣㊆。非有聖心以乘聰明，孰能存天地之神而成形之情哉？神者，物受之而不能知（及）其去來㊇，故聖人畏而欲存之。唯欲存之，神之亦存㊈。其欲存之者，故莫貴焉㊉。

【註】㊀正義謂：「無形為太易氣，天地未形之時，言神本在太虛之中而無形也。」㊁正義謂：「天地既分，二儀已質，萬物之形成於天地之間，神在其中。」㊂正義謂：「數謂天數也，聲謂宮、商、角、徵、羽也。言天數既形，則能成其五聲也。」㊃正義謂：「從有謂萬物形質也，未有謂天地未形也。」㊄正義謂：「氣謂太易之氣，聲謂五聲之聲也。」㊅正義謂：「言聖人因神理其形體，尋迹至於太易之氣，故云因神而存之，上云從有以至未有，是也。」㊆正義謂：「妙謂微妙之性也。效，猶見也。核，研核也。華道，神妙之道也。言人雖有微妙之性，必須程督已之情理，然後研核神妙之道，乃能究其形體，辨其成聲，故謂明矣。故下云：『非有聖心以乘聰明，孰能存天地之神而成形之情哉』？是也。」㊇正義謂：「言萬物受神妙之氣，不能知覺，及神去來，亦不能識其往復也。」㊈正義謂：「言聖人畏神妙之理難識，而欲常存之；唯欲常存之，故其神亦存也」。㊉正義謂：「言平凡之人欲得精神存者，故亦莫好貴神之妙焉。」

太史公曰：〔故〕〔在〕旋璣玉衡以齊七政㊀，即天地二十八宿㊁。十母㊂，十二子㊃，鐘律調自上古。建律運曆造日度，可據而度也㊄。合符節，通道德，即從斯之謂也。

【註】㊀在：考察。旋璣玉衡：即璿璣玉衡。古時測天文之儀器，後世所謂之渾天儀是也。璿，美玉也。璣，衡，俱以玉飾，璣為轉運，衡為橫簫，運機使轉，以衡望之，此王者正天文之器。衡長八尺，璣徑八尺，圓周二丈五尺強。七政：日月與五星也。㊁二十八宿：東方：角，亢、氐、房、心、

尾、箕。南方：井、鬼、柳、星、張、翼、軫。西方：奎、婁、胃、昴、畢、參、觜。北方：斗、牛、女、虛、危、室、壁。㊂十母：十干也，甲、乙、丙、丁、戊、己、庚、辛、壬、癸。㊃十二子：十二支也，子、丑、寅、卯、辰、巳、午、未、申、酉、戌、亥。㊄度：音惰（ㄉㄨㄛˋ），推算，測量。

卷二十六　曆書第四

昔自在古，曆建正作於孟春㊀。於時冰泮發蟄㊁，百草奮興，秭鳺先滜㊂。物酒歲具㊃，生於東，次順四時，卒于冬分㊄。時鷄三號，卒明㊅。撫十二〔月〕節㊆，卒于丑㊇。日月成㊇。故明也。明者孟也，幽者幼也㊈，幽明者雌雄也。雌雄代興，而順至正之統也㊉。日歸于西，起明於東；月歸於東，起明于西。正不率天㊁；又不由人㊂，則凡事易壞而難成矣㊂。

【註】㊀正：音征（ㄓㄥ），一歲之初月。孟春：陰曆正月，曰孟春，為春季之首。㊁冰泮：冰溶解而散開。發蟄：藏伏於土中之動物，到了春天都活動起來了。㊂秭鳺：秭，音姊（ㄗˇ）；鳺，音規。秭鳺，即「子規」，今通稱杜鵑。滜：音號（ㄏㄠˊ），通「嗥」，鳴也。謂子規鳥於春氣發動之時，則先出野澤而鳴也。㊃物乃歲具：言萬物與歲，俱起於春，盡於冬也。具，同「俱」。㊄卒：盡也。㊅鷄三號：鷄子叫了三遍，則天明。卒明：卒字，當為「平」字，即「平明」也。㊆撫：循也，循序而至也。《史記正義》曰：「自平明寅至鷄鳴丑，凡十二辰，辰盡丑，又至明朝寅，使一日一夜，故曰幽明」。或謂《大戴禮》：節上有「月」字，言自建寅月而循十二月節，以絕於建丑也。

㈧日月成：易傳曰：「日月相推，而明生焉。」㈨明、幽：陽為明，為孟，為長。陰為幽，為幼。㈩統：體系。言雌雄代興，順序而至，這是建正的自然的體系。㈡率天：遵循天道。言如果建正而不遵循天道。㈢由人：順從人事，即順從農民之事。中國自古建曆，完全以「敬授農事」為本，依於時令寒暑之變化，指示農民以耕作收成之時間，故曰「由人」。㈢難成：如果建正而不遵循天道，又不順從人事，則一切工作，必容易敗壞而難於成功。

王者易姓受命㈠，必慎始初，改正朔㈡，易服色，推本天元㈢，順承厥意㈣。

【註】㈠易姓：改換姓號。受命：受天之命。㈡正朔：謂正月一日也。古時，王者易姓，有改正朔之事。如《尚書》大傳略說：「夏以十三月（孟春建寅之月）為正，以平旦為朔；殷以十二月（季冬建丑之月）為正，以鷄鳴為朔；周以十一月（仲冬建子之月）為正，以夜半為朔。」按：自漢武帝以後，直至清末，皆從夏制。㈢天元：元者，善之長也。天元者，上天普愛好生之德也。言建正必本於上天普愛好生之德。㈣厥意：上天的意志。言建正必順承上天的意志。

太史公曰：神農以前尚矣㈠。蓋黃帝考定星曆㈡，建立五行㈢，起消息㈣，正閏餘㈤，於是有天地神祇物類之官，是謂五官㈥。

各司其序，不相亂也。民是以能有信㊆，神是以能有明德㊇。民神異業，敬而不瀆，故神降之嘉生㊈，民以物享㊉，災禍不生，所求不匱。

【註】㊀尚矣：很久遠的了。㊁黃帝定曆：黃帝使羲和占日，常儀占月，臾區占星氣，伶倫造律呂，大橈作甲子，隸首作算數，容成綜此六術而著調曆也。㊂五行：水、火、木、金、土也。五行休咎，見於〈洪範〉。㊃消息：天地陰陽，萬物生滅的變化之跡象。㊄閏餘：以歲之餘為閏，每一歲三百六十六日，餘六日；小月六日，是一歲餘十二日，大計三十三月，則有一閏。計其餘分成閏，故曰正閏餘。㊅五官：應劭曰：「黃帝受命有雲瑞，故以雲紀官。春官為青雲，夏官為縉雲，秋官為白雲，冬官為黑雲，中官為黃雲。」《史記正義》曰：「黃帝置五官，各以物類，名其職掌。」㊆民有信：農民知道時令寒暑的變化，對於農作有信心。㊇神有德：上天以適時的寒暑風雨，賜於農民，使之五穀豐登，這就表示神的明德。㊈上天降給農民以美好的生物（穀物）。㊉人民殺豬宰羊（物）以饗待天神。

少皞氏之衰也㊀，九黎㊁亂德㊂，民神雜擾㊃，不可放物㊄，禍菑薦至㊅，莫盡其氣㊆。顓頊受之，乃命南正重司天以屬神㊇，命火正黎司地以屬民㈨，使復舊常，無相侵瀆。

【註】㈠少皞，金天氏，黃帝之子。㈡九黎：氏族部落之名。九者，言其不只一個部落也。㈢亂德：破壞秩序，敗亂其德。㈣雜擾：人民與神，互相衝突，民不信神，神不降德。㈤放物：生育穀物。言民不信神，而廢棄耕作；神不得饗，而恩德不降，於是穀物荒歉而生產大減。㈥菑：同「災」字。薦至：不斷的襲來。言禍災不斷的來到。㈦氣：壽命壯盛之氣。言天災人禍，相繼而至，所以人民都不能得其壽命壯盛之氣。㈧正：長官。南正，即南方之長官。屬神：主持有關於敬神之事。㈨屬民：主持有關於教民之事。

其後三苗服九黎之德㈠，故二官咸廢所職，而閏餘乖次㈡，孟陬殄滅㈢，攝提無紀㈣，曆數失序。堯復遂重黎之後，不忘舊者，使復典之㈤，而立羲和之官㈥。明時正度，則陰陽調，風雨節，茂氣至㈦，民無夭疫。年耆禪舜㈧，申戒文祖㈨，云「天之曆數在爾躬㈩。」舜亦以命禹。由是觀之，王者所重也⑪。

【註】㈠苗：氏族部落之名。服：仿效，循從。德：行為。言三苗又仿效九黎反叛的行為。㈡乖次：不合於順序，即破壞了次序。㈢孟陬：陬，音鄒（ㄗㄡ），正月為孟陬。殄滅：閏餘乖錯，不

與正歲相合，謂之殄滅。㊃攝提：星名，隨斗杓所至，建十二月。若星曆有誤，春三月當指辰而指巳，謂之無紀。㊄典：主持其事。言堯帝於是尋求重、黎之後人，對於天文星曆仍然不忘其舊日之知識者，使之主持星曆之事。㊅羲、和：〈堯典〉云：「乃命羲、和，欽若昊天，歷象日月星辰，敬授民時」。㊆茂氣：壯盛之氣。有壯盛之氣，則民不夭折，亦不患疫癘。㊇禪：讓位。言堯帝年老（耆）而讓位於舜。㊈文祖：始祖之廟。言堯帝在始祖之廟，申告舜帝也。㊉曆數：星曆之序列。言上天星曆之序列，在你的身上。（此是太史公引用「曆數」二字，以申論其意見。而後人則將「曆數」二字當作「運數」講，含義稍有出入。）⑪王者所重：言星曆之事，為王者所重視。

夏正以正月，殷正以十二月，周正以十一月。蓋三王之正若循環，窮則反本。天下有道，則不失紀序；無道，則正朔不行於諸侯㊀。

幽、厲之後，周室微，陪臣執政㊁，史不記時㊂，君不告朔㊃，故疇人子弟分散㊄，或在諸夏，或在夷狄，是以其禨祥廢而不統㊅。周襄王二十六年閏三月，而春秋非之。先王之正時也，履端於始㊆，舉正於中㊇，歸邪於終㊈。履端於始，序則不愆㊉；舉正於中，民則不惑⑪；歸邪於終，事則不悖⑫。

【註】㊀正朔：政府所頒佈之月節。天下有道，則政治清明，諸侯悅服，於是對於政府所頒佈之月節，各地樂於奉行。反而言之，如果天下無道，政治昏亂，諸侯不服，於是對於政府所頒佈之月節，都視為具文，各行其是。㊁陪臣：諸侯之大夫。諸侯對天子，自稱為臣。而大夫又是臣之臣，是雙重的臣子的身分，故曰陪臣。春秋之末，大夫之家臣，把持政柄，亦曰「陪臣」，如《論語》所謂：「陪臣執國命」，即指大夫之家臣而言。㊂史不記事：言史官失日月而無法記事也。㊃告朔：鄭玄曰：「禮，人君每月告朔於廟。」㊄疇人：其氏族世世以傳授曆象為業之人。疇：類也，各種職官之分類也。後世乃專指學習曆象之人為「疇人」。㊅禨祥：鬼神吉凶之事。言觀察吉凶之法廢墮，而不得其統緒。㊆履端於始：履：步也，推步也，推算也。謂推步曆之端初，以為歲始。㊇舉正於中：檢校曆法之正確性，在一歲之中途。㊈歸邪於終：邪，同「餘」，即餘日也。言歸併餘日於一歲之終點。㊉在一年之開始，認真推步，則次序就不致於錯誤。㊁在一年之中途，仔細校正，則人民之農作時間，就不致於迷惑。㊂在一年之終，歸併閏餘，則工作就不致於悖逆。

其後戰國並爭，在於彊國禽敵㊀，救急解紛而已，豈遑念斯哉㊁！是時獨有鄒衍，明於五德之傳㊂，而散消息之分㊃，以顯諸侯㊄。而亦因秦滅六國，兵戎極煩，又升至尊之日淺㊅，未暇遑也。而亦頗推五勝，而自以為獲水德之瑞㊆，更名河曰「德水」，而正以十月，色上黑。然曆度閏餘，未能睹其真也。

【註】㊀禽：即「擒」。㊁豈遑念斯哉：那有功夫考慮這些問題呢？㊂五德：五行之德。㊃散消息之分：傳佈陰陽生滅之方術。（分字恐係「方」字之誤。）㊄以顯諸侯：以顯名於諸侯之間。㊅升至尊之日淺：言秦始皇當皇帝，為時尚短。㊆水德：五行相勝，秦以周為火，而用水勝之也，故自稱為得水德而王。

漢興，高祖曰「北畤待我而起」，亦自以為獲水德之瑞㊀。雖明習曆及張蒼等，咸以為然。是時天下初定，方綱紀大基㊁，高后女主，皆未遑，故襲秦正朔服色。

【註】㊀畤：音志（ㄓˋ），祭祀天地之基地也。漢高祖尊黑帝為北畤。水者，黑也，亦自以為得水德而王。㊁綱紀：規畫，經營。（二字合在一起，作動詞用。）

至孝文時，魯人公孫臣以終始五德上書㊀，言「漢得土德，宜更元，改正朔，易服色。當有瑞，瑞黃龍見。」事下丞相張蒼，張蒼亦學律曆，以為非是，罷之。其後黃龍見成紀㊁，張蒼自黜㊂，所欲論著不成。而新垣平以望氣見㊃，頗言正曆服色事，貴幸，後作亂，故孝文帝廢不復問。

至今上即位㊄，招致方士唐都，分其天部㊅；而巴落下閎運算轉曆㊆，然後日辰之度與夏正同。乃改元，更官號，封泰山。因詔御史曰：「乃者，有司言星度之未定也，廣延宣問，以理星度，未能詹也。蓋聞昔者黃帝合而不死㊇，名察㊈度驗(一〇)，定清濁(一一)，起五部(一二)。建氣物分數(一三)。然蓋尚矣。書缺樂弛，朕甚閔焉。朕唯未能循明也，紬績日分(一四)，率應水德之勝(一五)。今日順夏至(一六)，黃鐘為宮(一七)。林鐘為徵，太蔟為商，南呂為羽，姑洗為角。自是以後，氣復正，羽聲復清，名復正變，以至子日當冬至，則陰陽離合之道行焉(一八)。十一月甲子朔旦冬至已詹(一九)，其更以七年為太初元年(二〇)。年名『焉逢攝提格』(二一)，月名『畢聚』(二二)，日得甲子，夜半朔旦冬至。」

【註】㊀終始五德：《漢書・郊祀志》謂：「騶子之徒，論著終始五德之運，始皇采用之。」按：古以五行生剋，為帝王嬗代之應，如少昊以金德王，顓頊以水德王，帝嚳以木德王，堯以火德王，舜

以土德王。至秦漢間，其說尤盛。㈡成紀：甘肅省泰安縣北。㈢張蒼自黜：《張蒼傳》云：「於是文帝召公孫臣以為博士，草土德之曆，制度，更元年。張丞相由是自黜。」㈣望氣：古覘侯之術，望雲氣而知徵兆。㈤今上：指漢武帝而言。㈥天部：分部二十八宿為距度。㈦閎：《益都耆舊傳》云：「閎字長公，明曉天文，隱於落下，武帝徵待召太史，於地中轉渾天，改顓頊曆，作太初曆。拜待中，不受。」㈧合而不死：此句解釋，極多不同。如孟康曰：「合，作也，黃帝作曆，歷終復始，無窮已，故曰不死。」臣瓚曰：「黃帝聖德，與虛合契，升龍登仙於天，故曰合而不死。」方苞曰：「合而不死，即封禪書所云：『黃帝迎日推策，率二十歲復朔旦冬至，凡三百八十年而仙登於天。』蓋方士誕語也。合者，至日適與朔旦合也。」㈨名察：方苞曰：「名察者，五星二十八宿之名，於是辨也。」㈩度驗：方苞曰：「度驗者，其宿離遲速之數，皆可驗也。」⑪定清濁：方苞曰：「定清濁者，即下所謂氣復正，羽聲復正也。」⑫起五部：方苞曰：「起五部者，即下所謂：黃鐘為宮，至姑洗為角，是也。」⑬氣、物：方苞曰：「氣者，在天之節氣也。物者，十二律之管也。建氣物分數者，謂能知其消息損益之分數，然後立十二管以應十二月之氣也。」王元啟曰：「名察度驗，猶言察名驗度。」〈漢志〉作「名察發斂」。孟康云：「春夏為發，秋冬為斂。」⑭紬績：紬，音抽（ㄔㄡ），抽引也。紬績，應為「紬繹」，尋究，研究。⑮水德之勝：徐廣曰：「蓋以為應土德，土勝水。」⑯順夏至：以正月為歲初，則五月當為夏至也。⑰黃鐘：《淮南子》云：「斗指午，則夏至，音比黃鐘。」⑱離合之道：王元啟曰：「按古者太初上元甲子夜半冬至，七曜皆會斗牽牛分度，自此而後，諸曜或遲或疾，各異其行，所謂『離合之道』也。」⑲詹：即「贍」，足也，至也。⑳太初元年：《史記索隱》謂：「按：改元封七年為太初元年，然漢始以建亥為年首，今改以建寅，故以七年為元年。」㉑焉逢、攝提格：《史記索隱》謂：「按爾雅云：『歲在甲，曰焉逢，寅，曰攝提格』，則此甲寅之年十一月甲子朔旦夜半冬至也。」然此篇末亦云：「寅名攝提格」，則此甲寅之歲也。又據：二年，名單閼，三年名執徐等，年次分明，而〈漢志〉以為其年在丙子，當是班固用三統，與太初曆不同，故與太史公說有異。王元啟曰：「曆家推步之術，代有不同。甲曰焉逢，寅曰攝提格，從古更無異說。況太初曆，史公手定，不應年歲甲子，尚有錯記。」王引之曰：「漢志：太歲在子，當作太歲在寅，後人改之也。太歲在寅，曰攝提格，上言攝提格之歲，則下當言太歲在寅。」㉒畢聚：《史記索隱》曰：「聚，音娵。案虞喜云：『天元之始，於十一月甲子夜半朔旦冬至，日月若連珠，俱起牽牛之初。歲，雄在閼逢，雌在攝提格。月，雄在畢，雌在訾，訾，則娵訾之宿。日，雄在甲，雌則在子，此則甲寅之元，天道之首』。」

曆術甲子篇㊀：

【註】㊀《史記索隱》云：「以十一月朔旦冬至得甲子，甲子是陽氣支干之首，故以甲子命曆術為篇首，非謂此年歲在甲子也。」張文虎曰：「曆術甲子篇，或以為褚少孫所補，或以為褚取歷官舊牒綴之。以太初為曆元，仍用四分術氣朔分演算。梁玉繩志疑，王念孫太歲考，皆以為殷術。不知殷術

是年入天紀乙酉蔀，第二章首歲名丁丑，天正氣朔，皆有餘分四之三，不得為元首，並不得為殷術。反覆思之，則史公與壺遂等初受詔改曆時所定也。蓋帝詔直以元封六年十一月朔旦冬至為曆元，不復計及餘分。遷、遂等依違承詔，徒以歲星在丑，則太歲在寅，命為焉逢攝提格，其餘仍用舊氣朔分（黃帝術以下六術，皆用四分）推算，以為太初新曆，不能他有所更格。（周曆太初元年入地紀第一蔀首，甲子朔旦，冬至氣朔，皆無餘分，正與此合）。迨鄧平改定，破紀法八十章為八十一，而謂之統法，一元之終，多五十七年，不得復其歲名，歲餘朔餘，皆強於四分。（當時亦以氣朔餘分為嫌，而無法消弭之，故漢志言射姓等奏不能為算。迨鄧平定曆，增其小餘，以四千六百十七年為元法，餘分適盡，蓋得之巧算，而即以此為張壽王所詆。詳《舒藝隨筆》卷五）。而改歲星與日同次之斗建，命為歲在困敦（此據十一月朔之星次耳，其實此時歲星在婺女六度，逮至婺女八度，歲星自丑度子，太歲則自子度丑矣）。史公心有所不善焉，特以詔用平術，（《漢志》云：「乃詔遷用平所造八十一分律曆」），不敢執舊法以爭，故於曆書存此篇以見意。自焉逢攝提格至祝犂大荒落，凡七十六歲，合一蔀之數。其歲名下，本不著年，今本有者，後人增之。然則前文不及鄧平，又詔更七年為太初元年下，不復詳定曆終始，蓋有故焉，非闕略也。」

太初元年，歲名「焉逢攝提格」，月名「畢聚」㈠，日得甲子㈡，夜半朔旦冬至㈢。

【註】㊀畢聚：《史記索隱》云：「謂月值畢及娵訾也。畢，月雄也；聚，月雌也。」㊁日得甲子：謂十一月冬至朔旦得甲子也。㊂夜半朔旦：以建子為正，故以夜半為朔，其至與朔同日，故云夜半朔旦冬至。若建寅為正者，則以平旦為朔也。

正北㊀

【註】㊀《史記索隱》謂：「蔀首十一月甲子朔旦時加子為冬至，故云『正北』也。然每歲行周天全度外餘有四分之一，以十二辰分之，冬至常居四仲，故子年在子，丑年在卯，寅年在午，卯年在酉。至後十九年章首在酉，故云『正西』。其『正南』，『正東』，並準此也。」《史記正義》謂：「黃鐘管，子時氣應稱正北，順行四（時）仲，所至為正月一日，是歲之始，盡一章。十九年黃鐘管，應在西，則稱『正西』。他皆倣此。」王元啟曰：「按四分之一，即十二辰之三，計全歲之周，當得三百六十五日加三時，故子年甲子日子時冬至，丑年必在己巳日卯時，寅年必在甲戌日午時，卯年必在己卯日酉時。然太初曆，寅年起算正北，是歲前冬至，則本年十一月冬至時當加卯，卯年在午，辰年在酉，巳年在子，至後十九年歲在壬申時當加，故曰正西。索隱以漢志解曆書，不自知其錯數也。」

十二㊀

【註】㊀《史記索隱》謂：「歲有十二月，有閏，則云十三也」。

無大餘，無小餘㊀；

【註】㊀《史記索隱》謂：「其歲甲子朔旦，日月合於牽牛之初，餘分皆盡，故無大小餘也。」《史記正義》曰：「無大小餘者，以出閏月之歲有三百五十四日三百四十八分，除五甲三百日，餘有五十四日三百四十八分，緣未滿六十日，故置為來年大小餘。亦為太初元年日得甲子朔旦冬至，前年無奇日分，故無大小餘也。」（大餘者，日也。小餘者，日之奇分也，亦未滿日之分數也。）

無大餘，無小餘㊀；

【註】㊀《史記索隱》云：「上大小餘，朔之大小餘；此謂冬至大小餘。冬至亦與朔同日，並無餘分，至與朔法異，故重列之。」

焉逢攝提格太初元年㊀。

【註】㊀《史記索隱》云：「如漢志太初元年歲在丙子，據此，則甲寅歲也。爾雅釋天云：歲陽者，甲、乙、丙、丁、戊、己、庚、辛、壬、癸，十干是也。歲陰者，子、丑、寅、卯、辰、巳、午、未、申、酉、戌、亥，十二支是也。歲陽在甲，云焉逢，謂歲干也；歲陰在寅，云攝提格，謂歲支

也。」

十二㈠

【註】㈠無閏月，故云十二，後倣此。

大餘五十四㈠，小餘三百四十八㈡；

【註】㈠《史記索隱》云：「歲十二月，六大六小合三百五十四日，以六除之，五六三十，除三百日，餘五十四日，故下云：『大餘者，日也』。」《史記正義》云：「月朔旦甲子日法也」。㈡小餘三百四十八：《史記索隱》云：「太初曆法，一月之日，二十九日九百四十分日之四百九十九，每兩月合成五十九日，餘五十八分。今十二月合餘六箇五十八，得此數，故（下）云『小餘者，月也』。」《史記正義》云：「未滿日之分數也。其分每滿九百四十，則成一日，即歸上，成五十五日矣。大餘五十四者，每歲除小月六日，則成三百五十四日，除五甲三百日，猶餘五十四日，為未滿六十日，故稱『大餘五十四也』。小餘三百四十八者，其大數五十四之外，更餘分三百四十八，故稱『小餘三百四十八也』。此大小餘是月朔甲子日法，以出閏月之數，一歲則有三百五十四日三百四十八分，每六十日除之，餘為未滿六十日，故有大小餘也。此是太初元年奇日奇分也。置大餘五十四算，每年加五十四日，滿六十日除之，奇算留之；每至閏後一年加二十九算，亦滿六十日除之，奇算

留之；若纔足六十日，明年云無大餘，無小餘也。又明年以置五十四算，如上法，置小餘三百六十八算，每年加三百四十八分，滿九百四十分成一日，歸上，餘算留之；若至閏後一年加八百四十七分，亦滿九百四十分成日，歸大餘，奇留之；明年以加三百四十八算，如上法也。」

大餘五㊀，小餘八㊁；

【註】㊀《史記索隱》云：「周天三百六十五度四分度之一，日行一度，去歲十一月朔在牽牛初為冬至，今歲十一月十二日又至牽牛初為一周，以六甲除之，六六三十六，除三百六十餘五，故云大餘五也。」《史記正義》云：「冬至甲子日法也」。㊁《史記索隱》云：「即四分之一，小餘滿三十二從大餘一，四八三十二，故云小餘八。明年又加八得十六，故下云小餘十六。次明年又加八得二十四，故下云小餘二十四。又明年加八得三十二為滿，故下云無小餘。此並依太初法行之也。」《史記正義》云：「未滿日之分數也。其分每滿三十二，則成一日，即歸上成六日矣。大餘五者，每歲三百六十五日，除六甲三百六十日，猶餘五日，故稱大餘五（日）也。小餘八者，每歲三百六十五日四分日之一，則一日三十二分，是一歲三百六十五日八分，故稱小餘八也。此大小餘是冬至甲子日法，未出閏月之數，每六十日除之，為未滿六十日，故有大小餘也。此是太初元年奇日奇分也。置大餘五算，每年加五算，滿六十日則除之；後年更置五算，如上法。置小餘八算，每年加八算，滿三十二分為一日，歸大餘，後年更置八算，如上法。大餘者，日也。小餘者，日之奇分也。」

端蒙單閼二年㊀。

【註】㊀徐廣曰：「單閼，一作『亶安』。」《史記索隱》云：「端蒙，乙也。爾雅作『旃蒙』。單閼，卯也，丹遏二音，又音蟬焉。二年，歲在乙卯也。」張文虎曰：「索隱，正義於每年下注年數，蓋又後人所增。」

閏十三㊀

大餘四十八㊁，小餘六百九十六㊂；

大餘十㊃，小餘十六㊄；

【註】㊀閏十三：王元啟曰：「此篇所載閏十三，皆先一年言之，蓋為來歲大小餘加算之地，謂自此歲冬至後，當加閏為十三月，非謂此年即已加閏也。」㊁大餘四十八：王元啟曰：「按五十四加五十四，成一百單八日，除去一甲子六十，故云四十八。」㊂小餘六百九十六：王元啟曰：「按三百四十八，又加三百四十八，得此數。」㊃大餘十：王元啟曰：「按又加五日，合前歲大餘，得此數」。㊄小餘十六：王元啟曰：「按又加八分，合前歲小餘得此數，後悉倣此推之。」

游兆執徐三年㊀。

【註】㊀《史記索隱》：「游兆，景也」。《爾雅》作「柔兆」。執徐，辰也。三年。《史記正義》云：「三年，丙辰歲也。」游兆：丙也。索隱避唐諱，云「景」。

十二

大餘十二㊀，小餘六百三㊁；

大餘十五，小餘二十四；

【註】㊀大餘十二：王元啟曰：「此係閏後一年，應加二十三算，四十八加二十三，除去一甲子六十，餘十一。又小餘滿一日歸大餘，故云十二。」㊁小餘六百三：王元啟曰：「上年小餘六百九十六，此後閏後一年，應加八百四十七，除去九百四十分，滿一日歸大餘，小餘存此數。」

彊梧大荒落四年㊀。

【註】㊀《史記索隱》云：「強梧，丁也。大芒駱，巳也。」四年。《史記正義》云：「梧，音語。四年，丁巳歲也。」

十二

大餘七㊀，小餘十一㊁；

大餘二十一㊂，無小餘㊃；

【註】㊀大餘七：王元啟曰：「按十二加五十四，得六十六，因下文小餘又滿一日歸大餘，得六十七，除去六十，餘此數。」㊁小餘十一：王元啟曰：「按上年六百懸三，加本年三百四十八，共九百五十一，除去九百四十，餘十一。」㊂大餘二十一：王元啟曰：「按十五加五，得二十，因小餘滿三十二分，又成一日，故為二十一。」㊃無小餘：王元啟曰：「按二十四加八，共餘三十二分，成一日歸大餘，故無小餘也。」

徒維敦牂天漢元年㊀。

【註】㊀《史記索隱》云：「徒維，戊也。敦牂，午也。」天漢元年。《史記正義》云：「天漢元年，戊歲也。」

閏十三

大餘一，小餘三百五十九；

大餘二十六，小餘八；

祝犁協洽二年㊀。

【註】㊀《史記索隱》云：「祝犂，己也。爾雅作『著雍』。叶洽，未也。」二年。《史記正義》云：「二年，己未歲也。」

十二
大餘二十五，小餘二百六十六；
大餘三十一，小餘十六；
商橫涒灘三年㊀。

【註】㊀《史記索隱》云：「商橫，庚也。爾雅作『上章』。赤奮若，丑也。天官書及爾雅，申為涒漢，丑為赤奮若。今自太初以來計歲次與天官書不同者有四，蓋後曆術改故也。三年也。」《史記正義》云：「三年，庚申歲也。」張文虎曰：「索隱本作『商橫赤奮若』，而本始四年，作『端蒙涒漢』，蓋小司馬所見本互誤，致與天官書及爾雅釋天違異。張守節與小司馬同時，而所據本作『涒灘』，則知『赤奮若』之誤矣。」

十二
大餘十九，小餘六百一十四；
大餘三十六，小餘二十四；

昭陽作鄂四年㈠。

【註】㈠《史記索隱》云：「昭陽，辛也，爾雅作『重光』。作鄂，酉也。四年。」《史記正義》云：「四年，辛酉歲也。」

閏十三

大餘十四㈠，小餘二十二㈡；

大餘四十二㈢，無小餘㈣；

【註】㈠大餘十四：王元啟曰：「下文小餘滿一日歸大餘，故云十四。」㈡小餘二十二：王元啟曰：「滿九百四十分歸大餘，故止存二十二。」㈢大餘四十二：王元啟曰：「並下小餘滿數，得此數。」㈣無小餘：王元啟曰：「滿數歸大餘」。

横艾淹茂㈠太始元年㈡。

【註】㈠《史記索隱》云：「横艾，壬也，爾雅作『玄黓』。淹茂，戌也。太始元年」。㈡《史記正義》云：「太始元年，壬戌歲也。」

十二

大餘三十七，小餘八百六十九；

大餘四十七，小餘八；

尚章大淵獻二年㊀。

【註】㊀《史記索隱》云：「尚章，癸也，爾雅作『昭陽也』。大淵獻，亥也，天官書『亥為大淵獻』，與爾雅同。二年。」《史記正義》曰：「二年，癸亥歲也。」

閏十三

大餘三十二，小餘二百七十七；

大餘五十二，小餘一十六；

焉逢困敦三年㊀。

【註】㊀《史記索隱》云：「焉逢，甲也。困敦，子也，天官書『子為困敦』，與爾雅同。三年也。」《史記正義》云：「三年，甲子歲也。」

十二

大餘五十六，小餘一百八十四；

大餘五十七，小餘二十四；

端蒙赤奮若四年㊀。

【註】㊀《史記索隱》云：「端蒙，乙也。赤奮若，丑也。四年。以後自太始，征和以下訖篇末，其年次甲乙皆準此。並褚先生所續。」《史記正義》曰：「四年，乙丑歲也。」

十二

大餘五十，小餘五百三十二；

大餘三，無小餘；

游兆㊀攝提格征和元年㊁。

【註】㊀游兆：徐廣曰：作「游桃」。㊁攝提格：《史記正義》謂：「李巡注爾雅云：『萬物承陽而起，故曰攝提格』。格，起也。」孔文祥云：「以歲在寅正月出東方，為眾星之紀，以攝提宿，故曰攝提；以其為歲月之首，起於孟娵，故云格。格，正也。」

閏十三

大餘四十四，小餘八百八十；

大餘八，小餘八；

彊梧單閼二年㊀。

【註】㊀《史記正義》謂：「李巡曰：『言陽氣推動萬物而起，故曰「單閼」』。單，盡也。閼，止也。」

十二

大餘八㊀，小餘七百八十七；

大餘十三，小餘十六；

【註】㊀大餘八：王元啟曰：「此係閏後一年，又小餘滿一日除去六十，正當餘八。」

徒維執徐三年㊀。

【註】㊀《史記正義》謂：「李巡云：『伏蟄之物，皆敷舒而出，故云執徐也』。」

十二

大餘三，小餘一百九十五；

大餘十八，小餘二十四；

祝犂大芒落四年㊀。

【註】㊀《史記正義》謂：「姚察云：『言萬物皆熾盛而大出，霍然落之，故云荒落也』。」

閏十三

大餘五十七，小餘五百四十三；

大餘二十四，無小餘；

商横敦牂後元元年㊀。

【註】㊀《史記正義》謂：「爾雅云：『敦，盛也。牂，壯也，言萬物盛壯也』。」

十二

大餘二十一，小餘四百五十；

大餘二十九，小餘八；

昭陽叶洽二年㊀。

【註】㊀《史記正義》謂：「李巡云：『言陰陽化生，萬物和合，故曰協洽也』。」

閏十三

大餘十五，小餘七百九十八；

大餘三十四，小餘十六；

橫艾涒灘始元元年㊀。

【註】㊀《史記正義》謂：「孫炎注爾雅云：『涒灘，萬物吐秀傾垂之貌也』。」

正西㊀

十二

大餘三十九，小餘七百五；

大餘三十九，小餘二十四；

【註】㊀正西：王元啟曰：「推得是年冬十一月癸卯加酉冬至，為第二章之首。」

尚章作噩二年㊀。

【註】㊀集解：「噩」，一作「鄂」。《史記正義》謂：「李巡云：『作鄂，萬物皆落枝起之貌

也』。」

十二

大餘三十四，小餘一百一十三；

大餘四十五，無小餘；

焉逢淹茂三年㊀。

【註】㊀集解：「淹，一作『閹』。」《史記正義》謂：「李巡云：『言萬物皆蔽冒，故曰閹茂。閹，蔽也。茂，冒也』。」

閏十三

大餘二十八，小餘四百六十一；

大餘五十，小餘八；

端蒙大淵獻四年㊀。

【註】㊀《史記正義》謂：「孫炎云：『淵獻，深也。獻萬物於天，深於藏蓋也』。」

十二

大餘五十二，小餘三百六十八；

大餘五十五，小餘十六；

游兆困敦五年㊀。

【註】㊀《史記正義》謂：「孫炎云：『困敦，混沌也，言萬物初萌，混沌於黃泉之下也』。」

十二

大餘四十六，小餘七百一十六；

無大餘，小餘二十四；

彊梧赤奮若六年㊀。

【註】㊀《史記正義》謂：「李巡云：『陽氣奮迅萬物而起，無不若其性，故曰赤奮若。赤，陽色。奮，迅也。若，順也』。」

閏十三

大餘四十一，小餘一百二十四；

大餘六，無小餘；

徒維攝提格元鳳元年。
十二
　大餘五，小餘三十一；
　大餘十一，小餘八；
祝犂單閼二年。
十二
　大餘五十九，小餘三百七十九；
　大餘十六，小餘十六；
商橫執徐三年。
閏十三
　大餘五十三，小餘七百二十七；
　大餘二十一，小餘二十四；
昭陽大荒落四年。
十二
　大餘十七，小餘六百三十四；

大餘二十七，無小餘；
橫艾敦牂五年。
閏十三
大餘十二，小餘四十二；
大餘三十二，小餘八；
尚章汁洽六年。
十二
大餘三十五，小餘八百九十九；
大餘三十七，小餘十六；
焉逢涒灘元平元年。
十二
大餘三十，小餘二百九十七；
大餘四十二，小餘二十四；
端蒙作噩本始元年。
閏十三

大餘二十四，小餘六百四十五；
大餘四十八，無小餘；
游兆閹茂二年。
十二
大餘四十八，小餘五百五十二；
大餘五十三，小餘八；
彊梧大淵獻三年。
十二
大餘四十二，小餘九百；
大餘五十八，小餘十六；
徒維困敦四年。
閏十三
大餘三十七，小餘三百八；
大餘三，小餘二十四；
祝犁赤奮若地節元年。

十二
大餘一，小餘二百一十五；
大餘九，無小餘；
商橫攝提格二年。
閏十三
大餘五十五，小餘五百六十三；
大餘十四，小餘八；
昭陽單閼三年。
正南
十二
大餘十九，小餘四百七十；
大餘十九，小餘十六；
橫艾執徐四年。
十二
大餘十三，小餘八百一十八；

大餘二十四，小餘二十四；

尚章大荒落元康元年。

閏十三

大餘八，小餘二百二十六；

大餘三十，無小餘；

焉逢敦牂二年。

十二

大餘三十二，小餘一百三十三；

大餘三十五，小餘八；

端蒙協洽三年。

十二

大餘二十六，小餘四百八十一；

大餘四十，小餘十六；

游兆涒灘四年。

閏十三

大餘二十，小餘八百二十九；

大餘四十五，小餘二十四；

彊梧作噩神雀元年。

十二

大餘四十四，小餘七百三十六；

大餘五十一，無小餘；

徒維淹茂二年。

十二

大餘三十九，小餘一百四十四；

大餘五十六，小餘八；

祝犁大淵獻三年。

閏十三

大餘三十三，小餘四百九十二；

大餘一，小餘十六；

商橫困敦四年。

十二

大餘五十七，小餘三百九十九；

大餘六，小餘二十四；

昭陽赤奮若五鳳元年。

閏十三

大餘五十一，小餘七百四十七；

大餘十二，無小餘；

横艾攝提格二年。

十二

大餘十五，小餘六百五十四；

大餘十七，小餘八；

尚章單閼三年。

十二

大餘十，小餘六十二；

大餘二十二，小餘十六；

焉逢執徐四年。
閏十三
　大餘四，小餘四百一十；
　大餘二十七，小餘二十四；
端蒙大荒落甘露元年。
十二
　大餘二十八，小餘三百一十七；
　大餘三十三，無小餘；
游兆敦牂二年。
十二
　大餘二十二，小餘六百六十五；
　大餘三十八，小餘八；
彊梧協洽三年。
閏十三
　大餘十七，小餘七十三；

大餘四十三，小餘十六；

徒維涒灘四年。

十二

大餘四十，小餘九百二十；

大餘四十八，小餘二十四；

祝犂作噩黃龍元年。

閏十三

大餘三十五，小餘三百二十八；

大餘五十四，無小餘；

商橫淹茂初元元年。

正東

十二

大餘五十九，小餘二百三十五；

大餘五十九，小餘八；

昭陽大淵獻二年。

十二
大餘五十三，小餘五百八十三；
大餘四，小餘十六；
橫艾困敦三年。
閏十三
大餘四十七，小餘九百三十一；
大餘九，小餘二十四；
尚章赤奮若四年。
十二
大餘十一，小餘八百三十八；
大餘十五，無小餘；
焉逢攝提格五年。
十二
大餘六，小餘二百四十六；
大餘二十，小餘八；

端蒙單閼永光元年。
閏十三
　無大餘，小餘五百九十四；
　大餘二十五，小餘十六；
游兆執徐二年。
十二
　大餘二十四，小餘五百一；
　大餘三十，小餘二十四；
彊梧大荒落三年。
十二
　大餘十八，小餘八百四十九；
　大餘三十六，無小餘；
徒維敦牂四年。
閏十三
　大餘十三，小餘二百五十七；

大餘四十一，小餘八；
祝犂協洽五年。
十二
大餘三十七，小餘一百六十四；
大餘四十六，小餘十六；
商橫涒灘建昭元年。
閏十三
大餘三十一，小餘五百一十二；
大餘五十一，小餘二十四；
昭陽作噩二年。
十二
大餘五十五，小餘四百一十九；
大餘五十七，無小餘；
橫艾閹茂三年。
十二

大餘四十九，小餘七百六十七；
大餘二，小餘八；
尚章大淵獻四年。
閏十三
大餘四十四，小餘一百七十五；
大餘七，小餘十六；
焉逢困敦五年。
十二
大餘八，小餘八十二；
大餘十二，小餘二十四；
端蒙赤奮若竟寧元年。
十二
大餘二，小餘四百三十；
大餘十八，無小餘；
游兆攝提格建始元年。

閏十三
大餘五十六，小餘七百七十八；
大餘三十三，小餘八；
彊梧單閼二年。
十二
大餘二十，小餘六百八十五；
大餘二十八，小餘十六；
徒維執徐三年。
閏十三
大餘十五，小餘九十三；
大餘三十三，小餘二十四；
祝犂大荒落四年㈠。

【註】㈠錢大昕曰：「自太初元年至祝犂大荒落四年，凡七十六年。古術家以十九年為一章，七十六年為一蔀。太初冬至日得甲子，所謂甲子蔀也，至是歲而一蔀終，其明年入癸卯蔀，加時亦在正北，至朔皆無小餘，惟大餘同為三十九耳。」

右曆書：大餘者，日也。小餘者，月也㈠。端（旃）蒙者㈡，年名也。支：丑名赤奮若，寅名攝提格。干：丙名游兆。正北，冬至加子時；正西，加酉時；正南，加午時；正東，加卯時㈢。

【註】㈠小餘者月也：錢大昕曰：「案本書自太初元年至建始四年，每年再舉大餘小餘之數，前之大餘小餘，推天正經朔所用；後之大餘小餘，推冬至所用也。十干十二支相配以記日，六十而周，不滿六十，謂之大餘，故云大餘者日也。然而中節朔晦，不皆當夜半子時，於是分一日為若干分，謂之日法，不滿法，謂之小餘，以課加時之早晚推正朔，以九百四十為日法，故小餘有多至九百三十一者。推冬至，則以三十二為日法，故小餘多者，不過二十四。兩小餘雖有多寡之異，要為加時而設，則其理不異。依文當云小餘者時也。今本作『月』，乃傳寫之誤。小司馬謂十二月餘此三百四十八數，故云小餘者月。然天正之小餘，謂生於月可也；冬至之小餘，謂出於月，可乎？蓋唐本已誤，小司馬不能是正，骫曲傅會，不知其終不能合也」。張文虎曰：「『時』，疑當作『分』。」㈡端旃蒙：王念孫曰：「爾雅作『端蒙』，後人旁記『旃』字，遂誤入正文。」㈢《史記正義》曰：「準前解，小餘，是日之餘分也。自右曆書以下小餘，又非是年名，復不周備，恐褚先生沒後人所加。」

卷二十七　天官書第五

中宮㈠天極星㈡，其一明者，太一常居也㈢；旁三星三公㈣，或曰子屬。後句四星㈤，末大星正妃㈥，餘三星後宮之屬也㈦。環之匡衞十二星㈧，藩臣。皆曰紫宮㈨。

【註】㈠中宮：王念孫以為「宮」字當作「官」字，下文所謂之「東宮」，「南宮」，「西宮」，「北宮」，皆當以「宮」字為「官」字。錢大昕《史記考異》謂：紫宮，房心，權衡，咸池，虛危，此天之五官座位也。《史記索隱》謂：「天文有五官，官者，星官也，星座有尊卑，若人之官曹列位，故曰天官」。由以上數家之說，皆以「中宮」為「中官」。㈡天極星：即北辰，星之最尊者也，所謂「譬如北辰，居其所而眾星拱之。」按普通所稱之北極星，即天極星，亦即小熊座 a星，為大小各一之雙星，與地球之距離，約四十四光年，每年以二百萬公里之速度，遠離地球。㈢太一：《史記正義》謂：「泰一，天帝之別名也。」劉伯莊謂：「泰一，天神之最尊貴者也。」㈣三公：在天子之旁，輔佐天子辦理機務，主軍務者為太尉，主政教者為司徒，主水土者為司空，此之謂三公。在天極星之旁有三個星，象徵著政府之三公。子屬：又有人解釋，說其旁三星是象徵天子之子屬，所謂第一星主月，太子也。第二星主日，帝王也。第三星主五星，庶子也。㈤句：同「鉤」，曲也。㈥後

句四星之中，有一明者為正妃，其餘三小星為次妃。㈦宮：後官之官字，當為「宮」字，即後宮也。《史記》為「後宮」，《漢書・天文志》為「後官」，當以《史記》為正。㈧十二星：王先謙曰：「二當為五，宋史紫微垣：東蕃八星，西蕃七星，在北斗北，左右環列翊衛之象也。東蕃近閶闔門第一星為左樞，第二星為上宰，三星曰少宰，四星曰上弼，（一曰上輔），五星曰少弼（一曰少輔），六星為上衛，七星為少衛，八星為少丞。其西蕃近閶闔門，第一星為右樞，第二星為少尉，第三星為上輔，第四星為少輔，第五星為上衛，第六星為少衛，第七星為上丞。」這十五星在天極星之周衛，擔任匡衛輔弼之責，謂之蕃臣，象徵政府中之左右諸輔臣也。在天文與人事關係之徵象上，解說諸多不同，正如蘇東坡所謂：「南箕與北斗，本是家人器，天亦豈有之？無乃遂自謂是也。」可見天道本不言，由人而言之，人心之不同，則其言亦各異，我們不必拘泥於誰是誰非，有人言之，我只聽之而已。㈨紫宮：星名，即紫微宮，一稱紫微垣。

前列直斗口㈠三星，隨北端兌㈡，若見若不，曰陰德㈢，或曰天一㈣。紫宮左三星曰天槍㈤，右五星曰天棓㈥，後六星絕漢抵營室，曰閣道㈦。

【註】㈠直：同「值」，當也。㈡隨：乃「橢」（ㄊㄨㄛˇ）字，狹長形也。兌：乃「銳」字，言其端尖銳也。㈢陰德：《史記正義》引《星經》云：「陰德二星在紫微宮內，尚書西，主施德惠者，

故贊陰德遺惠，周急賑撫。」又云：「陰德星，中宮女主之象，星動搖，衅起宮掖，貴嬪內妾惡之。」㊃天一：《史記正義》謂：「天一一星，疆閭闔外，天帝之神，主戰鬥，知人吉凶。明而有光，則陰陽和，萬物成，人主吉；不然，反是。太一一星次天一南，亦天帝之神，主使十六神，知風雨，水旱，兵革，饑饉，疾疫。占以不明及移為災也。」《星經》云：「天一，太一二星，主王者即位，令諸立赤子而傳國位者。星不欲微、微則廢立不當其次，宗廟不享食矣。」㊄天槍：天槍三星在北斗杓東，天之武備也。㊅天棓：天棓四星，在女牀北，天子先驅，所以禦兵也。一星不具，則國兵起。棓與「棒」通，天棓即天棒也。㊆絕漢：絕，直渡也。漢：天河也。絕漢，直渡天河也。營室：天子之宮。閣道：天子遊別宮之空中飛道也。

北斗七星㊀，所謂「旋、璣、玉衡㊁以齊七政㊂。」杓攜龍角㊃，衡殷南斗㊄，魁枕參首㊅。用昏建者杓㊆；杓，自華以西南㊇。夜半建者衡㊈；衡，殷中州河、濟之閒。平旦建者魁；魁，海岱以東北也㊉。斗為帝車，運于中央，臨制四鄉㊁。分陰陽，建四時，均五行，移節度，定諸紀，皆繫於斗㊂。

【註】㊀斗：《文耀鉤》曰：「斗者，天之喉舌」。七星：徐整《長曆》曰：「北斗七星，星間相去九千里，其二陰星不見者，相去八千里也。」㊁旋：《尚書・堯典》：「旋」，作「璿」，美玉

也。璣：渾天儀，可轉旋。衡：同「橫」，其中橫筩也。以璿為機，以玉為衡，所以貴天象也。㊂七政：《尚書·大傳》云：「七政，謂春、秋、冬、夏，天文，地理，人道，所以為政也，人道正而萬事順成」。馬融注《尚書》云：「七政者，北斗七星，各有所主，第一曰主日，法天；第二曰主月，法地；第三曰命火，謂熒惑也。第四曰煞土，謂鎮星也。第五曰伐水，謂辰星也，第六曰危木，謂歲星也。第七曰剽金，謂太白也。日月五星各異，故曰七政也。」王先謙以馬融之解釋為非，而引尚書考靈耀七政篇之說以為解，內謂：「日月者，時之主，五星者，時之紀也。」可知七政為日月五星，視斗所建，以定四時，而日月五星之行，不失其躔度，故曰以齊七政。㊃杓：北斗之杓也。龍角：東方宿星之名也。攜：連也。《史記正義》謂：「角星為天關，其間天門，其內天庭，黃道所經，七耀所行。左角為理，主刑，其南為太陽道；右角為將，主兵，其北為太陰道也。蓋天之三門，故其星明，則天下太平，賢人在位；不然，反是也。」㊄衡：星名，北斗之中星也。殷：中也，當也。衡星直當南斗。㊅魁：星名，北斗第一星。魁星枕於參宿之首。《史記正義》曰：「南斗六星為天廟，丞相，太宰之位，主薦賢良，授爵祿，又主兵，一曰天機。南二星，魁，天梁。中央一星，天相。北二星，天府庭也。占：斗星盛明，王道和平，爵祿行；不然，反是。參主斬刈，又為天獄，主殺罰。其中三星橫列者，三將軍，東北曰左肩，主左將；西北曰右肩，主右將；東南曰左足，主後將；西南曰右足，主偏將。故軒轅氏占參應七將也。中央三小星曰伐，天之都尉也，主戎狄之國。不欲明；若明與參等，大臣謀亂，兵起，夷狄內戰。七將皆明，主天下兵振；芒角張，王道缺；參失色，軍散敗；參芒角動搖，邊侯有急；參左足入玉井中，及金，火守，皆為起兵。」㊆杓：斗柄。孟康曰：「杓，斗之尾也。尾為陰，又其用昏，昏陰位在西方，故主西南。」㊇華：華山也。言北斗昏建，用斗杓星指寅。㊈孟康曰：「假令杓昏建寅，衡夜半亦建寅。」衡，正當於中州河濟之間的地區。㊉平旦：天明之時也；魁指海岱以東北之地區。㊁斗為帝車，運行於中央，而統制四方。鄉：同「向」，四鄉，即四向，四至之方向。㊂王先謙曰：「淮南、天文訓：日冬至，則斗北中繩，日夏至，則斗南中繩，帝張四維，運之以斗，月徙一辰，復反其所。正月指寅，十二月指丑，周而復始。」

斗魁戴匡六星㊀曰文昌宮㊁：一曰上將，二曰次將，三曰貴相，四曰司命，五曰司中，六曰司祿㊂在斗魁中，貴人之牢㊃。魁下六星，兩兩相比者，名曰三能㊄。三能色齊㊅，君臣和；不齊，為乖戾。輔星㊆明近，輔臣親彊；斥小，疏弱㊇。

【註】㊀匡：同「筐」字，因其似筐，故曰戴筐。㊁文昌：《孝經》援神契曰：「文者，精所聚，昌者揚天紀，輔拂並居，以成天象，故曰文昌宮。」〈晉志〉：「文昌六星，在北斗魁前，天之六府也。」㊂《春秋元命包》曰：「上將建威武，次將正左右，貴相理文緒，司祿賞功進士，司命主老幼，司災主災咎也。」㊃天理四星在斗魁中，則貴人下獄入牢也。之：往也。㊄三能：即三台。上台司命為太尉，中台司中為司徒，下台司祿為司空。〈晉志〉：「文昌二星曰上台，為司命，主壽。

次二星，曰中台，為司中，主宗室。東二星，曰下台，為司祿，主兵。」㈥齊：同「齎」，開朗和平的樣子。三台六星有開朗和平的氣色，那就象徵著君臣和睦；如其不開朗而陰鬱，不和平而暴怒，那就象徵著君臣的乖戾。㈦輔星：在北斗第六星旁，象徵輔臣在天子之旁。如果輔星明而近斗，則君臣親睦而國強。㈧如果輔星小而遠斗，則君臣疏遠而國弱。（斥，疏遠也。）

杓端有兩星㈠：一內為矛，招搖㈡；一外為盾，天鋒㈢。有句圜十五星㈣屬杓㈤，曰賤人之牢㈥。其牢中星實則囚多，虛則開出㈦。

【註】㈠在北斗之杓端有兩星。㈡一個近於北斗者為天矛星，又稱為招搖星。㈢一個遠於北斗者為天盾星，又名天鋒星。㈣句：同「鉤」，曲也。圜：圓也。句圜：曲而圓也。《史記索隱》曰：「其形如連環，即貫索星。」㈤屬：連接也。㈥賤人之牢，又稱「天獄」。㈦其牢中星星充滿，就表示囚犯之多，其牢中星星空虛，就表示開釋的人多。《史記正義》謂：「貫索九星在七公前，一曰連索，主法律，禁強暴，故為賤人牢也。牢口一星為門，欲其開也。占：星悉見，則獄事繁；不見，則刑務簡；動搖，則斧鉞用；中虛，則改元；口開，則有赦；人主憂，若閉口，及星入牢中，有自繫而死者。常夜侯之，一星不見，有小喜；二星不見，則賜祿；三星不見，則人主德令且赦。遠十七日，近十六日，若有客星出，視其小大，大有大赦，小亦如之也。」

天一、槍、棓、矛、盾動搖，角大，兵起㈠。

【註】㈠角：芒角。此數星或動搖，或芒角大，皆兵起之徵象。天一星，地道也，欲其小有光，則陰陽和，萬物成。如果天一星大而盛，則水旱不調，五穀不成，天下大擾，人民流亡。

東宮蒼龍㈠，房、心。心為明堂㈡，大星天王，前後星子屬㈢。不欲直，直則天王失計㈣。房為府，曰天駟㈤。其陰，右驂㈥。旁有兩星曰衿㈦；北一星曰舝㈧。東北曲十二星曰旗㈨。旗中四星曰天市㈩中六星曰市樓⑪。市中星眾者實；其虛則秏⑫。房南眾星曰騎官⑬。

【註】㈠東宮青帝，其精為蒼龍，其象有角，有亢，有氐，有房，有心，有尾，有箕。㈡心為明堂，是天王布政之宮。㈢心有三星，天王星最大最明，居於中央。前星為太子。後星為庶子。㈣心星常曲，則天下安；直，則天王失計。㈤房為天府，一曰天馬，或曰天駟。郭注：「龍為天馬，故房四星為天駟。」㈥南曰陽、北曰陰。〈宋志〉謂：「南二星為陽環，亦曰陽，其南為太陽道。北二星為陰環，亦曰陰間，其北曰太陰道。南為左驂，次上為左服；北二星為右驂，次下為右服。」㈦衿：即「鈐」字。〈晉志〉謂：「房北二小星，曰鉤鈐，房之鈐鍵，天之管籥。」元命包曰：「鉤、

鈐兩星，以閑防，神府闓舒，為主鉤距，以備非常也。」《史記正義》謂：「占：明而近房，天下同心。鉤、鈐、房、心之間，有客星出及疏坼者，皆地動之象也。」㈧舝：音轄，車軸端鍵也。《星經》云：「鍵閉一星，在房東北，掌管籥也。」可知舝即鍵閉。㈨東北曲十二星，應為二十二星，想係東北曲之下，缺少「二」字。所謂二十二星者，據〈宋志〉云：「東蕃十一星，南一曰宋，二曰南海，三曰燕，四曰東海，五曰徐，六曰吳越，七曰齊，八曰中山，九曰九河，十曰趙，十一曰魏。西蕃十一星，南一曰韓，二曰楚，三曰梁，四曰巴，五曰蜀，六曰秦，七曰周，八曰鄭，九曰晉，十曰河間，十一曰河中。此二十二星，即旗也。」㈩天市四星，當即列肆、車肆各二星。⑪市樓：王先謙引用《步天歌》之言，謂「下元一宮名天市，兩面牆垣二十二，當門六個是市樓，門右兩星是車肆。」又《星經》謂：「市樓六星在市門中，主闤闠之司，今市曹官之職。」⑫《史記正義》謂：「天市二十二星，在房、心東北，主國市聚交易之所，一曰天旗。明則市吏急，商人無利；忽然不明，反是。市中星眾，則歲實；稀，則歲虛。」秏：同「耗」，貧虛也。⑬《星經》謂：「騎官二十七星在氐南，主天子騎，虎賁，貴族子弟宿衞之象。星眾，天下安；星少，兵起。」

左角，李㈠；右角，將㈡。大角者，天王帝廷㈢。其兩旁各有三星，鼎足句之㈣，曰攝提。攝提者，直斗杓所指，以建時節，故曰「攝提格㈤」。亢為疏廟㈥，主疾。其南北兩大星，曰南門㈦。氐為天根㈧，主疫。

【註】㈠李：即「理」字，理者，法官也。㈡晉志謂：「角二星，為天關，其間天門也，其內天庭也，故黃道經其中，七曜之所行。左角為天田，為理，主刑。其南為太陽道。右角為將，主兵，其北為太陰道。」《星經》謂：「南左角，名天津，蒼色，為列宿之長。北右角為天門，黃色，中間名天關。」㈢王先謙曰：「天官書奪『坐』字，天王，即帝也，無坐字，則文不成義。」《漢書》則帝字下有一「坐」字，為「大角者，天王帝坐廷」。〈援神契〉云：「大角為坐侯」。《廣雅》云：「大角謂之棟星」。張衡云：「帝座有五，一在紫微，一在大角，一在心中，一在天市垣，一在太極宮，皆是帝座。」《史記正義》謂：「大角一星，在兩攝提間，人君之象也。占：其明盛黃潤，則天下大同也。」㈣晉灼曰：「如鼎足之鉤曲也。」元命包曰：「攝提之為言提攜也。言提斗攜角以接於下也。」《史記正義》謂：「攝提六星，夾大角，大臣之象，恒直（值）斗杓所指、紀八節，察萬事者也。占：色溫溫不明而大者，人君恐；客星入之，聖人受制也。」㈤攝提：萬物承陽起，故曰攝提格。格，起也。太歲在寅，曰攝提格。郝懿行《爾雅義疏》謂：「攝提，星名，屬東方亢宿，分指四時從寅起也。」直同「值」，當也。㈥疏廟：宋均以為疏，外也；廟，朝也，即外朝也。《史記正義》謂：「聽政之所也。其占：明大，則輔臣忠，天下寧；不然，則反是也。」㈦《史記正義》謂：「南門二星，在庫樓南，天子外門。占：明則氐羌貢，暗則諸夷叛；客星守之，外兵且至也。」㈧

氐：《史記索隱》謂：「爾雅云：『天根，氐也』。」孫炎以為角亢下繫於氐，若木之有根也。宋均云：「疫，病也，三月榆莢落，故主疾疫也。然此時，物雖生，而日宿在奎，行毒氣，故有疫也。」《星經》云：「氐四星為路寢，聽朝所居。其占：明大，則臣下奉度。」合誠圖云：「氐為宿宮也，氐、房、心，三宿為火，於辰在卯，宋之分野。」

尾為九子㊀，曰君臣；斥絕㊁，不和。箕為敖客㊂，曰口舌。

【註】㊀《史記索隱》謂：「宋均云：『屬後宮場，故得兼子。子必九者，取尾有九星也』。」元命包云：「尾九星，箕四星，為後宮之場也。」《史記正義》謂：「尾，箕。尾為析木之津，於辰在寅，燕之分野。尾九星為後宮，亦為九子。星近心第一星為后，次三星妃，次三星嬪，末二星妾。占：均明，大小相承，則後宮敘而多子；不然，則不。金，火守之，後宮兵起。若明暗不常，妃嫡乘亂，妾媵失序。」㊁斥絕：疏遠也。星象相距遠絕，明君臣不和。㊂《史記索隱》謂：「宋均曰：『敖：調弄也。箕以簸揚調弄為象。箕又受物，有去去來來，客之象也』。」詩緯曰：「箕為天口，主出氣。詩、大東：『維南有箕，載翕其舌』，是也。」《詩經》又有「哆兮哆兮，成是南箕」，謂有敖客行謁請之也。

火犯守角㊀，則有戰。房、心，王者惡之也㊁。

【註】㈠韋昭曰：「火，熒惑也」。占經引石氏云：「熒惑犯左右角，大人憂，一曰有兵。」㈡《史記正義》謂：「熒惑犯守箕，尾，氐星自生芒角，則有戰陣之事。若熒惑守房，心，及房，心自生芒角，則王者惡之也。」占經引洛書曰：「熒惑犯房，國君出亡」。《黃帝占》曰：「熒惑守房，三日五日，天子車駕有驚。」演孔圖云：「熒惑在心，則縞素麻衣。」春秋緯云：「熒惑守心海內哭」。熒惑：火星之別名，亦火神之別名。

南宮朱鳥㈠權、衡㈡。衡，太微，三光之廷㈢。匡衞十二星，藩臣：西，將；東，相；南四星，執法；中，端門㈣；門左右，掖門㈤。門內六星，諸侯㈥。其內五星，五帝坐㈦。後聚一十五星，蔚然，曰郎位㈧；傍一大星，將位也㈨。月、五星順入，軌道㈩，司其出(一一)，所守(一二)，天子所誅也(一三)。其逆入，若不軌道(一四)，以所犯命之(一五)；中坐，成形(一六)，皆羣下從謀也(一七)。金、火尤甚(一八)。廷藩西有隋星五，曰少微，士大夫(一九)。權，軒轅。軒轅，黃龍體(二〇)。前大星，女主象；旁小星，御者後宮屬(二一)。月、五星守犯者，如衡占(二二)。

【註】㈠南宮赤帝，其精朱鳥，為七宿：井首，鬼目，柳喙，星頸，張嗉，翼翮，軫尾。㈡孟康

曰：「軒轅為權，太微為衡。」㊂《史記索隱》謂：「宋均云：『太微，天帝南宮也』。」晉志：「太微為衡，衡，主平也，又為天庭。」劉逢祿《經星補考》云：「衡無星，以權得名，太微為朝，故衡為廷。三光，日月五星也，法皆由朝，不得入廷也。」㊃十二星，蕃臣：十二星擔任匡儲之責，是蕃臣之象。《史記索隱》引《春秋合誠圖》曰：「太微主法式，陳星十二，以備武急也。」〈晉志〉曰：「東蕃四星，南第一星曰上相，其北東太陽門也。第二星曰次相，其北中華東門也。第三星曰次將，其北東太陰門也。第四星曰上將，所謂四輔也。西蕃四星，南第一星曰上將，其西北太陽門也。第二星曰次將，其北中華西門也。第三星曰次相，其西北太陰門也。第四星曰上相，次亦曰四輔也。南蕃中二星間曰端門，東曰左執法，廷尉之象也。西曰右執法，御史大夫之象也。執法，所以舉刺凶姦者也。」㊄左右掖門：晉志曰：「左執法之東，左掖門也。右執法之西，右掖門也。」非正門，曰掖門。㊅門內六星，諸侯：門內六星是諸侯之象。《史記正義》謂：「內五諸侯五星，列在帝庭，其星竝欲光明潤澤，若枯燥，則各於其處受其災變，大至誅戮，小至流亡；若動搖，則擅命以干主者，審其分以占之則無惑也。」又云：「諸侯五星在東井北河，主刺舉，戒不虞。」又云：「理陰陽，察得失，一曰帝師，二曰帝友，三曰三公，四曰博士，五曰太史，此五者，為天子定疑議也。占：明大潤澤，大小齊等，則國之福。不然，則上下相猜，忠臣不用。」王元啟曰：「諸侯星五，史、漢俱云六者，或古今星數隱現不同。」〈晉志〉曰：「左執法東一星，曰謁者，主贊賓客也。謁者東北三星，曰三公，內坐朝會之所居也。三公北三星，曰九卿，內坐，主治萬事。九卿西五星，曰內五諸侯，內侍天子，不之國也。」㊆五帝坐：《史記正義》曰：「黃帝坐一星，在太微宮中，含樞紐之神。四星夾黃帝坐，蒼帝，東方靈威仰之神；赤帝，南方赤熛怒之神；白帝，西方白昭炬之神；黑帝，北方叶光紀之神，五帝竝設，神靈集謀者也。占：五座明而光，則天子得天地之心，不然，則失位。」㊇郎位：蔚然，形容星之昭然，所以象郎位也。《史記正義》謂：「郎位十五星，在太微中帝座東北，周之元士，漢之光祿，諫議，此三署郎中是尚書郎。占：欲其大小均耀，光潤有常，吉也。」王念孫曰：郎位，為星名。㊈將位：為羣郎之將帥。《史記正義》曰：「郎將一星在郎位東北，所以為武備，今之左右中郎將。占：大而明，角將恣，不可當也。」㊉軌道：韋昭曰：「謂循軌道不邪逆也。順入：從西入之也。」《史記正義》曰：「謂月，五星，順入軌道，入太微庭也。」王念孫曰：「順入，一事也；軌道，又一事也。順入者，韋氏以為從西入，是也。軌道者，軌，猶循也。謂月，五星，皆循道而行，不旁出也。下文曰：『其逆入，若不軌道』，逆入為一事，不軌道又一事，此又其明證矣。」㊀司：同「伺」字，伺察也。㊁所守：宋均曰：「伺察日月五星所守列宿，若諸官屬不去十日者，於是天子命使誅討之也。」㊂所誅：王元啟曰：「謂順入軌道，雖無凶咎之占，然又必伺察其出；苟其守而不出，則所守之宿必遭誅戮之凶。如守垣西東，則將相當之，其他諸侯郎將，各以所守為占。」王先謙曰：「誅，責也。」㊃若：及也。㊄命：同「名」字，謂定其罪名也。宋均曰：「逆入，從東入也。不軌道，不由康衢而入者也。以其所犯命之者，亦謂隨所犯之位，天子命誅其人也。」㊅中坐，成形：晉灼曰：「中坐：犯帝坐也。成形：禍福之形見也。」「形」，或作「刑」字解。㊄羣下從謀：《史記正義》曰：「月，五星，逆入，不依軌道，伺察其所犯太微中帝坐，帝坐必成其刑戮，皆是羣下相從而謀上也。」㊅金、火尤甚：《史記索隱》謂：「火主銷物，而金為兵，故尤急，然則木，水，土，為小變也。」《史記正義》曰：「若金，火，逆入，不軌道，犯帝坐，尤甚於月及水、土、木也。」㊈隋星：隋，同「橢」字，宋均曰：「南北為橢」。《史記正義》曰：「廷：太微廷。藩，衞也。少微四星在太微西南北列，第一星，處士也；第二星，議士也；第三星，博士也；第四星，大夫也。占：以明大黃潤，則賢士舉；不明，反是。月，五星，犯守，處士憂，宰相易也。」㊉軒轅：《史記正義》曰：「軒轅十七星，在七星北，黃龍之體，主雷雨之神，後宮之象也。陰陽交感，激為雷電，和為雨，怒為風，亂為霧，凝為霜，散為露，聚為雲，氣立為虹蜺，離為背璚，分為抱珥，二十四變，皆軒轅主之。」㊂大星，小星：《史記正義》曰：「大星，女主也；次北一星，夫人也；次北一星，妃也；其次諸星，皆次妃之屬。女主南一小星，女御也；左一星，少民、后宗也，右一星，大民，太后宗也。占：欲其小黃而明，吉；大明，則為後爭競，移徙，則國人流迸東西，角大張而振，后族敗，水，火，金，守軒轅女主惡也。」㊂如衡占：王先謙曰：「逆入，不軌道、權、衡，占同也。」即言權占與衡占相同。

東井為水事㊀。其西曲星曰鉞㊁。鉞北，北河；南，南河㊂；兩河、天闕閒為關梁㊃。輿鬼，鬼祠事；中白者為質㊄。火守南北河，兵起，穀不登。故德成衡㊅，觀成潢㊆，傷成鉞㊇，禍成井㊈，誅成質㊉。

【註】㊀東井：〈晉志〉曰：「東井八星，天之南門，黃道所經，主水衡事，法令所取平也。」元命包曰：「東井八星，主水衡也。」王先謙曰：「廣雅：東井，謂之鶉首，南方朱鳥七宿，以井為首也。」㊁鉞：《史記正義》謂：「東井八星，鉞一星，輿鬼四星。一星為質，為鶉首，於辰在未，皆秦之分野。一大星，黃道之所經，為天之亭侯，主水衡事，法令所取平也。王者用法平，則井星明而端列。鉞一星附井之前，主伺奢淫而斬之。占：不欲其明，明與井齊，或搖動，則天子用鉞於大臣；月宿井，有風雨之變也。」㊂南河，北河：《史記正義》曰：「南河三星，北河三星，分夾東井南北，置而為戒。南河南戒，一曰陽門，亦曰越門。北河北戒，一曰陰門，亦曰胡門。兩戒間，三光之常道也。占：南星不見，則南道不通，北亦如之；動搖及火守，中國兵起也。又云：動則胡、越為變、或連近臣以結之。」㊃天闕：《史記正義》曰：「闕丘二星在南河南，天子之雙闕，諸侯之兩觀，亦象魏懸書之府。金，火守之，主兵戰闕下也。」〈晉志〉云：「南河，北河，各三星，夾東井，一曰天高，天之關門也，主關梁，日月五星之常道也。」天闕者，〈晉志〉謂：「南河南二星，曰闕丘，主宮門外象魏也。」宋均云：「兩河六星，知逆邪，言關梁之限，知邪偽也。」㊄輿鬼：晉灼曰：「輿鬼五星，其中白者為質。」《史記正義》曰：「輿鬼四星，主祠事，天目也，主視明察

姦謀，東北星，主積馬；東南星，主積兵；西南星，主積布帛；西北星，主積金玉，隨其變占之。中一星為積屍，一名質，主喪死祠祀。占：鬼星明大，穀成；不明，百姓散。質欲其沒不明，明則兵起，大臣誅，下人死之。」㈥德成衡：《史記索隱》曰：「德成衡，衡則能平物，故有德公平者，先成形於衡。」㈦觀成潢：為帝車舍，言王者遊觀，亦先成形於潢也。㈧傷成鉞：傷，敗也，言王者敗德，亦先成形於鉞，以言有敗亂，則有鉞誅之。㈨禍成井：晉灼曰：「東井主水事，火入一星居其旁，天子且以火敗，故曰禍也。」㈩誅成質：晉灼曰：「熒惑入輿鬼，天質，占曰：太臣有誅。」

柳為鳥注，主木草㈠。七星，頸，為員官，主急事㈡。張，素，為廚，主觴客㈢。翼為羽翮，主遠客㈣。

【註】㈠柳為鳥注：《漢書・天文志》「柳為鳥喙」，是「注」即「喙」也。《爾雅》曰：「鳥喙謂之柳」。《史記正義》曰：「柳八星，星七星，張六星，為鶉火，於辰在午，皆周之分野。柳為朱鳥味，天之廚宰，主尚食，和滋味。占：以順明為吉，金，火守之，國兵大起。」㈡頸：朱鳥之頸也。員官：喉也。物在喉嚨，終不久留，故主急事也。〈晉志〉：「七星一名天都，主衣裳文繡，又主急兵盜賊。」㈢素：嗉也，鳥受食之處。《史記正義》曰：「張六星，六為嗉，主天廚食飲賞賚觴客。占：以明為吉，暗為凶。金，火守之，國兵大起。」㈣翼：《史記正義》曰：「翼二十二星，軫四星，長沙一星，轄二星，合軫七星皆為鶉尾，於辰在巳，楚之分野。翼二十二星為天樂府，又主

夷狄，亦主遠客。占：明天，禮樂興，四夷服；徙，則天子舉兵以罰亂者。」

軫為車，主風㈠。其旁有一小星，曰長沙㈡，星星，不欲明㈢；明與四星等，若㈣五星入軫中，兵大起。軫南眾星曰天庫樓㈤；庫有五車。車星角㈥，若益眾，及不具，無處車馬。

【註】㈠軫：宋均云：「軫四星居中，又有二星為左右轄，車之象也。軫與巽同位，為風，車動行疾似之也。」《史記正義》曰：「軫四星，主冢宰輔臣，又主車騎，亦主風。占：明大，則車騎用；太白守之，天下學校散，文儒失業，兵戈大起。熒惑守之，南方有不用令之國，當發兵伐之；辰星守之，徐、泗有戮之者。」㈡長沙：《史記正義》曰：「長沙一星，在軫中，主壽命。占：明，主長壽，子孫昌也。」㈢星星：朱一新曰：「星星，微明也。」不欲明：不宜於太明。㈣若：及也。五星：水、火、木、金、土。㈤天庫：星名，主太白，秦地，在五車中。樓：星名。〈晉志〉曰：「庫，樓，十星，其六大星為庫，南四星為樓。一曰天庫，兵甲之府也，旁十五星，三三而聚者，柱也，中央四小星，衡也，主陳兵。」㈥角：芒角。若：及也。朱一新曰：「五車星，或生芒角，或益眾，或不具，則其占將當無以處車馬也。」

西宮，咸池㈠，曰天五潢㈡。五潢，五帝車舍㈢。火入，旱；

金，兵；水，水㊃。中有三柱㊄；柱不具，兵起。

【註】㊀西宮：西宮白帝，其精白虎。咸池：王元啟曰：「咸池者，西宮諸宿之總名，與前後蒼龍，朱鳥，玄武一例。五車中又有咸池，猶北宮斗南之有龜鼈，室上之有螣蛇，不得竟指龜蛇為玄武也。」㊁錢大昕曰：「淮南天文訓斗柄為小歲，正月建寅月，從左行十二辰，咸池為大歲，從右行四仲，終而復始。蓋斗為帝車，有運轉之象，咸池以五車為匡衞，亦有運行之象。故古人指其所建，以定四時。古書言咸池者，皆兼五潢、五車，三柱，言之。故史公以咸池為五帝車舍。」《春秋元命包》曰：「咸池主五穀，其星五者各有所職。咸池，言穀生於水，吐秀含實，主秋垂，故一名『五帝車舍』，以車載穀而販也。後人析為數名，僅以三小星當咸池，而淮南、太史公書遂不能通矣。史公以紫宮、房心，權衡，咸池，虛危為天之五官坐星，豈專指三小星而言哉？」㊂五帝車舍：《史記正義》曰：「五車五星，三柱九星，在畢東北，天子五兵車舍也。西北大星曰天庫，主太白，秦也。次東北曰天獄，主辰，燕，趙也。次東曰天倉，主歲，衞，魯也。次東南曰司空，主鎮，楚也。次西南曰卿，主熒惑，魏也。占：五車均明，柱皆見，則倉庫實；不見，其國絕食，兵見起。五車，三柱有變，各以其國占之。三柱入出一月，米貴三倍，期二年；出三月，貴十倍，期三年；柱出不與天倉相近，軍出，米貴，轉粟千里；柱倒出，尤甚。火入，天下旱；金入，兵；水入，水也。」㊃《史記索隱》謂：「火，金，水，入五潢，則各致此災也。」宋均曰：「不言木、土者，言木、土德星，於

此不為害，故也。」㊄三柱：〈晉志〉曰：「五車五星，三柱九星，在畢北。五車者，五帝車舍也，五帝坐也，主天子五兵，一曰（又曰，或曰）主五穀豐耗。三柱，一曰（又曰）三泉。天子得靈臺之禮，則五車三柱，均明有常。其中五星，曰天潢。月，五星入天潢，兵起，道不通，天下亂。」

奎曰封豕，為溝瀆㊀。婁為聚眾㊁。胃為天倉㊂。其南眾星曰廥積㊃。

【註】㊀奎：二十八宿之一，白虎七宿之首宿。有星十六，九屬仙女座，七屬雙魚座。《史記正義》曰：「奎，十六星，婁三星為降婁，於辰在戌，魯之分野。奎，天之府庫，一曰天豕，亦曰封豕，主溝瀆。西南大星，所謂天豕目。占：以明為吉。星不欲團圓，團圓則兵起，暗則臣干命之咎。亦不欲開闔無常，當有白衣稱命於山谷者。五星犯奎，人主爽德，權臣擅命，不可禁者。王者宗祀不潔，則奎動搖。若燄燄有光，則近臣謀上之應，亦庶人饑饉之厄。太白守奎，胡貊之憂，可以伐之。熒惑星守之，則有水之憂，連以三年。鎮星，歲星守之，中國之利，外國不利，可以興師動眾，斬斷無道。」㊁婁：婁者，聚也，主興兵聚眾之事。《史記正義》曰：「婁三星為苑，牧養犧牲以供祭祀。亦曰聚眾。占：動搖，則眾兵聚；金，火守之，兵起也。」㊂胃：《史記正義》曰：「胃三星，昴七星，畢八星，為大梁，於辰在酉，趙之分野。胃主倉廩，五穀之府也。占：明則天下和平，五穀豐稔；不然，反是也。」㊃廥積：廥，音快（ㄎㄨㄞˋ）。如淳曰：「芻藁積為廥也」。《史記正義》曰：「芻

虆六星，在天苑西，主積虆草者。不見，則牛馬暴死；火守，災起也。」〈隋志〉曰：「天苑西六星，曰芻虆，以供牛馬之食」，即此廥積也。

昴曰髦頭㈠，胡星也，為白衣會。畢曰罕車㈡，為邊兵，主弋獵㈢。其大星旁小星為附耳㈣。附耳搖動，有讒亂臣在側。昴、畢間為天街㈤。其陰，陰國；陽，陽國㈥。

【註】㈠昴：晉志曰：「昴七星，主獄事；又為髦頭，胡星也。昴畢間為天街，天子出，髦頭罕（罕，同「罕」字）畢以前驅，此其義也。黃道之所經也。昴明，則天下牢獄平。昴六星皆明，與大星等，大水。七星黃，兵大起。一星亡，為兵喪。搖動，有大臣下獄及白衣之會，（喪事之會）。大而數盡，動若跳躍者，胡兵大起。」㈡罕車：罕，音寒（ㄏㄢˇ）。罕車，星名，即畢宿。罕，畢，皆捕鳥獸之網也。《後漢書》蘇竟傳云：「畢為天網，主網羅無道之君也。」㈢主弋獵：〈晉志〉曰：「畢八星，主邊兵，主弋獵，其大星，曰天高，一曰邊將，主四夷之尉也。星明大，則遠夷來貢，天下安；失色，則邊兵亂。」㈣附耳：〈晉志〉曰：「附耳一星，在畢下，主聽得失，伺愆邪，察不祥。移動，則佞讒行。」㈤天街：昴畢之間，日月五星之所由也，故曰天街。《爾雅》曰：「大梁，昴。」孫炎曰：「昴，畢之間，日月五星出入要道，若津梁也。」《史記正義》曰：「天街三星，在畢昴間，主國界也。街南為華夏之國，街北為夷狄之國。土金守，胡兵入也。」㈥陰國，陽

國：《觀象玩占》曰：「畢主河山以南，中國也。中國於四海內，在東南，為陽。昴、畢之間，陰陽兩界之所分，畢為陽國，昴為陰國。」

參為白虎㈠。三星直者，是為衡石㈡。下有三星，兌㈢，曰罰㈣，為斬艾事。其外四星，左右肩股也㈤。小三星隅置，曰觜觿㈥，為虎首，主葆旅事㈦。其南有四星，曰天廁㈧。廁下一星，曰天矢㈨。矢黃則吉；青、白、黑、凶。其西有句曲㈩九星，三處羅(一一)：一曰天旗(一二)，二曰天苑(一三)，三曰九斿(一四)。其東有大星曰狼(一五)。狼角變色，多盜賊。下有四星曰弧(一六)，直狼。狼比地有大星(一七)，曰南極老人(一八)。老人見，治安；不見，兵起。常以秋分時，候之于南郊。

【註】㈠參：音森（ㄙㄣ），二十八宿之一，白虎七宿之末宿，均屬獵戶座。《史記正義》曰：「觜三星，參三星，外四星為實沈。於辰在申，魏之分野，為白虎形也。」《觀象玩占》曰：「參七星，伐三星，七星為虎身，伐為虎尾，觜為虎首，共為白虎，主西方。」㈡衡石：〈晉志〉曰：「參主權衡，所以平理也。」孟康曰：「參三星者，白虎宿中，東西直，似稱衡也。」㈢兌：同「銳」字，上小下大也。孟康曰：「在參間，上小下大，故曰『銳』。」㈣罰：亦作「伐」。《春秋運斗樞》

曰：「參，伐事主斬艾也。」⑤左右肩股：〈晉志〉曰：「其中三星橫列，三將也。東北曰左肩，主左將；西北曰右肩，主右將；東南曰左足，主後將軍；西南曰右足，主偏將軍。故黃帝占參應七將，中央三小星，曰伐，天之都尉也。」⑥觜觿：觜：音資（ㄗ）。觿：音攜（ㄒㄧ）。觜觿，二十八宿之一，白虎七宿之第六宿，有星三，屬金牛座。⑦葆旅：王先謙曰：案「旅」有「陳」義，釋詁：「旅，陳也。」又有「寄」義，《後漢書》光武紀注：「旅，寄也。」儲偫隨軍而行，陳列寄頓，故謂之「旅」。「葆」者，保守之也。故軍行，則葆旅起。⑧天廁：《史記正義》曰：「天廁四星，在屏東，主溷也。占：色黃，吉；青與白，皆凶；不見，則人寢疾。」⑨天矢：即「天屎」。天矢一星，在廁南。占與天廁同。⑩句：同「鉤」字。⑪羅：羅列也。《漢書．天文志》：「羅」下有「列」字。⑫天旗：《史記正義》曰：「參旗九星，在參西，天旗也，指麾遠近以從命者。王者斬伐當理，則天旗曲直順理；不然，則兵動於外，可以憂之。若明而稀，則邊寇動；不然，則不。」⑬天苑：《史記正義》曰：「天苑十六星，如環狀，在畢南，天子養禽獸之所，稀暗，則多死也。」⑭九斿：斿：音留（ㄌㄧㄡˊ），旌旗之旒也。《史記正義》曰：「九斿九星，在玉井西南，天子之兵旗，所以導軍進退，亦領州列邦，竝不欲搖動，搖動，則九州分散，人民失業，信命一不通，於中國憂。以金，火守之，亂起也。」⑮狼：《史記正義》曰：「狼一星，參東南。狼為野將，主侵掠。占：非其處，則人相食；色黃白而明，吉；赤，角，兵起；金，木，火守，亦如之。」陳子龍曰：「近測云：星大者，莫過於狼與織女，其體大於地。」⑯弧：《史記正義》曰：「弧九星，在狼東南，天之弓也，以伐叛懷遠；又主備賊盜之知姦邪者。弧矢向狼動移，多盜；明大，變色，亦如之。矢不直狼，又多盜；引滿，則天下盡兵也。」直：同「值」，當也。㊆比：接近也。㊇南極老人：《史記正義》曰：「老人一星，在弧南，一曰南極，為人主占壽命延長之應。常以秋分之曙見於景（丙），春分之夕見於丁。見，國長命，故謂之壽昌，天下安寧；不見，人主憂也。」按老人星即龍骨座a，西名為 Canopus，一等星，色青白，光輝僅亞於天狼，位赤經六時二二分，赤緯南五二度四〇分，距天狼南約三十六度，僅於二月頃現於南天地平附近，故吾人逢此壽星之機會者甚少。一萬二千年後，織女為北極星時，此星變為南極星。

附耳入畢中，兵起㊀。

【註】㊀《漢書・天文志》無此數字。此數字應在前講附耳條下。

北宮玄武㊀，虛㊁、危㊂。危為蓋屋㊃；虛為哭泣之事。

【註】㊀玄武：《春秋文耀鉤》曰：「北宮黑帝，其精玄武。」《史記正義》曰：「南斗六星，牽牛六星，並北宮玄武之宿。」玄武，北方七宿（斗，牛，女，虛，危，室，壁）之總稱。㊁虛：星宿名，二十八宿之一，玄武七宿之第四宿，有星二：虛宿一，即寶瓶座B，係美麗雙星；虛宿二，即小馬座a。㊂危：星宿名，二十八宿之一，玄武七宿之第五宿，有星三，第一星即寶瓶座a，幾在

天球赤道。第二星與第三星即飛馬座ο與s。晉書：〈天文志〉曰：「危三星主天府，天市，架屋。」㊃蓋屋：王先謙曰：「正義云：『蓋屋二星在危南，主天子所居宮室之官也。危為架屋，蓋屋自有星，恐文誤也』。案蓋屋二星，距危三星切近。志中諸星渾同，而它書別異者多矣，何獨蓋屋一星？星官家師承各殊，後世尤加繁密，不得據以糾志也。」㊄虛為哭泣：宋均曰：「蓋屋之下中無人，但空虛，似乎殯宮，故主哭泣也。」王先謙曰：「釋天：元枵，虛也。顓頊之虛，虛也。北陸，虛也。郭注虛在正北，北方黑色，枵之言耗，亦虛意。顓頊水德，位在北方，虛星之名，凡四星。星經：虛二星，主廟堂哭泣。」

其南有眾星，曰羽林天軍㊀。軍西為壘㊁，或曰鉞㊂。旁有一大星為北落㊃。北落若微亡，軍星動角益希㊄，及北星犯北落㊅，入軍，軍起。火、金、水尤甚㊆：火，軍憂；水，〔水〕患；木、土，軍吉。危東六星，兩兩相比，曰司空㊇。

【註】㊀羽林天軍：宋均曰：「虛危營室陰陽終始之處，際會之間，恒多姦邪，故設羽林為軍衞。」《史記正義》曰：「羽林四十五星，三三而聚，散在壘壁南，天軍也。」㊁壘：《史記正義》曰：「壘壁陳十二星，橫列在營室南，天軍之垣壘。占：五星入，皆兵起，將軍死也。」㊂鉞：鈇鉞星正承壘壁之下，故或以壘為鉞。㊃北落：〈晉志〉曰：「北落師門一星，在羽林西南。北者，宿在

北方也；落者，天之藩落也；師者，眾也；師門，猶軍門也。長安城北門，曰北落門，以象此也。主非常以候兵。」㊄星動，角益稀：星動搖，生芒角，或益稀少。㊅五星犯北落：金，火守有兵，為虜犯塞。木星，土星入北落，則吉。㊆火、金、水，尤甚：王元啟曰：「晉志云：『五星有在天軍中者，皆為兵起，熒惑，太白，辰星尤甚』。」㊇比：近也。司空：《史記正義》曰：「危東兩兩相比者，是司命等星也。司空惟一星耳，又不在危東，恐『命』字誤為『空』也。司命二星在虛北，主喪送；司祿二星在司命北，主官司；危二星在司祿北，主危亡；司非二星在危北，主愆過，皆冥司之職。占：大，為君憂；常，則吉也。」

營室㊀為清廟㊁，曰離宮、閣道㊂。漢中四星，曰天駟㊃。旁一星，曰王良㊄。王良策馬㊅，車騎滿野。旁有八星，絕漢，曰天潢㊆。天潢旁，江星㊇。江星動，人涉水。

【註】㊀營室：二十八宿之一，玄武七宿之第六宿，有星二，即飛馬座a、B。a西名為Mar-kal。《爾雅》曰：「營室謂之定」。郭樸曰：「定，正也，天下作宮室，皆以營室為中也。」王先謙曰：「晉志：『營室二星，天子之宮也。』宋志：『營室，一星為天子宮，一星為太廟，故置羽林以衞。又為離宮、閣道，與抵營室之閣道，相距遙遠』。」㊁清廟：營室為清廟，歲星廟也。㊂離宮閣道：天子遊別宮之道。㊃天駟：《春秋元命包》曰：「漢中四星，曰騎、一曰天駟也。」漢，天漢

也。㊄王良：王良，主天馬也。《史記正義》曰：「王良五星，在奎北河中，天子奉御官也。其動策馬，則兵騎滿野；客星守之，津橋不通；金，火守入，皆兵之憂。」㊅策馬：《史記正義》曰：「策一星，在王良前，主天子僕也。占：以動搖移在王良前，或居馬後，別為策馬，策馬而兵動也。」㊆天潢：宋均曰：「天潢，天津也」。《晉書・天文志》曰：「天津九星橫河中，一曰天漢，一曰天江，主四瀆津梁。」《春秋元命包》曰：「潢主河渠，所以度（渡）神，通四方」。按天津九星，八屬天鵝座，第四名乃此座主星a，西名為Deneb。㊇江星：《史記正義》曰：「天江四星，在尾北，主太陰也。不欲明；明而動，水暴出；其星明大，水不禁也。」

杵、臼四星㊀，在危南。匏瓜㊁，有青黑星守之㊂，魚鹽貴。

【註】㊀杵、臼：《史記正義》曰：「杵、臼三星，在丈人星旁，主軍糧。占：正下直臼，吉；與臼不相當，軍糧絕也。臼星在南，主春。其占：覆，則歲大饑；仰，則大熟也。」直，同「值」，相當也。〈宋志〉曰：「杵三星，在人星東，臼四星，在杵下。」梁玉繩曰：「星經：臼四星，杵三星，在人星旁，蓋危星之北。此云『危南四星』，恐誤也。」㊁匏瓜：《荊州占》云：匏瓜，一名天鷄，在河鼓東。匏瓜明，歲則大熟也。」《史記正義》曰：「匏瓜五星，在離珠北，天子果園。占：明大光潤，歲熟；不，則包果之實不登；客守，魚鹽貴也。」㊂青黑星，客星也。

南斗㊀為廟㊁，其北建星㊂。建星者，旗也。牽牛為犧牲㊃。其北河鼓㊄。河鼓大星，上將；左右，左右將。婺女㊅，其北織女㊆。織女，天女孫也。

【註】㊀南斗：柯維騏曰：「斗，北宮之宿，以夏秋之間，見於南方，故謂之南斗也。」王先謙曰：「言南以別於北斗也。詩、大東『惟北有斗』。箕斗並見南方時，箕在南，斗在北，故云。」㊁為廟：王先謙曰：「晉志：『北方南斗六星，天廟也。南二星魁，天梁也。中央二星，天相也。北二星，天府庭也，亦為壽命之期也』。」宋志曰：「南星者，魁星也。北星，杓也。」㊂建星：《史記正義》曰：「建六星，在斗北，臨黃道，天之都關也。斗建之間，七耀之道，亦主旗輅。占：動搖，則人勞；不然，則不。月暈，蛟龍見，牛馬疫。月五星犯守，大臣相謀，為關梁不通及大水也。」〈晉志〉曰：「建星六星，在南斗北，亦曰天旗，天之都關也。南二星，天庫也；中央二星，市也，鈇鑕也；上二星，旗跗也。斗建間，三光道。」㊃牽牛：〈晉志〉曰：「牽牛六星，天之關梁，主犧牲事。」《史記正義》曰：「牽女為犧牲，亦為關梁、其北二星，一曰即路，一曰聚火。又上一星，主道路；次二星，主關梁；次三星，主南越。占：明大，關梁通；不明，不通，天下牛疫死，移入漢中，天下乃亂。」案牽牛，星名，昔時多以牽牛為牛宿別名，今則均認作河鼓別名。㊄河鼓：〈晉志〉曰：「河鼓三星，在牽牛北，天鼓也。主軍鼓，主鈇鉞。」孫炎曰：「河鼓之旗，十二星，

在牽牛北，或名河鼓為牽牛也。」《史記正義》曰：「河鼓三星，在牽牛北，主軍鼓，蓋天子三將軍，中央大星，大將軍；其南，左星，左將軍；其北，右星，右將軍，所以備關梁而拒難也。占：明大光潤，將軍吉；動搖，差戾，亂兵起；直，將有功，曲，則將失計也。自昔傳牽牛織女七月七日相見，此星也。」按：河鼓三星，即天鷹座B、a、y，位於牛宿西北，居銀漢之南，與漢北織女相對。大將軍，即河鼓二，乃天鷹座主星a，西名為Altair，為一等星之標準星，色黃，即一般所稱為牽牛者。㊅婺女：《史記正義》曰：「須女四星，亦婺女，天少府也。南斗牽女，須女，皆為星紀，於辰在丑，越之分野，而斗牛為吳之分野也。須女，賤妾之稱，婦職之卑者，主布帛裁製嫁娶。占：水守之，萬物不成；火守，布帛貴，人多死；土守，有女喪；金守，兵起也。」按：婺女，即女宿，為二十八宿之一，玄武七宿之第三宿，有星四，三屬寶瓶座。㊆織女：〈宋志〉曰：「織女三星，在天市垣東北，一曰（或曰）在天紀東，天女也。主瓜果絲帛珍寶」。按：織女三星，屬天琴座，形如等邊三角形，位銀漢北，與漢南牽牛相對。織女一即天琴座a，西名為Vega，一等星，色青白，尋常所稱織女，多單指此星而言。（銀漢：即銀河，為白雲色之帶，在天空中成一偉觀，易惹人注意，如天河，星河，明河，絳河，長河，秋河，銀潢，銀漢，天漢，雲漢，河漢，星漢，天杭，天津等，皆其異名，界線不齊，幅寬不一，由十度至三十度，光輝亦隨處不同，橫亙天球面上，殆成一大圓。北極在后髮座中，南極在鯨魚座中，與黃道約成六十度之傾斜而相交，其二交點去二至點不遠。自天蠍座起，分東西二流，西流稍細為支流，東流為本流，至天鵝座復匯為一。銀河有謂由地球昇騰之水蒸氣而成者，有謂為地球投射於天空之影者，有謂為圍繞太陽系之星之大環，太陽即居於環之中心者，眾說紛紛。最近以望遠鏡窺之，方知為無數小星所形成，星光皆在八等以下，其表面幷混有星雲，星團及較大之星體。）

察日、月之行㊀以揆歲星順逆㊁。曰東方木，主春，日甲乙㊂。義失者，罰出歲星。歲星贏縮㊃，以其舍命國㊄。所在國不可伐，可以罰人㊅。其趨舍㊆而前曰贏，退舍曰縮。贏，其國有兵不復；縮，其國有憂，將亡，國傾敗。其所在，五星皆從而聚㊇於一舍，其下之國可以義致天下。

【註】㊀歲星：《物理論》曰：「歲行一次，謂之『歲星』，則十二歲而星一周天也。」晉灼曰：「太歲在四仲，則歲行三宿；太歲在四孟四季，則歲行二宿。二八十六，三四十二，而行二十八宿，十二歲而周天」。吳仁傑曰：「淮南書論太陰在四仲四鉤，與晉說同，則太陰即太歲矣。天官書攝提之歲，歲陰左行在寅，則歲陰亦太歲也。淮南書又謂太陰或曰青龍，或曰天一，則青龍，天一，亦太歲也。凡天官書所謂歲陰，淮南書所謂太陰，青龍，天一，皆太歲之異名，而天一又謂之陰德，其名之不一，如此！」王先謙曰：「天官書水、火、金、木、土星，此五星者，天之五佐為經緯。索隱引物理論云：『歲行一次，謂之歲星，則十二歲而星一周天也。』宋志『歲星十二年，一周天』。乃約

數耳。晉說亦非。二十八宿，度有廣狹，而歲星之行，自有盈縮，豈得十二年一周，無差忒乎？」

㈡順逆：《史記正義》引天官占云：「歲星者，東方木之精，蒼帝之象也。其色明而內黃，天下安寧。夫歲星欲春不動，動則農廢。歲星盈縮，所在之國不可伐，可以罰人；失次，則民多病；見，則喜。其所居國，人主有福，不可以搖動。人主怒，無光，仁道失。歲星順行，仁德加也。歲星農官，主五穀。」〈天文志〉云：「春日，甲乙；四時，春也。五常，仁；五事，貌也。人主仁虧，貌失，逆時令，傷木氣，則罰見歲星。」㈢日甲乙：王先謙曰：「淮南天文訓：『東方，木也，其帝太皞，其佐句芒，執規而治春，其神為歲星，其獸為青龍，其音角，其日甲乙』。」㈣贏縮：《史記索隱》引〈天文志〉曰：「凡五星早出為贏，贏為客；晚出為縮，縮為主人。五星贏縮，必有天應見杓也。」

㈤舍：所止宿之處也。命：名也。㈥罰人：應作「伐人」。王先謙曰：「占經引荊州占云：『歲星居次順常，其國不可以加兵，可以伐無道之國，伐之必克』。」㈦趨舍：王先謙曰：「占經引七曜云：『超舍而前，過其以當舍之宿以上，一舍，二舍，三舍，謂之贏；退舍以下，一舍，二舍，三舍，謂之縮。』是『趨舍』即應為『超舍』也。」㈧五星皆聚：《史記索隱》謂：「漢高帝元年，五星皆聚於東井，是也。據天文志：『其年，歲星在東井，故四星從而聚之也』。」

以攝提格歲㈠：歲陰左行在寅，歲星右轉居丑。正月，與斗、牽牛晨出東方㈡，名曰監德。色蒼蒼有光。其失次，有應見柳㈢。

歲早，水；晚，旱。

【註】㈠攝提格：太歲在寅，曰攝提格。王先謙曰：「寅者，太歲所在之辰，攝提格者，太歲在寅之號。」李巡云：「言萬物承陽起，故曰攝提格。格，起也。」㈡正月，與斗、牽牛，晨出東方：錢大昕曰：「淮南天文訓：『太歲在寅歲名曰攝提格，其雄為歲星，舍斗，牽牛以十一月與之晨出東方。此云正月者，史公據石氏星經，較淮南書每後兩月』。」王引之曰：「後人以太初曆太歲在子，歲星十一月出在建星牽牛，故改淮南正月為十一月，以合太初之法，而自此以下，皆處改其所出之月。」㈢柳：失次，則其應見於柳，早，則水；晚，則旱也。柳，星宿名，二十八宿之一，朱鳥七宿之第三宿，有星八，均屬長蛇座。

歲星出，東行十二度，百日而止，反逆行；逆行八度，百日，復東行。歲行三十度十六分度之七，率日行十二分度之一，十二歲而周天。出常東方，以晨；入於西方，用昏。

單閼歲㈠：歲陰在卯，星居子。以二月與婺女、虛、危晨出，曰降入㈡。大有光。其失次，有應見張㈢。（名曰降入）其歲大水。

【註】㈠單閼：太歲在卯，曰單閼。單，盡也。閼，止也。陽氣推萬物而起，陰氣盡止也。㈡降

入：《史記索隱》曰：「降入，即歲星三月晨見東方之名」。㊂張：星宿名，二十八宿之一，朱鳥七宿之第五宿，有星六，均屬長蛇座。

執徐歲㊀歲陰在辰，星居亥。以三月（居）與營室㊁、東壁㊂晨出，曰青章。青青甚章。其失次，有應見軫㊃。（曰青章）歲早，旱；晚，水。

【註】㊀執徐：執，讀「蟄」。徐，同「舒」。言太歲在辰，則伏蟄之物，皆散舒而出也。㊁營室：星宿名，二十八宿之一，玄武七宿之第六宿，有星二。㊂東壁：星宿名，二十八宿之一，玄武七宿之末宿，有星二。㊃軫：宿星名，二十八宿之一，朱鳥七宿之末宿，有星四。

大荒駱歲㊀：歲陰在巳，星居戌。以四月與奎㊁、婁㊂（胃昴）晨出，曰跰踵㊃。熊熊赤色，有光。其失次，有應見亢㊄。

【註】㊀大荒駱：太歲在巳，曰大荒駱。駱，同「落」。荒，大也。言萬物熾盛而大出，霍然落落大佈散。㊁奎：星宿名，二十八宿之一，白虎七宿之首宿，有星十六，九屬仙女座，七屬雙魚座。㊂婁：星宿名，二十八宿之一，為白虎七宿之第二宿，有星三，即白羊座B、z、a。㊃跰：音片（ㄆㄧㄢˋ）行走顛跛之狀。㊄亢：二十八宿之一，蒼龍七宿之第二宿，有星四，皆室女座中三等星。

敦牂歲㊀：歲陰在午，星居酉。以五月與胃㊁、昴㊂、畢㊃晨出，曰開明。炎炎有光。偃兵㊄；唯利公王，不利治兵。其失次，有應見房㊅。歲早，旱；晚，水。

【註】㊀敦牂：太歲在午，曰敦牂。敦，盛也；牂，音臧（ㄗㄤ），盛壯也。言萬物皆盛壯也。㊁胃：星宿名，二十八宿之一，白虎七宿之第三宿，有星三，屬白羊座，「胃為天倉」。㊂昴：星宿名，二十八宿之一，白虎七宿之第四宿，有星七，六屬金牛座，所謂七姊妹星團是也。㊃畢：星宿名，二十八宿之一，白虎七宿之第五宿，有星八，七屬金牛座，畢宿五即金牛座a，西名為Aldebaran，為一等星，色赤，乃金牛之目，距地二七光年，一月十日下午九時中天，中天高度七〇度。㊄偃兵：偃，息也，息兵也。㊅房：星宿名，二十八宿之一，蒼龍七宿之第四宿，有星四，《晉書・天文志》：「房四星為明堂，天子布政之宮也。」

叶洽歲㊀：歲陰在未，星居申。以六月與觜觿㊁、參晨出㊂，曰長列。昭昭有光。利行兵。其失次，有應見箕㊃。

【註】㊀叶洽：太歲在未，曰葉洽。叶，協和也。洽，和合也。言陰欲化萬物和合也。㊁觜觿：觜，音資（ㄗ）。觿：音攜（ㄒㄧ）。觜觿：星宿名，二十八宿之一，白虎七宿之第六宿，有星三，

屬金牛座。㊂參：星宿名，二十八宿之一，白虎七宿之末宿，有星七，均屬獵戶座。參宿七即β，西名為rigel，一等星，色白，一月二十日，下午九時中天，中天高度為四六度，距地四六〇光年，其實體為全天空第一大太陽。㊃箕：星宿名，二十八宿之一，蒼龍七宿之末宿，有星四，均屬人馬座，亦名南箕。

涒灘歲㊀：歲陰在申，星居未。以七月與東井㊁、輿鬼㊂晨出，曰大音。昭昭白。其失次，有應見牽牛。

【註】㊀涒灘：涒，音呑（ㄊㄨㄣ）。涒灘：歲星在申為涒灘。李巡曰：「涒灘，物吐秀傾垂之貌也。」沈欽韓曰：高注「涒，大；灘，修也，言萬物皆修其精氣。」㊁東井：星宿名，二十八宿之一，朱鳥七宿之首宿，有星八，屬雙子座。㊂輿鬼：星宿名，二十八宿之一，朱鳥七宿之第二宿，有星四，屬巨蟹座，星光皆暗，中有一星團，黑夜可見，稱曰積屍氣，西名為Praesepe。《晉書・天文志》：「輿鬼五星，天目也。」

作鄂歲㊀：歲陰在酉，星居午。以八月與柳、七星㊁、張晨出，曰（為）長王。作作有芒。國其昌，熟穀。其失次，有應見危㊂。（曰大章）有旱而昌，有女喪，民疾。

【註】㊀作鄂：李巡曰：「作咢，皆物芒枝起之貌。」㊁七星：星宿名，二十八宿之一，朱鳥七宿之第四宿，有星七，六屬長蛇座，星宿一即此座 a，西名為 Alplard，孑然獨照，光度列二等。㊂危：星宿名，二十八宿之一，玄武七宿之第五宿，有星三，第一星即寶瓶座 a，幾在天球赤道，第二星與第三星，即飛馬座 o 與 s。

閹茂歲㊀：歲陰在戌，星居巳。以九月與翼、軫晨出，曰天睢。白色大明。其失次，有應見東壁。歲水，女喪。

【註】㊀閹茂：太歲在戌，曰閹茂。孫炎曰：「萬物皆蔽冒，故曰『閹茂』。閹，蔽也。茂，冒也。」

大淵獻歲㊀：歲陰在亥，星居辰。以十月與角、亢晨出，曰大章㊁。蒼蒼然，星若躍而陰出旦，是謂「正平」。起師旅，其率必武；其國有德，將有四海。其失次，有應見婁。

【註】㊀大淵獻：太歲在亥，曰大淵獻。沈欽韓曰：「高注：『淵，藏也。獻，迎也。言萬物終於亥，大小深藏窟伏以迎陽』。」㊁大章：徐廣曰：「一作大皇」。

困敦歲㈠：歲陰在子，星居卯。以十一月與氐、房、心晨出，曰天泉。玄色甚明。江池其昌，不利起兵。其失次，有應（在）（見）昴。

【註】㈠困敦：太歲在子，曰困敦。孫炎曰：「困敦，混沌也。言萬物初萌，混沌於黃泉之下也。」

赤奮若歲㈠：歲陰在丑，星居寅。以十二月與尾、箕晨出，曰天晧。黫然㈡黑色甚明。其失次，有應見參。

【註】㈠赤奮若：太歲在丑，曰赤奮若。李巡曰：「言陽氣奮迅。若，順也。」沈欽韓曰：「高注『奮，起也。若，順也。言陽奮萬物而起之，無不順其性也』。」㈡黫：音殷（ㄧㄣ），黑也。

當居不居㈠，居之又左右搖，未當去㈡，去之，與他星會，其國凶。所居久，國有德厚。其角動，乍小乍大，若色數變，人主有憂。

其失次舍以下，進而東北，三月生天棓㈢，長四丈，末兌㈣。進而東南，三月生彗星㈤，長二丈，類彗。退而西北，三月生天欃㈥，長四丈，末兌。退而西南，三月生天槍㈦，長數丈，兩頭兌。謹視其所見之國，不可舉事用兵。其出如浮如沈，其國有土功；如沈如浮，其野亡。色赤而有角，其所居國昌。迎角而戰者，不勝。星色赤黃而沈，所居野大穰㈧。色青白而赤灰；所居野有憂。歲星入月，其野有逐相；與太白鬭，其野有破軍㈨。

【註】㈠居：停留。㈡去：離開。㈢天棓：音棒，同「棒」字。大杖，曰棓。《史記正義》曰：「歲星之精，散而為天槍，天棓，天衝，天猾，國皇，天欃，及登天，荊真，若（及也）天猿，天垣，蒼彗，皆以備凶災也。天棓者，一名覺星，本類星而末銳，長四丈，出東北方，西方。其出，則天下兵爭也。」㈣兌：同「銳」字尖銳也。㈤彗星：一名掃星，本類星，末類彗，小者數寸長，長者或竟天，而體無光，假日之光，故夕見則東指，晨見則西指，若日南北，皆隨日光而指。光芒所見，為災變，見則兵起。除舊佈新，彗所指之處，弱也。㈥天欃：欃，音讒（ㄔㄢˊ）。天欃者，在西南，長四丈，銳。京房曰：「天欃為兵，赤地千里，枯骨籍籍。」㈦天槍：〈天文志〉曰：「天槍，主兵亂也」。《史記正義》曰：「天槍者，長數丈，兩頭銳，出西南方，其見，不過三月，必有破國亂君，伏死其辜。」〈天文志〉云：「孝文時，天槍夕出西南。占曰：為兵喪亂。其六年十一月，匈奴入上郡，雲中，漢起兵以衞京師也。」㈧穰：音禳（ㄖㄤˊ），禾穀豐收。㈨野：分野之國。

歲星一曰攝提，曰重華，曰應星，曰紀星。營室為清廟，歲星廟也。

察剛氣㊀以處熒惑㊁。曰南方火，主夏，日丙、丁。禮失，罰出熒惑，熒惑失行是也。出則有兵，入則兵散。以其舍命國㊂。（熒惑）熒惑為勃亂㊃，殘賊、疾、喪、饑、兵。反道二舍㊄以上，居之，三月有殃，五月受兵，七月半亡地，九月太半亡地。因與俱出入㊅，國絕祀。居之，殃還至㊆，雖大當小；久而至㊇，當小反大㊈。其南為丈夫〔喪〕㊉，北為女子喪。若角動繞環之⑪，及乍前乍後，左右，殃益大。與他星鬭⑫，光相逮，為害；不相逮，不害。五星皆從而聚于一舍⑬，其下國可以禮致天下。

【註】㊀剛氣：徐廣曰：「剛，一作『罰』，是剛氣，即罰氣也。」《廣雅》：「熒惑謂之執法」。天官占云：「熒惑，方伯象，伺察妖孽」，則此文「察罰氣」為是。㊁熒惑：《春秋緯．文耀鉤》云：「赤帝熛怒之神，為熒惑焉。位在南方，禮失則罰出。」晉灼云：「常以十月入太微，受制而出行列宿，伺無道，出入無常。」處：居也，定熒惑所居之位也。㊂以其舍命國：舍，二十八舍也，

以其分野，命其國也，某舍，則為某國之分野。㊃熒惑為勃亂：天官占曰：「熒惑為執法之星，其行無常，以其舍命國，為殘賊，為疾，為喪，為饑，為兵。環繞句己（鉤結），芒角動搖，乍前乍後，其殃愈甚。熒惑主死喪，大鴻臚之象；主甲兵，大司馬之義；伺驕者亂孽，執法官也。其精為風伯，惑童兒歌謠嬉戲也」。㊄反道：〈漢志〉作「逆行，一舍二舍為不祥。」可知「反道」，即反其道而行也。㊅與俱出入：王先謙曰：「因俱出入者，至九月後，因止不去，與俱出入也。」㊆還：音旋。旋，疾也。若熒惑反道，居其所，所致殃禍速至，則雖大反小。㊇久而至：殃禍經過很久的時間而後來。㊈則本來是小禍，反而變成大禍。㊉丈夫喪：宋均曰：「熒惑守輿鬼，南為丈夫受其咎，北則女子受其凶也。」㊄角動繞環：王先謙曰：「角與動及繞環為三」。㊂鬥：《史記正義》曰：「凡五星鬥，皆為戰鬥，兵不在外，則為內亂。鬥：謂光芒相及。」《宋史》：〈天文志〉曰：「兩體俱動而直，曰觸。離復合，合復離，曰鬥。以其往復離合，有鬥之象，故曰鬥。」㊂五星聚於一舍：《史記正義》曰：「三星若合，是謂驚立絕行，其國外內有兵與喪，人民饑乏，改立侯王。四星若合，是為大陽，其國兵喪暴起，君子憂，小人流。五星若合，五星若合是謂易行，有德者受慶，掩有四方；無德者受殃，乃以死亡也。」

法，出東行十六舍而止；逆行二舍；六旬，復東行，自所止數十舍，十月而入西方；伏行㊀五月，出東方。其出西方曰「反明」，主命者惡之。東行急，一日行一度半。

【註】㈠伏行：潛伏而行。晉灼曰：「伏，不見。」

其行東、西、南、北疾也。兵各聚其下；用戰，順之勝，逆之敗。熒惑從㈠太白㈡，軍憂；離之，軍卻。出太白陰㈢，有分軍；行其陽㈣，有偏將戰。當其行，太白逮㈤之，破軍殺將。其入守犯㈥太微、軒轅、營室，主命惡之。心為明堂，熒惑廟也㈦。謹候此。

【註】㈠從：隨從。㈡太白：宋均曰：「太白宿，主軍來衡拒也。」㈢陰：西北為陰。㈣陽：東南為陽。㈤逮：王念孫曰：「逮，及也，言熒惑行，而太白及之，則主破軍殺將也。」㈥犯：孟康曰：「犯，七寸以內，光芒相及也。」韋昭曰：「自下觸之，曰『犯』。居其宿，曰『守』。」㈦熒惑：〈漢志〉曰：「熒惑，天子理也，故曰，雖有明天子，必視熒惑。」

曆㈠斗之會以定填星㈡之位。曰中央土㈢，主季夏，日戊、己，黃帝，主德，女主象也。歲填一宿，其所居國吉。未當居而居，若已去而復還，還居之，其國得土㊃；不乃得女。若當居而不居，既已居之，又西東去，其國失土；不，乃失女，不可舉事用兵。其居久，其國福厚；易㊄，福薄。

【註】㊀曆：動詞，即「歷」字，追蹤觀察也，如「歷象日月星辰」之「歷」。㊁填星：一名地侯，即土星也。「填」同「鎮」字，填星，讀「鎮星」。歷象鎮星與南斗之會，以定鎮星之位。《淮南子．天文訓》：「鎮星以甲寅元始建斗，歲鎮星行一宿，二十八歲而周天。」許慎曰：「建斗，鎮星起於斗也。」㊂中央土：《淮南子．天文訓》：「中央，土也，其帝，黃帝；其佐，后土，執繩而治四方；其神為鎮星；其獸黃龍；其音宮；其日戊巳。」㊃其國得土：《淮南子．天文訓》：「未可居而居之，其國增地，歲熟。」㊄易：輕易離去。

其一名曰地侯，主歲。歲行十〔二〕〔三〕度百十二分度之五，日行二十八分度之一，二十八歲周天。其所居，五星皆從㊀而聚于一舍，其下之國，可〔以〕重致天下㊁。禮、德、義、殺、刑盡失，而填星乃為之動搖。

【註】㊀五星皆從：五星皆從鎮星。㊁可重致天下：土德重厚，故曰可以重厚之德而招致天下。

贏，為王不寧；其縮，有軍不復㊀。填星，其色黃，九芒，音曰黃鐘宮。其失次上二三宿曰贏，有主命不成㊁；不，乃大水㊂。失次下二三宿曰縮，有后戚㊃，其歲不復㊄；不，乃天裂若地動㊅。

【註】㊀贏、縮：鎮星運行以常態為宜，過速，曰「贏」。過遲，曰「縮」，凡過速或過遲，皆不利也。㊁主命不成：王先謙曰：「下不奉命也」。㊂不，乃大水：不，否也，否則有大水之患。㊃戚：憂患也。㊄不復：陰陽失和之意也。王弼注：「冬至，陰之復；夏至，陽之復。不復，即陰陽失和之謂。」㊅若：及也。言天裂及地動也。

斗為文太室，填星廟，天子之星也㊀。

【註】㊀以上敘鎮星。

木星與土合，為內亂，饑㊀，主勿用戰，敗；水則變謀而更事㊁；火為旱㊂；金為白衣會若水㊃。金在南曰牝牡㊄，年穀熟。金在北，歲偏無㊅火與水合為焠㊆，與金合為鑠，為喪，皆不可舉事，用兵大敗。土為憂，主孽卿；大饑，戰敗，為北軍㈧，軍困，舉事大敗。土與水合，穰而擁閼㈨，有覆軍，其國不可舉事。出，亡地；入，得地。金為疾，為內兵㈩，亡地。三星若合，其宿地國外內有兵與喪，改立公王。四星合，兵喪並起，君子憂，小人流。五星合，是為易行，有德，受慶，改立大人，掩有四方㈡，子孫蕃昌；無德，受殃若亡㈢。五星皆大，其事亦大；皆小，事亦小㈢。

【註】㈠木土合：木星與土星（鎮星）相會合，則為內亂，饑饉。不可以興兵作戰，戰必敗。㈡木水合：木星與水星相會合，則有變亂之謀與內部革命之事。㈢木火合：木星與火星相會合，則為旱災。㈣木金合：木星與金星相會合，則為白衣之會（喪事）及水澇之災。㈤金在南曰牝牡：《史記正義》引《星經》曰：「金在南，木在北，名曰牝牡，年穀大熟。」㈥金在北：《星經》曰：「金在北，木在南，其年或有或無。」㈦火水會：火星與水星相會合，為焠。焠：音翠（ㄘㄨㄟˋ），鍛礪也。《星經》曰：「凡五星，火與水合為焠，用兵舉事，大敗。火與金合為鑠，為喪，不可舉事，用兵從軍為憂；離之，軍卻；火與土合為憂，主孽卿。火與木合，饑，戰敗也。」（孽卿：庶子之為卿者。）㈧北軍：軍隊敗北，戰敗之軍。㈨擁：同「壅」字。閼：同「淤」字。壅淤，即壅沮也。

㈩內兵：內同「納」字，納兵，即受兵也，受外來兵力之侵略也。㈡掩有四方：盡有四方也。㈢若：及也。㈢五星皆大，則禍福之事亦大。五星皆小，則禍福之事亦小。

蚤出者為贏，贏者為客。晚出者為縮，縮者為主人。必有天應見於杓星㈠。同舍為合。相陵為鬬㈡，七寸以內必失之矣㈢。

【註】㈠天應見於杓星：王先謙曰：「斗杓居中而運，歷指十二辰。五星失行，則天應隨之而見。」王元啟曰：「漢志於天官書所云失次有水旱之應者，必曰『失次，杓』。」㈡陵：相冒犯也。㈢必：決定。言七寸以內，有相近而鬥之象，決定其有禍。

五星色白圜，為喪旱；赤圜，則中不平，為兵；青圜，為憂，水；黑圜，為疾，多死；黃圜，則吉。赤角犯我城，黃角地之爭，白角哭泣之聲，青角有兵憂，黑角則水，意㈠，行窮㈡，兵之所終。五星同色，天下偃兵，百姓寧昌。春風秋雨，冬寒夏暑。動搖常以此㈢。

【註】㈠意：徐廣曰：「意字，一作『志』。」㈡意行窮，兵之所終：有人以為此七字，係衍文。㈢動搖常以此：此五字，有人以為是他章之錯簡。

填星出百二十日而逆西行，西行百二十日反東行。見三百三十日而入，入三十日復出東方。太歲在甲寅，鎮星在東壁，故在營室㊀。

【註】㊀此段應在鎮星條下，今置於此，想係錯簡。

察日行以處位㊀太白㊁。曰西方，秋，（司兵月行及天矢）㊂日庚、辛，主殺。殺失者，罰出太白。太白失行，以其舍命國。其出行十八舍二百四十日而入。入東方，伏行十一舍百三十日；其入西方，伏行三舍十六日而出。當出不出，當入不入，是謂失舍，不有破軍，必有國君之篡。

【註】㊀處位：《史記索隱》曰：「太白晨出東方，曰啟明，故察日行以處太白之位也。」㊁太白：《史記索隱》引《韓詩》云：「太白晨出東方為啟明，昏見西方為長庚。」又孫炎注《爾雅》，「以為晨出東方高三丈，命曰啟明；昏見西方高三舍，命曰太白。」《史記正義》引天官占云：「太白者，西方金之精，白帝之子，上公，大將軍之象也。一名殷星，一名大正，一名熒星，一名官星，一名梁星，一名滅星，一名大囂，一名大衰，一名大爽，徑一百里。」〈天文志〉云：「其日庚辛；

四時，秋也；五常，義也；五事，言也。人主義虧言失，逆時令，傷金氣，罰見太白。春見東方，以晨；秋見西方，以夕。」㊂司兵月行及天矢：《史記正義》曰：「太白五芒出，早為月蝕，晚為天矢及彗。其精散為天杵，天柎，伏靈，大敗，司寇，天狗，賊星，天殘，卒起星，是古曆星，若竹彗，牆星，猿星，白藋，皆以示變也。」王念孫曰：「『司兵月行及天矢』七字，衍。」王元啟曰：「此即後文所謂『出早為月蝕，晚為天矢及彗』也，誤衍於此，又逸其半，而加偽舛焉。」

其紀上元㊀，以攝提格之歲，與營室晨出東方，至角而入㊁；與營室夕出西方，至角而入；與角晨出，入畢；與角夕出，入畢㊂；與畢晨出，入箕；與畢夕出，入箕㊃；與箕晨出，入柳；與箕夕出，入柳㊄；與柳晨出，入營室；與柳夕出，入營室㊅。凡出入東西各五，為八歲，二百二十日，復與營室晨出東方。其大率，歲一周天㊆。其始出東方，行遲，率日半度，一百二十日，必逆行一二舍；上極而反，東行，行日一度半㊇，一百二十日入。其庳，近日，曰明星，柔；高，遠日，曰大囂，剛。其始出西〔方〕，行疾，率日一度半，百二十日；上極而行遲，日半度，百二十日，旦入，必逆行一二舍而入。其庳，近日，曰大白，柔；高，遠日，曰大相，剛。出以辰、戌，入以丑、未。

【註】㊀上元：《史記索隱》謂：「上元是古曆之名，言周上元紀曆法，則攝提歲而太白與營室晨出東方，至角而入；與營室夕出西方，至角而入。凡出入東西各五，為八歲二百三十日，復與營室晨出東方，大率歲一周天也。」《史記正義》謂：「其紀上元，是星古曆初起上元之法也。」㊁至角而入：王元啟曰：「營室至角，歷十七宿。」㊂與角夕出入畢：王元啟曰：「角至畢，歷十九宿。」㊃與畢夕出，入箕：王元啟曰：「畢至箕，十七宿。」㊄與箕夕出，入柳：王元啟曰：「箕至柳，十八宿。」㊅與柳夕出，入營室：王元啟曰：「柳至營室，十八宿。」㊆歲一周天：王元啟曰：「按太白行度，凡歷八歲又千四百六十一分之九百二十，而復於原位。計每歲之行，雖或贏縮各異，合數歲而總計之，大率歲一周天。漢志亦云：日行一度。」㊇行日一度半：王元啟曰：「據漢志：順疾日行一度九十二分度之十五。云一度半者，立法未精，姑取整數言之。」

當出不出，未當入而入，天下偃兵，兵在外，入。未當出而出，當入而不入，〔天〕下起兵，有破國。其當期出也，其國昌。其出東為東，入東為北方；出西為西，入西為南方。所居久，其鄉利；（疾）〔易〕㊀，其鄉凶。

【註】㊀易：疾速而去也。

出西（逆行）至東，正西國吉。出東至西，正東國吉。其出不經天㊀；經天，天下革政㊁。

【註】㊀經天：孟康曰：「謂出東入西，出西入東也。太白，陰星，出東當伏東，出西當伏西，過午為經天。」晉灼曰：「日，陽也，日出則星沒，太白晝見午上為經天。」㊁革政：政權改變，改朝換帝。

小以角動，兵起。始出大，後小，兵弱；出小，後大，兵強。出高，用兵深吉，淺凶；庳，淺吉，深凶。日方南金居其南㊀，日方北金居其北，曰贏㊁，侯王不寧，用兵進吉退凶。日方南金居其北，日方北金居其南，曰縮，侯王有憂，用兵退吉進凶。用兵象太白㊂：太白行疾，疾行；遲，遲行。角，敢戰。動搖躁，躁。圜以靜，靜。順角所指，吉；反之，皆凶。出則出兵，入則入兵。赤角，有戰，白角，有喪；黑圜角，憂，有水事；青圜小角，憂，有木事；黃圜和角，有土事，有年。其已出三日而復，有微入，入三日乃復盛出，是謂耎㈣，其下國有軍敗將北。其已入三日又復微出，出三日而復盛入，其下國有憂；師有糧食兵革，遺人用之㈤；卒雖眾，將為人虜。其出西失行，外國敗；其出東失行，中國敗。其色大圜黃滜㈥，可為好事㈦；其圜大赤，兵盛不戰㈧。

【註】㈠方南：鄭玄曰：「方猶向也，謂晝漏半而置土圭表陰陽，審其南北也。影短於土圭，謂之日南，是地於日為近南也；長於土圭，謂之日北，是地於日為近北也。凡日影於地，千里而差一寸。」《周禮》曰：「日南，則影短多暑；日北，則影長多寒。」孟康曰：「金謂太白也。影，日中之影也。」㈡贏：〈宋志〉曰：「夏至後，日方南行，而金居其南；冬至後，日方北行，而金居其北，曰盈。」王元啟曰：「日南，謂日躔朱鳥七宿；日北，謂日躔玄武七宿。」㈢用兵象太白：依太白之徵象而用兵。所謂「行疾，行遲，角，動搖躁，靜，皆太白之狀，疾行，遲行，敢戰，躁，靜，皆用兵之道。漢志曰：太白，兵象也，行疾，用兵疾；行遲，用兵遲；敢戰，進退左右，用兵進退左右；圜以靜，用兵靜；出，則兵出；入，則兵入。」㈣耎：退也。㈤遺人：留給他人所用。㈥滜：音澤。㈦好事：和好之事，如通使，會盟，皆是。㈧兵盛不戰：赤角有戰，今圜赤而不角，故兵雖盛而不戰。

太白白，比狼㈠；赤，比心；黃，比參左肩；蒼，比參右肩；黑，比奎太星㈡。五星皆從太白而聚乎一舍，其下之國可以兵從天下。居實，有得也；居虛，無得也㈢。行勝色㈣，色勝位，有位勝無位，有色勝無色，行得盡勝之㈤。出而留桑榆閒㈥，疾其下國㈦。上而疾，未盡其日，過參天㈧，疾其對國㈨。上復下，下復上，有反將。其入月，將僇。金、木星合，光㈩，其下戰不合，兵雖起而不鬬；合相毀，野有破軍。出西方，昏而出陰，陰兵彊；暮食出，小弱，夜半出，中弱；鷄鳴出，大弱：是謂陰陷於陽。其在東方，乘明而出陽，陽兵彊；鷄鳴出，小弱；夜半出，中弱；昏出，大弱：是謂陽陷於陰。太白伏也(一一)，以出兵，兵有殃。其出卯南，南勝北方；出卯北，北勝南方；正在卯，東國利。出西北，北勝南方；出西南，南勝北方；正在酉，西國勝。

【註】㈠比：類似。㈡黑：比奎大星：《晉書‧天文志》曰：「凡五星有色，大小不同，各依其行而應時節，色變有類：凡青，比參左肩；赤，比心大星；黃，比參右肩；白，比狼星；黑，比奎大

星。不失本色而應其四時者，吉；色害其行，凶也。」㊂實、虛：「實」，謂星所合居之宿。「虛」，謂贏縮也。㊃行勝色：晉灼曰：「太白行得度者，勝色也。」㊄行得，盡勝之：晉灼曰：「行應天度，唯有色得位；行得，盡勝之，行重而色，位輕。」《晉書・天文志》云：「凡五星所出，所直（當）之辰，其國為得位者，歲星以德，熒惑為禮，鎮星有福，太白兵強，辰陰陽和。所直之辰，順其色而角者勝，其色害者敗；居實有得，居虛無得也。色勝位，行勝色，行得，盡勝之。」㊅桑榆：《淮南子・天文訓》云：「日西垂，其光在桑榆上。」㊆疾其下國：疾，《漢書》作「病」，有害於其下方之國。㊇過參天：方苞曰：「疾而未盡其當行之日而遽過也」。晉灼曰：「三分天過其二」。㊈對國：顧炎武曰：「對國，謂所對之國。」《漢書・五行志》所謂：「歲在壽星，其衡降婁。」《左傳》襄公二十八年：「歲棄其次，而旅於明年之次，以害鳥帑，周楚惡之。」杜氏所謂「失次於北，禍衝在南」者也。鳥帑：星名，即軫宿。《廣雅・釋天》：「軫謂之鳥孥」。按軫為朱鳥七宿之末宿，故云「鳥孥」。「孥」，通作「帑」。㊉金木星合，光：王元啟曰：「按：金木之『木』，當作『水』，總論五星，凡木，火，土，與諸星相合，各有應，獨不言金水相合之應者，以其已見於此也。又後文辰星條下，言辰星出而與太白不相從，野雖有軍不戰，即此所謂戰不合也。合光者，雖合而光不相毀也。同舍為合，相凌為鬥，雖合而不揜其光，則同舍而相遠，所謂殃無傷也。若至突揜而為凌，則必至於毀其光矣，故曰野有破軍。」⑪太白伏也：王元啟曰：「也字當加土字，作『地』字，謂入地不見也。」

其與列星相犯，小戰；五星，大戰。其相犯，太白出其南，南國敗；出其北，北國敗。行疾，武；不行，文。色白五芒，出蚤為月蝕，晚為天夭及彗星，將發其國。出東為德，舉事左之迎之，吉。出西為刑，舉事右之背之，吉。反之皆凶。太白光見景，戰勝。晝見而經天，是謂爭明，彊國弱，小國彊，女主昌。

亢為疏廟，太白廟也。太白，大臣也，其號上公。其他名殷星、太正、營星、觀星、宮星、明星、大衰、大澤、終星、大相、天浩、序星、月緯。大司馬位謹候此㈠。

【註】㈠以上敘太白。

察日辰之會，以治辰星之位㈠。曰北方水，太陰之精，主冬，日壬、癸。刑失者，罰出辰星㈡，以其宿命國。

【註】㈠辰星：元命包云：「北方，辰星，水，生物布其紀，故辰星理四時。」宋均曰：「辰星正四時之位，得與北辰同名也。」晉灼曰：「常以二月春分見奎、婁，五月夏至見東井，八月秋分見

角、亢，十一月冬至見牽牛。出以辰，戌，入以丑，未，二旬而入，晨候之東方，夕候之西方也。」

㊁罰出辰星：天官占曰：「辰星，北水之精，黑帝之子，宰相之祥也。一名細極，一名鉤星，一名爨星，一名伺祠。徑一百里，亦偏將，廷尉象也。」〈天文志〉曰：「其日壬、癸，四時，冬也；五常，智也；五事，聽也。人主智虧聽失，逆時令，傷水氣，則罰見辰星也。」

是正四時：仲春春分，夕出郊奎、婁、胃東五舍，為齊㊀；仲夏夏至，夕出郊東井、輿鬼、柳東七舍，為楚；仲秋秋分，夕出郊角、亢、氐、房東四舍，為漢；仲冬冬至，晨出郊東方，與尾、箕、斗、牽牛俱西，為中國。其出入常以辰、戌、丑、未。

【註】㊀夕出郊奎、婁：錢大昕曰：「四『郊』字，皆『效』字之譌。」《淮南子．天文訓》：「辰星正四時，常以二月春分効奎婁，以五月夏至効東井輿鬼，以十一月冬至効斗，牽牛」，高誘曰：「効，見也。」梁玉繩曰：「『郊』字乃『效』字之譌，效，見也。

其蚤，為月蝕㊀，晚，為彗星㊁及天夭㊂。其時宜效不效為失㊃，追兵在外不戰。一時不出，其時不和；四時不出，天下大饑。其當效而出也，色白為旱，黃為五穀熟，赤為兵，黑為水。出東方，大而白，有兵於外，解㊄。常在東方，其赤，中國勝；其西而赤，外國利。無兵於外而赤，兵起。其與太白俱出東方，皆赤而角，外國大敗，中國勝；其與太白俱出西方，皆赤而角，外國利。五星分天之中，積于東方，中國利；積于西方，外國用〔兵〕者利㊅。五星皆從辰星而聚于一舍，其所舍之國可以法致天下。辰星不出，太白為客；其出，太白為主。出而與太白不相從，野雖有軍，不戰。出東方，太白出西方；若出西方，太白出東方，為格㊆，野雖有兵不戰。失其時而出，為當寒反溫，當溫反寒。當出不出，是謂擊卒，兵大起。其入太白中而上出，破軍殺將，客軍勝；下出，客亡地㊇。辰星來抵太白，太白不去，將死。正旗上出㊈，破軍殺將，客勝；下出，客亡地。視旗所指，以命破軍。其繞環太白，若與鬭，大戰，客勝。免過太白㊉，閒可椷劍⑪，小戰，客勝。免居太白前，軍罷；出太白左，小戰；摩太白⑫，有數萬人戰，主人吏死；出太白右，去三尺，軍急約戰。青角，兵憂；黑角，水。赤行窮兵之所終。

【註】㊀月蝕：孟康曰：「辰星，月，相凌不見者，則所蝕也。」宋均曰：「辰星與月同精，月為大臣，先期而出，是躁也。失則當誅，故月蝕見祥。」㊁晚：宋均曰：「辰星，陰也，彗亦陰，陰謀未成，故晚出也。」㊂天夭：〈天文志〉作「天祆」。㊃效：見也。宜見不見，為失罰之也。㊄解：〈宋志〉：「解」上有「兵」字。㊅外國用者利：〈漢志〉作「夷狄用兵者利」。㊆格：《史記索隱》曰：「謂辰星出西方。辰，水也。太白出東方，太白，金也。水生（於）金，母子不相從，故主有軍不戰。今母子各出一方，故為格。格謂不和同，故野雖有兵不戰然也。」㊇客亡地：王元啟曰：「按辰星出，太白為主人，出於主人之上，是客勝之象也。下出，則主人勝，故曰『客亡地』。」㊈旗：〈漢志〉作「其」。以「其」為是。㊉免過太白：《廣雅》云：「辰星謂之免星」。⑪椷劍：椷，音緘（ㄐㄧㄢ），容也。言中間可容一劍。⑫摩：光芒相及也。

免七命㊀，曰小正、辰星、天欃、安周星、細爽、能星、鉤星。其色黃而小，出而易處，天下之文變而不善矣。免五色，青圜憂，白圜喪，赤圜中不平，黑圜吉。赤角犯我城，黃角地之爭，白角號泣之聲。

【註】㊀命：命者，名也，免星凡有七名。

其出東方，行四舍四十八日，其數二十日，而反入于東方；其出西方，行四舍四十八日，其數二十日，而反入于西方。其一候之營室、角、畢、箕、柳。出房、心間，地動。

辰星之色，春，青黃；夏，赤白；秋，青白，而歲熟；冬，黃而不明。即變其色，其時不昌。春不見，大風，秋則不實。夏不見，有六十日之旱，月蝕。秋不見，有兵，春則不生。冬不見，陰雨六十日，有流邑，夏則不長㈠。

【註】㈠以上敘辰星。

角、亢、氐，兗州。房、心，豫州。尾、箕，幽州。斗，江、湖。牽牛、婺女，揚州。虛、危，青州。營室至東壁，幷州。奎、婁、胃，徐州。昴、畢，冀州。觜觿、參，益州。東井、輿鬼，雍州。柳、七星、張，三河。翼、軫，荊州㈠。

【註】㈠此以二十八宿言分野也。梁玉繩曰：「本書於中宮條內，謂用昏建者杓，杓，自華以西南；夜半建者衡，衡，殷中州河濟之間；平旦建者魁，魁，海岱以東北，是以北斗言分野也。此言角、

亢、氐、兗州等，是以二十八宿言分野也。下文甲乙丙丁之占，是以日時言分野也。秦侯太白諸語，是以五星言分野也。界華夷為陰陽，是以畢昴天街言分野也。夫列宿主十二州，而斗之七星，亦各有屬，奚獨杓衡魁三星而已乎？天街分國陰陽，理固有之，即上文所稱昴畢間為天街其陰，陰國；陽，陽國也，然謂畢昴二星主華夷，實所未聞。若五星占侯以及干支日時之配合，竝與二十八宿言分野同義。周禮保章氏以星土辨九州，則分野之法，自古傳之。左氏內外傳載伶州鳩董因士弱子產裨竈梓慎諸人所論，確然可證。但竊有疑者：二十八宿俱主中國，故漢藝文志歷家有海中二十八宿國分臣分二十八卷，豈日星只在中國而不臨四夷哉？疑一。以宿配州，或多或少，地廣多者星反少，地狹者星反多，疑二。淮南天文訓，漢書地理志，以郡國二十八宿，嗣後言分野者，雖有異同，遞為祖述。唐李淳風僧一行，更闡發無遺，而獨不宗史記？疑三。占地於天，必天應乎地而始驗，乃揚州在南，而牛女在北；青州在東，而虛危在北；冀州在北，而昴畢在西；雍州在西，而井鬼在南，往往相反而不相應，疑四。故宋周密癸辛雜識以分野為疏誕也。蓋州郡有廢置，封國有變遷，安得以屢改之地，占不改之星？而星一日移一度，一月移一次，又安得以無定之星，占常定之地？」

七星為員官，辰星廟，蠻夷星也㊀。

【註】㊀七星：陳仁錫曰：「七星以下十二字，當在上文辰星出房心間地動之下，蓋與歲星廟，熒惑廟，鎮星廟，太白廟相類，而錯簡在此。」梁玉繩曰：「當在辰星條末，『夏則不長』之下。」

兩軍相當，日暈㈠；暈等，力鈞㈡；厚長大，有勝；薄短小，無勝。重抱大破無。抱為和，背〔為〕不和㈢，為分離相去。直為自立，立侯王；（指暈）〔破破軍〕（若曰）殺將。負且戴㈣，有喜。圍在中，中勝㈤；在外，外勝。青外赤中，以和相去；赤外青中，以惡相去。氣暈先至而後去，居軍勝。先至先去，前利後病；後至後去，前病後利；後至先去，前後皆病，居軍不勝。見而去，其發疾㈥，雖勝無功。見半日以上，功大。白虹屈短㈦，上下兌㈧，有者下大流血。日暈制勝，近期三十日，遠期六十日。

【註】㈠暈：讀為「運」。〈晉志〉云：「日旁有氣，員而周迎，外赤內青者為暈。」㈡力鈞：鈞，同「均」。厚薄大小齊等，則敵與我軍勢相均。㈢抱，背：如淳曰：「凡氣向日為抱，向外為背。」王念孫曰：「孟注，當作背形如北字。韋註國語云：『北，古之背字。』說文：『北，乖也，從二人相背。』然則日兩旁氣外向者，為背，形與北字相似。」㈣負、戴：氣在日背，曰負。在日上為戴。㈤中勝、外勝：王元啟曰：「此論圍城之師。圍在中者，外暈有芒也；在外，謂中暈有芒也。中勝：被圍者勝。外勝：圍人者勝。」㈥其發疾：王念孫曰：「疾，速也，言氣暈既見而速去也。」㈦屈短：李奇曰：「屈，或為尾也。」韋昭曰：「短而直」。㈧兌：同「銳」字，尖銳。

其食㈠，食所不利；復生㈡，生所利；而食益盡，為主位㈢。以其直及日所宿，加以日時㈣，用命其國也。

【註】㈠食：日食。㈡生：復吐也。㈢為主位：〈漢志〉引夏氏日月傳曰：「日食盡，主位也；不盡，臣位也。」王元啟曰：「句下補『不盡，臣位也』五字，語乃明白。」㈣日時：王元啟曰：「漢志：宿作躔，命作名。按：日所宿，角亢氐兗州是也。日謂甲乙海外及甲齊乙東夷之類，是也。時謂子周丑翟（狄）之類，是也。」

以上敘日暈日食。

月行中道㈠，安寧和平。陰間，多水，陰事。外北三尺，陰星㈡。北三尺，太陰，大水，兵。陽間，驕恣。陽星，多暴獄。太陽，大旱喪也㈢。角、天門㈣，十月為四月，十一月為五月，十二月為六月，水發，近三尺㈤，遠五尺。犯四輔㈥，輔臣誅。行南北河，以陰陽言，旱水兵喪㈦。

【註】㈠中道：《史記索隱》曰：「中道，房星之中間也。房有四星，若人之房三間有四表然，故曰房。南為陽間，北為陰間，則中道，房星之中間也。故房是日月五星之行道，然黃道亦經房、心。

若月行得中道，故陰陽和平；若行陰間，多陰事；陽間，則人主驕恣；若歷陰星陽星之南北太陰太陽之道，即有大水若兵及大旱若喪也。」若：及也。王元啟曰：「按漢志，月有九行，黑赤白青各二道，與黃而九，然用之，一決房中道。故史公首以房之南北為侯。」㈡陰星：《史記索隱》曰：「謂陰間外北三尺，曰陰星，又北三尺，曰太陰道，則下陽星及太陽亦在陽間之南，各三尺也。」陳仁錫曰：「陰星下，缺『多亂』二字。衍『北三尺』三字。下文陽星多暴止，又缺『南三尺』三字。彼此互誤。」王元啟曰：「漢志云：月失節度而妄行，出陽道，則旱，風；出陰道，則陰。」又云：「月出房北，為雨，為亂，為兵；月出房南，為旱，為夭，喪，水旱至衝而應。」按陳氏「多亂」二字，蓋據漢志增入，對下多暴獄言之，理當增此二字。㈢旱、喪：《史記索隱》曰：「太陰，太陽，皆道也，月行近之，故有水、旱、兵、喪也。」㈣角，天門：《史記索隱》曰：「角間天門，謂月行入角與天門，若十月犯之，當為來年四月成災；十一月，則主五月也。」㈤近三尺，遠五尺：近則平地水深三尺，遠則平地水深五尺。㈥四輔：《史記索隱》曰：「謂月犯房星也。四輔，房四星也。房以輔心，故曰四輔。」㈦行南北河：《史記正義》曰：「南河三星，北河三星，若月行北河以陰，則水，兵；南河以陽，則旱，喪也。」

月蝕歲星㈠，其宿地，饑若亡㈡。熒惑也亂，填星也下犯上，太白也彊國以戰敗，辰星也女亂。（食）〔蝕〕大角㈢，主命者惡之；心，則為內賊亂也㊃；列星，其宿地憂㊄。

【註】㊀月蝕歲星：孟康曰：「凡星入月，見月中，為星蝕月；月掩星，星滅，為月蝕星也。」㊁若：及也。㊂大角：《史記正義》曰：「大角一星，在兩攝提間，人君之象也。」㊃心，則為內賊亂：王元啟曰：「謂月蝕心也」。㊄憂：《史記索隱》曰：「謂月蝕列星二十八宿，當其分地有憂，憂謂兵及喪也。」

月食始日㊀，五月者六，六月者五，五月復六，六月者一，而五月者五，凡百一十三月而復始。故月蝕，常也；日蝕，為不臧也㊁。甲、乙，四海之外，日月不占㊂。丙、丁，江、淮、海岱也。戊、己，中州、河、濟也。庚、辛，華山以西。壬、癸，恆山以北。日蝕，國君；月蝕，將相當之。

【註】㊀月食始日：《史記索隱》曰：「始日，謂食起始之日也。依此文計，唯有一百二十一月，與元數甚為懸校，既無太初曆術，不可得而推定。今以漢志三統曆法計，則六月者七，五月者一，又六月者一，五月者一，凡一百三十五月而復始耳。或術家各異，或傳寫錯謬，故此不同，無以明知也。」㊁日蝕不臧：《詩經・小雅》十月之交：「彼月而食，則維其常；此日而食，于何不臧。」

往時惟推月食，而未能推日食，故有此言。㊂甲乙、不占：甲乙主海外，海外遠，故甲乙日時，不以占侯。

以上敘月行月食。

國皇星㊀，大而赤，狀類南極㊁。所出，其下起兵，兵彊；其衝不利㊂。

【註】㊀國皇星：大而赤，類南極老人，去地三丈，如炬火，見則內外有兵喪之難。㊁大而赤：孟康曰：「歲星之精散所為也。五星之精，散為六十四變，記不盡。」㊂其衝不利：失一新曰：「當其衝，則不利也。」

昭明星㊀，大而白，無角，乍上乍下，所出國，起兵，多變。

【註】㊀昭明星：《春秋合誠圖》云：「赤帝之精，象如太白，七芒。」孟康曰：「形如三足機，機上有九彗上向，熒惑之精。」

五殘星㊀，出正東東方之野。其星狀類辰星，去地可六丈。

【註】㊀五殘星：《史記正義》曰：「五殘，一名五鋒，出正東東方之分野，狀類辰星，去地或六

七丈，見則五分毀敗之徵，大臣誅亡之象。」孟康曰：「星表有青氣，如暈有毛，鎮星之精也。」

大賊星㊀，出正南南方之野。星去地可六丈，大而赤，數動，有光。

【註】㊀大賊星：徐廣曰：「『大』一作『六』。」《史記正義》曰：「大賊星者，一名六賊，出正南，南方之野，星去地可六丈，大而赤，數動有光，出則禍合天下。」孟康曰：「形如彗，九尺，太白之精。」

司危星㊀，出正西西方之野。星去地可六丈，大而白，類太白。

【註】㊀司危星：《史記正義》曰：「司危者，出正西，西方分野也。大如太白，去地可六丈，見則天子以不義失國而豪傑起。」孟康曰：「星大而有尾，兩角，熒惑之精也。」

獄漢星㊀，出正北北方之野。星去地可六丈，大而赤，數動，察之中青。此四野星所出，出非其方，其下有兵，衝不利。

【註】㊀獄漢星：《漢書・天文志》：獄漢，一名咸漢。孟康曰：「青中，赤表，下有三彗縱橫，亦鎮星之精。」

四填星，所出四隅，去地可四丈。地維咸光，亦出四隅，去地可三丈，若月始出。所見，下有亂；亂者亡，有德者昌。燭星，狀如太白㊀，其出也不行。見則滅。所燭者，城邑亂。

【註】㊀狀如太白：孟康曰：「星上有三彗上出，亦鎮星之精。」

如星非星，如雲非雲，命曰歸邪㊀。歸邪出，必有歸國者。

【註】㊀命曰歸邪：其名為歸邪。李奇曰：「邪音虵」。虵，即「蛇」字。孟康曰：「星有兩赤彗上向，有氣狀如蓋，下連星。」

星者，金之散氣㊀，〔其〕本曰火。星眾，國吉；少則凶。漢者，亦金之散氣㊁，其本曰水。漢，星多，多水，少則旱，其大經也。

【註】㊀金之散氣：《史記索隱》曰：「水生於金，散氣即水氣。」《河圖括地象》曰：「河精為天漢也」。㊁孟康曰：「漢，河漢也」。陳子龍曰：「舊以雲漢為氣，近測之，微星積聚耳。」

天鼓，有音如雷非雷，音在地而下及地㈠。其所往者㈡，兵發其下。

天狗，狀如大奔星㈢，有聲，其下止地，類狗。所墮及，望之如火光炎炎衝天。其下圜如數頃田處，上兌者則有黃色㈣，千里破軍殺將。

【註】㈠音在地而下及地：張文虎曰：「應作音在天而下及地」。㈡往：〈漢志〉：「往」作「住」。㈢大奔星：孟康曰：「星有尾，旁有短彗，下有如狗形者，亦太白之精。」〈漢志〉：「奔」作「流」。㈣兌：同「銳」字，尖銳。

格澤星㈠者，如炎火之狀。黃白，起地而上。下大，上兌。其見也，不種而穫；不有土功，必有大害㈡。

【註】㈠格澤：一音「鶴鐸」，又音「格宅」。㈡害：梁玉繩曰：「漢、晉諸志：『害』作『客』，是也。」

蚩尤之旗㈠，類彗而後曲，象旗。見則王者征伐四方。

【註】㊀蚩尤之旗：孟康曰：「熒惑之精也」。晉灼曰：「呂氏春秋曰：『其色黃上白下』。」

旬始，出於北斗旁，狀如雄鷄。其怒，青黑，象伏鼈。枉矢，類大流星，虵行而倉黑㊀；望之如有毛羽然。長庚，如一匹布著天。此星見，兵起。

【註】㊀虵行：蛇行，屈曲而行也。

星墜至地，則石也㊀。河、濟之閒，時有墜星。

【註】㊀星墜：《史記正義》曰：「春秋云：『星隕如雨』。」是也。今吳郡西鄉見有星落石，其石天下多有也。

天精而見景星㊀。景星者，德星也。其狀無常，常出於有道之國。

【註】㊀景星：孟康曰：「精，明也。有赤方氣與青方氣相連，赤方中有兩黃星，青方中一黃星，凡三星合，為景星」。《史記正義》曰：「景星狀如半月，生於晦朔，助月為明，見則人君有德，明聖之慶也。」

（里）二千里；登高而望之，下屬地者三千里。雲氣有獸居上者，勝。

凡望雲氣㊀，仰而望之，三四百里；平望，在桑榆上，千餘

【註】㊀雲氣：《春秋元命包》云：「陰陽聚為雲氣」。

自華以南㊀，氣下黑上赤。嵩高、三河之郊㊁，氣正赤。恆山之北㊂，氣下黑上青。勃、碣、海、岱之閒㊃，氣皆黑。江、淮之閒，氣皆白。

徒氣白。土功氣黃。車氣乍高乍下，往往而聚。騎氣卑而布。卒氣摶㊄。前卑而後高者，疾；前方而後高者，兌㊅；後兌而卑者，卻㊆。其氣平者其行徐。前高而後卑者，不止而反㊇。氣相遇者㊈，卑勝高，兌勝方。氣來卑而循車通者㊉，不過三四日，去之五六里見。氣來高七八尺者，不過五六日，去之十餘里見。氣來高丈餘二丈者，不過三四十日，去之五六十里見。

【註】㊀華：華山。㊁嵩高：嵩山。三河：河南、河內、河東。㊂恆山：在河北省。㊃勃：渤

海。碣：碣石，在河北省昌黎縣東南。海岱：東海、泰山之地，以上即指河北山東沿海之地。㊄摶：聚也。㊅兌：同「銳」。㊆卻：退卻。㊇不止而反：王元啟曰：「止，止軍也，不止而反，即所謂『卻』也。」㊈遇：偶也，相對抗也。㊉車通：乃「車道」之譌。

稍雲㊀精白者㊁，其將悍，其士怯。其大根而前絕遠者，當戰。青白，其前低者，戰勝；其前赤而仰者，戰不勝。陣雲如立垣。杼雲類杼㊂。軸雲摶兩端兌。杓雲如繩者，居前亘天，其半半天。其蛪㊃者類闕旗故。鉤雲句曲㊄。諸此雲見㊅，以五色合占㊆而澤摶密㊇，其見動人㊈，乃有占；兵必起，合鬭其直㊉。

【註】㊀稍雲：《漢書》：「『稍』作『捎』。」王元啟曰：「『搖捎』，動貌，此處恐當從『搖捎之義』。」㊁精白：當作「青白」。㊂杼雲：《史記索隱》曰：「姚氏案：兵書云：『營上雲氣如織，勿與戰也』。」㊃蛪：音結。與「蜺」同，亦一雲也。㊄句：同「鉤」字。㊅諸此雲見：此句係綜合上文稍雲以下諸雲言之。㊆合占：〈漢志〉，〈晉志〉，皆無「合」字。㊇澤：雲氣潤澤。㊈其見動人：沈欽韓引《通典》雜占云：「凡氣不積不結，散漫一方，不能災；必須和雜，殺氣森森然疾起，乃可論占。」此史所謂「見動人也」。㊉合鬭其直：合鬥其所直（值）之地也。

王朔所候㈠，決於日旁。日旁雲氣，人主象㈡。皆如其形以占。

【註】㈠王朔：古之星象家，占經多引朔說。㈡人主象：《史記正義》引洛書云：「有雲象人，青衣無手，在日西，天子之氣。」

故北夷之氣如羣畜穹閭㈠，南夷之氣類舟船幡旗㈡。大水處，敗軍場，破國之虛㈢，下有積錢㈣，金寶之上，皆有氣，不可不察。海旁蜃氣象樓臺㈤，廣野氣成宮闕然㈥。雲氣各象其山川人民所聚積㈦。

【註】㈠羣畜穹閭：北夷牧羣畜，居穹廬。穹閭，即穹廬。《漢書》匈奴傳「匈奴父子同穹廬臥」。穹廬，旃帳也，其形穹隆，故曰穹廬。㈡幡旗：船上用以利用風向前進之帳篷，其狀如旗，故曰幡旗。幡旗與穹廬對比，一以寫游牧者之生活，一以寫打漁者之生活。㈢虛：同「墟」，地區也。㈣錢：古作「泉」字。㈤蜃氣象樓臺：即所謂「海市蜃樓」也。㈥宮闕然：好似宮闕的樣子。㈦雲氣各象其山川人民：《史記正義》引《淮南子》云：「土地各以類生人，是故山氣多勇，澤氣多瘖，風氣多聾，林氣多躄，水氣多傴，石氣多力，險阻氣多壽，丘氣多狂，廟氣多仁，陵氣多貪，輕土多利足，重土多遲，清水音小，濁水音大，湍水人重，中土多聖人，皆象其氣，皆應其類也。」

故候息秏者㈠，入國邑，視封疆田疇之正治㈡，城郭室屋門戶之潤澤，次至車服畜產精華。實息者，吉；虛秏者，凶。

【註】㈠息秏：息，生息。秏，消耗。㈡正治：即整治。正，整也。

若煙非煙，若雲非雲，郁郁紛紛㈠，蕭索輪囷㈡，是謂卿雲㈢。卿雲（見），喜氣也。若霧㈣非霧，衣冠而不濡，見則其域被甲而趨。

【註】㈠郁郁紛紛：美盛的樣子。㈡蕭索：疏散的樣子。輪囷：即輪菌，屈曲的樣子。㈢卿雲：即慶雲，可喜之雲也。㈣霧：《史記索隱》引《爾雅》云：「天氣下地，不應，曰霧，言蒙昧不明之意也」。

（天）〔夫〕雷電、蝦虹㈠、辟歷㈡、夜明者㈢，陽氣之動者也，春夏則發，秋冬則藏，故候者無不司㈣之。

【註】㈠蝦虹：蝦，即「霞」字，霞虹也。㈡辟歷：即霹靂，疾雷也。㈢夜明：珠也，拾遺記謂：「銜夜明之珠，其光如燭。」㈣司：同「伺」字，伺察也。

天開縣物㊀，地動坼絕㊁。山崩及徙，川塞谿垙㊂；水澹（澤竭）地長，〔澤竭〕見象。城郭門閭，閨臬㊃（枯槀）槀枯㊄；宮廟邸第，人民所次。謠俗車服㊅，觀民飲食。五穀草木，觀其所屬。倉府廄庫，四通之路。六畜禽獸，所產去就；魚鼈鳥鼠，觀其所處。鬼哭若呼㊆，其人逢俉㊇。化言，誠然㊈。

【註】㊀天開縣物：孟康曰：「謂天裂而見物象，天開示縣象。」縣：同「懸」字。㊁坼：音冊（ㄔㄜˋ），裂開。㊂垙：音伏（ㄈㄨˋ），土壅，曰垙。㊃閨臬：〈漢志〉作「潤息」。王先謙曰：「潤息」二字，連文見義，孟子：「是其日夜之所息，雨露之所潤」。㊄槀枯：錢大昕曰：「枯槀」，當作「槀枯」，枯與閭韻也。㊅謠俗：習俗也。㊆若：及也。㊇逢俉：相逢而驚也，俉：音（ㄨˋ）。㊈化言，誠然：朱一新：「化，『訛』借字，謂訛言之興，其後必誠有此事。」

凡候歲美惡，謹候歲始。歲始或冬至日，產氣始萌㊀。臘明日㊁，人眾卒歲㊂，一會飲食，發陽氣，故曰初歲。正月旦，王者歲首；立春日，四時之（卒）始也㊃。四始者，候之日㊄。

【註】㊀產氣：生氣也。生其種，曰產。㊁臘：十二月八日，為臘日。諺曰：「臘鼓鳴，春草生。」

㊂卒歲：四民月令云：「過臘一日，謂之『小歲』，拜賀君親，進椒酒。」㊃卒始：立春日，是去年四時之卒（終）而今年四時之始也。漢志無「卒」字，即立春日，四時之始也。㊄四始：顧炎武曰：「四始者侯之日，謂歲始也，冬至日也，臘明日也，立春也。」言以四始之日，占侯歲時吉凶。

而漢魏鮮㊀集臘明，正月旦，決八風。風從南方來，大旱；西南，小旱；西方，有兵；西北，戎菽為㊁，小雨㊂，趣兵㊃；北方，為中歲；東北，為上歲㊄；東方，大水；東南，民有疾疫，歲惡。故八風各與其衝對，課多者為勝㊅。多勝少，久勝亟，疾勝徐。旦至食，為麥；食至日昳㊆，為稷；昳至餔，為黍；餔至下餔，為菽；下餔至日入，為麻。欲終日㊇（有雨）有雲，有風，有日。日當其時者，深而多實㊈；無雲有風日，當其時，淺而多實㊉；有雲風，無日，當其時，深而少實；有日，無雲，不風，當其時者稼有敗。如食頃，小敗；熟五斗米頃㊁，大敗。則風復起㊂，有雲，其稼復起。各以其時用雲色占種（其）所宜。其雨雪若寒㊂，歲惡。

【註】㊀魏鮮：漢初之星象家。㊁戎菽：胡豆也。為：成也。《淮南子．天文訓》：「禾不為」，

即禾不成也。董子五行順逆：「魚大為」，即魚大成也。㊂小雨：梁玉繩曰：「前後皆言占風，不當於此獨兼言占雨。」「小雨」二字，係衍文。㊃趣兵：趣，音「促」，促兵，即促起兵端也。王先謙：八風占云：「西北來，有邊兵，野豆成」。野豆成，即「戎菽為」也。有邊兵，即「趣兵也」。㊄上歲：大有收成也。㊅課：第也，比較其差異也。王先謙曰：「課：第也，以八方相衝之風對，次第其多少，久亟，疾徐，以定勝負。」㊆昳：音迭（ㄉㄧㄝˊ），太陽過了午刻，蹉跎而下也。食：辰時。日昳：未時。餔：申時。王先謙曰：「占風者，以其時知五穀之善惡。」㊇欲：理想的，合於理想的。終日有雨有雲有風有日，是最合於理想的。㊈深而多實：《史記正義》曰：「正月旦，欲其終一日有風有日，則一歲之中，五穀豐熟，無災害也。」㊉淺而多實：王元啟曰：「占歲以風日為主，有風日，宜乎多實，惟無雲，故云淺也。」⑪熟五斗米頃：炊熟五斗米之時間也。王元啟曰：「謂食頃無風雲，則小敗；或更久至熟五斗米頃，無風雲，則大敗也。」⑫則：即也，如果。⑬種其所宜：王元啟曰：「種，謂五種，即上文麥、稷、黍、菽、麻，是也。各以其時：言自旦至日入，六時也。」⑭若：及也。

是日光明，聽都邑人民之聲。聲宮，則歲善，吉；商，則有兵；徵，旱；羽，水；角，歲惡㊀。

【註】㊀王元啟曰：「此又占之於聲」。

或從正月旦比數雨㈠。率日食一升，至七升而極㈡；過之，不占。數至十二日，日直其月㈢，占水旱。為其環（城）〔域〕千里內占㈣，則（其）為天下候，竟正月。月所離列宿㈤，日、風、雲，占其國。然必察太歲所在㈥。在金，穰；水，毀；木，饑；水，旱。此其大經也。

【註】㈠比數雨：《史記索隱》曰：「謂以次數日，以候一歲之雨以知豐穰也。」王元啟曰：「比，猶排也，從正月旦，排日數雨，以知此歲之豐歉，至初七日，則其分數可見矣。」此下係以雨而占吉凶也。㈡七升：一日食一升，則七升，即為第七日也。數至第七日而止。即王元啟所謂「至初七日，則其分數可見矣。」㈢日直其月：直，值也，當也。一日為正月，二日為二月，數至十二日，則為十二月。即所謂「日直其月」也。㈣城：〈漢志〉：「城」作「域」，以「域」為是。「則」作「即」。環域千里，言大國也。言為大國占，若為天下侯，則疆域既廣，豐歉不能皆一，故不以日直月。用正月三十日，以知其得失也。㈤月所離列宿：韋昭曰：「離，歷也。」㈥必察太歲所在：王元啟曰：「按此所謂金、水、木、土，蓋以歲陰言之，申酉戌為金，亥子丑為水，卯辰為木，巳午未為火，又必緯之以雲風日雨，而後其占乃驗，故曰此其大經。」〈貨殖傳〉云：「太陰在卯，穰，明歲衰惡，至午旱，明歲美，至酉穰，明歲衰惡，至於大旱，明歲美，有水。」與此異。

正月上甲，風從東方，宜蠶；風從西方，若旦黃雲，惡㊀。冬至短極，縣土炭㊁，炭動，鹿解角㊂，蘭根出，泉水躍，略以知日至，要決晷景㊃。歲星所在㊄，五穀逢昌。其對為衡㊅，歲乃有殃。

【註】㊀惡：歲惡也。㊁縣土炭：縣，同「懸」字。《淮南子．天文訓》：「陽氣為火，陰氣為水，水勝，故夏至濕；火盛，故冬至燥。燥，故炭輕，濕故炭重。」土則不然，故懸以候氣也。㊂鹿：〈漢志〉：「鹿」作「麋」。㊃要決晷景：王念孫曰：「言日至測晷景之事也」。晷：音ㄍㄨㄟˇ，日影。景：即「影」字。㊄歲星所在：王念孫曰：「自歲星所在以下，別為一事，與晷景無涉。歲星所在者，謂歲星所居之地。五穀逢昌者，『逢』與『豐』古字通，『逢昌』即『豐昌』。」㊅其對為衡：王念孫曰：「其對為衡者，言與歲星所居之地，相對為衡。假如歲在壽星，則降婁為衡；歲在大火，則大梁為衡，地在歲星之衡，則有殃。」

太史公曰：自初生民以來，世主曷嘗不曆㊀日月星辰？及至五家㊁、三代，紹而明之㊂，內冠帶，外夷狄，分中國為十有二州，仰則觀象於天，俯則法類於地。天則有日月，地則有陰陽。

天有五星，地有五行。天則有列宿，地則有州域。三光者，陰陽之精，氣本在地，而聖人統理之。

【註】㊀曆：「歷象」之「歷」，追跡觀察也。㊁五家：即「五帝」，黃帝，顓頊，帝嚳，堯，舜。三代：夏、商、周。㊂紹而明之：言生民以來，以至於五帝三王，皆相繼而發明天數陰陽也。

幽厲以往，尚矣㊀。所見天變，皆國殊窟穴，家占物怪，以合時應，其文圖籍禨祥不法㊁。是以孔子論六經，紀異而說不書。至天道命，不傳㊂，傳其人，不待告㊃；告非其人，雖言不著㊄。

【註】㊀尚矣：很久遠的。㊁禨祥：禨：音機（ㄐㄧ）事鬼求神。顧野王曰：「禨祥，吉凶之先見也。」《史記正義》曰：「自古以來，所見天變，國皆異具，所說不同。及家占物怪，以合時用，其文圖籍，凶吉，皆不可法則。故孔子論六經，記異事，而說其所應，不書變見之蹤也。」㊂天道，命，不傳：孔子不大多講授天道與性命之學問，《論語・公冶長》篇：「子貢曰：『夫子之文章，可得而聞也；夫子之言性與天道，不可得而聞也』。」〈子罕〉篇：「子罕言利與命與仁」。㊃傳其人，不待告：應作為「得其人，不待告」，即言只要得其人，不等待多所講授，而自能慧悟靈通，這是特殊的天才靈根。㊄告非其人，雖言不著：如果不得其人，即便千言萬語，講得口乾舌敝，也不

能使他徹底瞭解。

昔之傳天數者：高辛之前，重、黎㈠；於唐、虞，羲、和㈡；有夏，昆吾㈢；殷商，巫咸㈣；周室，史佚、萇弘㈤；於宋，子韋㈥；鄭則裨竈㈦；在齊，甘公㈧；楚，唐昧㈨；趙，尹皋；魏，石申㈩。

【註】㈠重、黎：〈太史公自序〉：「昔在顓頊，命南正重以司天，北正黎以司地。」㈡羲、和：唐、虞之時，命羲氏、和氏掌天地四時之官。㈢昆吾：虞翻云：「昆吾，名樊，為己姓，封於昆吾。」世本云：「昆吾，衞者也。」或曰：昆吾為祝融之後，陸終第一子也。㈣巫咸：殷之賢臣。㈤史佚：周武王時大史尹佚也。萇弘：周靈王時大夫。㈥子韋：《漢書・藝文志》陰陽家有宋司星子韋三篇。在宋景公時為史官。㈦裨竈：鄭大夫也。㈧甘公：〈晉志〉、〈隋志〉均以甘德為齊人。或有以為魯人，或楚人者。㈨楚，唐昧：昧：梁玉繩曰：「唐昧為楚將，非掌天文之官，亦不聞其傳天授，豈別有一唐昧歟？」㈩石申：魏人，戰國時，作天文八卷。

夫天運，三十歲一小變，百年中變，五百載大變；三大變一紀，三紀而大備：此其大數也。為國者必貴三五㈠。上下各千歲，然后天人之際續備。

【註】㊀三五：王元啟曰：「五，謂五百載一大變，三五，即三大變之謂。三大變，凡千五百年，故曰：『上下各千歲』。」《史記索隱》曰：「三五，謂三十歲一小變，五百歲一大變。」王元啟指其為誤解。

太史公推古天變，未有可考于今者。蓋略以春秋二百四十二年之閒㊀，日蝕三十六，彗星三見㊁，宋襄公時星隕如雨㊂。天子微，諸侯力政㊃，五伯代興㊄，更為主命。自是之後，眾暴寡，大并小。秦、楚、吳、越，夷狄也，為彊伯。田氏篡齊㊅，三家分晉㊆，並為戰國。爭於攻取，兵革更起，城邑數屠，因以饑饉疾疫焦苦，臣主共憂患，其察禨祥候星氣尤急㊇。近世十二諸侯㊈七國相王，言從衡者繼踵㊉，而皋、唐、甘、石因時務⑪論其書傳，故其占驗淩雜米鹽⑫。

【註】㊀春秋二百四十二年：從魯隱公元年起，至魯哀公十四年獲麟為止。㊁彗星三見：柯維騏曰：「春秋無彗星之書，太史公所引，蓋指星孛也。公羊傳曰：『孛者何？彗星也』。郭璞亦釋彗為

孛。其實，彗，孛二星，占不同。」㊂星隕如雨：《史記正義》曰：「謂僖公十六年正月戊申朔，隕石於宋。」楊慎曰：「春秋，星隕如雨，魯莊七年，非宋襄時，正義以隕石於宋當之，時雖當，事不當。」㊃政：「政」，應作「征」，力政，即力征也。㊄秦、楚、吳、越：《史記正義》曰：「秦祖非子，初邑於秦，地在西戎。楚子鬻熊，始封丹陽荊蠻。吳太伯居吳，周章因封吳，號句吳。越祖少康之子，初封於越，以守禹祀，地稱東越。皆戎夷之地，故言夷狄也。後，秦穆、楚莊，吳闔閭，越句踐，皆得封為伯也。」㊅田氏篡齊：周安王二十三年，齊康公卒，田和幷齊，而立為齊侯。㊆三家分晉：周安王二十六年，魏武侯，韓文侯，趙敬侯，共滅晉靜，而三分其地。㊇禨祥：如淳曰：「呂氏春秋：『荊人鬼，越人禨，』今之巫祝禱祠淫祀之比也。」㊈近世：言周末。十二諸侯：指春秋時代之十二國諸侯。七王：指戰國時代之七雄。㊉從衡：即縱橫。戰國時代說客辯士縱橫捭闔之術。繼踵：連續不斷而起。㊁因時務：就當時的各種事物，以占候之理論（書傳），推測其吉凶禍福。㊂米鹽：形容事之細小瑣碎如米鹽似的。言他們的占驗，都涉之於碎雜凌亂，如米鹽似的。

二十八舍主十二州㊀，斗秉兼之㊁，所從來久矣。秦之疆也，候在太白，占於狼、狐㊂。吳、楚之疆，候在熒惑，占於鳥衡㊃。燕、齊之疆，候在辰星，占於虛、危㊄。宋、鄭之疆，候在歲星，占於房、心㊅。晉之疆，亦候在辰星，占於參罰㊆。

【註】㊀二十八舍：《史記正義》曰：「二十八舍，謂：東方角、亢、氐、房、心、尾、箕；北方斗，牛、女、虛、危、室、壁；西方奎、婁、胃、昴、畢、觜、參；南方井、鬼、柳、星、張、翼、軫。」《星經》云：「角、亢、鄭之分野，兗州；氐、房、心、宋之分野，豫州；尾、箕、燕之分野，幽州；南斗、牽牛、吳、越之分野，揚州；須女、虛、齊之分野，青州；危、室、壁、衞之分野，幷州；奎、婁、魯之分野，徐州；胃、昴、趙之分野，冀州；畢、觜、參，魏之分野，益州；東井、輿鬼、秦之分野，雍州；柳、星、張，周之分野，三河；翼、軫，楚之分野，荊州也。」㊁斗秉：《史記正義》曰：「言北斗所建秉十二辰，兼十二州二十八宿，自古所用，從來久遠矣。」錢大昕曰：「秉」，即「柄」字。〈晉志〉曰：「北斗七星，一主秦，二主楚，三主梁，四主吳，五主燕，六主趙，七主齊，是北斗兼之也。」㊂秦之疆：《史記正義》曰：「太白、狼、狐，皆西方之星，故秦占候也。」㊃吳、楚之疆：《史記正義》曰：「熒惑，鳥，衡，皆南方之星，故吳、楚占候也」。鳥：朱雀。衡：太微。㊄燕、齊之疆：《史記正義》曰：「辰星、虛、危，皆北方之星，故燕、齊占候。」㊅宋、鄭之疆：《史記正義》曰：「歲星，房、心，皆東方之星，故宋、鄭占候。」㊆晉之疆：《史記正義》曰：「辰星、參、罰，皆北方西方之星，故晉占候也。」

及秦幷吞三晉㊀、燕、代，自河山以南者中國㊁。中國於四海內則在東南，為陽；陽則日㊂、歲星、熒惑、填星；占於街南㊃，畢主之。其西北則胡、貉、月氏諸衣旃裘引弓之民，為陰㊄；陰則月、太白、辰星㊅；占於街北，昴主之㊆。故中國山川東北流，其維，首在隴、蜀，尾沒于勃、碣㊇。是以秦、晉好用兵㊈，復占太白，太白主中國㊉；而胡、貉數侵掠，獨占辰星，辰星出入躁疾，常主夷狄：其大經也。此更為客主人㊀㊀。熒惑為孛，外則理兵，內則理政。故曰「雖有明天子，必視熒惑所在㊀㊁。」諸侯更彊，時菑異記，無可錄者。

【註】㊀三晉：韓、趙、魏。㊁河：黃河。山，華山。從華山及黃河以南為中國。㊂陽則日：《史記正義》曰：「日，陽也。歲星屬東方，熒惑屬南方，鎮星屬中央，皆在南及東，為陽也。」㊃街南：《史記正義》曰：「天街二星，主畢昴，主國界也。街南為華夏之國，街北為夷狄之國。則畢星主陽。」㊄西北為陰：從黃河及華山之西北及秦晉，皆為陰。㊅陰則月：《史記正義》曰：「月，陰也。太白屬西方，辰星屬北方，皆在北及西，皆為陰也。」㊆街北：《史記正義》曰：「天街星北為夷狄之國，則昴星主之。陰也。」㊇勃、碣：《史記正義》曰：「言中國山及川，東北流行，若南山，首在崑崙，葱嶺，東北行，連隴山，至南山，華山，渡河，東北盡碣石山。黃河，首起崑崙山；渭水，岷江，發源出隴山，皆東北，東入渤海也。」㊈秦、晉、好用兵：韋昭曰：「秦、晉西

南維之北為陰，猶與胡貉引弓之民同，故好用兵。」⑳復占太白：王元啟曰：「上文太白占胡貊，不主中國。因秦晉好用兵，與胡無殊，故復占太白，主中國之秦晉，而胡貊則獨占辰星，不更占太白也。」㈡更為客，主人：更：交替也。交替互換而為客人主人。《史記正義》引《星經》曰：「辰星不出，太白為客；辰星出，太白為主人。辰星太白不相從，雖有軍不戰。辰星出東方，太白出西方。若辰星出西方，太白出東方，為格野，雖有兵不戰，合宿乃戰。辰星入太白中五日，及入而上出，破軍殺將，客勝；不出，客亡地，視旗所指。」㈢雖有明天子，必視熒惑所在：此言係引用《春秋緯・文耀鉤》之句。

秦始皇之時，十五年彗星四見，久者八十日，長或竟天㈠。其後秦遂以兵滅六王，幷中國，外攘四夷，死人如亂麻，因以張楚並起，三十年之閒兵相駘藉㈡，不可勝數。自蚩尤以來，未嘗若斯也。

【註】㈠竟天：極於天際也。㈡駘藉：駘，音台（ㄊㄞˊ）。駘藉，踐踏也。

項羽救鉅鹿，枉矢西流㈠，山東遂合從諸侯，西坑秦人，誅屠咸陽。

漢之興，五星聚于東井㈡。平城之圍㈢，月暈參、畢七重㈣。諸呂作亂，日蝕，晝晦。吳楚七國叛逆，彗星數丈，天狗過梁野；及兵起，遂伏尸流血其下。元光、元狩，蚩尤之旗再見，長則半天。其後京師師四出㈤，誅夷狄者數十年，而伐胡尤甚。越之亡，熒惑守斗㈥；朝鮮之拔，星茀于河戍㈦；兵征大宛，星茀招搖㈧：此其犖犖㈨大者。若至委曲小變，不可勝道。由是觀之，未有不先形見而應隨之者也。

【註】㈠枉矢：星名，類大流星，蛇行而蒼黑，其氣枉暴有災害。㈡五星聚於東井：王引之曰：「漢志：客謂張耳曰：『「東井，秦地，漢王入秦，五星從歲星聚，當以義取天下。」』」是五星聚東井，在入秦之月。高紀曰：『秦三年九月，趙高立二世兄子子嬰為秦王。』下遂云：『元年冬十月，五星聚於東井，沛公至霸上，秦王子嬰封皇帝符璽，降軹道旁。』是入秦在十月，上與九月相接，非建亥之月而何？若七月，則沛公猶未入秦，不足受命之符矣。」㈢平城之圍：在漢高祖七年。㈣七重：《史記索隱》引〈漢志〉云：「其占者畢昴間天街也。街北，胡也；街南，中國也。昴為匈奴，參為趙，畢為邊兵。是歲，高祖自將兵擊匈奴，至平城，為冒頓所圍，七日乃解。」則天象有所符契。七重：主七日也。㈤京師師四出：《史記正義》曰：「元光元年，太中大夫衞青等伐匈奴；元

狩二年，冠軍侯霍去病等擊胡；元鼎五年，衛尉路博德等破南越；及韓說破東越，并破西南夷，開十餘郡；元年，樓船將軍楊僕擊朝鮮也。」㈥熒惑守斗：〈漢志〉謂：元鼎中，熒惑守南斗，占曰：「其國絕祀」。南斗，為吳越之分野。㈦星茀於河戍：茀，音佩（ㄆㄟˋ），即孛星也。〈天文志〉謂：「武帝元封之中，星孛於河戍，其占曰：『南戍為越門，北戍為胡門。』其後，漢兵擊拔朝鮮，以為樂浪，玄菟郡。朝鮮在海中，越之象；居北方，胡之域也。」〈晉志〉曰：「南河，曰南戍；北河，曰北戍。」㈧招搖：《史記正義》曰：「招搖一星，次北斗杓端，主胡兵也。占：角變，則兵革大行。」〈漢志〉云：「太初中，星孛於招搖。」傳曰：「客星守招搖，蠻夷有亂民死君。」其後，漢兵擊大宛，斬其王。招搖：遠夷之分野也。㈨犖犖：音落（ㄌㄨㄛˋ），彰明較著的大事。

夫自漢之為天數者，星則唐都，氣則王朔，占歲則魏鮮。故甘、石曆五星法，唯獨熒惑有反逆行㈠，日月薄蝕㈡，皆以為占。

【註】㈠熒惑有逆行：言甘，石曆法，五星惟火星有逆行。至漢為天數者，其法詳備，於是火星逆行所守，及土木金水逆行，日月薄蝕，皆有占也。㈡薄，蝕：韋昭曰：「氣往迫之，為『薄』；虧毀，為蝕。」京房易傳曰：「日赤黃為薄」。

余觀史記㈠，考行事，百年之中，五星無出而不反逆行，反逆行，嘗盛大而變色㈡；日月薄蝕，行南北有時：此其大度也。故紫宮、房心、權衡、咸池、虛危㈢列宿部星㈣，此天之五官坐位也，為輕，不移徙，大小有差，濶狹有常㈤。水、火、金、木、填星，此五星者，天之五佐㈥，為（經）緯㈦，見伏有時，所過行贏縮有度。

【註】㈠史記：史官所記之各種星占的資料。㈡盛大：逆行時，與地之距離最近，故見其盛大。㈢紫宮：中宮也。房、心：東宮也。權、衡：南宮也。咸池：西宮也。虛、危：北宮也。㈣列宿部星：《史記正義》曰：「五官，列宿部內之星也。」㈤濶狹有常：孟康曰：「濶狹，若三台星相去遠近」。㈥五佐：《史記正義》曰：「水、火、金、土、木、五星，佐天行德也。」㈦為緯：水、火、金、木、土，謂之五星。以五星為緯。紫宮、房心、權衡、咸池、虛危，謂之五官，以五官為經。

日變脩德，月變省刑，星變結和㈠。凡天變，過度乃占。國君彊大有德者昌；弱小飾詐者亡㈡。太上脩德，其次脩政，其次脩救，其次脩禳，正下之知㈢。夫常星之變希見，而三光之占亟用㈣。日月暈適㈤，雲風，此天之客氣㈥，其發見亦有大運㈦。然其與政事俯仰㈧，最近（大）〔天〕人之符㈨。此五者，天之感動。為天數者，必通三五㈩。終始古今，深觀時變，察其精粗，則天官備矣。

【註】㈠這一段，是〈天官書〉的結論，最為重要，其目的在於研究天人之際，教人主敬天變以修人事者也。所謂「天人之際」，即天人感應之理，如天有日變，則人主應修之以德；天有月變，則人主應省之以刑；天有星變，則人主應結之以和。回轉言之，如人主能修之以德，則日變之災可去；人主能省之以刑，則月變之異可除；人主能結之以和，則星變之禍可免。由此觀之，「天」乃一有靈性之最高主宰，天以災異，警告人主，然後，依人主之反應行為而定其獎懲，所謂「作善，天報之以福；作不善，天報之以殃」，此即天人感應之義也，亦即太史公之結論也。㈡昌、亡：強大而又有善德的人主，必然昌盛。弱小而又飾用詐術的人主，必然滅亡。㈢應付日、月、星變之道，最高明的人主，是修之以德教；其次的人主，是修之以政令；再其次的人主，是修之以急救（有急，則修；不急，則不修）；更其次的人主，是修之以祈鬼求神（禳）；最下（正下）的人主，是一切皆不修。㈣亟用：亟，屢也，常常發生。㈤暈：孟康曰：「暈，日旁氣也。」適：徐廣曰：「適者，災變咎徵也。」又解「適」為「謫」，蝕也。㈥客氣：外來而不久長之氣。㈦發見：即「發現」。大運：大的作用。㈧與政事俯仰：隨政事之善惡興廢而表現其吉凶上下。㈨天人之符：這是最近於天人相

應的符驗。⑩三五：三大變也。天運，五百年，一大變；三大變，一千五百年也。上下各千年，然後天人之際續備。所以攻研天數者，必須貫通三五，瞭解上下各千年之變化，而後能探索古今歷史的終始，深觀時代的變化，察考其表裏精粗的因果，那麼，天官的全體大用，就算是完備了。（由此可知太史令的職務之所在了。）

蒼帝行德，天門為之開㈠。赤帝行德，天牢為之空㈡。黃帝行德，天夭為之起㈢。風從西北來，必以庚、辛。一秋中，五至，大赦；三至，小赦。白帝行德，以正月二十日、二十一日，月暈圍，常大赦載㈣，謂有太陽也。一曰：白帝行德，畢、昴為之圍。圍三暮，德乃成㈤；不三暮，及圍不合，德不成。二曰：以辰圍，不出其旬。黑帝行德㈥，天關為之動㈦。天行德，天子更立年㈧；不德，風雨破石。三能、三衡者，天廷也㈨。客星出天廷，有奇令。

【註】此一段，非太史公之文，乃後人之所妄加。

㈠天門開：《史記正義》曰：「蒼帝，東方靈威揚之帝也，春，萬物開發，東作起，則天發其德化，天門為之開也。」天門，即左右角間也。㈡天牢空：《史記正義》曰：「赤帝，南方赤熛怒之帝也。

夏，萬物茂盛，功用大興，則天施德惠，天牢為之空虛也。」天牢為之空，言人主當赦宥也。㊂天夭起：《史記正義》曰：「黃帝，中央含樞紐之帝。季夏，萬物盛大，則當大赦，含養羣品也。」此解，恐不切合。天矢起，有戰伐之義。㊃常大赦：王元啟曰：「『常』字為『當』字之譌。㊄白帝：《史記正義》曰：「白帝，西方白招矩之帝也。秋，萬物咸成，則暈圍畢昴三暮，帝德乃成也」。㊅黑帝：《史記正義》曰：「黑帝，北方叫光紀之帝也。冬，萬物閉藏。為之動：為之開閉也。」㊆天關：天關一星，在五車南，畢西北，為天門，日月五星所道，主邊事，亦為限隔內外，障絕往來，禁道之作違者。占：芒角，有兵起，五星守之，主貴人多死也。㊇天行德：應為「天子行德」。天子更立年：應為「天更立年」。言如果天子行為有德，則上天必給以風調雨順之大有年；如果天子行為不德，則上天必懲之以風雨破石，風雨不調，必致災荒也。㊈三能三衡：《史記正義》引《晉書・天文志》云：「三台（即三能），主開德宣符也，所以和陰陽而理萬物也。三衡者，北斗魁四星為璇璣，杓三星為玉衡，人君之象，號令主也。又太微，天子宮庭也，太微為衡，衡，主平也，為天庭，理法平辭理也。」案言三台三衡者，皆天帝之庭，號令舒散平理也。故言三台三衡。言若有客星，出三台三衡之庭，必有奇異教令也。客星：言星之忽隱忽顯者。按客星，即新星，乃變星中之一種。

卷二十八　封禪書第六

正義謂：「泰山上築土為壇以祭天，報天之功，故曰『封』：泰山下，小山上，除地，報地之功，故曰『禪』。言禪者，神之也。」《白虎通》云：「或曰封者，金銀繩。或曰石泥金繩，封之印璽也。」《五經通義》云：「易姓而王，致太平，必封泰山，禪梁父，荷天命以為王，使理羣生，告太平於天報羣神之功。」

自古受命帝王，曷嘗不封禪？蓋有無其應而用事者矣㈠，未有睹符瑞見而不臻乎泰山者也㈡。雖受命而功不至，至矣而德不洽，洽矣而日有不暇給，是以即事用希㈢。傳曰：「三年不為禮，禮必廢；三年不為樂，樂必壞。」每世之隆，則封禪答焉，及衰而息。厥曠遠者千有餘載，近者數百載，故其儀闕然堙滅，其詳不可得而記聞云㈣。

【註】㈠無其應而用事：沒有祥瑞的應兆而從事於封禪大典。㈡睹符瑞見：見：即「現」，出現，表現。㈢即事用希：從事於封禪的大典者，很少。㈣由於年代的曠遠，所以封禪的儀式禮節，都湮滅而沒有人能夠知道。

尚書曰，舜在璇璣玉衡㈠，以齊七政㈡。遂類于上帝㈢，禋于六宗㈣，望山川㈤，徧羣神㈥。輯五瑞㈦，擇吉月日，見四嶽諸牧㈧，還瑞㈨。歲二月，東巡狩，至于岱宗。岱宗，泰山也。柴㈩，望秩于山川⑪。遂覲東后⑫。東后者，諸侯也。合時月正日⑬，同律度量衡⑭，修五禮⑮，五玉三帛二生一死贄⑯。五月，巡狩至南嶽。南嶽，衡山也⑰。八月，巡狩至西嶽。西嶽，華山也⑱。十一月，巡狩至北嶽。北嶽，恆山也⑲。皆如岱宗之禮。中嶽，嵩高也⑳。五載一巡狩。

【註】㈠在：觀察。璇璣：《尚書》為「璿璣」。璿：音旋（ㄒㄩㄢˊ），美玉。璣：音幾（ㄐㄧ），渾天儀。衡：渾天儀中觀察星宿之橫筩，以玉為之，故曰「美衡」。㈡齊：定準。七政：日月五星。即言觀察渾天儀以定準日月五星之運行法則。㈢類：祭祀上天的一種祭禮名。㈣禋：音因（ㄧㄣ），祭名，置牲於柴上而燒之，使其香味隨烟而上達。六宗：日、月、星、寒暑、水旱、時令。又有釋為天、地、四時。㈤望：祭山川之神的禮名。㈥徧羣神：普徧的祭祀羣神。㈦輯五瑞：輯：合也，核對也。五瑞：五等的符瑞，依爵階而分，公執桓圭，侯執信圭，伯執躬圭，子執穀璧，男執蒲璧。諸侯始受封，天子賜以圭璧，而刻識之，以為符信。此則謂使諸侯執瑞來朝，以合其刻識，而核對其

真偽。㈧四（嶽）岳：四方之大山也，東岳泰山，西岳華山，南岳衡山，北岳恆山，古者天子巡狩四方，於其大山所在之地，接見諸侯。羣牧（諸牧）：各地首長，即各地諸侯。㈨發回符信於羣后。班：發回也。⑩柴：祭名，燒柴以祭天也。⑪望秩於山川：望者，祭祀山川之禮名也。秩者，依次第而舉行也。⑫東后：東方的諸侯。⑬合時、月：互相對照以協調四時的季節，月份的大小。正日：定準每日的時刻。⑭同律度量衡：同者，統一也，統一全國的律度量衡。律：音律，所以定陰陽氣象，為諸事之本。度：尺丈以度長短。量：斗斛以量多少。衡：斤兩以權輕重。⑮修五禮：修明吉、凶、軍、賓、嘉，五禮，以同一天下之風俗。⑯五玉：五等諸侯所執之五等玉器，即五瑞。三帛：三種顏色不同之絲織品，用以藉墊玉器，視爵位之高下而分為三種顏色。二生：羔與雁二種，卿執羔，大夫執雁。一死：士所執之雉。以上各物，皆為相見時之禮物，故曰贄。⑰衡山：一名岣嶁山，在衡州湘潭縣西四十里。⑱華山：在陝西華陰縣南八里。⑲恆山：在河北曲陽縣西北，亦曰常山。⑳嵩山：亦曰太室，亦曰外方，在河南登封縣。

禹遵之。後十四世，至帝孔甲，淫德好神，神瀆㈠，二龍去之㈡。其後三世，湯伐桀，欲遷夏社，不可，作夏社。後八世，至帝太戊，有桑穀生於廷，一暮大拱，懼。伊陟曰㈢：「妖不勝德。」太戊修德，桑穀死。伊陟贊巫咸，巫咸之興自此始後十四世㈣，帝武丁得傅說為相，殷復興焉，稱高宗。有雉登鼎耳雊㊄，武丁懼。祖己曰：「修德」。武丁從之，位以永寧。後五世，帝武乙慢神而震死㊅。後三世，帝紂淫亂，武王伐之。由此觀之，始未嘗不肅祗，後稍怠慢也㊆。

【註】㊀神以為其褻瀆不敬。㊁《國語》：「二龍漦於夏庭」。漦：涎沫也。二龍去而涎沫在。㊂伊陟：太戊時之賢臣。㊃巫咸：殷之賢臣，楚詞則以為巫咸主神。㊄登鼎耳雊：登鼎耳而鳴。雊：音購，雉鳴也。㊅武乙射天，後獵於河渭而震死。㊆開始的時候，對於神未嘗不恭敬，但是，到了以後便逐漸怠慢了。

周官曰，冬日至，祀天於南郊，迎長日之至；夏日至，祭地祇。皆用樂舞，而神乃可得而禮也。天子祭天下名山大川，五嶽視三公㊀，四瀆視諸侯，諸侯祭其疆內名山大川。四瀆者，江、河、淮、濟也。天子曰明堂、辟雍㊁，諸侯曰泮宮㊂。

【註】㊀視：相比也。㊁辟雍：天子所設之大學也，形圓而以水環之。《禮記》謂：「大學在郊，天子曰辟雍，諸侯曰泮宮。」按周（周代）五大學，南為成均，北為上庠，東為東序，西為瞽宗，中

則辟雍也。㊂泮宮：張晏曰：「制度半於天子之辟雍」。服虔云：「天子水帀，為辟雍；諸侯水不帀，至半，為泮宮。」《禮記》又云：「半有水，半有宮也。」

周公既相成王，郊祀后稷以配天㊀，宗祀文王於明堂以配上帝㊁。自禹興而修社祀，后稷稼穡，故有稷祀，郊社所從來尚矣㊂。

【註】㊀祀后稷於南郊以配天。㊁鄭玄曰：「上帝者，天之別名也。神無二主，故異其處，避后稷也。」㊂尚矣：很久很久的事情了。

自周克殷後十四世，世益衰，禮樂廢，諸侯恣行，而幽王為犬戎所敗㊀，周東徙頟邑。秦襄公攻戎救周，始列為諸侯。秦襄公既侯，居西垂㊁，自以為主少皞之神，作西畤，祠白帝，其牲用騂駒㊂黃牛羝羊各一云㊃。其後十六年，秦文公東獵汧渭之閒㊄，卜居之而吉。文公夢黃蛇自天下屬地㊅，其口止於鄜衍㊆。文公問史敦，敦曰：「此上帝之徵，君其祠之。」於是作鄜畤㊇，用三牲郊祭白帝焉。

【註】㊀犬戎：西戎種名，亦名畎夷，又名昆夷。周幽王十一年（西曆紀元前七七一年），犬戎攻

周，弒幽王，於是平王繼位而東遷於洛陽。㊁西垂：漢隴西郡西縣。㊂騂：赤馬黑鬣。㊃羝羊：牡羊也。羝，音低。㊄汧水：源出汧縣西北入渭水。皇甫謐云：文公徙都汧也。㊅自天下屬地：自天空連接於地。屬，連接也。㊆鄜衍：鄜，陝西鄜縣，屬榆林道。鄜，音孚。衍者，下平之地。又謂山陵之間的土地。㊇鄜畤：畤者，止也，謂神靈之所依止也。

自未作鄜畤也，而雍旁故有吳陽武畤㊀，雍東有好畤，皆廢無祠。或曰：「自古以雍州積高，神明之隩㊁，故立畤郊上帝，諸神祠皆聚云。蓋黃帝時嘗用事，雖晚周亦郊焉。」其語不經見，縉紳者不道㊂。

【註】㊀吳陽武畤：王先謙曰：「吳陽，吳山之陽。」即言吳山之陽有武畤。㊁隩：音奧（ㄠˋ），神明所居之地。㊂縉紳者：有知識有地位之人。

作鄜畤後九年，文公獲若石云㊀，于陳倉北阪城祠之㊁。其神或歲不至，或歲數來，來也常以夜，光輝若流星，從東南來集于祠城，則若雄雞，其聲殷云㊂，野雞夜雊㊃。以一牢祠，命曰陳寶㊄。

【註】㊀若石：其質如石。㊁於陳倉（在陝西寶雞縣東）北坡築城以祠之。㊂其聲殷云：即其聲殷殷云。殷殷：盛大的樣子，形容其聲。㊃雊：音購：鳴也。㊄陳寶：陳倉縣有寶夫人祠，或一歲二歲與葉君合。神來時，天為之殷殷雷鳴，雉為之雊。《列異傳》云：「陳倉人得異物以獻之，道遇二童子，云：『此名為媦（女弟），在地下食死人腦。』媦乃言云：『彼二童子名陳寶，得雄者王，得雌者霸。』乃逐童子，化為雉。秦穆公大獵，果獲其雌，為立祠，祭有光，雷電之聲。雄止於南陽，有赤色長十餘丈，來入陳倉祠中。」葉，縣名，在南陽，葉君即雄雉之神，故時與寶夫人神合也。

作鄜畤後七十八年，秦德公既立，卜居雍，後子孫飲馬於河，遂都雍。雍之諸祠自此興。用三百牢於鄜畤。作伏祠㊀。磔狗邑四門㊁，以禦蠱菑㊂。

【註】㊀伏祠：孟康曰：「六月伏日也，周時無，至此乃有之。」師古曰：「伏者，謂陰氣將起，迫於殘陽而未得升，故為藏伏，因名伏日也。立秋之後，以金代火，金畏於火，故至庚日必伏。庚，金也。」曆忌釋曰：「伏者何？金氣伏藏之名。四時代謝，皆以相生，而春木代水，水生木也。夏火代木，木生火也。冬水代金，金生水也。至秋，則以金代火，金畏於火，故至庚日必伏，庚者，金日也。」㊁磔狗邑四門：磔：音折（ㄓㄜˊ）殺之而分裂其肢體。殺狗以祭於邑之四門。㊂蠱菑：鬼怪及疫厲，皆能害人，故曰「蠱災」，於是殺狗祭神以抵禦之。菑：讀災。

德公立二年卒。其後四年，秦宣公作密畤於渭南，祭青帝㈠。其後十四年，秦繆公立，病臥五日不寤㈡；寤，乃言夢見上帝，上帝命繆公平晉亂。史書而記藏之府㈢。而後世皆曰秦繆公上天。

【註】㈠青帝：春神也。春為東帝，又為青帝。㈡不寤：不醒。㈢府：藏文書之處。

秦繆公即位九年，齊桓公既霸，會諸侯於葵丘㈠，而欲封禪。管仲曰：「古者封泰山禪梁父者㈡七十二家㈢，而夷吾所記者十有二焉。昔無懷氏㈣封泰山，禪云云㈤；虙羲封泰山，禪云云；神農封泰山，禪云云；炎帝封泰山，禪云云；黃帝封泰山，禪亭亭㈥；顓頊封泰山，禪云云；帝俈封泰山，禪云云；堯封泰山，禪云云；舜封泰山，禪云云；禹封泰山，禪會稽㈦；湯封泰山，禪云云；周成王封泰山，禪社首㈧：皆受命然後得封禪㈨。」桓公曰：「寡人北伐山戎㈩，過孤竹⑪；西伐大夏⑫，涉流沙，束馬懸車，上卑耳之山⑬；南伐至召陵⑭，登熊耳山⑮以望江漢。

兵車之會三，而乘車之會六⑯，九合諸侯，一匡天下⑰，諸侯莫違我。昔三代受命，亦何以異乎？」於是管仲睹桓公不可窮以辭⑱，因設之以事，曰：「古之封禪，鄗上之黍⑲，北里之禾，所以為盛⑳；江淮之閒，一茅三脊㉑，所以為藉也㉒。東海致比目之魚㉓，西海致比翼之鳥㉔，然后物有不召而自至者十有五焉。今鳳皇麒麟不來，嘉穀不生，而蓬蒿藜莠茂㉕，鴟梟數至，而欲封禪，毋乃不可乎？」於是桓公乃止。是歲，秦繆公內晉君夷吾。其後三置晉國之君㉖，平其亂。繆公立三十九年而卒。

【註】㊀葵丘：在曹州考城縣東南一里五十步郭內。㊁《括地志》云：「梁父山在兗州泗水縣北八十里。」㊂《韓詩外傳》云：「孔子升泰山，觀易姓而王，可得而數者七十餘人，不得而數者，萬數也。」㊃無懷氏：古之王者，在伏羲前。㊄云云：山名。晉灼云：「山在蒙陰縣故城東北，下有云云亭也。」《括地志》云：「云云山在兗州博城縣西南三十里。」㊅亭亭：〈地理志〉云：「鉅平有亭亭山。應劭云：『亭亭山在鉅平北十餘里』。」㊆會稽：晉灼云：「本名茅山」。《吳越春秋》：「禹巡天下，登茅山以朝諸侯，乃大會計，更名茅山為會稽。」亦曰苗山也。《括地志》云：「會稽山一名衡山，在越州會稽縣東南一十二里。」㊇社首：晉灼曰：「在鉅平南十二里」。㊈受

命：受天之命。⑩山戎：即鮮卑，在河北省遷安縣之北。⑪孤竹：故城在河北省盧龍縣南一十里。殷時孤竹國也。⑫大夏：陝西北部之地。⑬卑耳：即齊語所謂「辟耳」。山名，在河東大陽。⑭召陵：河南郾城縣東有召陵故城。召，讀邵。⑮熊耳：《荊州記》：「耒陽、益陽二縣東北有熊耳，東西各一峯，狀如熊耳，因以為名。齊桓公並登之。或云弘農之熊耳，下云『望江漢』，知非也。」⑯兵車之會三：師古曰：「兵車之會三：謂魯莊公十三年，會於北杏以平宋亂。魯僖公四年，侵蔡，蔡潰，遂伐楚，次於陘。魯僖公六年伐鄭，圍新城也。乘車之會六：謂魯莊公十四年，會於鄄，十五年又會於鄄，十六年，同盟於幽。魯僖公五年，會於首止。八年，盟於洮。九年，會於葵丘也。」⑰一匡天下：匡，正也，謂定周襄王為天子之位也。又謂陽穀之會，令諸侯云：「無障谷（穀），無貯粟，無以妾為妻。」天下皆從，故曰「一匡」者也。⑱不可窮以辭，因設之以事：在言辭上，沒有方法能夠困難他，只有以得不到的事務去打消他的意念。⑲鄗：音皓（ㄏㄠˋ），春秋時，晉國邑名，在河北柏鄉縣。⑳盛：音成，盛於祭器中之實物也。㉑一茅三脊：服虔曰：「茅草有三脊也」。張晏曰：「靈茅也」。㉒藉：音介（ㄐㄧㄝˋ），草製之襯墊。席也。㉓比目之魚：《爾雅》云：「東方有比目魚焉，不比不行，其名謂之鰈。」音蝶（ㄉㄧㄝ）。郭璞云：「如牛脾，身薄，細鱗，紫黑色，只一眼，兩片合乃得行。今江東呼為王餘，亦曰版魚。」㉔比翼之鳥：《山海經》云：「崇吾之山有鳥，狀如鳧，而一翼一目，相得乃飛，其名曰蠻。」《爾雅》云：「南方有比翼鳥不比不飛，其名謂之『鶼鶼』。」鶼，音肩（ㄐㄧㄢ）。㉕蓬蒿藜莠，都是穢惡之草，而現在茂盛；鴟梟都是不祥之鳥，而現在羣翔，這證明上天沒有降給我們以祥瑞，這樣子要想封禪，豈不是不應當的嗎？㊅秦繆公三次立晉國之君，即惠公、懷公、文公也。

其後百有餘年，而孔子論述六藝，傳略言易姓而王，封泰山禪乎梁父者七十餘王矣㊀，其俎豆之禮不章㊁，蓋難言之。或問禘之說，孔子曰：「不知。知禘之說，其於天下也視其掌㊂。」詩云紂在位，文王受命，政不及泰山。武王克殷二年，天下未寧而崩。爰周德之洽維成王，成王之封禪則近之矣。及後陪臣執政，季氏旅於泰山，仲尼譏之㊃。

【註】㊀傳略言易姓而王：在經傳上只是大略的講說易姓而王及其封禪之人。㊁其俎豆之禮不章：關於俎豆之禮的詳細節目，都沒有明顯的講過。章：彰也，明顯也。㊂有人問孔子關於「禘」（大祭也）的詳細制度。孔子說：「不知道！如果能知道『禘』的詳細制度，那麼，對於平天下就如同看掌上的東西那樣的容易了。」㊃旅：祭名，只有天子有資格祭泰山，而季氏以陪臣而祭泰山，就是僭越身分，所以孔子譏責他。

是時萇弘以方事周靈王㊀，諸侯莫朝周，周力少㊁，萇弘乃明鬼神事，設射貍首。貍首者，諸侯之不來者。依物怪欲以致諸侯㊂。諸侯不從，而晉人執殺萇弘。周人之言方怪者自萇弘。

【註】㊀萇弘：周靈王時人，能招致神異。時，異方貢玉人石鏡，萇弘言於王，謂為盛德所招。周人以萇弘幸媚，而殺之，流血成石，或言成碧，不見其屍。《國語》云謂萇弘為周敬王大夫，晉范仲行之難，萇弘與焉。晉人以讓周，周為之殺萇弘。方：神怪之術。㊁周力少：周朝的勢力衰弱。㊂設射貍首：貍，音里。諸侯以貍首為符節，故貍首即象徵諸侯。萇弘恨諸侯之不來朝周，故設置貍首以射之，欲借此以咒詛諸侯，且借神怪以恐嚇諸侯，促其來朝。

其後百餘年，秦靈公作吳陽上畤祭黃帝；作下畤，祭炎帝。後四十八年，周太史儋㊀見秦獻公曰：「秦始與周合，合而離，五百歲當復合㊁，合十七年而霸王出焉㊂。」櫟陽雨金㊃，秦獻公自以為得金瑞，故作畦畤櫟陽而祀白帝㊄。

【註】㊀周太史儋：儋音擔（ㄉㄢ），周之太史名，按年表儋在孔子後百餘年，非老聃也。㊁師古曰：「按史記秦本紀及年表並云：周平王封襄公始列為諸侯，於是始與諸侯通。又周本紀及吳、齊、晉、楚諸系家，皆言幽王為犬戎所殺，秦始列為諸侯，正與此志符合。是乃為別。至昭襄王五十二

年，西周君自歸獻邑，凡五百一十六年，是為合也。言五百者，舉其成數也。」㊂師古曰：「霸王者，指謂始皇。始皇初立，政在太后、嫪毐，未得稱伯。自昭王滅周後，至始皇九年誅嫪毐止，十七年，本紀、年表，其義顯。而韋氏乃合武王、昭王為數，失之遠矣。」㊃雨金：自天空降落金子。㊄畦畤：師古曰：「畦畤者，如種韭畦之形，而畤於畦中，各為一土封也。」錢大昭曰「太康地理志云：『畤在櫟陽故城內，其畤若畦，此司馬貞說也，較顏注為優』。」畦，音希（ㄒㄧ）。

其後百二十歲而秦滅周㊀，周之九鼎入于秦。或曰宋太丘社亡㊁，而鼎沒于泗水彭城下㊂。其後百一十五年而秦幷天下。

【註】㊀徐廣曰：「去太史儋言時百二十年」。㊁王先謙曰：「亡，謂社主亡也。郭璞云：『宋有太丘社』，以社名此地也。」㊂始皇紀：「二十八年，還過彭城，齋戒禱祠，欲出周鼎泗水。」《水經注》泗水注：「周顯王四十二年，九鼎淪沒泗淵，秦始皇時，而鼎見於斯水。始皇自以德合三代大喜，使數千人沒水求之，不得，所謂『鼎伏』也。」王先謙曰：「當時列國分爭，紀載互異，秦之滅周取鼎，自係時人揣度之辭，而鼎實未入秦。淪沒泗水，則係秦人傳聞如此，故始皇有禱祠出鼎之事。鼎早不見，周自亡之。」

秦始皇既幷天下而帝，或曰：「黃帝得土德，黃龍地螾見㊀。

夏得木德，青龍止於郊，草木暢茂㈡。殷得金德，銀自山溢㈢。周得火德，有赤烏之符㈣。今秦變周，水德之時。昔秦文公出獵，獲黑龍，此其水德之瑞㈤。」於是秦更命河曰「德水」，以冬十月為年首，色上黑㈥，度以六為名㈦，音上大呂㈧，事統上法㈨。

【註】㈠地螾：螾，讀蚓，蚯蚓也。黃者，土地之顏色，而蚯蚓亦地物，且大五六圍，長十餘丈，故以為祥瑞。這是黃帝得土德而王的傳說。㈡夏得木德，其徵象是青龍出現，草木暢茂。㈢殷得金德，其徵象是銀子從山裏邊流出。㈣周得火德，其徵象是有火從天上落在武王所住的屋上，變為赤色的烏，五次飛來飛去，每次來都銜著穀物。火是赤色，這赤色的烏，就是周得火德而王的符瑞。㈤秦朝滅周，就是水滅了火，秦文公是秦朝創業之王，在出獵的時候，獲得了一條黑龍，龍是水中之王，這黑色的龍，就是秦得水德而王的先兆。㈥色上黑：即色尚黑，崇尚黑色。㈦度以六為名：度者，量物長短之器。張晏云：「水，北方，黑。水終數六，故以方六寸為符，六尺為步。」㈧音上大呂：大呂，陰律也，屬於水性。㈨事統上法：事統：行事的綱領。處理事情，崇尚法律。瓚曰：「水陰，陰主刑殺，故尚法。」

即帝位三年，東巡郡縣，祠騶嶧山㊀，頌秦功業。於是徵從齊魯之儒生博士七十人，至乎泰山下。諸儒生或議曰：「古者封禪為蒲車㊁，惡傷山之土石草木；埽地而祭，席用葅稭㊂，言其易遵也㊃。」始皇聞此議各乖異，難施用，由此絀儒生㊄。而遂除車道㊅，上自泰山陽至巔㊆，立石頌秦始皇帝德，明其得封也。從陰道下，禪於梁父。其禮頗采太祝之祀雍上帝所用㊇，而封藏皆秘之，世不得而記也。

【註】㊀騶嶧山：騶：即鄒。鄒縣之嶧山。《從征記》謂：山北巖有秦始皇所勒之銘。㊁蒲車：以蒲草裹車輪，恐傷草木。㊂葅稭：葅讀曰租。稭，讀曰皆（ㄐㄧㄝ）。葅，墊履之物，席也。稭，禾稾也，穀物為高粱等之枯幹也。㊃易遵：容易遵行，言此種高粱稭之類，隨地皆有，容易得到，故易遷行。㊄黜（絀）儒生：退棄儒生不用。㊅除道：修治道路。㊆山南曰陽，山北曰陰。㊇太祝：官名，《周禮》春官之屬，為祝官之長。祝者，以言告神為主人祈福者也。

始皇之上泰山，中阪遇暴風雨㊀，休於大樹下㊁。諸儒生既絀，不得與用於封事之禮，聞始皇遇風雨，則譏之。

於是始皇遂東遊海上，行禮祠名山大川及八神，求僊人羨門之屬㊂。八神將自古而有之㊃，或曰太公以來作之。齊所以為齊，以天齊也㊄。其祀絕，莫知起時。八神：一曰天主，祠天齊。天齊淵水，居臨菑南郊山下者㊅。二曰地主，祠泰山梁父㊆。蓋天好陰，祠之必於高山之下，小山之上，命曰「畤」㊇；地貴陽，祭之必於澤中圜丘云。三曰兵主，祠蚩尤。蚩尤在東平陸監鄉㊈，齊之西境也。四曰陰主，祠三山㊉。五曰陽主，祠之罘⑪。六曰月主，祠之萊山。皆在齊北，並勃海⑫。七曰日主，祠成山⑬。成山斗入海⑭，最居齊東北隅，以迎日出云。八曰四時主，祠琅邪⑮。琅邪在齊東方，蓋歲之所始。皆各用一牢具祠，而巫祝所損益，珪幣雜異焉⑯。

【註】㊀中阪遇暴風雨：在山坡的半途中，遇到了暴風雨。㊁始皇封其樹為五大夫。㊂羨門：應劭曰：「羨門，名子高，古仙人也。」㊃將：大概。㊄齊：與臍通。「天齊」，即「天臍」，言如天之腹臍也。齊國之所以稱為「臍」，就是因為它如天之腹臍。㊅解道彪《齊記》云：「臨菑城南有天齊泉，五泉並出，有異於常，言如天之腹臍也。」沈欽韓曰：「元和志，天齊池在青州臨淄縣東

南十五里。」㊆祠泰山、梁父：王先謙曰：「祠二山也」。㊇時：神之所止也。師古曰：「名其祭處，曰時也。」㊈東平陸、監鄉：師古曰：「東平陸，縣名也。監，其縣之鄉名也。」錢大昭曰：「續志，東平陸有闞亭。『監』與『闞』古字通。」王先謙曰：「東平陸，東平國之縣，今山東汶上縣北。」㊉三山：山名，不是三個山，是一個山之名。〈地理志〉：「東萊曲成有參山」，即此三山也，非海中三神山也。王先謙曰：「地理志：曲城有參山洞。曲成在今山東掖縣東北。」⑪之罘：罘，音浮。之罘山在山東文登縣西。沈欽韓曰：「元和志、之罘山在山東文登縣西北一百九十里」。王先謙曰：「地理志腄下云：『有之罘山祠』。腄在今山東文登縣西。」腄，音垂。⑫竝勃海：竝，沿也，沿勃海之濱。⑬祠盛山：盛山，即成山，王念孫曰：「古字多以盛為成」。沈欽韓曰：「元和志，成山在掖縣東北一百八十里。」王先謙曰：「地理志，不夜有成山日祠，不夜在山東文登縣東北。」⑭斗入海：斗字即抖字，孤懸的樣子。師古曰：「斗，絕也」，即孤懸之意。⑮琅邪：齊召南曰：「琅邪在齊東南海濱，非在東北也。封禪書作『在齊東方』，可謂至確。地理志琅邪郡：琅邪有四時祠，即此文四時主也。」王先謙曰：「琅邪在今山東諸城縣東」。⑯世俗之巫祝，祭祀時，用圭幣，隨意增減，所以多少互有差異。

自齊威、宣㊀之時，騶子之徒㊁論著終始五德之運㊂，及秦帝而齊人奏之㊃，故始皇采用之。而宋毋忌㊄、正伯僑㊅、充尚㊆、羨門高最後皆燕人㈧，為方僊道㈨，形解銷化㈩，依於鬼神之事。騶衍以陰陽主運㈡顯於諸侯，而燕齊海上之方士傳其術不能通，然則怪迂阿諛苟合之徒自此興，不可勝數也。

【註】㈠齊威、宣：齊威王、宣王也。㈡騶子：騶衍，亦作鄒衍，齊國臨淄人，燕昭王（於西曆紀元前三一一年即位）築碣石宮，師事之。昭王死，惠王（於西曆紀元前二二八年即位）信讒，下之於獄。夏月為之降霜。㈢終始五德之運：以五行之德，為王者受命之運，如少昊以金德，伏羲以木德，顓頊以水德，堯以火德，黃帝以土德等。如淳曰：「今其書有五德終始，五德各以所勝為行。秦謂周為火德，滅火者水，故自謂水德。」㈣奏：進言。㈤宋毋忌：洪亮吉曰：「急就篇有仙人宋毋忌。及魏志管輅傳言宋毋忌之妖，即此。」沈欽韓曰：「索隱白澤圖云：『火之精，曰宋毋忌』，蓋其人火仙也。」㈥正伯僑：司馬相如傳注：「正伯僑，古仙人。」㈦元尚：沈濤云：「元尚，當作『元谷』，即列仙傳之元俗也。谷，俗之省，篆書『穀』字與『尚』字相近，訛而為『尚』。」《列仙傳》云：「元俗，河間人，亦與燕人相合。」㈧羨門高：秦始皇使盧生求羨門子高是也。㈨為方僊道：學習修仙成神的本領。㈩形解銷化：服虔曰：「尸解也」。張晏曰：「人老而解去，故骨如變化也。今山中有龍骨，世人謂之龍解骨化去也。」修仙者死，謂之「尸解」，言將登仙，假託為尸以解化也。集仙錄曰：「形如生人者，尸解也；足不青，皮不皺者，尸解也；目光不落，無異生人者，

尸解也；有死而更生者，有未斂而失尸者，有髮脫而形飛者，皆尸解也。白日解者為上，夜半解者為下。」應劭曰：「列仙傳曰：『崔文子學化於王子喬，化為白蜺（寒蟬。音倪），文子驚，引戈擊之，俯而見之，王子喬之尸也。須臾，則為大鳥飛而去』。」㊁陰陽主運：晉灼曰：「燕昭王築宮事之，故作主運之篇也。」如湻曰：「今其書有王運，五行相次，轉用事，隨方而為服也。」

自威、宣、燕昭使人入海求蓬萊、方丈、瀛洲。此三神山者，其傳在勃海中㊀，去人不遠；患且至㊁，則船風引而去㊂。蓋嘗有至者，諸僊人及不死之藥皆在焉。其物禽獸盡白，而黃金銀為宮闕。未至，望之如雲；及到，三神山反居水下。臨之，風輒引去，終莫能至云。世主莫不甘心焉㊃。及至秦始皇幷天下，至海上，則方士言之不可勝數。始皇自以為至海上而恐不及矣，使人乃齎童男女入海求之。船交海中㊄，皆以風為解㊅，曰未能至，望見之焉㊆。其明年，始皇復游海上，至琅邪，過恆山，從上黨歸。後三年，游碣石，考入海方士㊇，從上郡歸。後五年，始皇南至湘山，遂登會稽，並海上㊈，冀遇海中三神山之奇藥㊉。不得，還至沙丘崩㊀。

【註】㈠據傳說是在勃海之中。㈡患且至：怕的是人們快要到了。㈢則船風引而去：則風引船而去，即言一陣風又把船颳走。㈣甘心：一心一意要追求山上的神仙。㈤求神仙的船隻，交錯來往於海中。㈥都是借口於被風所阻而不能到，以為解釋。㈦不能到神山，但是可以望見神山。㈧考入海方士：考驗入海求仙的方士是否說謊話。㈨並海上：沿海道而北上。㈩希望能夠遇到三神山之奇藥。㈡沙丘：《括地志》云：「沙丘台在邢州平鄉縣東北二十里」。

二世元年，東巡碣石，並海南㈠，歷泰山，至會稽，皆禮祠之，而刻勒始皇所立石書旁，以章始皇之功德㈡。其秋，諸侯畔秦。三年而二世弒死。

【註】㈠並海南：沿海而南行。㈡章：即彰，表彰。

始皇封禪之後十二歲，秦亡。諸儒生疾秦焚詩書，誅僇文學，百姓怨其法，天下畔之，皆譌㈠曰：「始皇上泰山，為暴風雨所擊，不得封禪。」此豈所謂無其德而用事者邪㈡？

【註】㈠譌：造秦始皇的謠言。㈡古代的仁君聖王，愛民以德，五穀豐登，四夷來朝，天下太平，所以舉行封禪大典，以報天地之恩。秦始皇是一個專威虐民的暴君，無愛民之德而用封禪之典，所以

至沙丘而亡。

昔三代之居皆在河洛之閒㈠，故嵩高為中嶽，而四嶽各如其方，四瀆咸在山東。至秦稱帝，都咸陽，則五嶽、四瀆皆幷在東方。自五帝以至秦，軼興軼衰㈡，名山大川或在諸侯，或在天子，其禮損益世殊，不可勝記。及秦幷天下，令祠官所常奉天地名山大川鬼神可得而序也。

【註】㈠師古曰：「謂夏都安邑，殷都朝歌，周都洛陽。」帝王世紀云：「殷湯都亳，在梁，又都偃師，至盤庚徙河北，又徙偃師也。周文武都豐，鄗，至平王徙都河南。」㈡軼：音蝶（ㄉㄧㄝˊ），與「迭」通，交互更換也。

於是自殽以東㈠，名山五，大川祠二。曰太室。太室，嵩高也。恆山，泰山，會稽，湘山㈡。水曰濟，曰淮。春以脯酒為歲㈢祠，因泮凍㈣，秋涸凍㈤，冬塞禱祠㈥。其牲用牛犢各一，牢具珪幣各異。

【註】㈠殽：即崤山。師古曰：「崤即今之陝州二崤也」。崤山在河南洛寧縣北，西北接陝縣，東

接澠池。崤有二，故稱二崤。自東崤至西崤三十五里，東崤長阪數里，峻阜絕澗，車不得方軌。西崤全是石阪十二里，險絕不異東崤。㊁湘山：地理志在長沙。㊂脯：音甫（ㄈㄨˇ），乾肉。㊃泮凍：解凍也。㊄秋涸凍：涸，竭也，秋天水漸竭而且要凍結。㊅冬塞禱祠：塞：修補也，言冬天要修補房屋。

自華以西，名山七，名川四。曰華山㊀，薄山㊁。薄山者，襄山也。岳山㊂，岐山㊃，吳岳㊄，鴻冢㊅，瀆山㊆。瀆山，蜀之汶山。水曰河，祠臨晉㊇；沔㊈，祠漢中；湫淵祠朝那⑩江水，祠蜀⑪。亦春秋泮涸禱塞，如東方名山川；而牲牛犢牢具珪幣各異。而四大冢⑫鴻、岐、吳、岳，皆有嘗禾⑬。

【註】㊀華山：《括地志》云：「華山在華州華陰縣南八里，古文以為敦物也。」㊁薄山：一名襄山，應劭云：「在潼關北十餘里」。《水經注》云：「襄山在今芮城北，與中條山相連。」齊南召曰：「按水經注：襄山在蒲坂縣，為永樂澗水所出，然則襄山即古之雷首、首陽，亦名中條，亦名薄山，而後人謂之蒲山者也。但此志上文明言『自華以西名山七』，蒲山顧在華東何也？師古所云，正當闕疑耳。」㊂岳山：徐廣曰：「武功縣有大壺山，又有岳山。」㊃岐山：在岐山縣，其山兩岐，俗呼為箭括嶺。㊄吳山（岳）：在隴州吳山縣。即禹貢汧山，古之西鎮也。㊅鴻冢：黃帝臣大鴻葬

雍，鴻冢蓋因大鴻葬為名也。㊆瀆山：蜀之岷山，一作汶山，亦名沃焦山，在四川松潘縣北，自巴顏喀喇山脈東北分出，北與西傾山止隔洮河之谷，其跗曰羊膊嶺，岷江所出。〈禹貢〉：「岷山導江」，即指此。山之幹脈，分為二支，一支夾岷江南下，曰岷山山脈，中間起頂為大雪山，其南端有峨嵋之秀峯。一支東行者，曰巴山之脈，其南端有巫山十二峯，約束大江成三峽之險，所謂巫峽也。㊇臨晉：〈地理志〉：臨晉有河水祠。《括地志》云：「大河祠在同州朝邑縣南三十里。」師古曰：「即今之同州朝邑縣界」。㊈沔：沔水出武都沮縣，東南注漢，謂之漢水，故沔水即漢水上流之水也。漢中：陝西漢中南鄭。㊉湫淵：蘇林曰：「湫淵在安定朝那（「那」字之異體字）縣，方四十里，停水不流，冬夏不增不減，不生草木。」師古曰：「此水今在涇州界，清澈可愛，不容穢濁，或諠污，輒興雲雨，土俗亢旱，每於此求之，相傳云，龍之所居也。」〈地理志〉：「朝那有湫淵祠」。朝那：縣名，漢置，故城在甘肅平涼縣西北，漢文帝時，匈奴老上單于以十四萬騎入朝那蕭關。湫，音糾（ㄐㄧㄡ）。⑪江水，祠蜀：〈地理志〉：江都有江水祠。《華陽國志》云：「蜀守李冰於彭門闕立江神祠三所」。《括地志》云：「江瀆祠在益州成都縣南八里。秦併天下，江水祠蜀。」⑫王先謙曰索隱按謂：「四山為大冢，爾雅『山頂曰冢』，蓋亦因鴻冢而為號也。」⑬嘗：祭名，秋時以新穀致祭，曰嘗。

陳寶節來祠㊀。其河加有嘗醪㊁。此皆在雍州之域，近天子之都，故加車一乘，騂駒四。

霸㊂、產㊃、長水㊄、灃㊅、澇㊆、涇、渭皆非大川，以近咸陽，盡得比山川祠，而無諸加㊇。

【註】㊀陳寶節來祠：服虔曰：「陳寶神應節來也」。㊁其河加有嘗醪：王先謙曰：「其字無義，當為及，謂陳寶及河祠，祭禮同也。」㊂灞：《括地志》云：「灞水，古滋水也，亦名藍谷水，即秦嶺水之下流，在雍州藍田縣。」㊃滻：滻水即荊溪狗枷之下流也，在雍州萬年縣。㊄長水：《水經注》謂：霸水又北，長水注之，水出杜縣白鹿原，西北流，謂之荊溪。《兩京道里記》曰：「荊溪本名長水，後秦姚興避諱改。」㊅灃：《十三州記》謂：「灃水出鄠縣南」。《括地志》謂：「灃水源在雍州長安縣西南山灃谷。」㊆澇：《漢書音義》謂：「水名，在鄠縣界。」㊇韋昭曰：「無車騮之屬」。

汧、洛㊀二淵㊁，鳴澤㊂、蒲山、嶽嶲山之屬㊃，為小山川，亦皆歲禱塞泮涸祠，禮不必同。

【註】㊀《括地志》云：「汧水源出隴州汧源縣西南汧山，東入渭。洛水源出慶州洛源縣白於山，南流入渭。又云：洛水，商州洛南縣西冢嶺山，東北流入河。」王先謙曰：「地理志扶風郁夷有汧水

祠。郁夷在陝西隴州西。」㊁二淵：〈地理志〉云：「二川源在慶州華池縣西子午嶺東，二川合，因名也。」㊂鳴澤：《括地志》云：「鳴澤在幽州范陽縣西十五里」。沈欽韓曰：「武紀：北出蕭關，歷獨鹿、鳴澤，自代而還。」彼鳴澤固在涿郡遒縣。此云：「以近咸陽」，則非涿郡之鳴澤也。故鳴澤不知其實在何地。㊃嶽嶠山：不詳。

而雍有日、月、參、辰㊀、南㊁北斗㊂、熒惑㊃、太白㊄、歲星㊅、填星㊆、〔辰星〕、二十八宿㊇、風伯、雨師㊈、四海、九臣、十四臣㊉、諸布⑪、諸嚴⑫、諸逑⑬之屬，百有餘廟。西亦有數十祠⑭。於湖⑮有周天子祠。於下邽有天神。灃、滈有昭明⑯、天子辟池⑰。於（社）〔杜〕、亳⑱有三社主之祠、壽星祠⑲；而雍菅廟亦有杜主⑳。杜主，故周之右將軍㉑，其在秦中，最小鬼之神者㉒。各以歲時奉祠。

【註】㊀《漢舊儀》云：「祭參，辰星於池陽谷口，夾道左右為壇也。」㊁南斗：二十八宿之一，今小暑節子初二刻四分之中星。㊂北斗：星名，共七星，一、天樞。二、璇。三、璣。四、稱。五、衡。六、開陽。七、搖光。一至四為魁，五至七為杓，合而為斗。道家亦名天罡星。㊃熒惑：火星之別名。㊄太白：金星之別名。㊅歲星：木星之別名。㊆填星：即鎮星，土星之別名。㊇二十八

宿：古代天文學分周天之星為二十八宿，四方各有七宿。東方（蒼龍）角、亢、氐、房、心、尾、箕。北方（玄武）斗、牛、女、虛、危、室、壁。西方（白虎）奎、婁、胃、畢、觜、參。南方（朱雀）井、鬼、柳、星、張、翼軫。㊈風伯：箕星也。雨師：畢星也。㊉九臣、十四臣：皮錫瑞曰：「九臣、十四臣，疑九皇，六十四民之脫誤。漢舊儀：祭九皇六十四民，皆古帝王，是漢時亦列祀典，故志著之。」⑪諸布：《爾雅》：「祭星曰布」。或諸布是祭星之處。⑫諸嚴：葉德輝曰：「諸嚴」當作「諸莊」，避漢明帝諱改字。《爾雅》釋「宮」，六達謂之莊。釋名釋道，「六達曰莊，即此意也。」⑬諸逑：當作「諸遂」，田間小路也。故諸嚴，諸遂，皆指道路神也。⑭西亦有數十祠：西即隴西之西縣，秦之舊都，故有祠焉。⑮〈地理志〉湖縣屬京兆，有周天子祠二所。⑯昭明：欒彥引《河圖》云：「熒惑星散為昭明」。⑰辟池：沈欽韓曰：「周辟雍故地，故曰辟池，所祀者鄗池君也。」⑱杜、亳：師古曰：「杜即京兆杜縣是也」。徐廣云：「京兆杜縣有薄亭，斯近之矣。」王先謙曰：「官本，薄縣作亳縣。」⑲壽星：乃南極老人星，一出現，則天下平安，故祠之以祈福。正義謂：「角、亢，在辰為壽星。三月之時，萬物始生建，於春氣布養，各盡其性，不罹夭災，故壽。」⑳雍、菅、廟祠：王先謙曰：「謂雍縣菅縣，但有此廟祠也。」㉑杜祠：在陝西長安縣西南二十五里。㉒最小鬼之神：言其鬼雖小而有神靈也。

唯雍四時㊀上帝為尊，其光景動人民唯陳寶㊁。故雍四時，春

以為歲禱，因泮凍，秋涸凍，冬塞祠，五月嘗駒㊂，及四仲之月，月祠㊃，〔若〕陳寶節來一祠。春夏用騂㊄，秋冬用駵㊅。畤駒四匹，木禺龍㊆，欒車㊇一駟㊈，各如其帝。色黃。犢羔各四，珪幣各有數，皆生瘞埋㊉，無俎豆之具。三年一郊。秦以冬十月為歲首，故常以十月上宿郊見⑪，通權火⑫，拜於咸陽之旁，而衣上白⑬其用如經祠云⑭。西畤、畦畤，祠如其故，上不親往⑮。

【註】㊀雍四畤：鄜畤、吳陽、上、下畤是也。㊁陳寶畤有聲有光，故動人民。㊂五月嘗駒：五月嘗祭的時候，則加之以駒。㊃四時之仲月，皆祠之。㊄騂：音星（ㄒㄧㄥ），純赤色的牲口。㊅駵：音劉（ㄌㄧㄡˊ），黑赤色的牲口。㊆木禺龍：即木偶龍。禺通偶字。以木製為龍相。㊇欒車：即鸞車，鸞者鈴也，有鈴之車，行車和美，所謂「鸞車和鳴」。㊈木禺車馬：顧炎武曰：「古文『偶』『寓』通用，偶亦音寓，木寓，木偶也。」《史記》孝武記作木偶馬，而〈韓延壽傳〉曰：「賣偶車馬下里偽物者，棄之市道。」古人用以事神及送死者，皆木偶人，木偶馬，今人代以紙人紙馬。又〈酷吏列傳〉：「匈奴至為偶人象郅都」，索隱曰：「漢書作寓人」，可以證「寓」字之為「偶」矣。王鳴盛曰：「封禪書『寓』作『禺』，索隱『禺』音『偶』，謂偶其形於木。顧說是也。」

⑩皆生瘞埋：這些祭祀的牲畜，都是生肉，祭畢即埋之。瘞：音異（丶），埋藏也。⑪以十月上、宿：上，上旬。宿，齋戒。即以十月之上旬齋戒，郊見上帝。⑫權火：權，舉也。火，烽火，火把也。即舉行烽火也。⑬衣上白：以白色為尚。⑭其行禮如經常之祭祀。⑮上：天子也。

諸此祠皆太祝常主㊀，以歲時奉祠之。至如他名山川諸鬼及八神之屬，上過則祠㊁，去則已。郡縣遠方神祠者，民各自奉祠，不領於天子之祝官㊂。祝官有秘祝㊃，即有菑祥㊄，輒祝祠移過於下㊅。

【註】㊀太祝：主祭祀之長官。㊁上：天子。㊂不領：不受管制。㊃秘祝：秘密的祈禱。㊄即有菑祥：即，假如。菑祥：菑，即災；祥，即妖。就是說，假如有災殃。㊅祝官便移罪於下民。

漢興，高祖之微時，嘗殺大蛇。有物曰：「蛇，白帝子也，而殺者赤帝子。」高祖初起，禱豐枌榆社㊀。徇沛㊁，為沛公，則祠蚩尤，釁鼓旗。遂以十月至灞上，與諸侯平咸陽，立為漢王。因以十月為年首，而色上赤㊂。

【註】㊀豐：縣名，屬江蘇之徐州府，漢高祖之故鄉。枌榆：豐縣之鄉名，在豐縣東北十五里。社：

土地神廟也。㈡徇：略據其地。㈢色上赤：以赤色為尚。上，同尚。

二年，東擊項籍而還入關，問：「故秦時上帝祠何帝也？」對曰：「四帝，有白、青、黃、赤帝之祠。」高祖曰：「吾聞天有五帝，而有四，何也？」莫知其說。於是高祖曰：「吾知之矣，乃待我而具五也。」乃立黑帝祠，命曰北畤。有司進祠，上不親往㈠。悉召故秦祝官，復置太祝、太宰，如其故儀禮。因令縣為公社㈡。下詔曰：「吾甚重祠而敬祭。今上帝之祭及山川諸神當祠者，各以其時禮祠之如故㈢。」

【註】㈠上：天子。㈡公社：官社也。㈢徐廣曰：「高祖本紀曰：『令祠官祀天地四方上帝山川，以時祀也。』」

後四歲，天下已定，詔御史，令豐謹治枌榆社㈠，常以四時春以羊彘祠之。令祝官立蚩尤之祠於長安。長安置祠祝官、女巫。其梁巫，祠天、地、天社、天水、房中、堂上㈡之屬；晉巫，祠五帝、東君、雲中〔君〕、司命、巫社、巫祠、族人、先炊之屬㊂；秦巫，祠社主、巫保、族纍之屬㊃；荊巫，祠堂下、巫先、司命、施糜之屬㊄；九天巫，祠九天㊅：皆以歲時祠宮中。其河巫祠河於臨晉，而南山巫祠南山秦中。秦中者，二世皇帝㊆。各有時（月）〔日〕。

【註】㊀高祖微時在其家鄉之枌榆社禱告有靈，故於得天下之後，下令敬重的修治枌榆社，年年祭祀之。㊁〈禮樂志〉有安世房中歌，皆謂祭時室中堂上，歌先祖功德也。㊂師古曰：「東君，日也。雲中君，謂雲神也。巫社、巫祠，皆古巫之神也。族人炊，古主炊母之神也。」㊃師古曰：「社主」，即上所云五社主也。巫保、族纍，二神名。㊄師古曰：「堂下，在堂之下。巫先，巫之最先者也。司命，說者云，文昌第四星也。施糜，其先常施設糜粥者也。」沈欽韓曰：「風俗通：今民間獨祀司命，刻木長尺二寸，為人像，行者擔篋，中居者別作小屋。齊地大尊重之。」葉德輝曰：「九歌有大司命、少司命，即荊巫祠所本。」鄭眾曰：「司命，文昌四星也。」應劭曰：「先人所在之國，及有靈施化，民人尤貴，悉置祠巫祝，博求神靈之意。」文穎曰：「巫，掌神之位次者也。范氏世仕於晉，故祠祝有晉巫。范會支庶留秦為劉氏，故有秦巫。劉氏隨魏都大梁，故有梁巫。後徙豐，豐屬荊，故有荊巫。」㊅〈孝武本紀〉云：「立九天廟於甘泉」。《三輔故事》云：「胡巫事九天於神明台」。《淮南子》云：「中央曰鈞天，東方曰蒼天，東北旻天，北方玄天，西方皓天，西南朱

天，西北幽天，南方炎天，東南陽天。」《太玄經》云：「一中天，二羨天，三徒天，四罰更天，五晬天，六郭天，七咸天，八治天，九成天也。」㈦張晏曰：「子產云：匹夫匹婦強死者，魂魄能依人為厲也。」

其後二歲，或曰周興而邑邰㈠，立后稷之祠，至今血食天下㈡。於是高祖制詔御史：「其令郡國縣立靈星祠㈢，常以歲時祠以牛。」

【註】㈠邰：地名，在今陝西武功縣境，周之先后稷封於此。㈡血食：享祭也，祭有牲牢，取血膋以祭，故言血食遍於天下。㈢《三輔故事》云：「長安城東十里有靈星祠」。張晏曰：「龍星左角，曰天田，則農祥也，晨見而祭之。」王先謙曰：正義引《漢舊儀》云：「五年，修復周家舊祠，祀后稷於東南，為民祈農，報厥功。夏則龍星見而始雩。龍星左角為天田，右角為天庭。天田為司馬，教人種百穀為稷。靈者，神也。辰之神為靈星，故以壬辰日祀靈星於東南，金勝為土相也。」續志言：「祠后稷而謂之靈星者，以后稷又配食星也。舊說星謂天田星也。一曰龍左角為天田官主穀祀，用壬辰位祠之，壬為水，辰為龍，就其類也。」

高祖十年春，有司請令縣常以春（三）〔二〕月及（時）臘祠社稷以羊豕㈠，民里社各自財以祠。制曰：「可。」

【註】㈠沈欽韓曰：「漢舊儀：官太社及太稷，一歲各再祠，太祝令常以一太牢，使者監祠，南向立不拜。」

其後十八年，孝文帝即位。即位十三年，下詔曰：「今秘祝移過于下，朕甚不取。自今除之。」

始名山大川在諸侯，諸侯祝各自奉祠，天子官不領。及齊、淮南國廢㈠，令太祝盡以歲時致禮如故。

【註】㈠王先謙曰：正義：「齊有泰山，淮南有天柱山。」

是歲，制曰㈠：「朕即位十三年于今，賴宗廟之靈，社稷之福，方內艾安，民人靡疾。閒者比年登，朕之不德，何以饗此㈡？皆上帝諸神之賜也。蓋聞古者饗其德必報其功，欲有增諸神祠。有司議增雍五畤路車各一乘，駕被具；西畤畦畤禺車各一乘，禺馬四匹㈢，駕被具；其河、湫、漢水加玉各二；及諸祠，各增廣壇場，珪幣俎豆以差加之。而祝釐者㈣，歸福於朕，百姓不與焉。自今祝致敬，毋有所祈。」

【註】㊀此段詔文，在〈孝文帝本紀〉已有註釋，請參考。㊁饗：同享，享受也。㊂禺車禺馬：即偶車偶馬也。㊃釐：福慶也。

魯人公孫臣上書曰：「始秦得水德，今漢受之，推終始傳，則漢當土德，土德之應黃龍見。宜改正朔，易服色，色上黃。」是時丞相張蒼好律曆，以為漢乃水德之始，故河決金隄㊀，其符也㊁。年始冬十月，色外黑內赤㊂，與德相應。如公孫臣言，非也。罷之。後三歲㊃，黃龍見成紀。文帝乃召公孫臣，拜為博士，與諸生草改曆服色事。其夏，下詔曰：「異物之神見于成紀㊄，無害於民，歲以有年。朕祈郊上帝諸神，禮官議，無諱以勞朕。」有司皆曰「古者天子夏親郊，祀上帝於郊，故曰郊。」於是夏四月，文帝始郊見雍五畤祠，衣皆上赤㊅。

【註】㊀金隄：河隄名也，在東郡白馬界。㊁謂河決乃水德之符應。㊂服虔曰：「十月，陰氣在外，故外黑；陽氣尚伏在地，故內赤。」㊃後三歲，即文帝十五年，春。㊄成紀：地名，伏羲生於成紀，漢置縣，故城在今甘肅泰安縣北。㊅上赤：以赤色為尚。

其明年，趙人新垣平以望氣見上，言「長安東北有神氣，成五采，若人冠絻焉。或曰東北神明之舍，西方神明之墓也。天瑞下，宜立祠上帝，以合符應」。於是作渭陽五帝廟㊀，同宇㊁，帝一殿，面各五門，各如其帝色。祠所用及儀亦如雍五畤。

【註】㊀師古曰：「凡神明以東北為居，西方為冢墓之所，故立廟於渭陽者也。」㊁師古曰：「宇謂屋之覆也，言同一屋之下，而別為五廟，各立門室也。」《括地志》云：「渭陽五帝廟在雍州咸陽東三十里。」宮殿疏云：「五帝廟一宇五殿也」。

夏四月，文帝親拜霸渭之會，以郊見渭陽五帝。五帝廟南臨渭㊀，北穿蒲池溝水㊁，權火舉而祠，若光煇然屬天焉㊂。於是貴平上大夫，賜累千金。而使博士諸生刺六經中作王制㊃，謀議巡狩封禪事。

【註】㊀正義云：「渭陽五廟在二水之合北岸。」㊁《括地志》云：「渭北咸陽縣有蘭池，始皇逢盜蘭池者也。」言穿溝引渭水入蘭池，疑蘭字誤為蒲。㊂屬天：屬，連接也，即言連接於天。㊃王制：王鳴盛曰：「索隱引劉向七錄云：文帝所造書有本制、兵制、服制篇，按即封禪書所謂『王制』

也。非今禮記所有王制。……下文武帝得寶鼎，命羣臣采封禪尚書、周官王制事，此王制則是文帝所作，蓋文帝原為封禪作之，武帝亦以擬封禪采之也。」

文帝出長安門㈠，若見五人於道北，遂因其直北立五帝壇㈡，祠以五牢具。

【註】㈠《括地志》云：「長安門故亭在雍州萬年縣東北苑中，後館陶公主長門園，武帝以長門名宮，即此。」徐廣曰：「在霸陵」。㈡師古曰：「直，猶當也，當其處。」孟康曰：「直，值也，值其立處以作壇。」

其明年，新垣平使人持玉杯，上書闕下獻之。平言上曰：「闕下有寶玉氣來者。」已視之㈠，果有獻玉杯者，刻曰「人主延壽」。平又言「臣候日再中」。居頃之，日卻復中。於是始更以十七年為元年，令天下大酺㈡。

【註】㈠已視之：即既而視之。已，既也。㈡酺：音蒲（ㄆㄨˊ），聚在一起飲酒作樂。

平言曰：「周鼎亡在泗水中，今河溢通泗，臣望東北，汾陰直有金寶氣㈠，意周鼎其出乎？兆見不迎則不至。」於是上使使治廟汾陰南，臨河，欲祠出周鼎。

【註】㈠王念孫曰：「直，猶特也，言東北汾陰之地，特有金寶氣也。」直、特，古字通。直，亦值，恰好有金寶之氣。

人有上書告新垣平所言氣神事皆詐也。下平吏治，誅夷新垣平㈠。自是之後，文帝怠於改正朔服色神明之事㈡，而渭陽、長門五帝使祠官領，以時致禮，不往焉㈢。

【註】㈠夷：滅也。㈡文帝對於改正朔，易服色，拜神明之事，都不感覺興趣了。㈢派人去祭神，自己不去了。

明年，匈奴數入邊，興兵守禦。後歲少不登。數年而孝景即位。十六年，祠官各以歲時祠如故，無有所興，至今天子㈠。

【註】㈠今天子：指漢武帝。

（以下所敘武帝之事，褚先生取為武帝本紀。）

今天子初即位，尤敬鬼神之祀。

元年，漢興已六十餘歲矣，天下艾安，搢紳之屬皆望天子封禪改正度也，而上鄉儒術㈠招賢良，趙綰、王臧等以文學為公卿，欲議古立明堂城南，以朝諸侯。草巡狩封禪改曆服色事未就。會竇太后治黃老言，不好儒術，使人微伺得趙綰等姦利事，召案綰、臧，綰、臧自殺，諸所興為皆廢。

後六年，竇太后崩。其明年㈡，徵文學之士公孫弘等。

【註】㈠鄉：向也，傾向。㈡明年：元光元年（西曆紀元前一三四年）。

明年，今上初至雍，郊見五畤。後常三歲一郊㈠。是時上求神君，舍之上林中蹏氏觀㈡。神君者，長陵女子，以子死，見神於先後宛若。宛若祠之其室，民多往祠。平原君往祠，其後子孫以尊顯。及今上即位，則厚禮置祠之內中。聞其言，不見其人云。

【註】㈠《漢舊儀》：「元年祭天，二年祭地，三年祭五畤。三歲一遍，皇帝自行。」㈡磃氏館：

磃：音斯。王先謙曰：「封禪書孝武紀『館』作『觀』。古字通。」

是時李少君亦以祠竈、穀道㊀、卻老方見上㊁，上尊之。少君者，故深澤侯舍人，主方。匿其年及其生長，常自謂七十，能使物，卻老。其游以方徧諸侯。無妻子。人聞其能使物及不死，更饋遺之，常餘金錢衣食。人皆以為不治生業而饒給，又不知其何所人，愈信，爭事之。少君資好方，善為巧發奇中㊂。嘗從武安侯飲，坐中有九十餘老人，少君乃言與其大父游射處，老人為兒時從其大父，識其處，一坐盡驚。少君見上，上有故銅器，問少君。少君曰：「此器齊桓公十年陳於柏寢㊃。」已而案其刻，果齊桓公器。一宮盡駭，以為少君神，數百歲人也。

【註】㊀如淳曰：「祠竈可以致福」。穀道：避穀不食之道。㊁使物：役使鬼物。卻老：打退老年，即使人不老之意。㊂巧發奇中：巧於發現而能猜中。㊃師古曰：「以柏木為寢室」。金樓子立言篇云：「齊桓公臥於柏寢」。

少君言上曰：「祠竈則致物㊀，致物而丹沙可化為黃金，黃金成以為飲食器則益壽，益壽而海中蓬萊僊者乃可見，見之以封禪則不死，黃帝是也。臣嘗游海上，見安期生㈡，安期生食巨棗，大如瓜。安期生僊者，通蓬萊中，合則見人，不合則隱。」於是天子始親祠竈，遣方士入海求蓬萊安期生之屬，而事化丹沙諸藥齊為黃金矣㈢。

【註】㈠竈：竈神，傳言黃帝死而為竈神。致物：招致鬼神之物。㈡安期生：服虔曰：「古之真人也」。師古曰：「列仙傳云：『安期生，琅邪人，賣藥東海邊，時人皆言千歲也』。」㈢藥齊：即藥劑。

居久之，李少君病死。天子以為化去不死，而使黃錘㈠史寬舒受其方。求蓬萊安期生莫能得，而海上燕齊怪迂之方士，多更來言神事矣。

【註】㈠黃錘：徐廣曰：「黃縣，錘縣，皆在東萊。」主父偃傳謂：「秦始皇使天下飛芻挽粟，起於黃腄琅邪負海之郡。」

亳人謬忌奏祠太一方㈠，曰：「天神貴者太一，太一佐曰五帝㈡。古者天子以春秋祭太一東南郊，用太牢，七日㈢，為壇開八通之鬼道㈣。」於是天子令太祝立其祠長安東南郊，常奉祠如忌方。其後人有上書，言「古者天子三年壹用太牢祠神三一：天一、地一、太一」。天子許之，令太祝領祠之於忌太一壇上，如其方。後人復有上書，言「古者天子常以春解祠㈤，祠黃帝用一梟破鏡㈥；冥羊用羊祠㈦；馬行用一青牡馬；太一、澤山君地長㈧用牛；武夷君用乾魚㈨；陰陽使者以一牛㈩。」令祠官領之如其方，而祠於忌太一壇旁。

【註】㈠如淳曰：「亳，亦薄也，下所謂薄忌也。」沈欽韓曰：「太一者，北辰之神名也。」宋均謂：「北極神之別名」。㈡五帝：天上之五帝。《河圖》云：「東方蒼帝，神名靈威仰，精為青龍；南方赤帝，神名赤熛怒，精為朱雀；中央黃帝，神名含樞紐，精為麒麟；西方白帝，神為白招拒，精為白虎；北方黑帝，神名叶光紀，精為玄武。」㈢七日：連祭七日也。㈣八通之鬼道：司馬彪《續漢書》祭祀志云：「壇有八陛，通道以為門。」《三輔黃圖》云：「上帝壇圓八觚，闢神道八通，廣各三十步。」㈤解祠：祓除不祥之祭也。沈欽韓曰：「論衡解除篇：『祭祀之禮，解除之法，眾多

非一。世間繕治宅舍，鑿地掘土，功成作畢，解謝土神，名曰「解土」。為土偶人以象鬼形，令巫祝延以解土神。既祭之後，心快意善，謂鬼神解謝，殃禍除土』。」㈥祠黃帝，用一梟、破鏡：張晏曰：「黃帝，五帝之首也。歲之始也。梟，惡逆之鳥。以歲始祓除凶災，令神仙之帝，食惡逆之鳥，使天下為逆者，破滅訖竟，無有遺育也。」孟康曰：「梟，鳥名，食母。破鏡，獸名，食父。黃帝欲絕其類，使百吏祠皆用之。破鏡如貙而虎眼。」如湻曰：「漢使東郡送梟，五月五日作梟羹，以賜百官。以其惡鳥，故食之也。」《述異記》：「獍狀如虎豹而小，始生還食其母。孟謂食父，非也，禽獸本無父。」㈦冥羊：沈欽韓曰：「東山經：自尸胡之山，至於無皋之山，其神狀皆人身而羊角，其祠用一牡羊，殆所謂『冥羊也』。」㈧澤山君、地長：意謂澤山君乃地之長也，即謂是地之神也。上言太一是天神，此言澤山君是地神也。澤山，本紀作皋山，亦即武紀之嶧山也。祭地神於嶧山，故曰嶧山君。㈨武夷君：沈欽韓曰：「寰宇記：武夷山在建州建陽縣北一百二十八里。顧野王謂之『地仙之宅』。傳云，昔有神人武夷君居此，故得名。又郡國志：漢武好祀天下嶽瀆，此山與祭，故曰漢祀山。」㈩陰陽使者：孟康曰：「陰陽之神也」。

其後，天子苑有白鹿，以其皮為幣，以發瑞應，造白金焉。

其明年，郊雍，獲一角獸，若麃然㈠。有司曰：「陛下肅祇郊祀，上帝報享，錫一角獸，蓋麟云。」於是以薦五畤㈡，時加一牛以燎。錫諸侯白金，風符應合于天也㊂。

【註】㊀麃：音標（ㄅㄧㄠ）。師古曰：「麃，鹿屬也，形似麞，牛尾，一角。」㊁薦：祭也。㊂風：暗示，不言而示知。

於是濟北王以為天子且封禪㊀，乃上書獻太山及其旁邑，天子以他縣償之。常山王有罪，遷，天子封其弟於真定，以續先王祀㊁，而以常山為郡，然后五岳皆在天子之邦。

【註】㊀且封禪：將要封禪。㊁元鼎三年，常山憲王舜子勃有罪，徙房陵。上更封憲王子平為真定王。

其明年，齊人少翁以鬼神方見上。上有所幸王夫人㊀，夫人卒，少翁以方蓋夜致王夫人及竈鬼之貌云，天子自帷中望見焉。於是乃拜少翁為文成將軍，賞賜甚多，以客禮禮之。文成言曰：「上即欲與神通㊁，宮室被服非象神，神物不至。」乃作畫雲氣車，及各以勝日㊂，駕車辟惡鬼。又作甘泉宮，中為臺室，畫天、地、太一諸鬼神，而置祭具以致天神。居歲餘，其方益衰，神不至。乃為帛書以飯牛，詳不知㊃。言曰此牛腹中有奇。殺視得書，書言甚怪。天子識其手書，問其人，果是偽書，於是誅文成將軍，隱之。

【註】㊀徐廣曰：「外戚傳曰：『趙之王夫人幸，有子，封為齊王』。」㊁即欲：如果欲。㊂勝日：服虔曰：「甲乙五行相克之日」。如湻曰：「如火勝金，用丙丁日，不用庚辛也。」樂彥云：「畫以勝日者，謂畫青車以甲乙，畫赤車以丙丁，畫玄車以壬癸，畫白車以庚辛，畫黃車以戊己。將有水事，則乘黃車，故云駕車避惡鬼也。」㊃詳不知：「詳」即「佯」，裝作不知道。

其後則又作柏梁、銅柱、承露僊人掌之屬矣㊀。

【註】㊀蘇林曰：「仙人以手掌擎盤，承甘露」。師古曰：「三輔故事云：『建章宮承露盤高二十丈，大七圍，以銅為之，上有仙人掌承露，和玉屑飲之。』」蓋張衡《西京賦》所云：「立修莖之仙掌，承雲表之清露，屑瓊蕊以朝餐，必性命之可度。」

文成死明年，天子病鼎湖㊀甚，巫醫無所不致，不愈。游水發根言上郡有巫，病而鬼神下之。上召置祠之甘泉。及病，使人問神君。神君言曰：「天子無憂病。病少愈，彊與我會甘泉。」㈡於是病愈，遂起，幸甘泉，病良已㈢。大赦，置壽宮神君㈣。壽宮神君最貴者太一，其佐曰大禁、司命之屬，皆從之。非可得見，聞其言，言與人音等。時去時來，來則風肅然。居室帷中。時晝言，然常以夜。天子祓，然后入。因巫為主人，關飲食㈤。所以言，行下㈥。又置壽宮、北宮，張羽旗，設供具，以禮神君。神君所言，上使人受書其言，命之曰「畫法」。其所語，世俗之所知也，無絕殊者，而天子心獨喜。其事秘，世莫知也。

【註】㈠鼎湖：宮名，在京兆。㈡彊：勉強而為之。游水發根：服虔曰：「游水，縣名。發根，人姓名。」師古曰：「游水，姓也，發根，名也。」㈢良已：疾愈也。㈣壽宮：《括地志》謂：壽宮在雍州長安縣西北三十里長安故城中。㈤關飲食：通飲食也，所欲飲食，巫關白之。㈥所以言、行下：神所欲言，即下之於巫。

其後三年，有司言元宜以天瑞命，不宜以一二數。一元曰「建」，二元以長星曰「光」㈠，三元以郊得一角獸曰「狩」云㈡。

【註】㊀以有長星之光，故曰「元光」。㊁以郊得一角獸，故曰「元狩」。

其明年冬，天子郊雍，議曰：「今上帝朕親郊，而后土無祀，則禮不答也㊀。」有司與太史公、祠官寬舒議：「天地牲角繭栗㊁。今陛下親祠后土，后土宜於澤中圜丘為五壇，壇一黃犢太牢具，已祠盡瘞，而從祠衣上黃㊂。」於是天子遂東，始立后土祠汾陰脽丘㊃，如寬舒等議。上親望拜，如上帝禮。禮畢，天子遂至滎陽而還。過雒陽，下詔曰：「三代邈絕，遠矣難存。其以三十里地封周後為周子南君，以奉其先祀焉。」是歲，天子始巡郡縣，侵尋於泰山矣㊄。

【註】㊀禮不答：答，對也，相應也，平等也。禮不答，即言行禮之不平等。㊁牲角繭栗：牛角之形，或如繭，或如栗。言其小也。㊂隨從祭祀之人皆衣黃色之服。㊃脽丘：脽，音誰。脽丘，地名，在山西滎河縣北，以形高起如人尻，故名。又曰魏脽，以汾陰本魏地也。㊄寖尋於泰山矣：漸漸的要往泰山去封禪了。

其春，樂成侯上書言欒大。欒大，膠東宮人，故嘗與文成將軍同師，已而為膠東王尚方㊀。而樂成侯姊為康王后，無子。康王死，他姬子立為王。而康后有淫行，與王不相中㊁，相危以法㊂。康后聞文成已死，而欲自媚於上，乃遣欒大因樂成侯求見言方。天子既誅文成，後悔其蚤死，惜其方不盡，及見欒大，大說。大為人長美，言多方略，而敢為大言，處之不疑。大言曰：「臣常往來海中，見安期、羨門之屬。顧以臣為賤㊃，不信臣。又以為康王諸侯耳，不足與方。臣數言康王，康王又不用臣。臣之師曰：『黃金可成，而河決可塞，不死之藥可得，僊人可致也。』然臣恐效文成，則方士皆掩口，惡敢言方哉！」上曰：「文成食馬肝死耳㊄。子誠能脩其方，我何愛乎！」大曰：「臣師非有求人，人者求之。陛下必欲致之，則貴其使者，令有親屬，以客禮待之，勿卑，使各佩其印信，乃可使通言於神人。神人尚肯邪不邪㊅。致尊其使，然后可致也。」於是上使驗小方，鬬棊，棊自相觸擊㊆。

【註】㊀尚方：主持方藥之事。㊁不相中：不相合。㊂相危以法：彼此以罪相傾害。㊃顧：但

也。㊄馬肝氣勃而毒感，食之可以致死，故〈儒林列傳〉曰：「食肉，勿食馬肝。」㊅「神人尚肯邪不邪？」：神人肯或不肯，還不一定。㊆萬畢術云：「取雞血雜磨鍼鉄杵，和磁石棊頭，置局上，即自相抵擊也。」

是時上方憂河決，而黃金不就，乃拜大為五利將軍㊀。居月餘，得四印，佩天士將軍、地士將軍、大通將軍印。制詔御史：「昔禹疏九江，決四瀆。閒者河溢皐陸㊁，隄繇不息。朕臨天下二十有八年，天若遺朕士而大通焉。乾稱『蜚龍』，『鴻漸于般』㊂，朕意庶幾與焉㊃。其以二千戶封地士將軍大為樂通侯。」賜列侯甲第㊄，僮千人。乘轝斥㊅車馬帷幄器物以充其家。又以衞長公主妻之，齎金萬斤，更命其邑曰當利公主。天子親如㊆五利之第。使者存問供給，相屬於道㊇。自大主㊈將相以下，皆置酒其家，獻遺之。於是天子又刻玉印曰「天道將軍」，使使衣羽衣㊉，夜立白茅上，五利將軍亦衣羽衣，夜立白茅上受印，以示不臣也。而佩「天道」者，且為天子道天神也㊀。於是五利常夜祠其家，欲以下神。神未至而百鬼集矣，然頗能使之。其後裝治行，東入海，求其師云。大見數月，佩六印，貴震天下，而海上燕齊之閒，莫不搤捥而自言有禁方，能神僊矣㈢。

【註】㈠謂五利將軍、天士將軍、地士將軍、大通將軍為四也。㈡師古曰：「皋：水旁地。廣平曰陸。言水汎溢，自皋及陸，而築作隄防，徭役甚多，不暇休息。」㈢孟康曰：「般，水涯也。漸，進也。武帝云，得欒大，如鴻進於般，一舉千里，得道若飛龍在天。」師古曰：「飛龍在天，乾卦九五爻辭也。鴻漸於般，漸卦六二爻辭也。般，山石之安者。」㈣我認為差不多與此相仿佛。㈤甲第：第一等的官舍。㈥斥：不用的。㈦如：往也。㈧相屬於道：相接連於道路，言其供給之多而不斷也。㈨大主：武帝姑，竇太后之女也。周壽昌曰：「大主，若後世稱大長公主也。」㈩師古曰：「羽衣，以鳥羽為衣，取其神仙飛翔之意。」㈡道天神：道，即「導」字，引導天神也。㈢搤捥：搤：音扼（ㄜˋ）。捥：同腕。握持其腕，感情激動的表示。

其夏六月中，汾陰巫錦㈠為民祠魏脽㈡后土營旁，見地如鉤狀，掊視得鼎。鼎大異於眾鼎，文鏤無款識㈢，怪之，言吏。吏告河東太守勝，勝以聞。天子使使驗問巫得鼎無姦詐，乃以禮祠，迎鼎至甘泉，從行，上薦之㈣。至中山㈤，曣嗢㈥，有黃雲蓋焉。有麃過，上自射之，因以祭云。至長安，公卿大夫皆議請尊寶鼎。天子曰：「閒者河溢，歲數不登，故巡祭后土，祈為百姓育穀。今歲豐廡未報㈦，鼎曷為出哉？」有司皆曰：「聞昔泰帝㈧興神鼎一，一者壹統，天地萬物所繫終也。黃帝作寶鼎三，象天地人。禹收九牧之金㈨，鑄九鼎，皆嘗亨鬺㈩上帝鬼神。遭聖則興，鼎遷于夏商。周德衰，宋之社亡，鼎乃淪沒，伏而不見。頌云『自堂徂基，自羊徂牛；鼐鼎及鼒，不吳不驁，胡考之休』(一一)。今鼎至甘泉，光潤龍變，承休無疆。合茲中山(一二)，有黃白雲降蓋，若獸為符(一三)，路弓乘矢，集獲壇下，報祠大享(一四)。唯受命而帝者心知其意而合德焉。鼎宜見於祖禰，藏於帝廷，以合明應。」制曰：「可」。

【註】㈠錦：巫人之名。㈡魏脽：即汾陰脽也，在魏境，故又云魏脽。營：祠之兆字。掊：音杯（ㄆㄡˊ），以手把土也。㈢款：刻也。識：讀誌，記也。㈣薦之：祭之於天。㈤中山：即仲山。沈欽韓曰：「長安志：仲山在雲陽縣西北四十里。」㈥曣㬈：即晏溫。如淳曰：「三輔謂日出清濟為晏，晏而溫，乃有黃雲，故為異也。」錢大昕曰：「說文：晏，天清也。」㈦廡：豐盛也。㈧王

先謙曰：「泰帝：即黃帝也。」㊈九牧：九州也。㊉亨鬺：徐廣曰：「鬺：烹煮也。音殤（ㄕㄤ）。皆嘗以烹牲牢而祭祀。」㊁師古曰：「周頌絲衣之詩也。基，門塾之基也。鼎絕大者謂之鼐，圜弇上謂之鼒。吳，讙譁也。敖，慢也。考，壽也。休，美也。言執祭事者，或升堂室，或之門塾，視牛羊之牲，及舉大小之鼎，告其致潔。神降之福，故獲壽考之美。曰：『何壽之美！』何壽之美者，歎之之言也」。周壽昌曰：「周書：謚法，彌年壽考，曰『胡』。胡考之『胡』，不得訓『何』也。」㊂師古曰：「言鼎至甘泉之後，光潤變見，若龍之神，能幽能明，能小能大，乘此福休，無窮竟也。有黃白雲降，與初至仲山黃龍之瑞相合也。」㊂師古曰：「蓋：發語辭也。言甘泉之雲，又若獸形以為符瑞也。」王先謙曰：「蓋者，雲如車蓋。若，及也。獸，即謂鹿也。言有雲降為車蓋，及鹿為符瑞。『蓋』當上屬為義，上有黃雲焉。封禪書本作有黃雲蓋焉，是『蓋』訓『車蓋』明矣。」風俗通：「黃帝與蚩尤戰涿鹿，常有五色雲氣，金枝玉葉，止於帝上，因作華蓋」，與此類也。㊃韋昭曰：「路，大也，四矢，曰乘」。師古曰：「韋說是也，又於壇下獲弓矢之應。」劉奉世曰：「指謂鹿也，言以大弓四矢，而後獲之於壇下也。」王先謙曰：「顏說無根，當如劉說與上文相屬為義。」

入海求蓬萊者，言蓬萊不遠，而不能至者，殆不見其氣㊀。上乃遣望氣佐候其氣云㊁。

其秋，上幸雍，且郊㊂。或曰「五帝，太一之佐也，宜立太一而上親郊之」。上疑未定。齊人公孫卿曰：「今年得寶鼎，其冬辛巳朔旦冬至，與黃帝時等。」卿有札㈣書曰：「黃帝得寶鼎宛朐㈤，問於鬼臾區㈥。鬼臾區對曰：『（黃）帝得寶鼎神策，是歲己酉朔旦冬至，得天之紀，終而復始。』於是黃帝迎日推策㈦，後率二十歲復朔旦冬至，凡二十推，三百八十年，黃帝僊登于天。」卿因所忠欲奏之㈧。所忠視其書不經㈨，疑其妄書，謝曰：「寶鼎事已決矣，尚何以為！」卿因嬖人奏之。上大說，乃召問卿。對曰：「受此書申公，申公已死。」上曰：「申公何人也？」卿曰：「申公，齊人。與安期生通㈩，受黃帝言，無書，獨有此鼎書。曰『漢興復當黃帝之時』。曰『漢之聖者在高祖之孫且曾孫也。寶鼎出而與神通，封禪。封禪七十二王，唯黃帝得上泰山封』。申公曰：『漢主亦當上封，上封則能僊登天矣。黃帝時萬諸侯，而神靈之封居七千㈡。天下名山八，而三在蠻夷，五在中國。中國華山、首山、太室、泰山、東萊，此五山黃帝之所常游，與神會。黃帝且戰且學僊。患百姓非其道者，乃斷斬非鬼神者⑫。百餘歲然後得與神通⑬。黃帝郊雍上帝，宿三月。鬼臾區號大鴻，死葬雍，故鴻冢是也。其後黃帝接萬靈明廷。明廷者，甘泉也。所謂寒門者，谷口也⑭。黃帝采首山銅，鑄鼎於荊山下⑮。鼎既成，有龍垂胡䫇⑯下迎黃帝。黃帝上騎，羣臣後宮從上者七十餘人，龍乃上去。餘小臣不得上，乃悉持龍䫇，龍䫇拔，墮，墮黃帝之弓。百姓仰望黃帝既上天，乃抱其弓與胡䫇號，故後世因名其處曰鼎湖，其弓曰烏號』。」於是天子曰：「嗟乎！吾誠得如黃帝，吾視去妻子如脫躧耳⑰。」乃拜卿為郎，東使候神於太室⑱。

【註】①殆：大概是因為……。②望氣：望雲氣以知徵兆也。③且郊：將郊也。④師古曰：「札：木筒之薄小者也。」⑤宛朐：濟陰郡之縣名，故城在山東荷澤縣西南。朐，音拘。⑥鬼臾區：黃帝之臣。⑦迎日推策：預先推策未來之日月朔望，故曰「迎日」。策：著也，古人用著草為筮，以卜吉凶。⑧所忠：武帝侍臣之名。⑨不經：不合乎人情之常道。⑩通：讀同，共同也。⑪韋昭云：「黃帝時，諸侯萬國，其中由於修神靈而得封者只有七千國，或為七十國。」⑫非鬼神者：誹謗鬼神，毀罵鬼神，破壞鬼神之道者。⑬公孫卿恐其言不靈驗，有被殺之患，所以捏造謊話，說是黃帝

殺了一切毀罵鬼神之人，經過了一百多年之久，才得與神相通。他說話的意思就是要漢武帝耐性的等待，如果真是等待一百多年，恐怕公孫卿和漢武帝都早已化為鬼物了。㈣谷口：服虔曰：「黃帝升仙之處也。」師古曰：「谷口，仲山之谷口也。漢時為縣，今呼之為冶谷是也。因為仲山之北寒涼，故謂此谷為寒門。」〈長安記〉、〈雲陽宮記〉云：「冶谷去雲陽宮八十里，封禪書所謂『谷口』也。王先謙曰：「谷口在馮翊縣。」㈤〈地理志〉：首山屬河東蒲阪。荊山在馮翊懷德縣。㈥胡：頸下垂肉也。顧（鬚）：頸下之毛也。㈦脫躧：躧，音屣，鞋也，言視棄妻子如脫鞋之輕易也。㈧太室：山名，即嵩山，在河南登封縣北。

上遂郊雍，至隴西，西登崆峒，幸甘泉㈠。令祠官寬舒等具太一祠壇，祠壇放㈡薄忌太一壇，壇三垓㈢。五帝壇環居其下，各如其方，黃帝西南，除八通鬼道。太一，其所用如雍一時物，而加醴棗脯之屬，殺一貍牛㈣以為俎豆牢具。而五帝獨有俎豆醴進。其下四方地，為醊，食羣神從者及北斗云㈤。已祠，胙餘皆燎之㈥。其牛色白，鹿居其中，彘在鹿中，水而洎之㈦。祭日以牛，祭月以羊彘特㈧。太一祝宰則衣紫及繡。五帝各如其色，日赤，月白。

【註】㈠甘泉：宮名，本秦離宮，在甘泉山，宮以山為名，武帝增廣之，置通天台及前殿，周十九里，去長安二百里，在山上可以望見長安城。武帝五月避暑於此，八月乃還。甘泉山在陝西淳化縣西北，周迴六十里，一名石鼓原，俗稱磨石嶺，即仲山之脈也。漢甘泉宮在山上。㈡放：同倣，依仿，倣效。㈢垓：階層。㈣貍牛：貍，音離（ㄌㄧˊ）。師古曰：「西南夷長尾髦之牛也」。㈤醊：音輟（ㄔㄨㄛˋ）連祭也，謂繞壇設諸神祭座相連接，故祭祀時連同而行禮也。㈥胙：祭餘之酒肉。㈦洎：音計（ㄐㄧˋ），浸潤之。徐廣曰：「灌水於釜中，曰洎。」㈧特：祭用牛、羊、豕，只用一牲，不用牝，故曰特。

十一月辛巳朔旦冬至，昧爽㈠，天子始郊拜太一。朝朝日㈡，夕夕月㈢，則揖；而見太一如雍郊禮。其贊饗曰㈣：「天始以寶鼎神策授皇帝，朔而又朔，終而復始，皇帝敬拜見焉。」而衣上黃。其祠列火滿壇，壇旁亨炊具㈤。有司云「祠上有光焉」。公卿言「皇帝始郊見太一雲陽，有司奉瑄玉嘉牲薦饗。是夜有美光，及晝，黃氣上屬天㈥。」太史公、祠官寬舒等曰：「神靈之休，祐福兆祥，宜因此地光域立太畤壇以明應㈦。令太祝領秋及臘閒祠㈧。三歲天子一郊見。」

【註】㊀昧爽：天將明未明之時。㊁朝朝日：早晨拜祭日神。上一朝字為名詞，下一朝字為動詞。㊂夕夕月：晚間拜祭月神。上一夕字為名詞，下一夕字為動詞。如《禮記》所謂：「天子常以秋分夕月於西郊」，即言天子常以秋分之夕拜祭月神於西郊也。㊃贊饗：祭祀時司儀人所誦之祝詞。如《春秋繁露．郊祀篇》之郊祝曰：「皇皇上帝，照臨下土；集地之靈，降甘風雨；庶物羣生，各得其所，靡今靡古，惟予一人，某敬拜皇天之祐。」祝詞一以報恩，一以祈福。《漢舊儀》云：「贊饗一人，秩六百石。」㊄亨炊：即烹炊。㊅黃氣上升連接於天。㊆以表明符瑞的應驗。㊇領：主辦。

其秋，為伐南越，告禱太一。以牡荊畫幡日月北斗登龍，以象太一三星，為太一鋒㊀，命曰「靈旗」。為兵禱，則太史奉以指所伐國。而五利將軍使不敢入海，之泰山祠。上使人隨驗，實毋所見。五利妄言見其師，其方盡，多不讎㊁。上乃誅五利。

【註】㊀以牡荊為旗竿，而畫日、月、星、龍於旗上。牡荊，荊之無子者，皆潔齋之道。王念孫曰：「畫日、月、北斗、登龍於旗上，又畫三星於太一之前，為太一鋒，名之曰靈旗。」王先謙曰：「孝武紀上『太一』作『天一』，按『天一』是也。『太一』無三星，『天』『太』形近；又此志頻見『太一』，故無能正其誤者。天文志前列直斗口三星，若見若不見，曰『陰德』，或曰『天一』，所謂『天一三星』也。又在紫薇垣前，故為泰一之鋒，若言前鋒矣。三星，二在垣內，一在垣外，後世

以二星為陰德，一星為天一，而天一遂無三星。晉灼所引象三公之三星，乃北極五星之三，與此無涉。北斗登龍，即所謂北斗七星，杓攜龍角也。攜連龍角，若登之然。」㈡不讎：鄭德云：「相應為讎。不讎，謂其言語不相應，無驗也。」

其冬，公孫卿候神河南，言見僊人跡緱氏城上㈠，有物如雉，往來城上。天子親幸緱氏城視跡。問卿：「得毋效文成、五利乎？」卿曰：「僊者非有求人主，人主者求之。其道非少寬假，神不來㈡。言神事，事如迂誕，積以歲乃可致也。」於是郡國各除道，繕治宮觀名山神祠所，以望幸（也）〔矣〕。

【註】㈠緱氏：在河南偃師縣。㈡要寬限以歲月，神才來。這又是公孫卿脫身之計。

其春，既滅南越，上有嬖臣㈠李延年以好音見。上善之，下公卿議，曰：「民閒祠尚有鼓舞樂，今郊祀而無樂，豈稱乎？」公卿曰：「古者祠天地皆有樂，而神祇可得而禮。」或曰：「太帝使素女鼓五十弦瑟，悲，帝禁不止，故破其瑟為二十五弦㈡。」於是塞南越㈢，禱祠太一、后土，始用樂舞，益召歌兒，作二十五弦及空侯㊃琴瑟自此起。

【註】㊀嬖臣：寵幸之臣。㊁王先謙曰：「世本：庖犧瑟五十弦，黃帝損之為二十五弦。王嘉拾遺記：黃帝使素女鼓庖犧之瑟，滿席悲不能已。後破為七尺二寸二十五弦。則為黃帝無疑。」㊂塞：同賽，報也，報祭，曰賽神。胡三省曰：「為伐南越，告禱泰一，故今賽祠。」㊃武帝命樂人侯調作坎侯之樂器，遂以侯之姓冠之於樂器。坎侯，即空侯也。坎者，言其聲之坎坎應節也。

其來年冬，上議曰：「古者先振兵澤旅㊀，然后封禪。」乃遂北巡朔方，勒兵十餘萬，還祭黃帝冢橋山㊁，釋兵須如㊂。上曰：「吾聞黃帝不死，今有冢，何也？」或對曰：「黃帝已僊上天，羣臣葬其衣冠。」既至甘泉，為且用事泰山㊃，先類祠太一㊄。

【註】㊀古者先振發兵威而後解除軍旅。「澤旅」，即「釋旅」，解散軍旅。㊁橋山：在陝西中部縣西北，以沮水穿山而過，若橋然，故名。亦曰子午山，上有黃帝冢。㊂須如，地名。㊃且：將也。㊄類：祭名。《尚書》：「類於上帝」。

自得寶鼎，上與公卿諸生議封禪。封禪用希曠絕㊀，莫知其儀禮，而羣儒采封禪尚書、周官、王制之望祀㊁射牛事㊂。齊人丁公年九十餘，曰：「封禪者，合不死之名也。秦皇帝不得上封。陛下必欲上，稍上即無風雨㊃，遂上封矣。」上於是乃令諸儒習射牛，草封禪儀㊄，數年，至且行㊅。天子既聞公孫卿及方士之言，黃帝以上封禪，皆致怪物與神通，欲放㊆黃帝以上接神僊人蓬萊士高世㊇比德於九皇㊈，而頗采儒術以文之。羣儒既已不能辨明封禪事，又牽拘於詩書古文而不能騁㊉。上為封禪祠器示羣儒，羣儒或曰「不與古同」，徐偃又曰「太常諸生行禮不如魯善」，周霸屬圖封禪事⑪，於是上絀偃、霸，而盡罷諸儒不用。

【註】㊀封禪之事，實行的很稀少，所以關於封禪的知識，也就曠絕了。㊁望祀（祠）：不親至其地，但就遠處望而祀之。㊂射牛：天子祭祀宗廟，必自己射牲，表示是親手所殺的。㊃即：如果。㊄草：起稿。㊅且行：將行。㊆放：倣效。㊇高世：高出於世之人。㊈九皇：遠古時代的九個皇帝，有人說在三皇之前，有人說包括三皇，神話難證。㊉騁：音逞（ㄔㄥˇ），持之有故，言之成理，縱橫古今，自圓其說。⑪周霸企圖阻止封禪之事的進行。屬：讀阻，阻止也。

三月，遂東幸緱氏，禮登中嶽太室。從官在山下聞若有言「萬歲」云。問上㊀，上不言；問下，下不言。於是以三百戶封太室奉祠，命曰崇高邑。東上泰山，泰山之草木葉未生，乃令人上石立之泰山巔㊁。

【註】㊀上：指天子。有云係指山上山下之人。㊁上石：從山下運石至山上。《風俗通》云：石上刻有四十五字，其文曰：「事天以禮，立身以義，事父以孝，成民以仁，四海之內，莫不為郡縣。四夷八蠻，咸來貢職，與天無極，人民蕃息，天祿永得。」武帝此石所立之位置，在秦始皇所立之石以北二十餘步。

上遂東巡海上，行禮祠八神。齊人之上疏言神怪奇方者以萬數，然無驗者。乃益發船，令言海中神山者數千人求蓬萊神人。公孫卿持節常先行候名山，至東萊，言夜見大人，長數丈，就之則不見，見其跡甚大，類禽獸云。羣臣有言見一老父牽狗，言「吾欲見巨公」㊀，已忽不見㊁。上即見大跡。未信，及羣臣有言老父，則大以為僊人也。宿留海上，予方士傳車㊂及閒使求僊人以千數㈣。

【註】㈠巨公：指天子。㈡已：既而。㈢傳車：驛車，有站，到站一換。㈣閒使：奉命走間道以求仙之人。

四月，還至奉高㈠。上念諸儒及方士言封禪人人殊，不經，難施行。天子至梁父，禮祠地主。乙卯，令侍中儒者皮弁薦紳，射牛行事。封泰山下東方，如郊祠太一之禮。封廣丈二尺，高九尺，其下則有玉牒書㈡，書秘。禮畢，天子獨與侍中奉車子侯上泰山，亦有封。其事皆禁。明日，下陰道㈢。丙辰，禪泰山下阯東北肅然山㈣，如祭后土禮。天子皆親拜見，衣上黃而盡用樂焉。江淮閒一茅三脊為神藉㈤。五色土益雜封。縱遠方奇獸蜚禽及白雉諸物，頗以加禮。兕牛犀象之屬不用。皆至泰山祭后土。封禪祠，其夜若有光，晝有白雲起封中㈥。

【註】㈠奉高：泰山。㈡賀知章（唐玄宗之臣）曰：「玉牒本是通於神明之意，前代帝王所求各異，或禱年算，或思神仙，其事微密，是故莫知之。」古封禪之文，用玉牒書，藏方石內。㈢陰道：

背陰之道路。㊃肅然：山名，泰山東麓，在山東萊蕪縣東北。㊄籍：席。㊅有白雲起於所封之土中。

天子從禪還，坐明堂，羣臣更上壽㊀。於是制詔御史：「朕以眇眇之身承至尊，兢兢焉懼不任。維德菲薄，不明于禮樂。脩祠太一，若有象景光，屑如有望，震於怪物，欲止不敢，遂登封太山，至于梁父，而後禪肅然。自新，嘉與士大夫更始，賜民百戶牛一酒十石，加年八十孤寡布帛二匹。復博、奉高、蛇丘、歷城，無出今年租稅。其大赦天下，如乙卯赦令。行所過毋有復作。事在二年前，皆勿聽治。」又下詔曰：「古者天子五載一巡狩，用事泰山，諸侯有朝宿地㊁。其令諸侯各治邸泰山下。」

【註】㊀更：交互。㊁古者天子……朝宿地：天子有事於泰山，諸侯皆從，在泰山之下，諸侯皆得有湯沐邑，即所謂朝宿地也。

天子既已封泰山，無風雨災，而方士更言蓬萊諸神若將可得，於是上欣然庶幾遇之㊀，乃復東至海上望，冀遇蓬萊焉。奉車子侯暴病，一日死。上乃遂去，並海上㈡，北至碣石，巡自遼西，歷北邊至九原。五月，反至甘泉。有司言寶鼎出為元鼎，以今年為元封元年。

【註】㈠或者可能遇到。㈡沿海而北上。

其秋，有星茀㈠于東井㈡。後十餘日，有星茀于三能㈢。望氣王朔言：「候獨見填星㈣出如瓜，食頃復入焉。」有司皆曰：「陛下建漢家封禪，天其報德星云㈤。」

【註】㈠茀：孛也，發光，其狀如篲，彗星也。㈡東井：星名，即井宿也。《禮記》：「仲夏之月，日在東井。」㈢三能：星名。師古曰：「能，讀曰台。」三台，星名，古以比三公。㈣填星：即鎮星，土星之別名。㈤德星：漢以土德而王，故鎮星乃其德星也。

其來年冬，郊雍五帝。還，拜祝祠太一。贊饗曰：「德星昭衍，厥維休祥。壽星仍出㈠，淵耀光明。信星昭見㈡，皇帝敬拜太祝之享。」

其春，公孫卿言見神人東萊山，若云「欲見天子」。天子於是幸緱氏城，拜卿為中大夫。遂至東萊，宿留之數日，無所見，見大人跡云。復遣方士求神怪采芝藥以千數。是歲旱。於是天子既出無名，乃禱萬里沙㊂，過祠泰山。還至瓠子，自臨塞決河，留二日，沈祠而去㊃。使二卿將卒塞決河，徙二渠，復禹之故跡焉。

【註】㊀壽星：南極老人星，出現則天下理安，故祠之以祈福壽。㊁信星：土星也。㊂萬里沙：神祠也，在東萊曲成。㊃沈祠：沈祭具於水中。

是時既滅兩越，越人勇之乃言「越人俗鬼，而其祠皆見鬼，數有效。昔東甌王敬鬼，壽百六十歲。後世怠慢，故衰耗。」乃令越巫立越祝祠，安臺無壇，亦祠天神上帝百鬼，而以雞卜㊀。上信之，越祠雞卜始用。

【註】㊀雞卜：粵人信鬼而以雞卜。其法，將小雄雞撲殺之，取其脛骨，用麻線束之，以竹挺插所束處，使兩骨相背，視兩骨之側所有細竅，以定吉凶。

公孫卿曰：「仙人可見，而上往常遽，以故不見。今陛下可為觀，如緱城㈠，置脯棗，神人宜可致也。且僊人好樓居。」於是上令長安則作蜚廉桂觀，甘泉則作益延壽觀，使卿持節設具而候神人。乃作通天莖臺㈡，置祠具其下，將招來僊神人之屬。於是甘泉更置前殿，始廣諸宮室。夏，有芝生殿房內中。天子為塞河，興通天臺，若見有光云，乃下詔：「甘泉房中生芝九莖，赦天下，毋有復作。」

【註】㈠如緱氏城。㈡「莖」字，疑為多餘之字，因下面又有「通天台」之詞。

其明年，伐朝鮮。夏，旱。公孫卿曰：「黃帝時封則天旱，乾封三年。」上乃下詔曰：「天旱，意乾封乎㈠？其令天下尊祠靈星焉㈡。」

其明年，上郊雍，通回中道㈢，巡之。春，至鳴澤，從西河歸。其明年冬，上巡南郡㈣，至江陵而東。登禮灊之天柱山㈤，號曰南岳。浮江，自尋陽出樅陽㈥，過彭蠡，禮其名山川。北至琅邪，並海上。四月中，至奉高脩封焉㈦。

【註】㈠天之所以旱，大概是要把封泰山之土弄乾的嗎？㈡靈星：又名天田星，主稼穡，古以辰日祀之於東南，取祈年報功之義。漢高祖之時，令天下立靈星祠。㈢回中：地名，在陝西隴縣西北。㈣南郡：故楚都，治郢，在湖北江陵縣北十里。㈤灊：音潛（ㄑㄧㄢˊ），地名，安徽潛山縣。天柱山：在安徽潛山縣西北，皖山之最高峯也。㈥樅陽：安徽桐城縣東南。㈦奉高：山東泰安縣。

初，天子封泰山，泰山東北阯古時有明堂處，處險不敞㈠。上欲治明堂奉高旁，未曉其制度。濟南人公玉帶上黃帝時明堂圖。明堂圖中有一殿，四面無壁，以茅蓋，通水，圜宮垣為複道㈡，上有樓，從西南入，命曰昆侖，天子從之入，以拜祠上帝焉。於是上令奉高作明堂汶上，如帶圖。及五年脩封，則祠太一、五帝於明堂上坐，令高皇帝祠坐對之。祠后土於下房，以二十太牢。天子從昆侖道入，始拜明堂如郊禮。禮畢，燎堂下㈢。而上又上泰山，自有秘祠其巔。而泰山下祠五帝，各如其方，黃帝并赤帝，而有司侍祠焉。山上舉火，下悉應之。

【註】㊀敞：寬朗。㊁複道：樓閣通行之道，上下有道，故謂之複道。㊂燎：音料，燃火於庭以照眾也。

其後二歲，十一月甲子朔旦冬至，推曆者以本統。天子親至泰山，以十一月甲子朔旦冬至日祠上帝明堂，毋脩封禪㊀。其贊饗曰：「天增授皇帝太元神策，周而復始。皇帝敬拜太一。」東至海上，考入海及方士求神者，莫驗，然益遣，冀遇之。

【註】㊀五年一封禪，今只二年，故但祠明堂，而不舉行封禪。

十一月乙酉，柏梁裁㊀。十二月甲午朔，上親禪高里，祠后土。臨勃海，將以望祀蓬萊之屬，冀至殊廷焉㊁。

【註】㊀裁：即災，失火。㊁殊廷：神庭。

上還，以柏梁裁故，朝受計甘泉㊀。公孫卿曰：「黃帝就青靈臺，十二日燒，黃帝乃治明廷。明廷，甘泉也。」方士多言古帝王有都甘泉者。其後天子又朝諸侯甘泉，甘泉作諸侯邸。勇之乃曰：「越俗有火烖，復起屋必以大，用勝服之。」於是作建章宮，度為千門萬戶。前殿度高未央。其東則鳳闕，高二十餘丈。其西則唐中，數十里虎圈。其北治大池，漸臺高二十餘丈，命曰太液池，中有蓬萊、方丈、瀛洲、壺梁，象海中神山龜魚之屬。其南有玉堂、璧門、大鳥之屬。乃立神明臺、井幹樓，度五十丈，輦道相屬焉㊁。

【註】㊀計：重新建造之計劃。㊁屬：連接。

夏，漢改曆，以正月為歲首，而色上黃，官名更印章以五字，為太初元年。是歲，西伐大宛㊀。蝗大起。丁夫人、雒陽虞初等以方祠詛匈奴、大宛焉。

其明年，有司上言雍五畤無牢熟具，芬芳不備。乃令祠官進畤犢牢具，色食所勝，而以木禺馬代駒焉。獨五月嘗駒，行親郊用駒。及諸名山川用駒者，悉以木禺馬代㊁。行過，乃用駒。他禮如故。

【註】㊀大宛：古國名，在大月氏之東北，今俄領之佛爾哈那州，即其地也。㊁木禺馬：即木偶馬，木製之馬。

其明年，東巡海上，考神僊之屬，未有驗者。方士有言「黃帝時為五城十二樓，以候神人於執期，命曰迎年。」上許作之如方，命曰明年。上親禮祠上帝焉。

公玉帶曰：「黃帝時雖封泰山，然風后、封巨、岐伯令黃帝封東泰山，禪凡山㊀，合符，然後不死焉。」天子既令設祠具，至東泰山，〔東〕泰山卑小，不稱其聲，乃令祠官禮之，而不封禪焉。其後令帶奉祠候神物。夏，遂還泰山，脩五年之禮如前，而加以禪祠石閭。石閭者，在泰山下阯南方，方士多言此僊人之閭也，故上親禪焉。其後五年，復至泰山脩封㊁。還過祭恆山。

【註】㊀凡山又作「丸山」。㊁天漢三年事。

今天子所興祠，太一、后土，三年親郊祀，建漢家封禪，五年一脩封。薄忌太一及三一、冥羊、馬行、赤星，五，寬舒之祠官以歲時致禮。凡六祠，皆太祝領之。至如八神諸神，明年、凡山他名祠，行過則祠，行去則已。方士所興祠，各自主，其人終則已，祠官不主。他祠皆如其故。今上封禪，其後十二歲而還，徧於五岳、四瀆矣。而方士之候祠神人，入海求蓬萊，終無有驗。而公孫卿之候神者，猶以大人之跡為解，無有效。天子益怠厭方士之怪迂語矣，然羈縻不絕㈠，冀遇其真。自此之後，方士言神祠者彌眾，然其效可睹矣。

【註】㈠羈縻：拉攏牢籠。

太史公曰：余從巡祭天地諸神名山川而封禪焉。入壽宮侍祠神語，究觀方士祠官之意，於是退而論次自古以來用事於鬼神者，具見其表裏。後有君子，得以覽焉。若至俎豆珪幣之詳，獻酬之禮，則有司存。

【註】讀封禪書可知自古以來用事於鬼神者，未有若秦始皇、漢武帝之甚，此二君者，皆好大喜功，

窮兵黷武，竭天下人之脂膏，離天下人之子女，驅使方士術夫為之求不死之藥，尋長生之道，結果，仍無救於沙丘之暴崩（始皇），晚年之多病（武帝）。然則為人君而不能修德愛民，徒乞靈於山川鬼神，有何用哉？惟漢武帝稍異於秦始皇者，即在其晚年之覺悟，武帝晚年對羣臣每自歎其昔年之愚惑，嘗曰：「天下豈有仙人？盡妖妄耳，節食服藥，差可少病而已！」惜乎，其覺悟之晚也。

卷二十九　河渠書第七

此篇為研究中國上古以來至漢武帝時之治水害、興水利的史實。

夏書曰：禹抑洪水十三年㈠，過家不入門。陸行載車，水行載舟，泥行蹈毳㈡，山行即橋㈢。以別九州，隨山浚川㈣，任土作貢㈤。通九道㈥，陂九澤㈦，度九山㈧。然河菑衍溢，害中國也尤甚。唯是為務。故道河自積石歷龍門㈨，南到華陰㈩，東下砥柱⑪，及孟津⑫、雒汭⑬，至于大邳⑭。於是禹以為河所從來者高，水湍悍⑮，難以行平地，數為敗⑯，乃廝二渠以引其河⑰。北載之高地⑱，過降水⑲，至于大陸⑳，播為九河㉑，同為逆河㉒，入于勃海㉓。九川既疏，九澤既灑㉔，諸夏艾安㉕，功施于三代。

【註】㈠抑：遏制，堵防。《漢書・溝洫志》作「禹堙洪水」，堙，塞也，與「抑」意同。㈡陸行載車，即陸行乘舟之意。水行載舟，即水行乘舟之意。泥行蹈毳，即泥行乘毳之意。毳，音脆（ㄘㄨㄟˋ），形如船而短小，兩頭微起。㈢山行即橋：即，則也，言山行則用橋也。橋者，直轅車也，韋昭以為是「輿牀」，與此解同。㈣隨山浚川：順山之高下而修通其水流。㈤任土作貢：任土

地之所宜而規定其貢賦。⑥通九道：通九州之道路。⑦九澤：九州之陂澤，皆已遏障，無決溢之患。但皮錫瑞云：「九山、九川，皆實有九，則九澤亦當實有九數，非謂九州之陂澤也。以經考之，一、雷夏。二、大壄。三、彭蠡。四、震澤。五、雲夢。六、滎波。七、荷澤。八、盟豬。九、豬壄。」⑧九山：一、汧及岐，至於荊山。二、壺口、雷首至於大嶽。三、底柱，析城至於王屋。四、大行恒山至於碣石。五、西傾、朱圉、鳥鼠至於太華。六、熊耳、外方、桐柏至於陪尾。七、嶓冢至於荊山。八、內方至於大別。九、岷山之陽至於衡山。其數適合。蓋山之數不止於九，而脈絡相承，數山實止一山，故可合為一山。⑨道河：即導河，引導之也。從積石山而引導之使通流也。龍門：在陝西韓城縣北五十里，為鑿廣八十步。⑩陝西華陰縣。⑪砥柱：俗名三門山，在硤石縣東北五十里，居於河之中。⑫孟津：津名，在河南孟縣南，今曰河陽渡，武王伐紂，會諸侯於此。⑬洛汭：水曲流，曰汭。洛汭，洛水入河處，在河南鞏縣。⑭大邳：在河南濬縣東南。又謂在河南汜水縣。⑮湍悍：迅疾而強暴。⑯數為敗：屢次氾濫。⑰廝：分開也。分其流為二，以洩其怒，其一，出貝丘西南而南折，其一，則為漯川。王先謙曰：貝丘乃頓丘之誤。按貝丘乃山東之博興縣地，頓丘乃河南之濬縣地，如為山東之博興，則已近海，不必分其流以洩其怒矣。當以頓丘為是。黃河自河南西部之高地東流，其勢猛急，故在濬縣一帶之地分其水勢為切要。⑱使河緣西山足，乘高地而入海，故曰：北載之高地。⑲降水：水名，即漳水，以其合絳水，故亦名降水。禹貢錐指謂：「河之經流，自大邳西南折而北，為宿胥口，又東北合漳水，是為『北過降水』，其地在今河北曲周肥鄉二縣之間。」⑳至於大陸：大陸澤在邢州及趙州界，一名廣河澤，一名鉅鹿澤。㉑言過降水及大陸水之口，至冀州分為九河。九河者，即徒駭（滹沱）、太史、馬頰、覆釜、胡蘇、簡、潔、句盤、鬲津也。㉒同為逆河：《漢書・溝洫志》為：「同為迎河」，「逆」與「迎」，皆言相迎受也。㉓齊召南曰：「書云：『入於海』，河渠書始云：『入於渤海』，而班志用之，本無差訛。禹河自周定王以後，雖漸遷移不定，而入海口總在直沽，至漢如故。武帝紀：『元光三年，河水徙從頓邱東南流入渤海』，其入勃海與禹時不異，所異者，改道從頓邱移徙耳。」㉔灑：疏通也。韋昭曰：「疏決為灑」。但《漢書・溝洫志》為「九澤既陂」，「陂」者，設障塞以防其流濫也，似與「灑」意相反。

㉕艾安：即乂安，治平而安定也。

自是之後，滎陽下引河東南為鴻溝①，以通宋、鄭、陳、蔡、曹、衛，與濟、汝、淮、泗會②。于楚，西方則通渠漢水③，雲夢之野④，東方則通（鴻）溝江淮之閒。於吳，則通渠三江⑤、五湖⑥。於齊，則通菑濟之閒⑦。於蜀，蜀守冰鑿離碓⑧，辟沫水之害⑨，穿二江成都之中⑩。此渠皆可行舟，有餘則用溉浸，百姓饗其利⑪。至于所過，往往引其水益用溉田疇之渠，以萬億計，然莫足數也。

【註】㊀鴻溝：楚漢分界之處，《史記》謂：「項王乃與漢約，中分天下，割鴻溝以西者為漢，鴻溝而東者為楚。」按秦始皇引河水以灌大梁，謂之鴻溝，即今賈魯河，古時汴水之分流也。㊁鴻溝之水與沙水，魯渠水、潁水、睢水、淮水、泗水、渦水、濟水，互相會通，諸水所經之地，有滎陽、浚儀、陳留、扶溝、汝南、睢陽、淮陽、下蔡、定陶、濮陽。睢陽為宋地，滎陽為鄭地，淮陽為陳地，下蔡為蔡地，定陶為曹地，濮陽為衞地，其餘支流互通，不可悉記，故云：「鴻溝以通宋、鄭、陳、蔡、曹、衞與濟、汝、淮、泗會。」㊂漢水：源出陝西寧羌縣北嶓冢山，初名漾水，東南經沔縣為沔水，受沮水；東流經褒城，受褒水，始為漢水。東經南鄭，城固、洋縣，又東南經西鄉，受牧馬河，東入石泉。又東南經漢陰、紫陽，東流折東北，經安康，洵陽，受洵河，東南經白河。又東入湖北鄖縣受堵水。東南經均縣，受均水。又東南經光化，穀城、襄陽，折東北受濟水。又東南經宜城、鍾祥、京山，至潛江。分津右出為東荊河。又東經天門、沔陽，折東北至漢川受溳水、澴水，又東南由漢陽入於江。東荊河自潛江、監利南流折東經沔陽，又東北至漢陽為沌水，亦入於江。㊃雲夢：澤名，在今湖北安陸縣南，本二澤，雲在江北，夢在江南，方八九百里，華容以北，安陸以南，枝江以東，皆其地，後悉為邑居聚落，因併稱之曰雲夢。㊄三江：按〈地理志〉：北江從會稽毗陵縣北東入海。中江從丹陽、蕪湖縣東北至會稽陽羨縣東入海。南江從會稽，吳縣南東入海。㊅五湖：湖名，實為一湖，今太湖是也。王先謙謂即禹貢震澤。㊆菑水：源出山東萊蕪縣，東北流至壽光縣，匯清水泊，又北出合小清河，由淄河口入海。其支流由羊角溝入海。菑水即淄水。㊇蜀守李冰。離

碓：地名，在四川灌縣南，秦李冰鑿離碓，分江東北流，曰石渠水口，即湔江也。其自岷江分流處，曰湔堰，即離碓口。㈨沫水：水名，出岷山西，東流過漢嘉郡，南流，衝一高山，山上合下開，水經其間，山即蒙山也。自蒙山至南安西溷厓，水流漂疾，破害舟船，歷代為害。蜀郡太守李冰發卒鑿平溷厓，通正水路。㈩二江：《括地志》云：「大江一名汶江，一名管橋水，一名清江，亦名水江，西南自溫江縣界流來。」又云：「郫江一名成都江，一名市橋江，亦名中日江，亦曰內江，西北自新繁縣界流來。」二江並在益州成都縣界。任豫益州記云「二江者，郫江，流江也。」《風俗通》云：「秦昭王使李冰為蜀守，開成都縣兩江，溉田萬頃。」⑪饗：享受也。

西門豹引漳水溉鄴㈠，以富魏之河內。

【註】㈠魏文侯時，西門豹為鄴令，引漳水溉鄴。漳水一名濁漳水，源出潞州長子縣西力黃山。鄴：縣名，在今河南臨漳縣境。

而韓聞秦之好興事，欲罷之㈠，毋令東伐，乃使水工鄭國閒說秦，令鑿涇水㈡自中山西邸瓠口為渠㈢，並北山東注洛㈣三百餘里，欲以溉田。中作而覺㈤，秦欲殺鄭國。鄭國曰：「始臣為閒，然渠成亦秦之利也㈥。」秦以為然，卒使就渠。渠就，用注填閼之水，溉澤鹵之地四萬餘頃㈦，收皆畝一鍾㈧。於是關中為沃野，無凶年，秦以富彊，卒并諸侯，因命曰鄭國渠。

【註】㈠欲罷之：欲疲（罷）勞秦國，使之不能東伐韓國。㈡涇水：關中八川之一，源出甘肅化平縣西南大關山麓，東流至涇川縣，入陝西，東南流經長武，邠縣、醴泉、涇陽、高陵，入於渭。㈢中山：即仲山，在陝西涇陽縣西北。山東北接嵯峨西麓，中隔冶谷，西南連九嵕山，涇河逕其中。邸：即「抵」之假借字，至也。瓠口：即谷口，乃郊祀志所謂「寒門谷口」是也，與池陽相近，故曰：「田於何所？池陽谷口」也。㈣並北山：沿著北山。㈤中作而覺：在鑿渠工作進行的中途，秦國發覺鄭國的陰謀。㈥《漢書・溝洫志》謂鄭國云：「臣為韓延數歲之命，為秦建萬代之功。」㈦澤鹵之地：《漢書・溝洫志》作「舄鹵之地」，即鹹鹵之地。㈧鍾：古量名，受六斛四斗。

漢興三十九年，孝文時河決酸棗㈠，東潰金隄㈡，於是東郡大興卒塞之。

【註】㈠酸棗：在今河南延津縣。㈡金隄：漢時白馬縣，今河南滑縣東是也。

其後四十有餘年，今天子元光之中，而河決於瓠子㈠，東南注鉅野㊁，通於淮、泗。於是天子使汲黯、鄭當時興人徒塞之，輒復壞。是時武安侯田蚡為丞相，其奉邑食鄃㊂。鄃居河北，河決而南則鄃無水菑，邑收多。蚡言於上曰：「江河之決皆天事，未易以人力為彊塞，塞之未必應天。」而望氣用數者亦以為然。於是天子久之不事復塞也。

【註】㊀瓠子：在河北濮陽縣南。㊁《括地志》云：「鄆州鉅野縣東北大澤是」。㊂鄃：音輸，河北清河縣。

是時鄭當時為大農，言曰：「異時㊀關東漕粟從渭中上，度六月而罷㊁，而漕水道九百餘里，時有難處。引渭穿渠起長安，並南山下㊂，至河三百餘里，徑㊃，易漕，度可令三月罷；而渠下民田萬餘頃，又可得以溉田：此損漕省卒㊄，而益肥關中之地，得穀。」天子以為然，令齊人水工徐伯表㊅，悉發卒數萬人穿漕渠㊆，三歲而通。通，以漕，大便利。其後漕稍多，而渠下之民頗得以溉田矣。

【註】㊀異時：昔時。㊁度六月而罷：計度其功，六月而後可罷。㊂並南山下：並者，沿循也，沿南山而下。㊃徑：捷便。㊄損漕省卒：減少漕運之費，節省搬運之卒。㊅徐伯：水工名。表：巡行穿渠之處而表記之，所謂「豎標」是也。㊆王先謙曰：「渭水注漕渠，鄭當時所開也。其渠自昆明池南，傍山原，東至於河，且田且漕，大以為便。」

其後河東守番係㊀言：「漕從山東西㊁，歲百餘萬石，更砥柱之限㊂，敗亡甚多，而亦煩費。穿渠引汾㊃溉皮氏、汾陰下㊄，引河溉汾陰、蒲坂下㊅，度可得五千頃。五千頃故盡河壖弃地㊆，民茭牧其中耳㊇，今溉田之，度可得穀二百萬石以上。穀從渭上，與關中無異，而砥柱之東可無復漕。」天子以為然，發卒數萬人作渠田。數歲，河移徙，渠不利，則田者不能償種㊈。久之，河東渠田廢，予越人㊉，令少府以為稍入⑪。

【註】㊀番係：人名。㊁漕從山東西：謂從山之東運漕而西入關。㊂更砥柱之限：更：經過。限：即「險」。言經過砥柱急流的危險。㊃《括地志》云：「汾水源出嵐州靜樂縣北三十里管涔山北，東南流，入幷州，即西南流，入至絳州，蒲州入河。」㊄《括地志》云：「皮氏故城在絳州龍門縣西百三十步，自秦、漢、魏、晉，皮氏縣皆治此。汾陰故城，俗名殷湯城，在蒲州汾陰縣北九里，漢

汾陰縣是也。」㈥引汾水可以溉皮氏及汾陰以下，而引河水可以溉汾陰及蒲坂以下，地形所宜也。㈦故盡河壖棄地：故：舊日也。盡：皆也。壖：音軟（ㄖㄨㄢˇ）河邊之地。言那些地方，舊日都是河邊荒棄不耕之地。㈧茭：音交（ㄐㄧㄠ），蔬類植物，葉可飼牛馬。㈨耕田者無利可得，且不能補償其種子之費。㈩浙閩之人（越人）徙於汾陰一帶之地者，因越人長於水耕，故與之。㈡作為少府些微的收入。

其後人有上書欲通褒斜道及漕事㈠，下御史大夫張湯。湯問其事，因言：「抵蜀從故道㈡，故道多阪，回遠㈢。今穿褒斜道，少阪，近四百里；而褒水通沔，斜水通渭，皆可以行船漕。漕從南陽㈣上沔入褒，褒之絕水至斜，閒百餘里，以車轉，從斜下渭。如此，漢中之穀可致，山東從沔無限㈤，便於砥柱之漕。且褒斜材木竹箭之饒，儗於巴蜀㈥。」天子以為然，拜湯子卬為漢中守，發數萬人作褒斜道五百餘里。道果便近，而水湍石㈦，不可漕。

【註】㈠有人上書欲修通褒、斜二谷之水道及漕運之事。褒：今陝西褒城縣，褒谷在褒城縣北五十里，谷水通於沔水。民國二十年左右，陝西水利專家李儀祉先生曾建修褒水渠及渭水渠，使陝省免荒

旱之災，最可紀念之人也。斜水，源出褒城縣西北九十八里衙嶺山，與褒水同源而異流，流入渭水。㈡抵蜀：到四川去，從故道而往。《括地志》云：「鳳州，兩當縣，本漢故道縣也，在州西五十里。㈢多阪回遠：阪：音板（ㄅㄢˇ），與「坂」同，山坡也。回：邪曲，迂迴。言故道山坡多而路線迂迴而遼遠。㈣從南陽之鄧縣溯漢水而上，自襄陽府之均州，西入鄖陽府之勛西縣，又西入勛縣，又西入陝西之興安州西北至漢中府之西鄉縣。㈤從沔無限：無限：即無險，言從沔水漕運沒有危險。㈥儗：同擬，相比也。㈦而水湍石：《漢書．溝洫志》為「而水多湍石」，言水勢湍急而且多石。

其後莊熊羆言：「臨晉民願穿洛以溉重泉㈠以東萬餘頃故鹵地。誠得水，可令畝十石。」於是為發卒萬餘人穿渠，自徵引鑿水至商顏山下㈡。岸善崩㈢，乃鑿井，深者四十餘丈。往往為井，井下相通行水。水穨以絕商顏㈣，東至山嶺十餘里閒。井渠之生自此始。穿渠得龍骨㈤，故名曰龍首渠。作之十餘歲，渠頗通，猶未得其饒。

【註】㈠臨晉，今陝西大荔縣。重泉：故城在今陝西蒲城縣南五十里。洛：即漆沮水。㈡徵：今陝西澄城縣。商顏：亦曰商原，在陝西大荔縣治北，接朝邑縣界。㈢善崩：喜崩，易於崩。㈣穨：音頹（ㄊㄨㄟˊ），水在地下流行，曰穨。㈤龍骨：《括地志》：「伏龍祠在同州馮翊縣西北四十里。

故老云：漢時自徵穿渠引洛，得龍骨，其後立祠，因以伏龍為名。」

自河決瓠子後二十餘歲，歲因以數不登，而梁楚之地尤甚。天子既封禪巡祭山川，其明年，旱，乾封少雨㈠。天子乃使汲仁、郭昌發卒數萬人塞瓠子決。於是天子已用事萬里沙㈡，則還自臨決河，沈白馬玉璧于河，令羣臣從官自將軍已下皆負薪寘決河㈢。是時東郡燒草，以故薪柴少，而下淇園之竹以為楗㈣。

【註】㈠乾封：乾：音干。乾封者，乾其所封之土也。漢武帝封禪之後，天下乾旱，公孫卿曰：「黃帝時，封則天旱，乾封三年。」言乾封三年之久，使所封之土極其乾也。㈡用事萬里沙：萬里沙，神祠也，在東萊曲城縣。武帝以出巡無名，乃以到萬里沙祈禱為名，故曰：用事於萬里沙。㈢負薪寘決河：令公卿以下，皆背負薪柴以填塞決口之河。寘：即「填」字，填塞其決口也。㈣淇園：淇水之園，衞國之苑也。楗：音鍵，搶堵水險之材料，其法以竹樹立於水決之口，以草塞其內，乃以土填之，猶今河工之「打掃」。楗所以限制決口，補堵決口也。

天子既臨河決，悼功之不成㈠，乃作歌曰：「瓠子決兮將柰何？皓皓旰旰兮㈡閭殫為河㈢！殫為河兮地不得寧，功無已時兮吾山平㈣。吾山平兮鉅野溢㈤，魚沸鬱兮柏冬日㈥。延道弛兮離常流㈦，蛟龍騁兮方遠游。歸舊川兮神哉沛㈧，不封禪兮安知外㈨！為我謂河伯兮何不仁，泛濫不止兮愁吾人(一〇)？齧桑浮兮淮、泗滿(一一)，久不反兮水維緩(一二)。」一曰(一三)：「河湯湯兮激潺湲(一四)，北渡汙兮浚流難(一五)。搴長茭兮沈美玉(一六)，河伯許兮薪不屬(一七)。薪不屬兮衛人罪，燒蕭條兮噫乎何以禦水！穨林竹兮楗石菑(一八)，宣房塞兮萬福來(一九)。」於是卒塞瓠子，築宮其上，名曰宣房宮。而道河北行二渠(二〇)，復禹舊迹，而梁、楚之地復寧，無水災。

【註】㈠悼功之不成：痛心於堵河工作之不成。㈡皓：音浩（ㄏㄠˋ），日初出的樣子，光明的。旰：音幹（ㄍㄢˋ），日落之時。皓皓旰旰，形容其盛大的樣子。《漢書・溝洫志》為「浩浩洋洋」，亦形容水勢之大。㈢閭殫為河：「閭」字，裴駰解釋為州閭之閭，村閭之閭。殫：音單（ㄉㄢ），盡也，皆也，言村閭州閭都盡是河了，其意義似甚易懂。但王念孫以為裴駰的解釋錯誤。王念孫根據《漢書・溝洫志》之「慮殫為河」之「慮」字，認為「慮」與「閭」同音同義，「慮」者，大抵也，大多數也，言河水所漫之地，浩浩洋洋，大抵盡為河矣。王念孫舉出《荀子》議兵篇、《漢書》賈誼傳、食貨志，各篇所用之「慮」字的解釋，都是當作「大抵」講。所持亦頗有理由。清儒治國學，常

根據許多字句事例，歸納出某一字某一句之解釋，費功至大，新發現亦頗多。㈣吾山：河水注馬頰水東北流，逕魚山，即吾山也。西去東阿城四十里。㈤瓠子決，灌鉅野澤，使溢也。㈥魚拂鬱兮柏冬日：由於水灌澤溢，使魚類不得安其所生，故魚類拂鬱憤懣。拂鬱，即「怫鬱」也，《後漢書》有「心怫鬱而紆結兮」之句，可知怫鬱即是憤懣不樂之意。且又迫於冬日，使魚之生活更失常態。「柏冬日」之「柏」字，即「迫」字。有人解「拂鬱」為茂盛，殊不妥當。㈦延道弛兮離常流：《漢書・溝洫志》為「正道弛兮離常流」，言水失其正道而離常流。㈧歸舊川兮神哉沛：這是向神禱請之辭，神啊！趕快使河水歸於舊道吧！神的恩德真是充沛啊！㈨若不是這一次來東方封禪，怎麼能知道外邊水災的大呢！㈩替我告訴河伯，他為什麼這樣的不仁呢？河水這樣的泛濫不止，把我們都愁死了！㈡齧桑浮兮淮泗滿：齧桑，地名，在徐州沛縣西南，為水所浮漂。淮水，泗水，也都漲得滿滿的。㈢久不反兮水維緩：河水久久不返於舊道，水流越來越寬泛了。㈢一曰：另外的一首歌是這樣的說。㈣湯湯：音傷，猛疾的樣子。潺湲：潺，音蟬（ㄔㄢˊ），水流的樣子。湲，音元（ㄩㄢˊ），水流的樣子。潺湲：激流也。㈤北渡污兮浚流難：《漢書・溝洫志》為「北渡回兮迅流難」。王先謙曰：「回，迂遠也。」因為是水流迂迴，所以迅流難，與前首歌之「久不反兮水維緩」，同一意義。㈥搴長茭兮沈美玉：如淳曰：「搴，取也。茭，草也，一曰茭，竿也，取長竿樹之，用著石間以塞決河也。」臣瓚曰：「竹葦絙，謂之茭也，所以引置土石也。」師古曰：「瓚說是也」。搴，拔也。絙，索也。沈美玉者，以祭河也。㈦河伯許兮薪不屬：師古曰：「沈玉以禮神，見許福佑，但以薪不屬逮，故無功也。」薪不屬：薪柴缺乏不能繼續。㈥穳林竹兮楗石菑：師古：「隤林竹者，即上文所說『下淇園之竹以為楗也』。」石菑者，謂臿石立之，然後以土就填塞也。菑，亦臿也，凡立物於地中，謂之「菑」。㈦宣房塞：漢武帝元封二年（西曆紀元前一〇九年），河決，武帝發卒塞瓠子口，（直隸、大名府、開州），並築宮其上，名曰「宣房」，義取宣導防壅也。㈧道河北行：導引黃河北行。道：即導也。

自是之後，用事者爭言水利。朔方、西河、河西、酒泉皆引河及川谷以溉田㈠；而關中輔渠、靈軹㈡引堵水㈢；汝南、九江引淮；東海引鉅定㈣；泰山下引汶水：皆穿渠為溉田，各萬餘頃。佗小渠披山通道者㈤，不可勝言。然其著者在宣房。

【註】㈠王先謙曰：「河水注：『河水經朔方臨戎縣故城西，又北，有支渠東出，謂之銅口，東注以溉田。』地理志：『張掖郡樂得縣千金渠，至酒泉郡樂涫縣入澤中。』西河郡有廣田縣，蓋亦因水利得名。又敦煌郡效穀縣，因孝武時魚澤尉崔不意教民力田，以勤效得穀改名。龍勒縣氐置水東北入澤，溉民田。」又〈河水注〉：「河水北經北地，富平縣西，上河城東，典農城東，廉縣故城東，與枝津合水受大河，東北經富平城，所在分裂，以溉田圃，北流入河，而志不及。」㈡如淳曰：「地理志盩厔有靈軹渠，成國渠，名在陳倉。湋：音韋。韋水出韋谷。」王先謙曰：「渭水注：『盩厔縣

北有蒙籠渠，承渭水於郿縣東，經武功縣為成林渠。又東經縣北，亦曰靈軹渠。故地理志郿下云「成國渠至上林入蒙籠渠」』。而盩厔下但云：『靈軹渠，武帝穿也。』長安志：『韋谷渠在盩厔縣西南三十五里，自南山流下，至清化店入渭』。寰宇記：『湋水在今縣北五里』。盩厔縣志：『韋水源出韋谷，其正流西經郿縣境，支流東引為渠，散沒縣界』。」㊂引堵水：《漢書・溝洫志》為「引諸水」，以諸水為是。㊃鉅定：澤名。㊄道：導字。

太史公曰：余南登廬山，觀禹疏九江，遂至于會稽太湟㊀，上姑蘇㊁，望五湖㊂，東闚洛汭、大邳、迎河，行淮、泗、濟、漯洛渠；西瞻蜀之岷山及離碓；北自龍門至于朔方。曰：甚哉，水之為利害也㊃！余從負薪塞宣房，悲瓠子之詩而作河渠書。

【註】㊀太湟：一作太濕。㊁姑蘇：山名，在江蘇吳縣西南。或作姑胥，又作姑餘。㊂五湖：即太湖。姑蘇志以貢湖、游湖、胥湖、梅梁湖、金鼎湖為五湖。㊃水有大利，亦有大害，只看人們能不能控制而利用之耳。

卷三十　平準書第八

《漢書》百官表謂：大司農屬官有平準令丞。所以分抑天下郡國轉販，貴則賣之，賤者買之，貴賤相權，輸歸於京都，故命曰「平準」。

漢興，接秦之弊，丈夫從軍旅，老弱轉糧饟㈠，作業劇而財匱㈡，自天子不能具鈞駟㈢，而將相或乘牛車，齊民無藏蓋㈣。於是為秦錢重難用㈤，更令民鑄錢，一黃金一斤㈥，約法省禁。而不軌逐利之民㈦，蓄積餘業以稽市物㈧，物踊騰糶，米至石萬錢，馬一匹則百金㈨。

【註】㈠漢朝初起的時候，接續了秦朝戰亂之禍（弊：病，禍。因為滅秦戰爭之後，又有楚項羽與劉邦之戰），成年的男子參加戰爭，老弱轉運糧餉（饟，同餉）。㈡作業：指徭役勞作而言，不是指生產事業。劇：繁重。財：財政經濟。匱：缺乏，窮困。就是說，由於戰爭的關係，政府徵發人民參加戰爭與運輸勞役，工作很是繁重，以致不能進行生產事業，所以造成了財政經濟的困難。㈢鈞駟：鈞，即均，同樣的。駟：馬匹。就是說，同樣顏色的馬匹。㈣齊民：一般平民。無藏蓋：無物值得蓋藏。就是說，一般平民都沒有儲藏。㈤秦錢半兩，徑一寸二分，重十二銖。漢鑄榆莢錢，重

三銖。㈥秦以一鎰（二十四兩）為一金，漢以一斤（少於二十四兩）為一金。㈦不軌：不守法的。逐利：專以追求私人利益為目的，全不顧及國家社會之公益。㈧餘業：過多的貨物。稽：留滯，留難，使之不能流通。就是說，有些不守法的自私自利的人，屯積過多的貨物，使市場所流通的貨物不能流通，以便市面缺貨的時候，他可以高抬物價而大發其財，這就是「屯積居奇」。㈨踊騰：踊：同踴，跳躍。騰：飛揚。物踊騰，糶：言不法的商人，屯積貨物，使市面缺貨，則物價必漲，等到物價跳躍飛揚的時候，則把所屯積的貨物賣出（糶），以發大財。所以把物價弄得不可收拾，一石米要一萬錢，一匹馬要一百斤金子。

天下已平，高祖乃令賈人不得衣絲乘車，重租稅以困辱之㈠。孝惠、高后時，為天下初定，復弛商賈之律㈡，然市井之子孫㈢亦不得仕宦為吏。量吏祿，度官用，以賦於民。而山川園池市井租稅之入，自天子以至于封君湯沐邑㈣，皆各為私奉養焉，不領於天下之經費㈤。漕轉山東粟㈥，以給中都官㈦，歲不過數十萬石。

【註】㈠賈人：商賈的人，做商業買賣的人。漢高祖痛恨商人，故制定法律壓迫商人，不得穿綢子，不得騎馬，又加重其所負擔之租稅，使之沒有發財機會，沒有社會地位。㈡孝惠帝及呂后之時，廢

弛了高祖時壓迫商人的法律，但是作商業買賣的人，他的子孫仍然不准當官吏。㊂市井：因井以為市場，古人交易貨物，多於早晨到井邊汲水的時候，將貨物置於井邊，以供交易。故曰市井。㊃湯沐邑：古者，天子對於諸侯，賜以湯沐之邑，使以其邑之收入，為其湯沐之費，所以便齋戒而自潔清也。有在天子畿內者，禮云：「方伯為朝天子，皆有湯沐之邑於天子之縣內」，是也。亦曰朝宿之邑，言備來朝時食宿之處也。有在泰山下者，則為諸侯從祀泰山齋戒之所。然如漢高祖以沛為己之湯沐邑，而皇后公主亦可得湯沐邑，則非復周制矣。㊄不領於：即不屬於。㊅漕轉：以水路運輸。㊆中都官：中都，即都中，都內，京都之中。官：謂官俸，官用，即中央政府一切公費。

至孝文時，莢錢益多，輕㊀，乃更鑄四銖錢，其文為「半兩」，令民縱得自鑄錢㊁。故吳，諸侯也，以即山鑄錢㊂，富埒天子㊃，其後卒以叛逆。鄧通，大夫也，以鑄錢財過王者。故吳、鄧氏錢布天下，而鑄錢之禁生焉。

【註】㊀榆莢錢越多而薄，不足法定之重量。㊁讓民間可以自由鑄錢。㊂以即山鑄錢：靠著山礦而鑄錢。㊃埒：音勒（ㄌㄜˋ），相等的。

匈奴數侵盜北邊，屯戍者多，邊粟不足給食當食者。於是募民能輸及轉粟於邊者拜爵，爵得至大庶長㊀。

【註】㊀《漢書・食貨志》云：文帝用鼂錯言，「令人入粟於邊六百石，爵上造。稍增至四千石，為五大夫。萬二千石，為大庶長。各以多少為差。」大庶長：爵位名，秦制武爵以賞功勞，漢因之。第十級，曰左庶長；第十一級，曰右庶長；第十七級，曰駟車庶長。言乘駟馬之車而為眾長。第十八級，曰大庶長，爵位更尊高。

孝景時，上郡以西旱㊀，亦復脩賣爵令，而賤其價以招民；及徒復作，得輸粟縣官以除罪。益造苑馬以廣用㊁，而宮室列觀輿馬益增脩矣。

【註】㊀上郡：郡名，秦置，在陝西榆林道及內蒙古鄂爾多斯左翼之地，治膚施，在陝西綏德縣。㊁增加苑囿，造廄而養馬以廣用，則馬是軍國之用也。

至今上即位數歲㊀，漢興七十餘年之閒，國家無事，非遇水旱之災，民則人給家足，都鄙廩庾皆滿㊁，而府庫餘貨財。京師之錢累巨萬㊂，貫朽而不可校㊃。太倉之粟陳陳相因㊄，充溢露積於外，至腐敗不可食。眾庶街巷有馬，阡陌之閒成羣㊅，而乘字牝者儐而不得聚會㊆。守閭閻者食粱肉，為吏者長子孫㊇，居官者以為姓號㊈。故人人自愛而重犯法，先行義而後絀恥辱焉㊉。當此之時，網疏而民富⑪，役財驕溢，或至兼并豪黨之徒⑫，以武斷於鄉曲⑬。宗室有士公卿大夫以下，爭于奢侈，室廬輿服僭于上，無限度。物盛而衰，固其變也。

【註】㊀今上：指漢武帝而言。㊁廩庾：廩：音凜（ㄌㄧㄣˇ），穀倉，如倉廩。庾：音雨（ㄩˇ），沒有房屋的倉。㊂巨萬：即萬萬也。㊃貫朽而不可校：穿錢的繩子都朽毀了而無法去數了。㊄陳陳相因：新穀吃不完，剩下來變成了舊穀，一年又一年的陳舊的穀子堆在倉裡，謂之陳陳相因。㊅阡陌：田間之小路。㊆字牝：能生育之母馬。當時馬繁殖的太多了，乘馬者皆騎雄馬，如有母馬出現，則雄馬皆來爭取，互相踶咬，故儐斥母馬不得出門而與雄馬相會見。牝，音聘（ㄆㄧㄣˋ）。㊇為吏者可以幹一輩子，至於子孫長大而不調動工作。㊈如主持倉廩之官，有倉氏，庾氏之稱。㊉有行義的人被尊重，而無廉恥的人被輕視。⑪網疏：法網疏濶，控制不嚴苛。⑫兼并：以財力收購大量的土地而成為大地主。豪黨：財力雄厚，人多勢重的土豪劣紳。⑬不講法律情理，只憑著勢力大，在地方上主持一切，橫行獨斷，沒人敢反抗，謂之「武斷於鄉曲」。

自是之後，嚴助、朱買臣等招來東甌㈠，事兩越㈡，江淮之閒蕭然煩費矣㈢。唐蒙、司馬相如開路西南夷㈣，鑿山通道千餘里，以廣巴蜀，巴蜀之民罷焉㈤。彭吳賈滅朝鮮㈥，置滄海之郡，則燕齊之閒靡然發動㈦。及王恢設謀馬邑，匈奴絕和親，侵擾北邊，兵連而不解㈧，天下苦其勞，而干戈日滋㈨。行者齎㈩，居者送，中外騷擾而相奉，百姓抏獘⑪以巧法，財賂衰耗而不贍。入物者補官，出貨者除罪⑫，選舉陵遲⑬，廉恥相冒⑭，武力進用，法嚴令具。興利之臣自此始也⑮。

【註】㈠漢武帝建元三年（西曆紀元前一三八年），閩越（建都於今之福建，晉江縣，即泉州）發兵圍東甌（建都於今之浙江永嘉縣即溫州），東甌求救於漢，漢太尉田蚡等皆主張不干涉政策。漢武帝當時不滿二十歲，好大喜功，主張派兵救東甌而討閩越，於是嚴助、朱買臣等被重用。閩越王被迫撤兵，東甌王請求內附，於是舉國之人約四萬餘遷於廬江郡，此即所謂「招來東甌」。㈡兩越：即閩越、南越。閩越建都於福建之泉州。南越建都於廣州之南海縣。漢武帝建元三年為救東甌而討閩越。至建元六年，閩越又發兵攻南越，南越王守天子之約不敢擅發兵，乃以其事報告於漢，武帝嘉南越王之守約而派兵討閩越。後，閩越王之弟殺閩越王以求和，漢乃罷兵。所謂「事兩越」，即從事於

兩越戰爭。㊂由於東甌內徙四萬餘人於廬江郡，一切衣食仰給鄰郡供給。再由於徵調兵力以討閩越，多半都由江淮各地就近供應。故曰：「江淮之閒（間）蕭然煩費矣」。㊃鄱陽令唐蒙上書，謂：「南越（廣東南海縣）王，名為外臣，實一州之主，今以長沙，豫章（江西南昌）往，水道多絕。竊聞夜郎（故城在貴州遵義）精兵，可十餘萬，浮船牂牁（漢時郡名，在今貴州德江縣西。牂牁，音（ㄗㄤ ㄎㄜ。），出其不意，此制越一奇也。請通夜郎道，為置吏。」武帝乃拜蒙為中郎將，將千人，從筰關（筰關，在四川、雅州、滎經縣東北）入見夜郎侯多同，厚賜之，約為置吏，多同聽約。蒙還報，上以為犍為郡（四川敘州府）。時，邛（國名，四川邛州。邛，音窮），筰（國名，四川黎州）二國君長，聞南夷得賞賜多，亦欲請置吏。武帝問於司馬相如，相如曰：「邛，筰，冉，駹（冉，駹西夷二族。駹，音茫）近蜀（四川成都），易通，為置郡縣，愈於南夷。」武帝乃以相如為中郎將，持節往使於西夷，皆請為內臣。於是為置一都尉。此即所謂「唐蒙、司馬相如開地西南夷」。㊄因通西南夷，使巴蜀之民為之疲困。㊅彭吳：人名。賈：係「貫」字之誤，穿通也。滅：係「濊」字之誤。言彭吳溝通濊與朝鮮也。㊆靡然：動亂的樣子。㊇王恢建議在馬邑（故城在山西朔縣西北）附近散佈牛羊，以誘匈奴入寇，俟其至一相當地點，即以伏兵三十萬擊滅之。但匈奴覺察有異，未中伏而逃走，故武帝殺王恢以洩怒。自然，與匈奴交惡，常來侵犯。㊈戰爭之禍，一天比一天劇烈。㊉齎：音基（ㄐㄧ），供給物資。⑪抏：音玩，與玩同意義。言當時人民玩僻巧詐以破壞法律。⑫獻納穀物者可以補官，捐出財貨者可以免罪，這樣一來，賞罰制度，根本破壞了。⑬選舉之道，頹廢破壞。

㈣假冒相詐而無廉恥。㈤想出各種方法以聚歛民財，就是「興利之臣」，如桑弘羊，孔僅之類。

其後，漢將歲以數萬騎出擊胡，及車騎將軍衞青取匈奴河南地㈠，築朔方。當是時，漢通西南夷道，作者數萬人，千里負擔饋糧，率十餘鍾致一石㈡，散幣於邛僰㈢以集之。數歲道不通，蠻夷因以數攻，吏發兵誅之。悉巴蜀租賦不足以更之㈣，乃募豪民田南夷，入粟縣官，而內受錢於都內㈤。東至滄海之郡，人徒之費擬於南夷㈥。又興十萬餘人築衞朔方，轉漕㈦甚遼遠，自山東咸被其勞，費數十百巨萬，府庫益虛。乃募民能入奴婢得以終身復，為郎增秩，及入羊為郎，始於此㈧。

【註】㈠元朔二年，取靈、夏二州地。靈州：寧夏，靈武縣。夏州：陝西橫山縣西。㈡率十餘鍾致一石：大多數都是十餘鍾，才能送到一石。一鍾是六石四斗，十餘鍾就是六十多石，以六十多石而送到的時候只能有一石，可見其沿途折耗之大，運送之難。㈢邛：音窮，四川之臨邛。僰：音播（ㄅㄛˋ），四川之犍為縣。㈣把巴蜀的賦稅全部用上去，還不夠補償其所費用。㈤入穀於外縣，而受錢於內府。㈥人徒的費用，與用於南夷者相等。㈦以水路運輸，曰漕。㈧捐獻穀物、牛羊、奴婢，都可以為官，可見漢武帝好大喜功，窮兵黷武，把國家財政，社會經濟，人民生活，弄得如此之苦，一切

政治風氣，道德規範，完全破壞。

其後四年，而漢遣大將軍將六將軍，軍十餘萬，擊右賢王，獲首虜萬五千級。明年，大將軍將六將軍仍再出擊胡，得首虜萬九千級。捕斬首虜之士受賜黃金二十餘萬斤，虜數萬人皆得厚賞，衣食仰給縣官；而漢軍之士馬死者十餘萬，兵甲之財，轉漕之費不與焉。於是大農陳藏錢經秏㊀，賦稅既竭，猶不足以奉戰士。有司言：「天子曰『朕聞五帝之教不相復而治，禹湯之法不同道而王，所由殊路，而建德一也。北邊未安，朕甚悼之。日者，大將軍攻匈奴，斬首虜萬九千級，留蹛無所食。議令民得買爵及贖禁錮免減罪』。請置賞官，命曰武功爵㊁。級十七萬，凡直三十餘萬金㊂。諸買武功爵官首者試補吏，先除㊃，千夫如五大夫㊄；其有罪又減二等；爵得至樂卿㊅：以顯軍功。」軍功多用越等，大者封侯卿大夫，小者郎吏。吏道雜而多端，則官職秏廢㊆。

【註】㊀大農：中央財政機構。陳藏錢：舊日所儲藏之金錢。經秏：消秏完盡。㊁武功爵之級次及

名稱：一級曰造士，二級曰閑輿衞，三級曰良士，四級曰元戎士，五級曰官首，六級曰秉鐸，七級曰千夫，八級曰樂卿，九級曰執戎，十級曰左庶長，十一級曰軍衞。㊂直：即值，價值也。級十七萬，言自第一級算起，其基本數為十七萬，自此以上，每級加二萬，到了十一級，共值三十七萬也。㊃官首，武功爵之第五級，位稍高，故得試以為吏，可以先升用也。除，升也。先除，先升也。㊄千夫，武功爵第七；五大夫，二十爵之第九也，言千夫之爵秩，比於五大夫二十爵第九，如楊僕以千夫為吏是也。㊅樂卿者，朝位從九卿，加「樂」者，以別於正卿。又十九爵為樂公，食公卿祿而無職也。㊆這樣的以金錢買官，當然「吏道雜而官職耗廢」，根本失掉了政治的常態，自然是一團糟了。所以中國歷史常把秦始皇與漢武帝連稱，可知其不足為訓也。

自公孫弘以春秋之義繩臣取漢相，張湯用峻文決理為廷尉㊀，於是見知之法生㊁，而廢格沮誹窮治之獄用矣㊂。其明年，淮南、衡山、江都王謀反迹見，而公卿尋端治之，竟其黨與㊃，而坐死者數萬人，長吏益慘急而法令明察。

【註】㊀決理：決判刑獄。㊁見知之法生：吏見知不舉，劾為故縱。就是說，知道情形而不檢舉者，亦犯罪，罪名為「故縱」。㊂廢格天子之命令而不行，或沮止天子之命令，或誹謗天子之命令者，皆被窮治，即用盡千方百計以治其罪。㊃全部掘發其黨與，使之不能藏匿。

當是之時，招尊方正賢良文學之士，或至公卿大夫。公孫弘以漢相，布被㈠，食不重味，為天下先。然無益於俗，稍騖於功利矣㈡。

其明年，驃騎仍再出擊胡，獲首四萬。其秋，渾邪王率數萬之眾來降㈢，於是漢發車二萬乘迎之。既至，受賞，賜及有功之士。是歲費凡百餘巨萬。

【註】㈠粗布的被子。㈡騖：趨也，奔馳也，奔趨於功利主義，社會風氣已敗壞。㈢渾邪：匈奴屬王之號，甘肅之肅州，漢初為匈奴渾邪王地。

初，先是往十餘歲河決觀㈠，梁楚之地固已數困，而緣河之郡隄塞河，輒決壞，費不可勝計。其後番係㈡欲省底柱之漕㈢，穿汾、河渠以為溉田，作者數萬人；鄭當時為渭漕渠回遠㈣，鑿直渠自長安至華陰，作者數萬人；朔方亦穿渠，作者數萬人：各歷二三朞，功未就，費亦各巨萬十數。

【註】㈠觀：縣名，元光中，河決瓠子東南注鉅野，通於淮、泗，瓠子地在濮陽，其對岸，即觀縣。

㈡番係：人名，姓番，名係。㈢底柱：山名，在今河南陝縣東北黃河中流，其形如柱，亦名三門山。（底柱、底柱、底柱、底柱意同。）㈣回遠：迂迴而遠。回，邪曲也。

天子為伐胡，盛養馬㈠，馬之來食長安者數萬匹，卒牽掌者關中不足㈡，乃調旁近郡㈢。而胡降者皆衣食縣官，縣官不給㈣，天子乃損膳，解乘輿駟，出御府禁藏以贍之。

【註】㈠盛養馬：大量的養馬。㈡卒牽掌者：牽馬之卒，掌馬之卒，即牧馬之人。㈢調：徵調，徵用。㈣縣官不給：言中央政府之費用困難，不足以給養。

其明年，山東被水菑，民多飢乏，於是天子遣使者虛郡國倉廥㈠以振貧民㈡。猶不足，又募豪富人相貸假。尚不能相救，乃徙貧民於關以西，及充朔方以南新秦中㈢，七十餘萬口，衣食皆仰給縣官㈣。數歲，假予產業㈤，使者分部護之，冠蓋相望㈥。其費以億計，不可勝數。於是縣官大空。

【註】㈠廥：音怪（ㄍㄨㄞˋ），藏芻藁之處。㈡振：救濟。㈢新秦：地名，秦逐匈奴以收河南（黃河以南之地）地，徙民以充實之，謂之「新秦」。㈣縣官：稱朝廷，不敢直言朝廷，故曰「縣官」，

如「縣官大空」，即言朝廷之財政大為虧虛，亦即言中央政府之財政大為虧空。如「仰給縣官」，即言仰賴中央政府之財政以供給之。㊄假予：借貸給新徙之民。㊅冠蓋相望：言使者之多。使者都是官，官必有冠蓋之飾。

而富商大賈或蹛財役貧㊀，轉轂百數㊁，廢居居邑㊂，封君皆低首仰給㊃。冶鑄煮鹽，財或累萬金，而不佐國家之急，黎民重困㊄。於是天子與公卿議，更錢造幣以贍用，而摧浮淫并兼之徒㊅。是時禁苑有白鹿而少府多銀錫。自孝文更造四銖錢，至是歲四十餘年，從建元以來，用少，縣官往往即多銅山而鑄錢，民亦閒盜鑄錢，不可勝數。錢益多而輕，物益少而貴。有司言曰：「古者皮幣，諸侯以聘享。金有三等，黃金為上，白金為中㊆，赤金為下㊇。今半兩錢法重四銖㊈，而姦或盜摩錢裏取鋊㊉，錢益輕薄而物貴，則遠方用幣煩費不省。」乃以白鹿皮方尺，緣以藻繢㊁，為皮幣，直四十萬。王侯宗室朝覲聘享，必以皮幣薦璧，然后得行。

【註】㊀蹛財役貧：蹛：音滯（ㄓˋ），使之停滯不流通，即屯積居奇，操縱物價，賤買貴賣，以剝

削貧民。役貧者，即奴役貧民。富商大賈屯積居奇，以剝削窮人，使之陷於奴役地位。㊁轉轂：轉運貨物之車輛。轂：音古（ㄍㄨˇ），車輛。㊂廢居，居邑：廢棄其舊日的住宅，而遷居於繁華的都市。因為他們都是一般借著戰爭的機會發了橫財的暴發戶，所以都從舊日的生活改變而享受都市的繁華生活。但亦有人解釋為「廢居」者，出賣其所蓄儲之貨物。「居邑」者，積貨物於都市也。此種講法，亦通。㊃封君皆低首仰給：此時經濟勢力壓倒政治地位，所以有政治地位之封君，亦皆低首仰給於有經濟勢力之富商大賈。㊄富商大賈們冶鐵煮鹽，掌握了國民經濟的基本物資，所以都發了大財，但是他們都是自私自利，毫無國家觀念，所以儘管財發萬金，而絲毫不幫助解決國家之急難，於是一般人民加倍的困苦。㊅於是逼得政府要改革幣制，以摧殘貪得自私的浮淫兼併之商人。㊆白金：指銀而言。㊇赤金：指銅而言。㊈文為半兩，實重四銖。㊉鋊：即鎔字。⑪藻繢：與「藻繪」同，文采的飾物。

又造銀錫為白金㊀。以為天用莫如龍㊁，地用莫如馬㊂，人用莫如龜㊃，故白金三品：其一曰重八兩，圜之，其文龍㊄，名曰「白選」，直三千㊅；二曰以重差小，方之㊆，其文馬㊇，直五百；三曰復小，撱之㊈，其文龜㊉，直三百。令縣官銷半兩錢，更鑄三銖錢，文如其重。盜鑄諸金錢罪皆死，而吏民之盜鑄白金者不可勝數。

【註】㊀混雜銀錫，鑄造為白金。㊁《易經》云：「行天莫如龍。」㊂《易經》云：「行地莫如馬。」㊃禮記云：「諸侯以龜為寶。」㊄顧氏案：錢譜：「其文為龍，隱起，肉好，皆圜，文又作雲霞之象。」㊅直：即價值之「值」。㊆方之：製成方形。㊇錢譜：「肉好皆方，隱起馬形，肉好之下又是連珠文也。」㊈撱之：製成橢圓形。㊉錢譜：「肉圓好方，為隱起龜甲文。」

於是以東郭咸陽㊀、孔僅為大農丞，領鹽鐵事㊁；桑弘羊以計算用事，侍中。咸陽，齊之大煮鹽，孔僅，南陽大冶，皆致生累千金，故鄭當時進言之。弘羊，雒陽賈人子，以心計，年十三侍中。故三人言利事析秋豪矣㊂。

【註】㊀東郭咸陽：姓東郭，名咸陽。按《風俗通》云：「東郭牙，齊大夫，咸陽乃其後也。」。㊁領：主管其事。㊂言三人計算利益之精微，能分析至於秋毫之細而不差。

法既益嚴，吏多廢免。兵革數動，民多買復及五大夫，徵發之士益鮮㊀。於是除千夫五大夫為吏，不欲者出馬㊁。故吏皆適令伐棘上林㊂，作昆明池㊃。

【註】㊀民多買復及五大夫，徵發之士益鮮：民多以捐獻買得免役及五大夫之爵，於是被徵發而服役之人越來越少。㊁調升千夫及五大夫之爵位的人，為公務員，不願為公務員者要捐獻馬匹。㊂適：同謫，強制服役。原來的公務員曾經免役者，現在都強制服役，到上林苑去砍伐荊棘。㊃昆明池周四十里，以習水戰。

其明年，大將軍、驃騎大出擊胡㊀，得首虜八九萬級，賞賜五十萬金，漢軍馬死者十餘萬匹，轉漕車甲之費不與焉㊁。是時財匱，戰士頗不得祿矣。

【註】㊀漢武帝元狩四年（西曆紀元前一一九年）出擊胡。㊁不與：即不預，不在其內。

有司言三銖錢輕，易姦詐，乃更請諸郡國鑄五銖錢，周郭其下，令不可磨取鋊焉㊀。

大農上鹽鐵丞孔僅、咸陽言㊁：「山海，天地之藏也，皆宜屬少府㊂，陛下不私，以屬大農佐賦。願募民自給費，因官器作煑鹽，官與牢盆㈣。浮食奇民㈤欲擅斡山海之貨㈥，以致富羨，役利細民。其沮事之議㈦，不可勝聽。敢私鑄鐵器煑鹽者，釱左趾㈧，沒入其器物。郡不出鐵者，置小鐵官㈨，便屬在所縣。」使孔僅、東郭咸陽乘傳舉行天下鹽鐵㈩，作官府⑪，除故鹽鐵家富者為吏。吏道益雜，不選，而多賈人矣⑫。

【註】㈠鋊：即鎔，鎔化而盜鑄也。㈡上：奏上也。大農根據孔僅、咸陽之言而奏上其建議也。㈢少府：官名，主管山海地澤之稅收，以供給天子私自之費用。至於國家公用經費，則屬於大司農。㈣招募人民自備費用，而利用公家之煮鹽設備以煮鹽。公家發給煮鹽之民以公定價格的盆子，公定每盆值多少錢以賣給公家。然後由公家統一專賣。禁止人民私煮私賣。公定價格的盆子，即曰「牢盆」。㈤浮食奇民：言商賈之人，不務正業，奔走逐利，浮浪遊手而得食。奇民者，奇邪之民，亦言其不務正業也。㈥擅斡：即壟斷也，獨佔其利也。擅者，專也，獨也。斡，讀管，主持，佔有。富商大賈壟斷貨利，自己發財，操縱物價而苦害了貧民。自然要反對政府專賣。㈦沮事之議：即反對政府專賣之議論。㈧釱左趾：釱：音第，鐵製之刑具，重六斤，犯此罪者，即將此種刑具著於其左趾，以代臏刑。㈨置小鐵官，所以鑄故鐵也。㈩乘傳：乘傳驛之車馬，急速辦理。舉行天下鹽鐵：普天之下，全面推行鹽鐵專賣制度。⑪作官府：設立專門機關以辦理煮鑄及收購事宜。⑫調升過去經營鹽

鐵業務之富商為辦理人員，於是官吏越發雜亂，不行選擧，而官吏多半都是商人了。

商賈以幣之變，多積貨逐利。於是公卿言：「郡國頗被菑害，貧民無產業者，募徙廣饒之地。陛下損膳省用，出禁錢以振元元㈠，寬貸賦，而民不齊出於南畝㈡，商賈滋眾。貧者畜積無有，皆仰縣官。異時㈢算軺車㈣賈人緡錢㈤皆有差，請算如故。諸賈人末作貰貸賣買㈥，居邑稽諸物㈦，及商以取利者，雖無市籍㈧，各以其物自占㈨，率緡錢二千而一算㈩。諸作有租及鑄，率緡錢四千一算⑾。非吏比者三老、北邊騎士，軺車以一算⑿；商賈人軺車二算⒀；船五丈以上一算⒁。匿不自占，占不悉，戍邊一歲，沒入緡錢⒂。有能告者，以其半畀之⒃。賈人有市籍者，及其家屬，皆無得籍名田，以便農。敢犯令，沒入田僮⒄。」

【註】㈠禁錢：天子私府之錢。㈡齊出：皆出於農地以耕田。㈢異時：昔日。㈣算軺車：軺：音堯（ㄧㄠˊ），輕便的小車。算軺車者，謂有軺車使出稅一算二算也。㈤緡錢：緡，音民，貫錢之絲，古謂一貫，曰一緡。一貫千錢，出二十算。㈥貰：音事（ㄕˋ），賒也。貸：假與也。㈦積貨物於都市，不立刻出售，而屯滯（稽）一個時期，使市面物缺貨漲而後出售，以射厚利。㈧商店登記號數。

⑨各自計算其貨物多少，值價若干，繕一清冊，以呈報於稅收機關。⑩其儲蓄之錢，每兩千錢，須出一算之錢。一百二十錢為一算。⑪以手力勞動所作而賣之者，每四千錢須出一算。⑫不是官吏，也不是三老，也不是北邊騎士，而有軺車者，須出一算之稅。⑬商賈之人有軺車者，則加重其稅，每車要出二算。⑭船五丈以上要出一算。⑮隱匿不報，或報價不實者，則遣其戍邊一歲。並且沒收其緡錢。⑯獎勵人民檢舉，誰能告發者，以其財產之一半，分給於他。⑰商賈之人，有市籍者，及其家屬，皆不得有田地，如有違犯，即沒收其田地及為其耕田之農奴。

天子乃思卜式之言，召拜式為中郎，爵左庶長，賜田十頃，布告天下，使明知之。

初，卜式者，河南人也，以田畜為事。親死，式有少弟，弟壯，式脫身出分，獨取畜羊百餘，田宅財物盡予弟。式入山牧十餘歲，羊致千餘頭，買田宅。而其弟盡破其業，式輒復分予弟者數矣①。是時漢方數使將擊匈奴，卜式上書，願輸家之半縣官助邊。天子使使問式：「欲官乎？」式曰：「臣少牧，不習仕宦，不願也。」使問曰：「家豈有冤，欲言事乎？」式曰：「臣生與人無分爭。式邑人貧者貸之，不善者教順之，所居人皆從式，式何故見冤於人！無所欲言也。」使者曰：「苟如此，子何欲而然？」式曰：「天子誅匈奴，愚以為賢者宜死節於邊，有財者宜輸委㊁，如此而匈奴可滅也。」使者具其言入以聞。天子以語丞相弘。弘曰：「此非人情。不軌之臣，不可以為化而亂法，願陛下勿許。」於是上久不報式，數歲，乃罷式。式歸，復田牧。歲餘，會軍數出，渾邪王等降，縣官費眾，倉府空。其明年，貧民大徙，皆仰給縣官，無以盡贍。卜式持錢二十萬予河南守，以給徙民。河南上富人助貧人者籍㊂，天子見卜式名，識之，曰「是固前而欲輸其家半助邊」，乃賜式外繇四百人。式又盡復予縣官。是時富豪皆爭匿財，唯式尤欲輸之助費。天子於是以式終長者，故尊顯以風百姓㊃。

【註】㊀數：讀朔，屢次也。㊁輸委：捐輸其積聚之財物於國家。㊂呈報當地富人助貧民之名單於中央政府。㊃外繇：戍邊也，一人出三百錢，謂之「過更」。四百個三百錢，則為錢十二萬，即武帝所給予卜式之賞賜也。卜式不要，又盡供輸於政府。當時有錢的人，都是匿錢不實報，不佐國家之急，惟卜式輸財報國，故武帝特別光榮之以勸導風氣。

初，式不願為郎。上曰：「吾有羊上林中，欲令子牧之。」式乃拜為郎，布衣屩而牧羊㊀。歲餘，羊肥息。上過見其羊，善之。式曰：「非獨羊也，治民亦猶是也。以時起居；惡者輒斥去，毋令敗羣。」上以式為奇，拜為緱氏令試之㊁，緱氏便之。遷為成皋令㊂，將漕最㊃。上以為式朴忠㊄，拜為齊王太傅。

【註】㊀屩：音決（ㄐㄩㄝˊ），麻製之鞋。㊁緱氏：在河南偃師縣。㊂成皋：在河南汜水縣。㊃水路輸送成績最優。㊄朴：同樸，樸實。

而孔僅之使天下鑄作器，三年中拜為大農，列於九卿。而桑弘羊為大農丞，筦諸會計事，稍稍置均輸以通貨物矣㊀。

【註】㊀均輸：漢武帝作均輸法，謂州縣所出租賦，並僱運之值，官總取之，市其土地所出之物，官自轉輸於京，謂之「均輸」。又據《鹽鐵論》本議篇載：大夫曰：「往者，郡國諸侯各以其物貢輸，往來煩雜，物多苦惡，或不償其費。故郡置輸官以相給運，而便遠方之貢，故曰均輸。」可見所謂「均輸法」，就是中央在各地設置均輸官，購買各地之貨物，貴買賤賣，謂之均輸。其精神，就是中央政府直接參加商業行為，以控制物價，而打擊私人商業活動。

始令吏得入穀補官，郎至六百石㊀。

【註】㊀吏更遷補高官。郎又增其秩，得至六百石。

自造白金五銖錢後五歲，赦吏民之坐盜鑄金錢死者數十萬人。其不發覺相殺者，不可勝計。赦自出者百餘萬人。然不能半自出，天下大抵無慮皆鑄金錢矣㊀。犯者眾，吏不能盡誅取，於是遣博士褚大、徐偃等分曹循行郡國㊁，舉兼并之徒守相為利者㊂。而御史大夫張湯方隆貴用事，減宣、杜周等為中丞，義縱、尹齊、王溫舒等用慘急刻深為九卿㊃，而直指夏蘭之屬始出矣㊄。

【註】㊀大抵：大略也。無慮：大概，不用問而知。言犯法者眾，不用問而知，大概都是犯了盜鑄之罪。㊁分曹：分職務，分別工作，到各郡國去巡察。㊂檢舉那些壟斷經濟之人以及守相之為姦利者。㊃用：以也，因為張湯等人能以慘急刻深之手段，執行嚴峻之法令，所以得能升為九卿。㊄夏蘭：人姓名。

而大農顏異誅。初，異為濟南亭長，以廉直稍遷至九卿。上與張湯既造白鹿皮幣，問異。異曰：「今王侯朝賀以蒼璧，直數千，而其皮薦反四十萬，本末不相稱。」天子不說。張湯又與異有郤㊀，及有人告異以它議，事下張湯治異。異與客語，客語初令下有不便者，異不應，微反脣㊁。湯奏當異九卿見令不便，不入言而腹誹，論死㊂。自是之後，有腹誹之法（以此〔比〕），而公卿大夫多諂諛取容矣。

【註】㊀有郤：即有隙，有仇怨。㊁客批評詔令初下有不便之處。異不敢應，但以客人之言頗有理，故不覺而微反脣。㊂張湯根據此種情況，即判斷顏異雖不在言語之上，表示反對，但其心中是不滿於詔令的，這就是肚子裏邊反對詔令，這就是「腹誹」之罪，依法應當處以死刑。這樣就把顏異奏上一本，武帝便把顏異殺了。

天子既下緡錢令而尊卜式，百姓終莫分財佐縣官，於是（楊可）告緡錢縱矣㊀。

【註】㊀告緡錢縱矣：武帝覺得推重卜式以激發人之自動捐獻以助國家之急，又頒佈告緡令以恐嚇有錢者，使之被動的捐獻，結果，還是沒有人捐獻，於是告緡令就無法無天的推行了，弄得大家彼此

互告告詰，俱陷於罪，而傾家蕩產了。

郡國多姦鑄錢㈠，錢多輕，而公卿請令京師鑄鍾官赤側㈡，一當五，賦官用非赤側不得行㈢。白金稍賤，民不寶用，縣官以令禁之，無益。歲餘，白金終廢不行。

【註】㈠多施姦巧，雜以鉛錫。㈡鍾官：掌鑄赤側之錢。側，邊也，以赤銅為邊緣也。㈢賦官用非赤側不得行：即繳納稅賦之類，一律須用赤側錢，其他錢幣皆不得流行。

是歲也，張湯死而民不思㈠。

【註】㈠欒產云：「諸所廢興，附上困下，皆自湯，故人不思之也。」

其後二歲，赤側錢賤，民巧法用之，不便，又廢。於是悉禁郡國無鑄錢，專令上林三官鑄。錢既多，而令天下非三官錢不得行㈠，諸郡國所前鑄錢皆廢銷之，輸其銅三官。而民之鑄錢益少，計其費不能相當㈡，唯真工大姦乃盜為之㈢。

【註】㈠齊召南曰：「三官錢即水衡錢也。據百官表：水衡都尉掌上林，其屬有均輸、鍾官、辨銅

三令丞。鹽鐵論：『廢天下諸錢，而專命水衡三官作』，即言此事。」㊁計其費不能相當，言無利可得，故盜鑄者少。㊂真工大姦，技術巧妙，故盜鑄尚有利可圖。

卜式相齊，而楊可告緡徧天下㊀，中家以上大抵皆遇告㊁。杜周治之，獄少反者㊂。乃分遣御史廷尉正監分曹往㊃，即治郡國緡錢，得民財物以億計，奴婢以千萬數，田大縣數百頃，小縣百餘頃，宅亦如之㊄。於是商賈中家以上大率破㊅。民偷甘食好衣，不事畜藏之產業㊆，而縣官有鹽鐵緡錢之故，用益饒矣㊇。

【註】㊀楊可者，姓楊，名可，根據告緡令而發動天下互相告發占緡之不實。㊁中等以上的人家，大多數都被告發。㊂杜周是一個酷吏，使他辦理此項案件，只要一被告，不分曲直，沒有不定罪的，所以很少能有辨別冤枉而平反的。㊃派遣御史廷尉正監分曹輩而往各郡國辦案。㊄到各郡國之後，根據告緡令而判處案件，於是共計奪得民間財物以億計，奴婢以千萬數，田地大縣數百頃，小縣百餘頃，房宅亦如此數。㊅因而商賈中家以上，大多數都破產了。㊆人民們覺得產業毫無保障，於是苟且偷生，吃喝玩樂，再無心於儲蓄產業了。㊇而縣官得了鹽鐵與緡錢大批橫財之後，費用就非常之綽裕了。

益廣關，置左右輔㈠。

【註】㈠擴大函谷關的範圍於新安東界。置左右二輔都尉，都尉丞，各一人。

初，大農筦鹽鐵官布多㈠，置水衡，欲以主鹽鐵；及楊可告緡錢，上林財物眾，乃令水衡主上林。上林既充滿，益廣。是時越欲與漢用船戰逐㈡，乃大修昆明池，列觀環之㈢。治樓船，高十餘丈，旗幟加其上，甚壯。於是天子感之，乃作柏梁臺，高數十丈㈣。宮室之修，由此日麗。

【註】㈠布：泉布，即錢也。㈡用船在水上戰鬥馳逐。㈢建造館（觀）舍以環繞之。㈣柏梁臺，元鼎二年（西曆紀元前一一五年）作，高數十丈。

乃分緡錢諸官，而水衡、少府、大農、太僕各置農官，往往即郡縣比沒入田田之㈠。其沒入奴婢，分諸苑養狗馬禽獸，及與諸官。諸官益雜置多㈡，徒奴婢眾，而下河漕度四百萬石㈢，及官自糴乃足㈣。

【註】㊀即：就也。比：比者，近來也。由水衡、少府、大農、太僕各機構之農官，分赴各郡縣，就各郡縣近日所沒入之土地，並利用所沒入之奴婢僕僮以耕種之。這是奪取人民之耕地與奴僕，而為大地主與大奴隸主，其不仁甚矣。㊁為了管理耕地與監督耕作，於是官吏越來越雜，越來越多。㊂漕度：由水路轉運。度，轉運也。㊃官：縣官，即天子。不敢言天子，而曰縣官。

所忠㊀言：「世家子弟㊁富人或鬬雞走狗馬，弋獵博戲，亂齊民㊂。」乃徵諸犯令，相引數千人，命曰「株送徒」㊃。入財者得補郎㊄，郎選衰矣㊅。

【註】㊀所忠：人名，姓所，名忠，漢武帝之幸臣。㊁世家：世世有祿秩之家。㊂齊民：平民也。㊃徵集許多犯法令之人，使之互相牽連告發，有數千人，命之曰「相互株連的罪犯」。㊄但是，這些罪犯只要一捐獻金錢，就可以反而得補郎官。㊅這樣一來，郎官之選就完全衰敗了。

是時山東被河菑，及歲不登數年，人或相食，方一二千里。天子憐之，詔曰：「江南火耕水耨㊀，令飢民得流就食江淮閒，欲留，留處。㊁」遣使冠蓋相屬於道，護之，下巴蜀粟以振之。

【註】㊀火耕水耨：江南之地，燒草下水種稻，草與稻並生，高七八寸，因悉芟去，復下水灌之，

草死，獨稻長，所謂「火耕水耨」。㈡讓人民自由流徙，尋求謀生之地，如果到了一個地方，他想留下，就讓他留下定居。

其明年，天子始巡郡國。東度河，河東守不意行至，不辨，自殺㈠。行西踰隴，隴西守以行往卒，天子從官不得食，隴西守自殺㈡。於是上北出蕭關㈢，從數萬騎，獵新秦中，以勒邊兵而歸㈣。新秦中或千里無亭徼㈤，於是誅北地太守以下，而令民得畜牧邊縣，官假馬母，三歲而歸，及息什一㈥，以除告緡㈦，用充仞㈧新秦中㈨。

【註】㈠不辨：即不辦，言一切招待事宜，都沒有一些準備，臨時趕不及，因而自殺。㈡隴西太守也因為天子來的倉卒，沒有準備，乃至於天子的隨從官員，也沒有吃的，於是隴西太守亦自殺。㈢蕭關：地名，在甘肅固原縣東南，為關中四關之一，襟帶西涼，咽喉靈武，北面之險也。漢文帝時，匈奴入朝那、蕭關，燒回中宮，侯騎至雍、甘泉。㈣勒：約束，管制。㈤亭：斥侯的設置。徼：音叫（ㄐㄧㄠˋ）邊界的障礙設置。皆所以鞏固國防。㈥令人民可以畜牧於邊區之縣，官家之母馬可以假借於民，以為馬種，三歲而還，每十馬還官家一駒，此即所謂十分之一的利息。㈦在邊地畜牧之民，免除告緡之錢。㈧仞：音刃，充滿之也。㈨新秦：前已有註。

既得寶鼎，立后土、太一祠㈠，公卿議封禪事，而天下郡國皆豫治道橋，繕故宮，及當馳道縣，縣治官、儲設供具，而望以待幸㈡。

【註】㈠元鼎四年立后土，五年立泰畤。㈡《漢書》為「縣治宮，儲設供俱」，即言預先建造宮室，並儲設供奉的用俱，以待天子之來。

其明年，南越反，西羌侵邊為桀㈠。於是天子為山東不贍，赦天下〔囚〕，因南方樓船卒二十餘萬人擊南越，數萬人發三河以西騎擊西羌，又數萬人度河築令居㈡。初置張掖、酒泉郡，而上郡、朔方、西河、河西開田官，斥塞卒六十萬人戍田之㈢。中國繕道餽糧，遠者三千，近者千餘里，皆仰給大農。邊兵不足㈣，乃發武庫工官兵器以贍之。車騎馬乏絕，縣官錢少，買馬難得，乃著令，令封君以下至三百石以上吏，以差出牝馬天下亭㈤，亭有畜牸馬㈥，歲課息。

【註】㈠桀：殺略的暴行。㈡令居：地名，在甘肅平番縣西北。㈢斥塞卒六十萬人戍田之：斥，

大規模的調派。塞卒：邊塞之士卒。戍田，屯戍且耕種。㈣邊兵不足：兵，武器也。邊塞的武器不夠用。㈤以差：以俸祿多少的差別，捐獻母馬（牝馬）於天下之亭舍。㈥畜牸馬：懷孕之馬。

齊相卜式上書曰：「臣聞主憂臣辱。南越反，臣願父子與齊習船者往死之。」天子下詔曰：「卜式雖躬耕牧，不以為利，有餘輒助縣官之用。今天下不幸有急，而式奮願父子死之，雖未戰，可謂義形於內。賜爵關內侯，金六十斤，田十頃。」布告天下，天下莫應。列侯以百數，皆莫求從軍擊羌、越。至酎，少府省金，而列侯坐酎金㈠失侯者百餘人㈡。乃拜式為御史大夫。

【註】㈠酎金：酎，音胄（ㄓㄡˋ）。漢時，諸侯貢金以助祭，曰「酎金」。以正月元旦作酒，八月成，名「酎酒」。因合諸侯助祭貢金，以各國人口多少為比例，千口奉金四兩。天子之少府檢視各國貢金之是否實在。㈡少府省金，而列侯坐酎金失侯者百餘人：少府檢查的結果，有一百多人都是貢金不實，乃奪除其爵位，王被削縣，侯被免國。

式既在位，見郡國多不便縣官作鹽鐵，鐵器苦惡，賈貴，或彊令民賣買之㈠。而船有算，商者少，物貴㈡。乃因孔僅言船算事。上由是不悅卜式㊂。

【註】㊀鹽鐵專賣，鐵器用具之製造，皆由公家經營，而所造之鐵器，皆質料惡劣，並且價錢又貴，而人民不願買，於是又強迫人民買賣。㊁船是水運工具，而每條船都有稅錢，所以商運者少，商運一少，則物價必貴。㊂於是卜式就與孔僅向武帝陳說船算之不便於民，武帝從此不喜歡卜式了。

漢連兵三歲，誅羌，滅南越，番禺以西至蜀南者置初郡十七㊀，且以其故俗治，毋賦稅。南陽、漢中以往郡，各以地比給初郡吏卒奉食幣物，傳車馬被具㊁。而初郡時時小反，殺吏，漢發南方吏卒往誅之，閒歲萬餘人，費皆仰給大農。大農以均輸調鹽鐵助賦，故能贍之。然兵所過縣，為以訾給毋乏而已，不敢言擅賦法矣㊂。

【註】㊀元鼎六年（西曆紀元前一一一年），定越地，以為南海、蒼梧、鬱林、合浦、交趾、九真、日南、珠崖、儋耳郡。定西南夷，以為武都、牂牁、越嶲、沈犂、汶山郡。及地理志、西南夷傳所置犍為、零陵、益州郡，共十七郡。㊁南陽、漢中以往各郡，各以其與初郡（新郡）距離之遠近，供給初郡吏卒之費用，以及傳車駕車被馬之物皆具。㊂謂常法正供外，不敢專擅以取賦於民也。

其明年，元封元年，卜式貶秩為太子太傅。而桑弘羊為治粟都尉，領大農，盡代僅筦天下鹽鐵。弘羊以諸官各自市，相與爭，物故騰躍，而天下賦輸或不償其僦費㈠，乃請置大農部丞數十人，分部主郡國，各往往縣置均輸鹽鐵官㈡，令遠方各以其物貴時商賈所轉販者為賦，而相灌輸。置平準于京師，都受天下委輸㈢。召工官治車諸器，皆仰給大農。大農之諸官盡籠天下之貨物㈣，貴即賣之，賤則買之。如此，富商大賈無所牟大利㈤，則反本㈥，而萬物不得騰踊。故抑天下物㈦，名曰「平準」㈧。天子以為然，許之。於是天子北至朔方，東到太山，巡海上，並北邊以歸㈨。所過賞賜，用帛百餘萬匹，錢金以巨萬計，皆取足大農㈩。

【註】㈠僦費：僦，音就（ㄐㄧㄡˋ），顧庸也。言所輸物不足以償其顧庸之費也。㈡郡國有鹽官者三十六，有鐵官者五十，皆桑弘羊時所置。㈢委輸：委，積也，郡國所積聚之金帛貨賄，隨時輸送於司農，以供國用，謂之「委輸」。㈣籠：全部收購，全部收籠。㈤牟：謀取也。㈥反本：回頭而務農。農者，本也。㈦壓低天下之物價。㈧政府公營工商事業，控制物價，就叫作「平準」。

㊈沿著北邊以回京都。㊉皆由大農供應無缺。

弘羊又請令吏得入粟補官，及罪人贖罪。令民能入粟甘泉各有差，以復終身，不告緡。他郡各輸急處㊀，而諸農各致粟，山東漕益歲六百萬石。一歲之中，太倉、甘泉倉滿。邊餘穀諸物均輸帛五百萬匹。民不益賦而天下用饒。於是弘羊賜爵左庶長，黃金再百斤焉。

【註】㊀各輸送於急切需要之處。

是歲小旱，上令官求雨。卜式言曰：「縣官當食租衣稅而已，今弘羊令吏坐市列肆，販物求利。亨弘羊，天乃雨㊀。」

【註】㊀官吏坐於市場，販賣貨物，如同商人一樣的求利行為。卜式以為是可恥，所以主張要烹桑弘羊以謝天。亨，即「烹」字。

太史公曰：農工商交易之路通，而龜貝金錢刀布之幣興焉。所從來久遠，自高辛氏之前，尚矣，靡得而記云。故書道唐虞之際，詩述殷周之世，安寧則長庠序，先本絀末，以禮義防于利；事變多故而亦反是。是以物盛則衰，時極而轉，一質一文，終始之變也㈠。禹貢九州各因其土地所宜，人民所多少而納職焉。湯武承獘易變，使民不倦，各兢兢所以為治，而稍陵遲衰微㈡。齊桓公用管仲之謀，通輕重之權㈢，徼山海之業㈣，以朝諸侯，用區區之齊顯成霸名。魏用李克，盡地力，為彊君㈤。自是之後，天下爭於戰國，貴詐力而賤仁義，先富有而後推讓。故庶人之富者或累巨萬，而貧者或不厭糟糠；有國彊者或并羣小以臣諸侯，而弱國或絕祀而滅世。以至於秦，卒并海內㈥。虞夏之幣，金為三品，或黃，或白，或赤；或錢，或布，或刀，或龜貝㈦。及至秦，中一國之幣為二等，黃金以溢名，為上幣；銅錢識曰半兩，重如其文，為下幣。而珠玉、龜貝、銀錫之屬為器飾寶藏，不為幣。然各隨時而輕重無常㈧。於是外攘夷狄，內興功業，海內之士力耕不足糧饟，女子紡績不足衣服。古者嘗竭天下之資財以奉其上，猶自以為不足也。無異故云㈨。事勢之流，相激使然，曷足怪焉⑩。

【註】㈠太史公說：由於農、工、商交易之路通，所以各種貨幣如龜、貝、金、錢、刀、布之類都發生了，這是由來已久，從高辛氏以前，早已有了，沒有資料能夠詳細記述。所以書經只講說唐虞之際的故事，詩經只記述殷周之世的史詩。大概社會安寧，則振興學校，重農（本）抑商（末），以禮義防制貨利；到了事態變亂，時勢多故，就走了相反的道路。這就是所謂物盛則衰，時極而轉，一質一文，終始循環的變化。㈡〈禹貢〉所載，謂當時九州各按其土地之所宜，人民所多少，而繳納其本州所應出的貢物，到了商湯、周武承繼前代末世之弊，就不能不根據新環境之需要而有所改變，使人民有樂生之心而不至於困倦絕望。他們都是兢兢業業，勵精圖治，但是，到了後代，就稍稍頹廢而衰微了。㈢春秋之時，齊桓公採用管仲的計劃，通輕重之權。什麼是「輕重之權」呢？就是按年歲收成之豐歉，及穀物之貴賤，由政府收購或糶出，年歲豐收則穀賤，穀賤傷農，故政府以較高之價購入；年歲荒歉則穀貴，穀貴使貧民難於生活，故政府以較低之價糶出。如此，則控制物價之權，操於政府之手，不使富商大賈屯積居奇，得以上下其手而制一般人民之生活，這就是活變使用輕重之權。㈣徼山海之業：徼：營求也。業：利益。即營求山海之利益。㈤魏文侯之時，用李克，盡地力，為強君。㈥到了戰國時代，以詐力為貴，以仁義為賤，以富有為先，以推讓為後，所以平民之富者或積財萬萬，而窮人或糟糠也吃不飽（厭：足也）；強國或併吞許多小國以奴役諸侯，弱國或斷

絕祭祀而滅其後代。這種時勢，發展到了秦朝，終於幷兼四海統一中國。㈦虞、夏時代的貨幣，金屬分為三種，有黃金，白銀，及赤銅；其交換手段，或者用錢（象耕器之形），或者用布，或者用刀，或者用龜貝。㈧到了秦朝，貨幣分為二等，黃金以溢（同鎰，二十兩）為單位，是上幣；銅錢，文曰半兩，重如其文（言其實際之重亦為半兩），是下幣。至於珠玉、龜貝、銀錫等類之物，只當作器飾寶藏，不算是流通的貨幣。但是，都是各隨時勢而變化，所以輕重無常。㈨秦始皇統一天下之後，連年對外作戰，並且大興土木，建築阿房宮，動輒徵發勞役數十萬人，因而造成了國敝民疲的敗象，海內之民，男子竭力耕作，而糧食不夠吃，女子紡花織布，而衣服不夠穿。古來的時候，也曾經竭盡天下之資財以事奉其君上，而君上猶以為不足，這與秦朝也沒有什麼差別。㈩所以說：時勢的潮流，相激相盪而使其發展如此，還有什麼可怪的呢！

卷三十一　吳太伯世家第一

吳太伯㊀，太伯弟仲雍㊁，皆周太王之子，而王季歷之兄也。季歷賢，而有聖子昌，太王欲立季歷以及昌，於是太伯、仲雍二人乃犇荊蠻㊂，文身斷髮，示不可用㊃，以避季歷。季歷果立，是為王季，而昌為文王。太伯之犇荊蠻，自號句吳㊄。荊蠻義之，從而歸之千餘家，立為吳太伯。

【註】㊀吳：國號。太伯居梅里，在江蘇無錫縣東南六十里。㊁伯、仲、季，乃兄弟大小之次序，非其名也。太伯：《左傳》僖五年云：「太伯、虞仲，太王之昭也。太伯不從，是以不嗣。」哀七年云：「太伯端委，以治周禮；仲雍嗣之，斷髮文身。」《論語》太伯篇（又作泰伯篇）：「子曰：泰伯，其可謂至德也已矣，三以天下讓，民無德而稱焉。」㊂古史傳說謂太伯、仲雍知古公欲立季歷以傳昌，古公病，二人託名採藥，遂往荊蠻（楚越之界，今江蘇蘇州。國民以君事之，號為句吳。）㊃斷髮文身：截髮使短，雕刻皮膚為各種形色，乃野蠻之俗也。㊄句吳：句，音鉤（ㄍㄡ），句者，夷語之發聲也。

太伯卒，無子，弟仲雍立，是為吳仲雍。仲雍卒，子季簡立。季簡卒，子叔達立。叔達卒，子周章立。是時周武王克殷，求太伯、仲雍之後，得周章。周章已君吳，因而封之。乃封周章弟虞仲於周之北故夏虛㈠，是為虞仲，列為諸侯。

【註】㈠夏虛：在山西平陸縣東北十五里。

周章卒，子熊遂立。熊遂卒，子柯相立。柯相卒，子彊鳩夷立。彊鳩夷卒，子餘橋疑吾立。餘橋疑吾卒，子柯盧立。柯盧卒，子周繇立。周繇卒，子屈羽立。屈羽卒，子夷吾立。夷吾卒，子禽處立。禽處卒，子轉立。轉卒，子頗高立。頗高卒，子句卑立。是時晉獻公滅周北虞公，以開晉伐虢也㈠。句卑卒，子去齊立。去齊卒，子壽夢立。壽夢立而吳始益大，稱王。

【註】㈠虞：左氏二年傳曰：「晉荀息請以屈產之乘與垂棘之璧，假道於虞以伐虢，宮之奇諫不聽，虞公許之，且請先伐之，遂伐虢，滅下陽。」五年，傳曰：「晉侯復假道於虞以伐虢，宮之奇諫不聽，以其族行，曰：『虞不臘矣！』八月甲午，晉侯圍上陽，冬，十有二月，滅虢，師還，遂襲虞，

滅之。」開晉：開拓晉國的疆域。

自太伯作吳，五世而武王克殷，封其後為二：其一虞，在中國；其一吳，在夷蠻。十二世而晉滅中國之虞。中國之虞滅二世，而夷蠻之吳興。大凡從太伯至壽夢十九世。

王壽夢二年，楚之亡大夫申公巫臣怨楚將子反而犇晉，自晉使吳，教吳用兵乘車，令其子為吳行人，吳於是始通於中國㈠。吳伐楚。十六年，楚共王伐吳，至衡山㈡。

【註】㈠魯成公七年，《左傳》：「楚圍宋之役，師還，子重請取於申、呂，以為賞田。王許之，申公巫臣曰：『不可，此申、呂所以邑也。是以為賦，以御北方，若取之，是無申呂也，晉、鄭必至於漢』。王乃止。子重是以怨巫臣。子反欲取夏姬，巫臣止之，遂取以行。子反亦怨之。及共王即位，子重、子反殺巫臣之族子閻、子蕩，及清尹無忌，及襄老之子黑要，而分其室。子重取子閻之室，使沈尹與王子罷分子蕩之室，子反取黑要與清尹之室。巫臣自晉遺二子書曰：『爾以讒慝貪惏事君，而多殺不辜，余必使爾疲於奔命以死。』巫臣請使於吳，晉侯許之，吳子壽夢說之，乃通吳於晉，以兩之一卒適吳，舍偏兩之一焉，與其射御，教吳乘車，教之戰陣，教之叛楚，置其子狐庸焉，使為行人於吳，吳始伐楚，伐巢，伐徐，子重奔命。馬陵之會，吳入州來，子重自鄭奔命，子重子反

於是乎一歲七奔命。蠻夷屬於楚者，吳盡取之，是以始大，通吳於上國。」這是中國文化交流的史料，事在西曆紀元前五八四年也。㊁楚共王伐吳，事在魯襄公三年，即西曆紀元前五七〇年。《左傳》謂：「三年，春，楚子重伐吳，為簡之師，克鳩茲，至於衡山。使鄧廖帥組甲三百，被練三千，以侵吳，吳人要而擊之，獲鄧廖，其能免者，組甲八十，被練三百而已。子重歸，既飲至，三日，吳人伐楚，取駕，駕良邑也。鄧廖亦楚之良也，君子謂子重於是役也，所獲不如所亡，楚人以是咎子重。子重病之，遂遇心疾而卒。」鳩茲：吳邑，在安徽蕪湖縣東。衡山：即橫山，在安徽當塗縣東北六十里。非在吳興府之烏程縣也。

二十五年，王壽夢卒㊀。壽夢有子四人，長曰諸樊㊁，次曰餘祭，次曰餘眜㊂，次曰季札㊃。季札賢，而壽夢欲立之，季札讓不可，於是乃立長子諸樊，攝行事當國。

【註】㊀吳王壽夢，亦有稱為「孰姑」者，如系本是也。亦有稱為「乘」者，如《左傳》是也。可見古時用字，只要音同，就可以互借，不必一定寫為固定之字也。所以我們讀古書時，要把腦子放靈活一點。㊁諸樊：《左傳》稱諸樊、《春秋》經稱「遏」，《公羊傳》稱「謁」。㊂餘祭：《左傳》及《穀梁傳》稱餘祭，《公羊傳》稱餘眛。㊃公羊傳曰：「謁也，餘祭也，夷末也，與季子同世者四人。季子弱而才，兄弟皆愛之，同欲以為君，兄弟遞相為君，而致國乎季子。故謁也死，餘祭也立；餘祭也

死，夷末也立；夷末也死，則國宜立季子，季子使而亡焉。僚者，長庶也，即立之。闔閭曰：『將從先君之命歟？則國宜立季子也。如不從君之命，則宜立者我也，僚惡得為君？』於是使專諸刺僚。」

王諸樊元年，諸樊已除喪，讓位季札。季札謝曰：「曹宣公之卒也㊀，諸侯與曹人不義曹君㊁，將立子臧，子臧去之，以成曹君，君子曰『能守節矣』。君義嗣，誰敢干君㊂！有國，非吾節也。札雖不材，願附於子臧之義。」吳人固立季札，季札弃其室而耕，乃舍之。秋，吳伐楚，楚敗我師。四年，晉平公初立。

【註】㊀曹宣公事，在魯成公十五年，即西曆紀元前五七六年。據《穀梁傳》謂：「晉合諸侯伐秦，曹宣公卒於師，曹人使公子負芻守，使公子欣時逆曹伯之喪。負芻殺其太子而自立。至是，晉侯執之，又不敢自治，而歸於京師。」諸侯皆欲立子臧。《左傳》謂：「子臧辭曰：『前志有之，曰：「聖達節，次守節，下失節。為君，非吾節也，雖不能聖，敢失守乎」』！遂逃奔宋。」㊂你以義而嗣立，誰敢違犯你。

十三年，王諸樊卒。有命授弟餘祭，欲傳以次，必致國於季札而止，以稱先王壽夢之意，且嘉季札之義，兄弟皆欲致國，今以漸至焉㊀。季札封於延陵㊁，故號曰延陵季子。

【註】㊀兄弟皆欲傳國於季札，而以漸進的方法達到此種目的。㊁延陵：在今江蘇武進縣。

王餘祭三年，齊相慶封有罪，自齊來犇吳。吳予慶封朱方之縣㊀，以為奉邑，以女妻之，富於在齊。

【註】㊀朱方：今江蘇丹徒縣。

四年，吳使季札聘於魯㊀，請觀周樂㊁。為歌周南、召南。曰：「美哉，始基之矣，猶未也。然勤而不怨㊂。」歌邶、鄘、衞㊃。曰：「美哉，淵乎，憂而不困者也㊄。吾聞衞康叔、武公之德如是，是其衞風乎？」歌王。曰：「美哉，思而不懼，其周之東乎㊅？」歌鄭。曰：「其細已甚，民不堪也，是其先亡乎㊆？」歌齊。曰：「美哉，泱泱乎大風也哉。表東海者，其太公乎？國未可量也㊇。」歌豳。曰：「美哉，蕩蕩乎，樂而不淫，其周公之東乎㊈？」歌秦。曰：「此之謂夏聲。夫能夏則大，大之至也，其周之舊乎⑩？」歌魏。曰：「美哉，渢渢乎，大而寬，儉而易，行以德輔，此則盟主也。⑪」歌唐。曰：「思深哉，其有陶唐氏之遺風乎？不然，何憂之遠也？非令德之後，誰能若是⑫！」歌陳。曰：「國無主，其能久乎⑬？」自鄶以下，無譏焉⑭。歌小雅。曰：「美哉，思而不貳，怨而不言，其周德之衰乎？猶有先王之遺民也⑮。」歌大雅。曰：「廣哉，熙熙乎，曲而有直體，其文王之德乎⑯？」歌頌。曰：「至矣哉，直而不倨，曲而不詘，近而不偪，遠而不攜，遷而不淫，復而不厭，哀而不愁，樂而不荒，用而不匱，廣而不宣，施而不費，取而不貪，處而不厎，行而不流⑰。五聲和⑱，八風平⑲，節有度⑳，守有序㉑盛德之所同也㉒。」見舞象箾、南籥者㉓，曰：「美哉，猶有感㉔。」見舞大武，曰：「美哉，周之盛也其若此乎㉕？」見舞韶護者，曰：「聖人之弘也，猶有慙德，聖人之難也㉖！」見舞大夏，曰：「美哉，勤而不德！非禹其誰能及之㉗？」見舞招箾，曰：「德至矣哉，大矣，如天之無不幬也，如地之無不載也，雖甚盛德，無以加矣。觀止矣，若有他樂，吾不敢觀㉖。」

【註】㈠吳使季札到魯國聘問以修好，事在魯襄公二十九年，西曆紀元前五四四年也。㈡魯國請季札聽周朝的音樂。㈢聽了周南、召南之後，季札說：「美啊！好的基礎已經開始了，但是，還沒有達於很穩定的程度。不過，從這兩篇詩裡，已可以看出人民對於王家，雖受盡勤勞而毫無怨言。」㈣接著又奏出邶、鄘、衛（國皆在河南汲縣境）三國的歌聲。㈤季札聽了之後，說道：「美啊！深沉的很啊！雖然處於憂患之中，而堅強奮鬥，不被艱險的環境所困惑。㈥接著又奏王風之歌，季札聽了以後，說道：「美啊！只知道想念已往的風采，而不能戒慎恐懼，這大概就是周家東遷的原故吧！」㈦接著又奏鄭國之歌，季札聽了以後，說道：「太苛細了，刑多賦重，人民們都受不住了，大概它是一個先亡的國家了。」㈧接著又奏齊國之歌，季札聽了以後，說道：「美啊！寬宏而豪放，真是大國的風範啊！能夠為東海萬里的屏障與表率者，大概就是太公了！國家前途的發展，真是太不可限量了！」㈨接著又奏豳地之歌，季札聽了以後，說道：「美啊！輕鬆愉快，樂而不淫，這大概是周公在東方時候的詩嗎？」㈩接著又奏秦國的歌，季札聽了以後，說道：「這就是所說的『夏聲』，能夠謙下（夏、同「下」），則可以成就其偉大，偉大到極點了！這大概是周家的舊聲調吧！」⑪接著又奏魏國的歌，季札聽了以後，說道：「美啊！婉轉而平和啊！（渢，音泛（ㄈㄢˋ），婉轉而中庸），廣大而寬厚，簡明（儉：同「簡」，不作同「險」解，因為「險」乃中庸之對立物。）而易

於行。以這種德行而輔翼其君主，就可以成為盟主了。」㉒接著又奏唐國的歌，季札聽了以後，說道：「思慮深遠啊！大概是陶唐氏遺流下來的風範吧！否則的話，為什麼憂慮的那麼遠啊？假定不是善德的後代，誰能夠像這樣的呢？」㉓接著又奏陳國的歌，季札聽了以後，說道：「一個國家沒有立國的主宰，怎麼會能長久呢？」㉔從鄶國（故城在河南新鄭縣東北四十二里）以下的歌聲，因為都是小國，所以季札就不加批評了。㉕到了奏小雅之歌，季札聽了以後，說道：「美啊！有思想而沒有二心，有苦怨而含蓄不說，大概是周家的氣運到了衰敗的時候了！國運雖衰，而猶有先王之遺民在支持。」㉖接著奏大雅之歌，季札聽了以後，說道：「廣大啊！和樂而有成就啊！語氣是委曲婉轉，而本質則是正直剛強，這大概就是文王的德行吧！」㉗接著奏頌歌，季札聽了以後，說道：「真是完備之極了！直正而不失之於倨傲，委曲而不失之於卑屈，親近而不失之於迫切，疏遠而不失之於離叛，變遷而不失之於淫亂，往復而不失之於厭煩，哀念而不失之於愁困，快樂而不失之於荒唐，使用而不失之於匱竭，廣大而不失之於宣揚，施恩而不失之於浪費，需取而不失之於貪多，停留而不失之於拘滯，行進而不失之於漂流。」㉘五聲協調（宮、商、角、徵、羽為五聲。和：協調也）。㉙八風平穩（八方之氣，謂之八風）。㉚每一個音節，都有適當的度數。㉛每一個拍子，都有一定的序列。㉜這是各種頌詞裏面，所共同具有的優點。㉝象與南，是舞名。箾與籥是舞器。吹簫以舞象，箾，即簫也。執籥以舞南，籥所以節舞也。這是文王之樂。㉞季札看了以後，說道：「美啊！但是，好像是還有什麼遺憾似的！」（文王以未能完成伐紂救民之事業為憾）。㉟季札看見舞大武（武王之樂）的樂，說道：「美啊！周家事業的興盛，大概就是這樣的輝煌啊！」㊅季札看見舞韶護（湯王之樂）的樂，說道：「聖人真是以天下為己任（弘）啊！他是毫無私心，為了救民而放桀，但是，他內心裏常存著一種慚愧的念頭，怕的是天下後世之篡位奪權的野心家以他為藉口。可見聖人之立身處事是如何的困難啊！」㊆季札看見舞大夏（禹王的樂）的樂，說道：「美啊！為了治水，勤勞奔走，三過其門而不入，但是，絲毫不自誇其功德，若非是大禹，誰能夠這樣的呢？」㊇季札看見舞招箾（即韶簫，舜帝之樂）的樂，說道：「德業真是發揮到極點了！偉大到極點了！好像是天空一樣的高，沒有不覆蓋的，好像是大地一樣的厚，沒有不裝載的！即便是有再好的德業，也不能超過於他了！真算是欣賞到最高境界了！再有任何的樂，我都不願意再看了（嘆觀止矣）！」

去魯，遂使齊。說晏平仲曰：「子速納邑與政。無邑無政，乃免於難㊀。齊國之政將有所歸；未得所歸，難未息也。」故晏子因陳桓子以納政與邑，是以免於欒高之難㊁。

【註】㊀你趕快繳還你的采邑與官職，乃可以免於禍難。㊁欒、高之難：《左傳》、魯昭公十年，陳氏鮑氏伐欒氏、高氏，欒高伐虎門，戰於稷，敗，奔魯。

去齊，使於鄭。見子產，如舊交。謂子產曰：「鄭之執政侈㊀，難將至矣，政必及子。子為政，慎以禮㈡。不然，鄭國將敗。」去鄭，適衛。說蘧瑗、史狗、史鰌、公子荊、公叔發、公子朝曰：「衛多君子，未有患也。」

【註】㈠侈：邪惡誇大。㈡慎以禮：要謹慎小心的以禮治國。

自衛如晉，將舍於宿㈠，聞鍾聲，曰：「異哉！吾聞之，辯而不德，必加於戮㈡。夫子獲罪於君以在此，懼猶不足，而又可以畔乎㈢？夫子之在此，猶燕之巢于幕也㈣。君在殯而可以樂乎？」遂去之。文子聞之，終身不聽琴瑟。

【註】㈠宿：即「戚」，在河北濮陽縣北。㈡有辯才而無德行，必然遭受刑戮。㈢在此：即在戚。孫文子獲罪，出獻公，以戚叛。畔，即叛。㈣燕居巢於幕網之內，言其處身險境。

適晉，說趙文子、韓宣子魏獻子曰：「晉國其萃於三家乎㈠！」將去，謂叔向曰：「吾子勉之！君侈㈡而多良大夫皆富㈢，政將在三家㈣。吾子直，必思自免於難㈤。」

【註】㊀晉國的政權，大概是要集中（萃）於三家的手中了。㊁君侈，則人心離。㊂良大夫多，而且都擁有經濟實力，則人心歸之。㊃政權將要歸攏於三家的手中了。㊄直正的人必不與惡勢力妥協，所以容易受難。

季札之初使，北過徐君。徐君好季札劍，口弗敢言。季札心知之，為使上國，未獻。還至徐，徐君已死，於是乃解其寶劍，繫之徐君冢樹而去。從者曰：「徐君已死，尚誰予乎？」季子曰：「不然。始吾心已許之，豈以死倍吾心哉㊀！」

【註】㊀不以徐君之死，而違背我原來的本意。倍：同「背」。

七年，楚公子圍弒其王夾敖而代立，是為靈王。十年，楚靈王會諸侯而以伐吳之朱方㊀，以誅齊慶封。吳亦攻楚，取三邑而去㊁。十一年，楚伐吳，至雩婁㊂。十二年，楚復來伐，次於乾谿㊃，楚師敗走。

【註】㊀朱方：江蘇丹徒縣。㊁《左傳》曰：「吳伐楚，取棘、櫟、麻，以報朱方之役。」棘：在安徽全椒縣。櫟：在河南新蔡縣。麻：在湖北麻城縣。《左傳》魯昭公四年，楚子以諸侯伐吳，八

月，克之，執齊慶封而盡滅其族。將戮慶封，椒舉曰：「臣聞無瑕者，可以戮人，慶封唯逆命，是以在此，其肯從於戮乎？播於諸侯，焉用之？」王弗聽。負之斧鉞，以徇於諸侯，使言曰：「無或如齊慶封弒其君，弱其孤，以盟其大夫。」慶封曰：「無或如楚共王之庶子圍弒其君兄之子麇而代之，以盟諸侯。王使速殺之。」㊂雩婁：在河南商城縣東北。㊃乾谿：在安徽亳縣東南。

十七年，王餘祭卒㊀，弟餘眛立。王餘眛二年，楚公子弃疾弒其君靈王代立焉㊁。

【註】㊀《左傳》曰：「吳人伐越，獲俘焉，以為閽，使守舟。吳子餘祭觀舟，閽以刀殺之。」閽：守門之奴隸。㊁楚公子棄疾弒靈王之事，在魯昭公十三年，西曆紀元前五二九年。棄疾稱王為楚平王。弃，同「棄」。

四年，王餘眛卒，欲授弟季札。季札讓，逃去。於是吳人曰：「先王有命，兄卒弟代立，必致季子。季子今逃位，則王餘眛後立。今卒，其子當代。」乃立王餘眛之子僚為王。

王僚二年㊀，公子光伐楚，敗而亡王舟。光懼，襲楚，復得王舟而還。

【註】㊀吳王僚二年，即魯昭公十七年，西曆紀元前五二五年。

五年，楚之亡臣伍子胥來犇，公子光客之㊀。公子光者，王諸樊之子也。常以為吾父兄弟四人，當傳至季子。季子即不受國㊁，光父先立。即不傳季子，光當立。陰納賢士，欲以襲王僚。

【註】㊀伍子胥奔吳，事在魯昭公二十年，即西曆紀元前五二二年。㊁即：如果。

八年，吳使公子光伐楚，敗楚師，迎楚故太子建母於居巢以歸。因北伐，敗陳、蔡之師。九年，公子光伐楚，拔居巢、鍾離。初，楚邊邑卑梁氏之處女與吳邊邑之女爭桑，二女家怒相滅，兩國邊邑長聞之，怒而相攻，滅吳之邊邑。吳王怒，故遂伐楚，取兩都而去㊀。

【註】㊀兩都：即居巢、鍾離。居巢：在安徽巢縣東北五里。鍾離：在安徽鳳陽縣東北二十里。

伍子胥之初犇吳，說吳王僚以伐楚之利。公子光曰：「胥之父兄為僇於楚㊀，欲自報其仇耳。未見其利。」於是伍員知光有他志㈡，乃求勇士專諸㈢，見之光。光喜，乃客伍子胥。子胥退而耕於野，以待專諸之事㈣。

【註】㈠伍子胥之父兄被楚王所殺。㈡有為王的野心。㈢《吳越春秋》曰：「專諸，豐邑人。伍子胥初亡楚入吳時，遇之於途，專諸方與人鬥，甚不可當，其妻呼，還。子胥怪而問其狀，專諸曰：『夫屈一人之下，必伸萬人之上。』胥因而相之，雄貌、深目、侈口、熊背，知其勇士。」㈣以等待專諸刺王僚之事的成功。

十二年冬，楚平王卒。十三年春，吳欲因楚喪而伐之，使公子蓋餘、燭庸㈠以兵圍楚之六、灊㈡。使季札於晉，以觀諸侯之變。楚發兵絕吳兵後，吳兵不得還。於是吳公子光曰：「此時不可失也。」告專諸曰：「不索何獲㈢！我真王嗣，當立，吾欲求之。季子雖至，不吾廢也。」專諸曰：「王僚可殺也。母老子弱，而兩公子將兵攻楚，楚絕其路。方今吳外困於楚，而內空無骨鯁之臣，是無奈我何。」光曰：「我身，子之身也㈣。」四月丙子，光伏甲士於窟室㈤，而謁王僚飲㈥。王僚使兵陳於道，自王宮至光之家，門階戶席，皆王僚之親也，人夾持鈹㈦。公子光詳為㈧足疾，入于窟室，使專諸置匕首㈨於炙魚之中以進食。手匕首刺王僚，鈹交於匈㈩，遂弒王僚。公子光竟代立為王，是為吳王闔廬。闔廬乃以專諸子為卿。

【註】㈠蓋餘、燭庸二人皆吳王僚之弟。㈡六：在安徽六安縣之北。灊：安徽霍山縣。灊：音潛（ㄑㄧㄢˊ）灊山：即霍山。㈢什麼事情，不去求，怎麼能得到呢？㈣我的生命就是你的生命。㈤窟室：掘地為室，即地下室也。㈥謁：請。㈦每人左右兩手皆握持利刃。鈹：音披（ㄆㄧ），兩刃小刀也。㈧詳：同「佯」，假裝。㈨匕首：短劍也。㈩王僚的侍從以鈹刺於專諸之胸，專諸亦死。

季子至，曰：「苟先君無廢祀，民人無廢主，社稷有奉，乃吾君也。吾敢誰怨乎？哀死事生，以待天命㈠。非我生亂，立者從之，先人之道也㈡。」復命㈢，哭僚墓，復位而待㈣。吳公子燭庸、蓋餘二人將兵遇圍於楚者，聞公子光弒王僚自立，乃以其兵降楚，楚封之於舒㈤。

【註】㈠季札回國以後，說道：「只要先君不絕其祭祀，人民有主人可事，誰奉承社稷，誰就是我

的君上，我還敢懟怨那一個呢？哀悼死者，事奉生者，以等待上天的命令。㊁只要不是我製造的禍亂，不管誰立而為君，都應當服從，這是先人們行事的道理。」㊂復命：向新主報告出使的情形。㊃復本位而待光之命。㊄舒：安徽舒城縣。

王闔廬元年，舉伍子胥為行人而與謀國事。楚誅伯州犂，其孫伯嚭亡奔吳㊀，吳以為大夫。

【註】㊀嚭：音痞（ㄆㄧˇ）。

三年，吳王闔廬與子胥、伯嚭將兵伐楚，拔舒，殺吳亡將二公子。光謀欲入郢，將軍孫武曰：「民勞，未可，待之。」四年，伐楚，取六與灊㊀。五年，伐越，敗之。六年，楚使子常囊瓦伐吳。迎而擊之，大敗楚軍於豫章㊁，取楚之居巢而還㊂。

【註】㊀六：安徽六安縣。灊：安徽霍山縣。㊁豫章：江西、南昌。㊂居巢：在安徽巢縣北。

九年，吳王闔廬請伍子胥、孫武曰：「始子之言郢未可入，今果如何？」二子對曰：「楚將子常貪，而唐、蔡皆怨之。王必欲大伐，必得唐、蔡乃可。」闔廬從之，悉興師，與唐、蔡西伐楚，至於漢水。楚亦發兵拒吳，夾水陳㊀。吳王闔廬弟夫槩欲戰，闔廬弗許。夫槩曰：「王已屬臣兵，兵以利為上，尚何待焉？」遂以其部五千人襲冒楚，楚兵大敗，走。於是吳王遂縱兵追之。比至郢㊁，五戰，楚五敗。楚昭王亡出郢，奔鄖㊂。鄖公弟欲弒昭王，昭王與鄖公犇隨㊃。而吳兵遂入郢。子胥、伯嚭鞭平王之尸以報父仇。

【註】㊀雙方以河為界而擺開陣勢。陳：同「陣」。㊁郢：楚之首都、今湖北江陵縣。㊂鄖：湖北安陸縣。㊃隨：湖北隨縣。

十年春，越聞吳王之在郢，國空，乃伐吳。吳使別兵擊越。楚告急秦，秦遣兵救楚擊吳，吳師敗。闔廬弟夫槩見秦越交敗吳，吳王留楚不去，夫槩亡歸吳而自立為吳王。闔廬聞之，乃引兵歸，攻夫槩。夫槩敗奔楚。楚昭王乃得以九月復入郢，而封夫槩於堂谿，為堂谿氏㊀。十一年，吳王使太子夫差伐楚，取番㈡。楚恐而去郢鄀㈢。

【註】㈠堂谿：在今河南遂平縣。㈡番：地名，大概在湖北應城縣附近。㈢鄀：湖北宜城縣。

十九年夏，吳伐越，越王句踐迎擊之檇李㈠。越使死士挑戰㈡，三行造吳師，呼，自剄㈢。吳師觀之，越因伐吳，敗之姑蘇㈣，傷吳王闔廬指，軍卻七里。吳王病傷而死。闔廬使立太子夫差，謂曰：「爾而忘句踐殺汝父乎？」對曰：「不敢㈤！」三年，乃報越。

【註】㈠檇李：在浙江嘉興縣。檇：音最（ㄗㄨㄟˋ）嘉興府城西南產佳李，因名檇李，蓋因果而得名也。㈡死士：敢死之士，先使敢死隊向吳軍挑戰，吳軍不為所動。㈢後又使重罪之人，排成三行走近吳軍陣地，並且都以劍對準自己的脖頸，向吳軍說：「兩國興兵，派我們來作戰，我們實在不善於作戰，但是又不敢逃避刑罰，所以我們只好來送死。」話一說畢，一個一個都自殺了。這個時候，吳軍都出來看這場悲劇的演出。就趁著這個機會，越軍猛攻，吳軍亂而敗於姑蘇。這是魯成公十四年，即西曆紀元前四九六年之事。㈣姑蘇在江蘇吳縣西南。此段文字係太史公錄左傳之文而簡化之，結果，使人不易懂，且變其原意，所以仍以參閱《左傳》為宜。㈤《左傳》謂：「夫差使人立於庭，

苟出入，必謂己曰：『夫差！爾忘越王之殺爾父乎！』則對曰：『唯，不敢忘』。」這段文的意思，就是夫差派人警惕自己，並不是闔廬警惕夫差也。

王夫差元年，以大夫伯嚭為太宰，習戰射，常以報越為志。二年，吳王悉精兵以伐越㈠，敗之夫椒㈡，報姑蘇也。越王句踐乃以甲兵五千人棲於會稽㈢，使大夫種因吳太宰嚭而行成㈣，請委國為臣妾。吳王將許之，伍子胥諫曰：「昔有過氏㈤殺斟灌以伐斟尋，滅夏后帝相。帝相之妃后緡方娠，逃於有仍而生少康㈥。少康為有仍牧正㈦。有過又欲殺少康，少康奔有虞㈧。有虞思夏德，於是妻之以二女而邑之於綸㈨，有田一成，有眾一旅㈩。後遂收夏眾，撫其官職⑪。使人誘之⑫，遂滅有過氏，復禹之績⑬，祀夏配天⑭，不失舊物⑮。今吳不如有過之彊，而句踐大於少康。今不因此而滅之，又將寬之⑯，不亦難乎！且句踐為人能辛苦，今不滅，後必悔之。」吳王不聽，聽太宰嚭，卒許越平⑰，與盟而罷兵去。

【註】㈠吳王夫差二年，全部動員所有精銳的部隊以伐越。㈡夫椒：在江蘇吳縣西南太湖中。有人

謂吳王既係攻越，則戰場應在越境，不應在吳境，故謂夫椒非在吳縣西南也。㊂會稽：在浙江紹興縣東南十三里。㊃行成：派人去求和。㊄過：古國名，在山東掖縣。斟灌城：在山東壽光縣。㊅有仍：國名，后緡之母家。在山東東平縣。㊆牧正：牧畜之長。㊇虞：河南虞城縣。㊈綸：虞城之邑名。㊉方十里為一成，眾五百人為一旅。⑪修整其各政治機構之職責與工作。⑫使女人誘惑澆。⑬恢復禹帝的事業。⑭以夏之祖配天。⑮不失其舊日的事業。⑯寬：饒恕。⑰平：和解，和平。

七年，吳王夫差聞齊景公死而大臣爭寵，新君弱，乃興師北伐齊。子胥諫曰：「越王句踐食不重味，衣不重采，弔死問疾，且欲有所用其眾。此人不死，必為吳患。今越在腹心疾而王不先，而務齊，不亦謬乎！」吳王不聽，遂北伐齊，敗齊師於艾陵㊀。至繒㊁，召魯哀公而徵百牢㊂。季康子使子貢以周禮說太宰嚭，乃得止。因留略地於齊魯之南。九年，為騶伐魯㊃，至，與魯盟乃去。十年，因伐齊而歸。十一年，復北伐齊。

【註】㊀艾陵：在山東泰安縣。㊁繒：在山東嶧縣東八十里。㊂《周禮》：「王合諸侯享禮十有二牢，上公九牢，侯伯七牢，子男五牢。」㊃騶：《左傳》「騶」作「邾」，在今山東鄒縣東南二

十六里。

越王句踐率其眾以朝吳，厚獻遺之，吳王喜。唯子胥懼，曰：「是弃吳也。」諫曰：「越在腹心，今得志於齊，猶石田，無所用㈠。且盤庚之誥有顛越勿遺㈡，商之以興。」吳王不聽，使子胥於齊，子胥屬其子於齊鮑氏㈢，還報吳王。吳王聞之，大怒，賜子胥屬鏤之劍以死㈣。將死，曰：「樹吾墓上以梓，令可為器。抉吾眼置之吳東門，以觀越之滅吳也㈤。」

【註】㈠石田，不可耕之田。㈡對於顛悖無道越禮不恭的人，要斬草除根，一株細苗也不留。㈢鮑氏：齊大夫。子胥託付其子於齊鮑氏。㈣屬鏤：劍名。㈤梓：落葉亞喬木，材堅緻耐用，可作棺材。把我的眼睛挖出，懸之於吳國東門，以親眼看見越國來滅吳。抉：挖出也。

齊鮑氏弒齊悼公。吳王聞之，哭於軍門外三日，乃從海上攻齊㈠。齊人敗吳，吳王乃引兵歸。

【註】㈠從海上攻齊，事在艾陵戰之前年，記述於此，前後錯亂。

十三年，吳召魯、衞之君會於橐皋㊀。

【註】㊀橐皋：在安徽巢縣西北。

十四年春，吳王北會諸侯於黃池㊀，欲霸中國以全周室㊁。六月（戊）〔丙〕子，越王句踐伐吳。乙酉，越五千人與吳戰。丙戌，虜吳太子友。丁亥，入吳。吳人告敗於王夫差，夫差惡其聞也。或泄其語，吳王怒，斬七人於幕下㊂。七月辛丑，吳王與晉定公爭長。吳王曰：「於周室我為長。」晉定公曰：「於姬姓我為伯。」趙鞅怒，將伐吳，乃長晉定公。吳王已盟，與晉別，欲伐宋。太宰嚭曰：「可勝而不能居也。」乃引兵歸國。國亡太子，內空，王居外久，士皆罷敝，於是乃使厚幣以與越平。

【註】㊀黃池：河南封邱縣。㊁吳王夫差不自量力，己身不保，而欲霸中國以全周室。㊂吳王夫差正在得意忘形，大會諸侯於黃池，忽然惡報傳來，說是越王句踐俘擄其太子，進軍其京都，使得吳王好沒面子，不由得羞憤交加，又害怕這種新聞傳播於諸侯，於是連殺來報告消息之人七名。

十五年，齊田常殺簡公。

十八年，越益彊。越王句踐率兵（使）〔復〕伐敗吳師於笠澤㈠。楚滅陳。

二十年，越王句踐復伐吳。二十一年，遂圍吳。二十三年十一月丁卯，越敗吳。越王句踐欲遷吳王夫差於甬東㈡，予百家居之。吳王曰：「孤老矣，不能事君王也。吾悔不用子胥之言，自令陷此。」遂自剄死㈢。越王滅吳，誅太宰嚭，以為不忠，而歸。

【註】㈠笠澤：《左傳》魯襄公十六年，「越子伐吳，吳子禦之笠澤，夾水而陣。」言笠澤，即太湖也。又有一解，謂吳淞江為笠澤。㈡甬東：浙江定海縣。在海中。㈢吳王臨死，說道：「我真後悔不聽伍子胥的話，以致失敗到這種慘境！」遂自殺而死。

太史公曰：孔子言「太伯可謂至德矣，三以天下讓，民無得而稱焉㈠。」余讀春秋古文，乃知中國之虞與荊蠻句吳兄弟也。延陵季子之仁心，慕義無窮，見微而知清濁㈡。嗚呼，又何其閎覽博物君子也㊂！

【註】㊀太伯的德行，好到極點了，使得人們沒有方法來形容他，稱讚他。㊁見微而知著，聽聲而知政，從很幾微的徵象上，他就能推知其結果。㊂見識宏廣的博物君子。

卷三十二　齊太公世家第二

太公望呂尚者㈠，東海上人㈡。其先祖嘗為四嶽，佐禹平水土有功㈢。虞夏之際封於呂㈣，或封於申㈤，姓姜氏。夏商之時，申、呂或封枝庶子孫，或為庶人，尚其後苗裔也。本姓姜氏，從其封姓，故曰呂尚。

【註】㈠太公：齊人之追稱也。望，太公之名也。呂，太公之氏也。尚，太公之字也。㈡《呂氏春秋》曰：「東夷之士。」㈢《國語》：周語曰：「四岳，共工之從孫，佐伯禹，高高下下，疏川導滯，鍾水豐物，皇天嘉之，祚四岳國，命為侯伯，賜姓曰姜，氏曰有呂，謂其能為禹股肱心膂以養物豐民人也」。此段為太史公所根據之資料。㈣呂：河南、南陽。㈤申：亦在河南、南陽。

呂尚蓋嘗窮困，年老矣㈠，以漁釣奸周西伯㈡。西伯將出獵，卜之，曰「所獲非龍非彲㈢，非虎非羆；所獲霸王之輔。」於是周西伯獵，果遇太公於渭之陽，與語大說㈣，曰：「自吾先君太公曰『當有聖人適周，周以興』。子真是邪？吾太公望子久矣。」故號之曰「太公望」，載與俱歸，立為師㊄。

【註】㊀《荀子》君道篇謂：「文王舉太公於州人而用之，行年七十有二，齫然而齒墮矣」。齫音捆（ㄎㄨㄣˇ），牙落的樣子。㊁奸：音干，請求，有所求。周西伯：文王也。㊂彲：同「螭」字，獸名，若龍而黃。大爬蟲一類的獸。㊃說：同「悅」。㊄太公望得名之由來。可見太公二字，又非後人之追稱。所以各種解釋，往往互相矛盾，不必固執也。

或曰，太公博聞，嘗事紂。紂無道，去之。游說諸侯，無所遇，而卒西歸周西伯。或曰，呂尚處士，隱海濱。周西伯拘羑里，散宜生、閎夭素知而招呂尚。呂尚亦曰：「吾聞西伯賢，又善養老，盍往焉。」三人者為西伯求美女奇物，獻之於紂，以贖西伯。西伯得以出，反國。言呂尚所以事周雖異，然要之為文武師。

周西伯昌之脫羑里歸，與呂尚陰謀修德以傾商政㊀，其事多兵權與奇計㊁，故後世之言兵及周之陰權皆宗太公為本謀㊂。周西伯政平，及斷虞芮之訟㊃，而詩人稱西伯受命曰文王。伐崇、密須、犬夷㊄，大作豐邑。天下三分，其二歸周者，太公之謀計居多㊅。

【註】㊀陰謀修德以顛覆商朝的政權。㊁有關於他的事業大多是用兵的權變與奇計。㊂所以後世之談用兵以及周朝之陰謀奪權，都是尊崇太公為基本的謀略。㊃虞：在山西永濟縣。芮：在陝西朝邑縣。㊄崇：在陝西鄠縣東。密須：在甘肅靈台縣西。犬夷：在陝西鳳翔縣北。豐：陝西鄠縣東。㊅天下有三分之二歸順於周家。

文王崩，武王即位。九年，欲修文王業，東伐以觀諸侯集否㊀。師行，師尚父左杖黃鉞㊁，右把白旄以誓，曰：「蒼兕蒼兕㊂，總爾眾庶㊃，與爾舟楫，後至者斬！」遂至盟津㊄。諸侯不期而會者八百諸侯。諸侯皆曰：「紂可伐也。」武王曰：「未可。」還師，與太公作此太誓。

【註】㊀向東方進行討伐以觀察諸侯們的向背。集，就是向，向心力。否，就是背，離心力。㊁杖：執持也。㊂蒼兕：水獸，九頭。馬融曰：「蒼兕，主舟楫之官名。」㊃總：集合，總動員。㊄盟津：即河南孟津。

居二年，紂殺王子比干，囚箕子。武王將伐紂，卜龜兆，不吉，風雨暴至。羣公盡懼，唯太公彊之勸武王㊀，武王於是遂行。十一年正月甲子，誓於牧野㊁，伐商紂。紂師敗績。紂反走㊂，登鹿臺，遂追斬紂。明日，武王立於社，羣公奉明水㊃，衞康叔封布采席㊄，師尚父牽牲，史佚策祝㊅，以告神討紂之罪。散鹿臺之錢，發鉅橋之粟㊆，以振貧民㊇。封比干墓，釋箕子囚。遷九鼎，脩周政，與天下更始。師尚父謀居多。

【註】㊀堅決勸武王伐紂。㊁牧野：在河南淇縣南。㊂反走：回頭而跑。㊃奉：捧也。明水：最清潔之水。㊄布：鋪展。㊅策祝：誦禱告之文以告神。㊆鉅橋：倉庫之名，在河南淇縣。㊇振：救濟。

於是武王已平商而王天下，封師尚父於齊營丘㊀。東就國㊁，道宿行遲。逆旅之人曰：「吾聞時難得而易失。客寢甚安，殆非就國者也。」太公聞之，夜衣而行，犂明至國㊂。萊侯來伐，與之爭營丘。營丘邊萊。萊人，夷也，會紂之亂而周初定，未能集遠方㈣，是以與太公爭國。

【註】㈠營丘：在山東臨淄。㈡就國：往其封國去。㈢犂明：即「黎明」，天將明而未明之時。㈣還未能安定遠方。

太公至國，脩政，因其俗，簡其禮㈠，通商工之業，便魚鹽之利，而人民多歸齊，齊為大國。及周成王少時，管蔡作亂㈡，淮夷畔周㈢，乃使召康公㈣命太公曰：「東至海，西至河，南至穆陵㈤，北至無棣㈥，五侯九伯，實得征之。」齊由此得征伐，為大國。都營丘。

【註】㈠簡化其禮節，而不至於繁碎。㈡管叔蔡叔作亂，反抗中央。㈢淮河流域的夷人叛周。㈣召公奭。㈤穆陵：在山東臨朐縣南。㈥無棣：在山東無棣縣北三十里。

蓋太公之卒百有餘年，子丁公呂伋立。丁公卒，子乙公得立。乙公卒，子癸公慈母立。癸公卒，子哀公不辰立。

哀公時，紀侯譖之周，周烹哀公而立其弟靜，是為胡公。胡公徙都薄姑㈠，而當周夷王之時。

哀公之同母少弟山怨胡公，乃與其黨率營丘人襲攻殺胡公而自立，是為獻公。獻公元年，盡逐胡公子，因徙薄姑都，治臨菑。

【註】㈠薄姑：在山東博興縣東北。

九年，獻公卒，子武公壽立。武公九年，周厲王出奔，居彘㈠。十年，王室亂，大臣行政，號曰「共和」㈡。二十四年，周宣王初立。

【註】㈠彘：在山西霍縣。㈡大臣共同合力主政，故曰共和。非民主政治之共和。

二十六年，武公卒，子厲公無忌立。厲公暴虐，故胡公子復入齊，齊人欲立之，乃與攻殺厲公。胡公子亦戰死。齊人乃立厲公子赤為君，是為文公，而誅殺厲公者七十人。

文公十二年卒，子成公脫立。成公九年卒，子莊公購立。

莊公二十四年，犬戎殺幽王，周東徙雒。秦始列為諸侯。五十六年，晉弒其君昭侯。六十四年，莊公卒，子釐公祿甫立。釐公九年，魯隱公初立。十九年，魯桓公弒其兄隱公而自立為君。

二十五年，北戎伐齊。鄭使太子忽來救齊，齊欲妻之。忽曰：「鄭小齊大，非我敵㊀。」遂辭之。

三十二年，釐公同母弟夷仲年死。其子曰公孫無知，釐公愛之，令其秩服奉養比太子。

三十三年，釐公卒，太子諸兒立，是為襄公。

【註】㊀鄭國是小國，齊國是大國，以鄭國而娶齊國之女，不是門當戶對的配偶。（非我敵。敵，對偶也）。

襄公元年，始為太子時，嘗與無知鬭，及立，絀無知秩服，無知怨。

四年，魯桓公與夫人如齊㊀。齊襄公故嘗私通魯夫人。魯夫人者，襄公女弟也，自釐公時嫁為魯桓公婦，及桓公來而襄公復通焉。魯桓公知之，怒夫人，夫人以告齊襄公。齊襄公與魯君飲，醉之，使力士彭生抱上魯君車，因拉殺魯桓公㈡，桓公下車則死矣。魯人以為讓㈢，而齊襄公殺彭生以謝魯。

【註】㈠如：往。㈡拉殺：摧折而殺之。㈢讓：責怨齊襄公。

八年，伐紀㈠，紀遷去其邑。

【註】㈠紀：在山東壽光縣。

十二年，初，襄公使連稱、管至父戍葵丘㈠，瓜時而往，及瓜而代㈡。往戍一歲，卒瓜時而公弗為發代㈢。或為請代，公弗許。故此二人怒，因公孫無知謀作亂。連稱有從妹在公宮，無寵，使之閒襄公㈣，曰「事成以女為無知夫人㈤」。冬十二月，襄公游姑棼㈥，遂獵沛丘㈦。見彘，從者曰「彭生」。公怒，射之，彘人立而啼。公懼，墜車傷足，失屨。反而鞭主屨者茀三百㈧。茀出宮。而無知、連稱、管至父等聞公傷，乃遂率其眾襲宮。逢主屨茀，茀曰：「且無入驚宮，驚宮未易入也。」無知弗信，茀示之創，乃信之。待宮外，令茀先入。茀先入，即匿襄公戶閒㊈。良久，無知等恐，遂入宮。茀反與宮中及公之幸臣攻無知等，不勝，皆死。無知入宮，求公不得。或見人足於戶閒，發視，乃襄公，遂弒之，而無知自立為齊君。

【註】㊀葵丘：在山東臨淄縣西。㊁今年瓜熟的時候去，到明年瓜熟的時候回來，整整一年。㊂但是到了一週年，襄公並不派人去代替。㊃暗地報告襄公的行動。㊄女：同「汝」，你。㊅姑棼：齊地，大概與沛丘相近之地。㊆沛丘：即貝丘，在山東博興縣南。㊇茀：主屨之人。㊈茀隱藏襄公於戶之空隙處。

桓公元年春，齊君無知游於雍林。雍林人嘗有怨無知，及其往游，雍林人襲殺無知，告齊大夫曰：「無知弒襄公自立，臣謹行誅。唯大夫更立公子之當立者，唯命是聽。」

初，襄公之醉殺魯桓公，通其夫人，殺誅數不當，淫於婦人，數欺大臣，羣弟恐禍及，故次弟糾奔魯。其母魯女也。管仲、召忽傅之。次弟小白奔莒，鮑叔傅之。小白母，衞女也，有寵於釐公。小白自少好善大夫高傒。及雍林人殺無知，議立君，高、國先陰召小白於莒。魯聞無知死，亦發兵送公子糾，而使管仲別將兵遮莒道㈠，射中小白帶鉤。小白詳死㈡，管仲使人馳報魯。魯送公子糾者行益遲，六日至齊，則小白已入，高傒立之，是為桓公。

【註】㈠遮擋莒道，使之不得入齊。㈡詳：同「佯」，假裝。

桓公之中鉤，詳死以誤管仲㈠，已而載溫車中馳行㈡，亦有高、國內應，故得先入立，發兵距魯㈢。秋，與魯戰于乾時㈣，魯兵敗走，齊兵掩絕魯歸道㈤。齊遺魯書曰：「子糾兄弟，弗忍誅，請魯自殺之。召忽、管仲讎也，請得而甘心醢之㈥。不然，將圍魯。」魯人患之，遂殺子糾于笙瀆㈦。召忽自殺，管仲請囚。桓公之立，發兵攻魯，心欲殺管仲。鮑叔牙曰：「臣幸得從君，君竟以立。君之尊，臣無以增君。君將治齊，即高傒與叔牙足也㈧。君且欲霸王，非管夷吾不可。夷吾所居國國重，不可失也。」於是桓公從之。乃詳為召管仲欲甘心㈨，實欲用之。管仲知之，故請往。鮑叔牙迎受管仲，及堂阜而脫桎梏㈩，齋祓而見桓公㈡。桓公厚禮以為大夫，任政。

【註】㈠詳：同「佯」，假裝死以騙管仲。㈡溫車：有帳幕之車。㈢距：同「拒」。㈣乾時：在山東博興縣南。㈤掩絕：遮斷了魯軍的歸路。㈥醢：碎為肉醬。㈦笙瀆：同「句瀆」，在山東荷澤縣北。又謂笙瀆，即「溝瀆」，謂殺子糾於溝瀆之中也。㈧即：同「則」，則也。㈨詳：同「佯」。㈩堂阜：在山東蒙陰縣。㈡齋祓：沐浴更衣，使之身心清潔也。祓，音拂（ㄈㄨˊ）清潔。

桓公既得管仲，與鮑叔、隰朋、高傒修齊國政，連五家之兵㈠，設輕重魚鹽之利㈡，以贍貧窮，祿賢能，齊人皆說㈢。

【註】㈠《國語》曰：「管子制國：五家為軌，十軌為里，四里為連，十連為鄉，以為軍令。」㈡輕重：權衡錢穀之貴賤而均平之。見〈平準書〉。㈢說：同「悅」。

二年，伐滅郯㈠，郯子奔莒。初，桓公亡時，過郯，郯無禮，故伐之。

【註】㊀郯：山東郯城縣。但據《春秋》則謂「齊師滅譚」，譚在山東歷城縣，桓公亡命出奔，從齊奔莒，可能先過譚，譚待之不以禮，故伐之。

五年，伐魯，魯將師敗。魯莊公請獻遂邑以平㊀，桓公許，與魯會柯而盟㊁。魯將盟，曹沫以匕首劫桓公於壇上㊂，曰：「反魯之侵地㊃！」桓公許之。已而曹沫去匕首，北面就臣位。桓公後悔，欲無與魯地而殺曹沫。管仲曰：「夫劫許之而倍信殺之㊄，愈一小快耳，而弃信於諸侯㊅，失天下之援，不可。」於是遂與曹沫三敗所亡地於魯。諸侯聞之，皆信齊而欲附焉。七年，諸侯會桓公於甄㊆，而桓公於是始霸焉。

【註】㊀遂：在山東寧陽縣西北。㊁柯：在山東陽穀縣。或謂在山東東阿縣。㊂壇：土基三尺，階三等，曰壇，會必有壇者，為升降揖讓，稱先君以相接也。㊃反：歸還。㊄倍信：即「背信」。㊅愈：滿足也。謂滿足了一件小小的快意之事，而失信於諸侯。㊆甄：當為「鄄」字，故城在山東濮縣東二十里。

十四年，陳厲公子完，號敬仲，來奔齊。齊桓公欲以為卿，讓；於是以為工正㊀。田成子常之祖也。

【註】㊀工正：百工之長也。

二十三年，山戎伐燕㊀，燕告急於齊。齊桓公救燕，遂伐山戎，至于孤竹而還㊁。燕莊公遂送桓公入齊境。桓公曰：「非天子，諸侯相送不出境，吾不可以無禮於燕。」於是分溝割燕君所至與燕，命燕君復修召公之政，納貢于周，如成康之時。諸侯聞之，皆從齊。

【註】㊀山戎：北方之夷種，居於今之河北遷安縣一帶，常為燕齊之害。㊁孤竹：在河北盧龍縣。

二十七年，魯湣公母曰哀姜，桓公女弟也。哀姜淫於魯公子慶父，慶父弒湣公，哀姜欲立慶父，魯人更立釐公㊀。桓公召哀姜，殺之。

【註】㊀釐公：即魯僖公。《史記》「僖」字皆作釐。

二十八年，衞文公有狄亂，告急於齊。齊率諸侯城楚丘㈠而立衞君。

【註】㈠楚丘：在河南滑縣東六十里。城楚丘者，築楚丘之城也。

二十九年，桓公與夫人蔡姬戲船中。蔡姬習水，蕩公㈠，公懼，止之，不止，出船，怒，歸蔡姬，弗絕。蔡亦怒，嫁其女。桓公聞而怒，興師往伐。

【註】㈠蔡姬習水，能游泳，不懼水。齊桓公不習於水，懼水，而蔡姬故意把船弄得東搖西蕩，使桓公越發害怕。本來是夫妻開玩笑，卻闖出大禍。

三十年春，齊桓公率諸侯伐蔡㈠，蔡潰。遂伐楚。楚成王興師問曰：「何故涉吾地？」管仲對曰：「昔召康公命我先君太公曰：『五侯九伯，若實征之㈡，以夾輔周室㈢。』賜我先君履㈣，東至海，西至河，南至穆陵，北至無棣。楚貢包茅不入㈤，王祭不具㈥，是以來責。昭王南征不復，是以來問。」楚王曰：「貢之不入，有之，寡人罪也，敢不共乎！昭王之出不復，君其問之水濱。㊆」齊師進次于陘㊇。夏，楚王使屈完將兵扞齊，齊師退次召陵㊈。桓公矜屈完以其眾㊉。屈完曰：「君以道則可；若不，則楚方城以為城㊁，江、漢以為溝，君安能進乎？」乃與屈完盟而去。過陳，陳袁濤塗詐齊，令出東方，覺㊂。秋，齊伐陳。是歲，晉殺太子申生。

【註】㊀蔡：在河南上蔡縣。㊁若：汝，你。㊂夾輔：左右輔助。㊃履：足跡所踐履之國界。㊄包茅：菁茅也，用以漉酒，以供祭祀也。㊅因為楚國不供給包茅，不能漉酒，沒有酒，當然祭祀的禮物就不具備了。㊆周昭王之出遊，死於水中，而不能生還，君可問之於水濱。（言其不負此種責任也）。㊇次：凡行軍，一宿為舍，再宿為信，過信為次。陘：在河南郾城縣東三十五里。㊈扞：抵抗。召陵在河南郾城縣。㊉矜：誇耀其兵多。㊁方城：河南方城縣。㊂覺：發覺陳國的欺騙。

三十五年夏，會諸侯于葵丘㊀。周襄王使宰孔賜桓公文武胙㊁、彤弓矢㊂、大路㊃，命無拜。桓公欲許之，管仲曰「不可」，乃下拜受賜。秋，復會諸侯於葵丘，益有驕色。周使宰孔會。諸侯頗有叛者。晉侯病，後，遇宰孔。宰孔曰：「齊侯驕矣，弟無行㊄。」從之。是歲，晉獻公卒，里克殺奚齊、卓子，秦穆公以夫人入公子夷吾為晉君㊅。桓公於是討晉亂，至高梁㊆，使隰朋立晉君，還。

【註】 ㊀葵丘：在河南考城縣東三十里。㊁胙：祭肉也，祭過文王武王以後的祭肉，賜之於桓公。㊂彤弓矢：彤，赤色也，諸侯有大功，則賜之以赤色的弓矢，然後得專征伐。㊃大路：大車也，諸侯朝服之車，謂之金路。㊄弟：同「第」字，但也，只管不要去。㊅秦穆公因為夫人的關係，送公子夷吾回晉國為君主。㊆高梁：在山西臨汾縣。

是時周室微，唯齊、楚、秦、晉為彊。晉初與會㊀，獻公死，國內亂。秦穆公辟遠㊁，不與中國會盟。楚成王初收荊蠻有之，夷狄自置㊂。唯獨齊為中國會盟，而桓公能宣其德，故諸侯賓會。於是桓公稱曰：「寡人南伐至召陵㊃，望熊山㊄；北伐山戎、離枝、孤竹㊅；西伐大夏，涉流沙；束馬懸車登太行㊆，至卑耳山㊇而還。諸侯莫違寡人。寡人兵車之會三㊈，乘車之會六㊉，九合諸侯，一匡天下㈡。昔三代受命，有何以異於此乎？吾欲封泰山，禪梁父。」管仲固諫，不聽；乃說桓公以遠方珍怪物至乃得封，桓公乃止㈢。

【註】㈠與會：參加會盟之事。㈡辟遠：即「僻遠」，處於偏僻之地，與中原各國較遠。㈢夷狄自置：自居於夷狄的地位，很少過問中原事。㈣召陵：在河南郾城縣。㈤熊山：熊耳山，在河南盧氏縣南。㈥山戎：在河北遷安縣。離枝：在河北遷安縣西。離枝：即令支。孤竹：河北盧龍縣。㈦太行山：起河南濟源縣，北入山西晉城縣，迤向東北，跨陵川、壺關，平順，潞城，黎城，武鄉，遼縣，和順，平定，昔陽，以及河南之輝縣，武安，河北之井陘，獲鹿。㈧卑耳山：即齊語所謂之「辟耳」山，在山西平陸縣西北。㈨兵車之會：《左傳》云：「魯莊公十三年，會北杏以平宋亂。魯僖公四年，伐楚。六年，伐鄭，圍新城。」㈩乘車之會：《左傳》云：「魯莊公十四年，會於鄄，十五年，又會鄄，十六年，同盟於幽。魯僖公五年，會於首止。八年，盟於洮。九年會葵丘是也。」㈡一匡天下：謂定襄王為太子之位也。㈢封禪乃帝王之事，有德者乃能為之，桓公不夠資格，故管仲堅決反對，後借口於天下之珍奇之物不具，故不能舉行。桓公乃止。

三十八年，周襄王弟帶與戎、翟合謀伐周，齊使管仲平戎於周。周欲以上卿禮管仲，管仲頓首曰：「臣陪臣㊁，安敢！」三讓，乃受下卿禮以見。三十九年，周襄王弟帶來奔齊。齊使仲孫請王，為帶謝㊂。襄王怒，弗聽。

【註】㊀翟：同「狄」。戎狄乃洛陽附近之異民族。㊁陪臣：諸侯之臣，曰「陪臣」。諸侯乃王之臣，而自己又為諸侯之臣，即王臣之臣，乃雙料資格之臣，故曰「陪臣」。㊂替帶講情，請襄王原諒其罪。

四十一年，秦穆公虜晉惠公，復歸之。是歲，管仲、隰朋皆卒。管仲病，桓公問曰：「羣臣誰可相者？」管仲曰：「知臣莫如君。」公曰：「易牙如何？」對曰：「殺子以適君，非人情，不可㊀。」公曰：「開方如何？」對曰：「倍親以適君，非人情，難近㊁。」公曰：「豎刁如何？」對曰：「自宮以適君，非人情，難親㊂。」管仲死，而桓公不用管仲言，卒近用三子，三子專權㊃。

【註】㊀易牙殺了自己的兒子，以投合君王之所好，這種行為，不近於人情，不可以用。㊁開方背

棄自己的父母，以投合君王之所好，這種行為，不近於人情，不可以近。㊂豎刁割去了自己的生殖器，以投合君王之所好，這種行為，不近於人情，難於親信。㊃管仲死了之後，桓公不用其言，而近用這三個小人，三小專權，齊國大亂。

四十二年，戎伐周，周告急於齊，齊令諸侯各發卒戍周㊀。是歲，晉公子重耳來，桓公妻之。

【註】㊀戍周：共同派兵駐於周境，擔任警戒與保衛之責。

四十三年，初，齊桓公之夫人三：曰王姬、徐姬、蔡姬，皆無子。桓公好內㊀，多內寵，如夫人者六人：長衛姬生無詭，少衛姬生惠公元，鄭姬生孝公昭，葛嬴生昭公潘，密姬生懿公商人，宋華子生公子雍。桓公與管仲屬孝公於宋襄公，以為太子。雍巫有寵於衛共姬，因宦者豎刁以厚獻於桓公，亦有寵，桓公許之立無詭。管仲卒，五公子皆求立。冬十月乙亥，齊桓公卒。易牙入，與豎刁因內寵殺羣吏，而立公子無詭為君。太子昭奔宋。

【註】㊀好內：好女色。

桓公病，五公子各樹黨爭立。及桓公卒，遂相攻，以故宮中空，莫敢棺㊀。桓公尸在牀上六十七日，尸蟲出於戶㊁。十二月乙亥，無詭立，乃棺赴。辛巳夜，斂殯。

【註】㊀宮中空而無人，沒有人敢收斂桓公之屍於棺中。㊁所以桓公的屍體在牀上暴露了六十七天，屍體的蛆都滿爬於門外。

桓公十有餘子，要其後立者五人㊀：無詭立三月死，無謚；次孝公；次昭公；次懿公；次惠公。孝公元年三月，宋襄公率諸侯兵送齊太子昭而伐齊。齊人恐，殺其君無詭。齊人將立太子昭，四公子之徒攻太子㊁，太子走宋，宋遂與齊人四公子戰。五月，宋敗齊四公子師而立太子昭，是為齊孝公。宋以桓公與管仲屬之太子，故來征之。以亂故，八月乃葬齊桓公。

【註】㊀要：總計。㊁徒：黨與。

六年春，齊伐宋，以其不同盟于齊也。夏，宋襄公卒。七年，晉文公立。

十年，孝公卒，孝公弟潘因衞公子開方殺孝公子而立潘，是為昭公。昭公，桓公子也，其母曰葛嬴。

昭公元年，晉文公敗楚於城濮㊀，而會諸侯踐土㊁，朝周，天子使晉稱伯。六年，翟侵齊。晉文公卒。秦兵敗於殽㊂。十二年，秦穆公卒。

【註】㊀城濮：在今河南陳留縣。一云在今山東濮縣南臨濮城。㊁踐土：在今河南滎澤縣西北。㊂殽：在河南洛寧縣北，西北接陝縣，東接澠池縣。

十九年五月，昭公卒，子舍立為齊君。舍之母無寵於昭公，國人莫畏。昭公之弟商人以桓公死爭立而不得，陰交賢士，附愛百姓，百姓說㊀。及昭公卒，子舍立，孤弱，即與眾十月即墓上弒齊君舍，而商人自立，是為懿公。懿公，桓公子也，其母曰密姬。

【註】㊀說：同「悅」。

懿公四年春，初，懿公為公子時，與丙戎之父獵，爭獲不勝，及即位，斷丙戎父足，而使丙戎僕。庸職之妻好，公內之宮㈠，使庸職驂乘。五月，懿公游於申池㈡，二人浴，戲。職曰：「斷足子！」戎曰：「奪妻者！」二人俱病此言，乃怨。謀與公游竹中，二人弒懿公車上，弃竹中而亡去。

【註】㈠內：同「納」字。㈡申池：海濱齊藪也。

懿公之立，驕，民不附。齊人廢其子而迎公子元於衞，立之，是為惠公。惠公，桓公子也。其母衞女，曰少衞姬，避齊亂，故在衞。

惠公二年，長翟來㈠，王子城父攻殺之，埋之於北門。晉趙穿弒其君靈公。

【註】㈠長翟：身體高大的長人，他是個狄人，不是中國種。翟：同「狄」，異種人。《穀梁傳》曰：「身橫九畝，斷其首而載之，眉見於軾。」

十年，惠公卒，子頃公無野立。初，崔杼有寵於惠公，惠公卒，高、國㈠畏其偪也㈡，逐之，崔杼奔衛。

【註】㈠高、國，齊國的兩個大豪族。㈡偪：侵逼，逼迫。

頃公元年，楚莊王彊，伐陳；二年，圍鄭，鄭伯降，已復國鄭伯。

六年春，晉使郤克於齊，齊使夫人帷中而觀之。郤克上，夫人笑之㈠。郤克曰：「不是報，不復涉河㈡！」歸，請伐齊，晉侯弗許。齊使至晉，郤克執齊使者四人河內，殺之。八年，晉伐齊，齊以公子彊質晉，晉兵去。十年春，齊伐魯、衛。魯、衛大夫如晉請師，皆因郤克㈢。晉使郤克以車八百乘為中軍將，士燮將上軍，欒書將下軍，以救魯、衛，伐齊。六月壬申，與齊侯兵合靡笄下㈣。癸酉，陳于鞌㈤。逄丑父為齊頃公右。頃公曰：「馳之，破晉軍會食。」射傷郤克，流血至履。克欲還入壁㈥，其御曰：「我始入，再傷，不敢言疾，恐懼士卒㈦，願子忍之。」遂復戰。戰，齊急，丑父恐齊侯得，乃易處，頃公為右，車絓於木而止㊇晉小將韓厥伏齊侯車前，曰「寡君使臣救魯，衞」，戲之。丑父使頃公下取飲，因得亡，脫去，入其軍。晉郤克欲殺丑父。丑父曰：「代君死而見僇，後人臣無忠其君者矣。」克舍之，丑父遂得亡歸齊。於是晉軍追齊至馬陵㊈。齊侯請以寶器謝，不聽；必得笑克者蕭桐叔子㊉，令齊東畝㊁。對曰：「叔子，齊君母。齊君母亦猶晉君母，子安置之？且子以義伐而以暴為後，其可乎？」於是乃許，令反魯、衞之侵地㊂。

【註】㊀郤克是個跛子，所以登階的姿勢很可笑，夫人從幕帳中看見，就不由得笑起來了。㊁郤克認為是侮辱他，所以說：「此仇不報，我就再不渡河。」㊂魯衞的兩國代表都住在郤克那裏。㊃靡笄：山名，即山東歷山，在山東歷城縣南。㊄鞌：齊地，在歷山附近。㊅壁：營壘。㊆恐怕打擊了士氣。㊇絓：被牽扯於木而止。㊈馬陵：應為「馬陘」，在山東益都縣西南。㊉蕭桐叔：齊君之外祖父。子：女也。齊君外祖父之女，即齊君之母也。因為齊君之母笑郤克，所以郤克非拿她不可。㊁另外還有一個條件，就是齊國的耕地，今後一律要向東而行，以便晉國車馬進入齊地之易。㊂反：退還前魯衞之地。

十一年，晉初置六卿，賞鞌之功。齊頃公朝晉，欲尊王晉景公，晉景公不敢受，乃歸。歸而頃公弛苑囿㊀，薄賦斂，振孤問疾㊁，虛積聚以救民㊂，民亦大說㊃。厚禮諸侯。竟頃公卒，百姓附，諸侯不犯㊄。

【註】㊀弛苑囿：開放苑囿以供民耕作。㊁振：救濟。㊂把所有的積聚都拿出來以救人民。㊃說：同「悅」。㊄以至於頃公之死，人民親附，諸侯不敢欺侮。

十七年，頃公卒，子靈公環立。

靈公九年，晉欒書弒其君厲公。十年，晉悼公伐齊，齊令公子光質晉。十九年，立子光為太子，高厚傅之，令會諸侯盟於鍾離㊀。二十七年，晉使中行獻子伐齊。齊師敗，靈公走入臨菑。晏嬰止靈公，靈公弗從。曰：「君亦無勇矣！」晉兵遂圍臨菑，臨菑城守不敢出，晉焚郭中而去。

【註】㊀鍾離：在安徽鳳陽縣。又謂在山東沂縣境。

二十八年，初，靈公取魯女，生子光，以為太子。仲姬，戎姬。戎姬嬖，仲姬生子牙，屬之戎姬。戎姬請以為太子，公許之。仲姬曰：「不可。光之立，列於諸侯矣，今無故廢之，君必悔之。」公曰：「在我耳。」遂東太子光，使高厚傅牙為太子。靈公疾，崔杼迎故太子光而立之，是為莊公。莊公殺戎姬。五月壬辰，靈公卒，莊公即位，執太子牙於句竇之丘㊀，殺之。八月，崔杼殺高厚。晉聞齊亂，伐齊，至高唐㊁。

【註】㊀句竇：即穀丘，在山東菏澤縣北。㊁高唐：山東高唐縣。

莊公三年，晉大夫欒盈奔齊，莊公厚客待之。晏嬰、田文子諫，公弗聽。四年，齊莊公使欒盈閒入晉曲沃為內應㊀，以兵隨之，上太行，入孟門㊁。欒盈敗，兵還，取朝歌㊂。

【註】㊀閒入：乘隙而入，閒道而入，秘密而入。曲沃：欒盈之邑。㊁孟門：在太行山東。㊂朝歌：今河南淇縣。

六年，初，棠公妻好㈠，棠公死，崔杼取之。莊公通之，數如崔氏㈡，以崔杼之冠賜人。侍者曰：「不可。」崔杼怒，因其伐晉，欲與晉合謀襲齊而不得閒。莊公嘗笞宦者賈舉，賈舉復侍，為崔杼閒公以報怨㈢。五月，莒子朝齊，齊以甲戌饗之。崔杼稱病不視事。乙亥，公問崔杼病，遂從崔杼妻。崔杼妻入室，與崔杼自閉戶不出，公擁柱而歌㈣。宦者賈舉遮公從官而入，閉門，崔杼之徒持兵從中起。公登臺而請解，不許；請盟，不許；請自殺於廟，不許。皆曰：「君之臣杼疾病，不能聽命。近於公宮㈥。陪臣爭趣有淫者㈦，不知二命㈧。」公踰牆，射中公股，公反墜，遂弒之。晏嬰立崔杼門外，曰：「君為社稷死則死之，為社稷亡則亡之㈨。若為己死己亡，非其私暱，誰敢任之㈩！」門開而入，枕公尸而哭，三踊而出⑪。人謂崔杼：「必殺之。」崔杼曰：「民之望也⑫，舍之得民⑬。」

【註】㈠棠公：棠邑之大夫。棠：山東棠邑縣。㈡如：往。㈢窺伺殺公的機會。伺公閒隙。㈣擁柱而歌，示意於棠姜也。㈤遮：隔斷。㈥崔杼自言其宮與公宮相近。㈦陪臣們爭著去捉拿淫亂的

人。趣：讀「促」，速去捉拿。㈧不知道其他的命令。㈨君為社稷而死，則為臣者自當隨之而死；君為社稷而亡，則為臣者自當隨之而亡。㈩若是君為自己的事而死，為自己的事而亡，那麼，除非是他自己最親幸的人，誰敢擔負這種責任呢？⑪跳動三次而出。⑫眾望所歸的人。⑬把他釋放了，可以得民心。

丁丑，崔杼立莊公異母弟杵臼，是為景公。景公母，魯叔孫宣伯女也。景公立，以崔杼為右相，慶封為左相。二相恐亂起，乃與國人盟曰：「不與崔慶者死！」晏子仰天曰：「嬰所不（獲）唯忠於君利社稷者是從！」不肯盟。慶封欲殺晏子，崔杼曰：「忠臣也，舍之。」齊太史書曰「崔杼弒莊公」，崔杼殺之。其弟復書，崔杼復殺之。少弟復書，崔杼乃舍之㈠。

【註】㈠齊太史兄弟相繼為正義而死，可謂真正的史官。晏子唯以忠於君，有利於社稷者是從，亦可謂真正的忠臣。

景公元年，初，崔杼生子成及彊，其母死，取東郭女，生明。東郭女使其前夫子無咎與其弟偃相崔氏。成有罪，二相急治之，立明為太子。成請老於崔（杼），崔杼許之，二相弗聽，曰：「崔，宗邑，不可㊀。」成、彊怒，告慶封。慶封與崔杼有郤，欲其敗也。成、彊殺無咎、偃於崔杼家，家皆奔亡。崔杼怒，無人，使一宦者御，見慶封。慶封曰：「請為子誅之。」使崔杼仇盧蒲嫳攻崔氏，殺成、彊，盡滅崔氏，崔杼婦自殺。崔杼毋歸，亦自殺㊁。慶封為相國，專權。

【註】㊀濟南東章邱縣西北有崔氏城，成欲居崔城以終老。崔杼已許之，但東郭女前夫之子不許，以為那是崔家宗邑之地，恐崔家宗人要支持成。㊁崔杼家被慶封所毀滅，因而無家（毋家）可歸，所以也自殺了。（毋：同無）。

三年十月，慶封出獵。初，慶封已殺崔杼，益驕，嗜酒好獵，不聽政令。慶舍用政㊀，已有內郤㊁。田文子謂桓子曰：「亂將作。」田、鮑、高、欒氏相與謀慶氏。慶舍發甲圍慶封宮，四家徒共擊破之。慶封還，不得入，奔魯。齊人讓魯㊂，封奔吳。吳與之朱方㊃，聚其族而居之，富於在齊。其秋，齊人徙葬莊公，僇崔杼尸於市以說眾㊄。

【註】㊀慶舍，慶封之子。㊁既而慶家內部發生怨隙。㊂魯國納慶封，故齊國責備魯國。㊃朱方：在江蘇丹徒縣。㊄說：同「悅」。

九年，景公使晏嬰之晉㊀，與叔向私語曰：「齊政卒歸田氏。田氏雖無大德，以公權私㊁，有德於民，民愛之。」十二年，景公如晉㊂，見平公，欲與伐燕。十八年，公復如晉，見昭公。二十六年，獵魯郊，因入魯，與晏嬰俱問魯禮。三十一年，魯昭公辟季氏難㊃，奔齊。齊欲以千社封之㊄，子家止昭公㊅，昭公乃請齊伐魯，取鄆㊆以居昭公。

【註】㊀之：往。㊁以公家之權，作為私家之用。㊂如：往。㊃辟：同「避」。㊄千社：二十五家為一社，千社，則兩萬五千家也。㊅子家羈，莊公之玄孫也。㊆鄆：山東鄆城縣。

三十二年，彗星見。景公坐柏寢㊀，嘆曰：「堂堂！誰有此乎㊁？」羣臣皆泣㊂，晏子笑㊃，公怒㊄。晏子曰：「臣笑羣臣諛甚㈥。」景公曰：「彗星出東北，當齊分野，寡人以為憂㈦。」晏子曰：「君高臺深池，賦斂如弗得，刑罰恐弗勝，茀星將出，彗星何懼乎？㈧」公曰：「可禳否㈨？」晏子曰：「使神可祝而來，亦可禳而去也。百姓苦怨以萬數，而君令一人禳之，安能勝眾口乎㈩？」是時景公好治宮室，聚狗馬，奢侈，厚賦重刑，故晏子以此諫之㈡。

【註】㈠柏寢：地名，在山東廣饒縣東北，其地有臺。齊景公坐於柏寢之臺上。韓非子曰：「景公與晏子游於少海，登柏寢臺而望其國。」公曰：「美哉！堂堂乎！後代孰有此？」晏子曰：「其田氏乎！」公曰：「寡人有國，而田氏有之，奈何？」對曰：「君欲奪之，則近賢遠不肖，治其煩亂，緩其刑罰，賑窮乏，恤孤寡，行恩惠，崇節儉，雖十田氏，其如君何？」㈡堂堂：富麗而堂皇的國都啊！將來誰能夠擁有它呢?!㈢羣臣一聞景公如此悲傷的話，大家都不由得為之落淚。㈣只有晏子一個人在冷笑。㈤景公怒，問晏子何故而笑？㈥晏子說：「我笑這一羣臣下們太是諂媚你了！」㈦景公說：「彗星是不吉利的星，現在在東北出現，正好是我們齊國的領空，我正在擔憂會有什麼不吉利的事情發生！」㈧晏子說：「你高築臺榭，深鑿游池，賦斂於人民者，惟恐其不苛，恨不得把人民之所有，全部拿光；刑罰於人民者，惟恐其不重，恨不得戰勝一切，把人民們都嚇唬的渾身發抖。這種

樣子繼續下去，茀星就要出來了，區區彗星何足懼呢！」（茀星一出，天地變色，日月無光。）㈨景公說：「可不可以禱禱神，退退災呢？」㈩晏子說：「假定神是可以禱告禱告而來，也就可以禱告禱告而去了！人民叫苦喊怨者有千千萬萬之多，而你使一個人來禱告退災，一個人的嘴能勝過千千萬萬人的嘴嗎？」㈡這個時候，齊景公好治宮室，生活奢侈，賦斂繁重，刑罰苛暴，所以晏子藉此機會，痛切諫告。

四十二年，吳王闔閭伐楚，入郢。

四十七年，魯陽虎攻其君，不勝，奔齊，請齊伐魯。鮑子諫景公，乃囚陽虎。陽虎得亡，奔晉。

四十八年，與魯定公好會夾谷㈠。犁鉏㈡曰：「孔丘知禮而怯，請令萊人為樂㈢，因執魯君，可得志。」景公害怕孔丘相魯，懼其霸㈣，故從犁鉏之計。方會，進萊樂，孔子歷階上，使有司執萊人斬之，以禮讓景公㈤。景公慙，乃歸魯侵地以謝，而罷去。是歲，晏嬰卒。

【註】㈠夾谷：在今山東萊蕪縣。㈡犁鉏：即犁彌，㈢萊人：齊所滅萊夷之人。㈣景公以孔丘相魯，為有害於齊。㈤讓：責。

五十五年，范、中行反其君於晉，晉攻之急，來請粟。田乞欲為亂，樹黨於逆臣㊀，說景公曰：「范、中行數有德於齊，不可不救。」乃使乞救而輸之粟。

五十八年夏，景公夫人燕姬適子死㊁。景公寵妾芮姬生子荼，荼少，其母賤，無行，諸大夫恐其為嗣，乃言願擇諸子長賢者為太子。景公老，惡言嗣事，又愛荼母，欲立之，憚發之口㊂，乃謂諸大夫曰：「為樂耳，國何患無君乎㊃？」秋，景公病，命國惠子、高昭子立少子荼為太子，逐羣公子，遷之萊㊄。景公卒，太子荼立，是為晏孺子。冬，未葬，而羣公子畏誅，皆出亡。荼諸異母兄公子壽、駒、黔奔衛，公子駔、陽生奔魯。萊人歌之曰：「景公死乎弗與埋，三軍事乎弗與謀，師乎師乎，胡黨之乎㊅？」

【註】㊀結交逆臣以樹立黨援。㊁適子：即「嫡子」。㊂不敢由自己口中提出。㊃只管享樂好了，國家還怕沒有君嗎？㊄萊：山東掖縣。㊅萊人之歌，為羣公子悲也。歌曰：「景公死了不得參加喪禮，三軍之事不得參加商量，羣公子啊！羣公子啊！你們到底是屬於那一類的人呢？」與：參

加。師：眾也，即指羣公子而言。黨：組合，團體，品類。

晏孺子元年春，田乞偽事高、國者，每朝，乞驂乘，言曰：「子得君㈠，大夫皆自危，欲謀作亂。」又謂諸大夫曰：「高昭子可畏，及未發，先之㈡。」大夫從之。六月，田乞、鮑牧乃與大夫以兵入公宮，攻高昭子。昭子聞之，與國惠子救公。公師敗，田乞之徒追之，國惠子奔莒，遂反殺高昭子。晏圉奔魯㈢。八月，齊秉意茲。田乞敗二相，乃使人之魯召公子陽生㈣。陽生至齊，私匿田乞家。十月戊子，田乞請諸大夫曰：「常之母有魚菽之祭㈤，幸來會飲。」會飲，田乞盛陽生橐中，置坐中央㈥，發橐出陽生㈦，曰：「此乃齊君矣㈧！」大夫皆伏謁㈨。將與大夫盟而立之，鮑牧醉，乞誣大夫曰：「吾與鮑牧謀共立陽生。」鮑牧怒曰：「子忘景公之命乎？」諸大夫相視欲悔，陽生前，頓首曰：「可則立之，否則已㈩。」鮑牧恐禍起，乃復曰：「皆景公子也，何為不可！」乃與盟，立陽生，是為悼公。悼公入宮，使人遷晏孺子於駘㈡，殺之幕下㈢，而逐孺子母芮子。芮子故賤而孺子少，故無權，國人輕之。

【註】㈠子得君：田乞對高昭子說：「你得君之寵愛……。」㈡田乞又對諸大夫說：「高昭子是一個可怕的傢伙，趁他沒有發動，我們先下手為強。」㈢晏圉：晏嬰之子。㈣乃派人往魯國召公子陽生回齊國。㈤常：田乞之子的名字。田常的母親，即田乞的妻。田乞難於直言其妻，故言孩子他媽。齊國的風俗，婦人主持祭事。言孩子他媽今天家中舉行拜拜，請各位賞光來乾一杯。魚菽者，表示薄陋無所有也。只是一點簡單的菜表示敬意。㈥田乞把公子陽生裝在一個袋子裏，擺在座位的中央。㈦把袋子揭開，露出了公子陽生。㈧田乞就對諸大夫們當場宣佈，說道：「這就是我們齊國的君王啊！」㈨諸大夫皆伏首請安。㈩公子陽生跪在諸大夫前，說道：「諸位認為我可以，就立之為君；認為我不可以，就作罷論。」⑪駘：齊邑名。⑫殺之於野幕之下。

悼公元年，齊伐魯，取讙、闡㈠。初，陽生亡在魯，季康子以其妹妻之。及歸即位，使迎之。季姬與季魴侯通㈡，言其情，魯弗敢與，故齊伐魯，竟迎季姬。季姬嬖，齊復歸魯侵地。

【註】㈠讙：魯地名，在山東泰安縣南。闡：在山東東平縣南。㈡季姬與其叔父季魴侯通姦。

鮑子與悼公有郤，不善。四年，吳、魯伐齊南方。鮑子弒悼公，赴于吳㊀。吳王夫差哭於軍門外三日，將從海入討齊。齊人敗之，吳師乃去。晉趙鞅伐齊，至賴而去㊁。齊人共立悼公子壬，是為簡公。

【註】 ㊀赴：同「訃」，告喪也。㊁賴：在今山東聊城縣西。

簡公四年春，初，簡公與父陽生俱在魯也，監止有寵焉。及即位，使為政。田成子憚之，驟顧於朝㊀。御鞅㊁言簡公曰：「田、監不可並也，君其擇焉㊂。」弗聽。子我夕㊃，田逆殺人，逢之，遂捕以入㊄。田氏方睦，使囚病而遺守囚者酒，醉而殺守者，得亡㊅。子我盟諸田於陳宗㊆。初，田豹欲為子我臣，使公孫言豹㊇，豹有喪而止。後卒以為臣，幸於子我。子我謂曰：「吾盡逐田氏而立女，可乎？」對曰：「我遠田氏矣㊈。且其違者不過數人㊉，何盡逐焉！」遂告田氏⑪。子行曰：「彼得君，弗先，必禍子。⑫」子行舍於公宮。

【註】㊀騶顧：在朝中辦公的時候，常常東張西望，心不安之狀。㊁主僕御之官，名鞅。㊂田、監兩卿，不可以並立於朝。㊃子我：即監止也。夕：晚間上朝之時。㊄恰好碰見田逆殺人，遂捕以入於朝。㊅田逆被捕而為囚，田家的人，使田逆假裝有病，並且贈送看守田逆的獄卒以酒，獄卒喝醉之後，田逆就殺了獄卒而越獄逃亡了。㊆子我怕的生禍，所以就和田家拉好感，而在田家的宗廟盟誓。田氏，陳姓也。姓之範圍大，可以包括許多氏。㊇言：介紹。請公孫大夫介紹田豹於子我。㊈我在田氏是遠房，不是嫡系。㊉違者：不聽話的人。(一一)田豹把子我的話，告訴田常。(一二)子行，亦陳成子之黨，對陳成子說：「監止得君之信任，要先下手殺之。」

夏五月壬申，成子兄弟四乘如公。子我在幄㊀，出迎之，遂入，閉門㊁。宦者禦之，子行殺宦者。公與婦人飲酒於檀臺，成子遷諸寢㊂。公執戈將擊之，太史子餘曰㊃：「非不利也，將除害也。」成子出舍於庫㊄，聞公猶怒，將出㊅，曰：「何所無君㊆！」子行拔劍曰：「需，事之賊也㊇。誰非田宗？所不殺子者有如田宗㊈。」乃止。子我歸，屬徒㊉攻闈與大門(一一)，皆弗勝，乃出。田氏追之。豐丘人執子我以告(一二)，殺之郭關(一三)。成子將殺大陸子方(一四)，田逆請而免之。以公命取車於道(一五)，出雍門(一六)。田豹與之車，弗受，曰：「逆為余請，豹與余車，余有私焉。事子我而有私於其讎，何以見魯、衛之士⑰？」

【註】㈠幄：帳也，聽政之處也。㈡成子兄弟入內而閉其門，使子我不得復入。㈢成子想請公遷移於寢室。㈣太史子餘：齊大夫傾向於陳成子。㈤庫：公門。㈥出：逃亡。㈦那個地方沒有可事之君？㈧需：等待，遲疑，是壞事的根本。㈨誰不是田氏的宗族，假定你若是逃亡的話，我不殺你，就算對不起田氏的宗族。㈩子我歸而集合徒眾。⑪闈：宮中之門，曰闈。⑫豐丘：陳氏之邑也。⑬郭關：齊關名。⑭子方：子我之黨，大夫東郭賈也。⑮取道中行人之車。⑯雍門：臨淄北門之名也。⑰子方對田豹說：「田逆已經為我請車，這是公開的事。現在你若給我車，那就是我與你私下有勾結，我是事奉子我的人，你是子我的仇人，我若是與你暗地勾結，那還有臉見魯、衛之士大夫？」

庚辰，田常執簡公于徐州㈠。公曰：「余蚤從御鞅言，不及此㈡。」甲午，田常弒簡公于徐州。田常乃立簡公弟驁，是為平公。平公即位，田常相之，專齊之政，割齊安平以東為田氏封邑㈢。

【註】㈠徐州：徐，音書，春秋作「舒州」，齊國西北邊上之地名。㈡蚤：即「早」字。我若是早

聽御鞅的話，決不致有今日。㊂安平：在山東臨淄縣以東。

平公八年，越滅吳。二十五年卒，子宣公積立。宣公五十一年卒，子康公貸立。田會反廩丘㊁。

【註】㊀田會：齊之大夫。㊁廩丘：在山東范縣。

康公二年，韓、魏、趙始列為諸侯。十九年，田常曾孫田和始為諸侯，遷康公海濱。

二十六年，康公卒，呂氏遂絕其祀。田氏卒有齊國，為齊威王，彊於天下。

太史公曰：吾適齊，自泰山屬之琅邪㊀，北被于海，膏壤二千里，其民闊達多匿知㊁，其天性也。以太公之聖，建國本，桓公之盛，修善政，以為諸侯會盟，稱伯，不亦宜乎？洋洋哉，固大國之風也㊂！

【註】㊀屬：接連不斷的。㊁匿知：外表好像不聰明而內裏實在是聰明。㊂洋洋：廣大寬宏的樣子。固：原來就是大國的風度。風範。「固」字亦可解「實在的」。

卷三十三　魯周公世家第三

周公旦者，周武王弟也㊀。自文王在時，旦為子孝，篤仁，異於羣子。及武王即位，旦常輔翼武王，用事居多。武王九年，東伐至盟津㊁，周公輔行。十一年，伐紂，至牧野㊂，周公佐武王，作牧誓。破殷，入商宮。已殺紂，周公把大鉞，召公把小鉞，以夾武王，釁社，告紂之罪于天，及殷民。釋箕子之囚。封紂子武庚祿父，使管叔、蔡叔傅之，以續殷祀。徧封功臣同姓戚者。封周公旦於少昊之虛曲阜，是為魯公。周公不就封，留佐武王。

【註】㊀周，地名，在陝西岐山之陽，本為太王居地，後以為周公之采邑，故曰周公。周公、召公為周室兩大賢相，輔佐文武成康以下，蓋嫡子封於魯、燕，而次子食采畿甸，世為卿士，故謂之周召也。㊁盟津：即河南洛陽附近之孟津。㊂牧野：在河南淇縣南。

武王克殷二年，天下未集㊀，武王有疾，不豫㊁，羣臣懼，太公、召公乃繆卜㊂。周公曰：「未可以戚我先王㊃。」周公於是乃自以為質㊄，設三壇，周公北面立，戴璧秉圭，告于太王、王季、文王。史策祝曰㊅：「惟爾元孫王發，勤勞阻疾㊆。若爾三王是有負子之責於天㊇，以旦代王發之身㊈。旦巧能，多材多藝，能事鬼神㊉。乃王發不如旦多材多藝，不能事鬼神⑪。乃命於帝庭，敷佑四方⑫，用能定汝子孫于下地⑬，四方之民罔不敬畏⑭。無墜天之降葆命⑮，我先王亦永有所依歸⑯。今我其即命於元龜⑰，爾之許我⑱，我以其璧與圭歸，以俟爾命⑲。爾不許我，我乃屏璧與圭⑳。」周公已令史策告太王、王季、文王，欲代武王發，於是乃即三王而卜。卜人皆曰吉，發書視之，信吉㉑。周公喜，開籥，乃見書遇吉㉒。周公入賀武王曰：「王其無害。旦新受命三王，維長終是圖㉓。茲道能念予一人㉔。」周公藏其策金縢匱中㉕，誡守者勿敢言㉖。明日，武王有瘳㉗。

【註】㊀未集：尚未安定。㊁不豫：苦痛不樂。㊂繆：同「穆」，恭敬的。㊃不可以王之疾病問題，苦惱我們的先王。㊄周公於是以自己的生命為代替品，向先王們作誠懇的請求。㊅由史官宣讀

他向先王們懇求的文字，說道：㈦「你們的長孫發，因為勤勞國事，被疾病所阻害。㈧如果你們先王對於上天要負起保護子孫的責任。㈨那麼，就請以我的生命代替王發的生命。㈩我又巧又能，多材多藝，能夠事奉鬼神。⑪你們的王發不如我多材多藝，不能事鬼神。⑫但是，他是受命於天庭的，叫他普遍的保護四方。⑬因而使你們在地上的子孫們，都能過著平安的生活。⑭四方遠近的人民，對於他沒有不是既尊敬而又畏服的。⑮由於他能夠不辜負上天所降給他的寶貴的命運。⑯所以我們的先王們才能夠永遠有所依歸。⑰現在我要來聽命於元龜。⑱你們若是允許我。⑲我就把璧與珪，獻給你們，以等待你們的命令。⑳如果你們不允許我的要求，我就把璧與珪，扔在一邊。」㉑周公乃就三王而卜，卜人都說很吉利，打開簡書一看，果然是吉利的。㉒周公很是喜歡，又打開占卜的簡冊，乃見占辭，也是很吉利的。㉓周公於是進見武王，為武王道喜，說道：「王的病是不會有什麼大的傷害的，我剛剛受了我們三代先王的命令，要我們作長久的打算。㉔這就是說我們的先王們都很體念我這個人。」㉕周公把他的祝文藏之於金縢匱中。㉖並且警告守者們不准他們向外洩露。㉗到了第二天，武王的病就輕得多了。

其後武王既崩，成王少，在強葆之中㈠。周公恐天下聞武王崩而畔㈡，周公乃踐阼㈢代成王攝行政當國㈣。管叔及其羣弟流言㈤於國曰：「周公將不利於成王。」周公乃告太公望、召公奭曰：

「我之所以弗辟㈥而攝行政者，恐天下畔周，無以告我先王太王、王季、文王。三王之憂勞天下久矣，於今而后成。武王蚤終，成王少，將以成周，我所以為之若此。」於是卒相成王，而使其子伯禽代就封於魯。周公戒伯禽曰：「我文王之子，武王之弟，成王之叔父，我於天下亦不賤矣。然我一沐三捉髮㈦，一飯三吐哺㈧，起以待士，猶恐失天下之賢人。子之魯，慎無以國驕人㈨。」

【註】㈠強葆：即「繈褓」，古字少，假借用之。繈褓，小兒衣被也。㈡畔，同「叛」。㈢踐阼：新的人君繼承王位，曰踐阼。㈣攝政：代君主執行統治大權。當國：主持國事。㈤流言：無根之言，揑造之言。㈥弗辟：即「弗避」，不推辭，不畏避。㈦沐浴的時候，有賢士來，趕快捉髮去接見，所以往往沐浴一次，就有三次捉髮的情形。㈧吃飯的時候，有賢士來，趕快把正吃在口中的飯吐出，去接見賢士，所以往往吃一次飯，就有三次吐哺的情形。㈨千萬不要以為自己有了國家而驕人。

管、蔡、武庚等果率淮夷而反㈠。周公乃奉成王命，興師東伐，作大誥。遂誅管叔，殺武庚，放蔡叔。收殷餘民，以封康叔於衛，封微子於宋，以奉殷祀。寧淮夷東土，二年而畢定。諸侯咸服宗周。

天降祉福，唐叔得禾，異母同穎㈡，獻之成王，成王命唐叔以餽周公於東土，作餽禾。周公既受命禾，嘉天子命，作嘉禾。東土以集㈢，周公歸報成王，乃為詩貽王，命之曰鴟鴞㈣。王亦未敢訓周公㈤。

【註】㈠淮夷：淮水流域之異民族。淮水源出河南省之桐柏山，東流入安徽境，瀦於江蘇安徽間之洪澤湖。其下游本由江蘇漣水縣入海，後為黃河所奪。㈡異母：即「異畝」。穎：禾穗也。言得嘉禾，異畝而同穗也。㈢集：安定。㈣鴟鴞：鴟，音嗤。鴞，音蕭。鴟鴞，即貓頭鷹，專捕其他小鳥為食。這首詩是周公自敘其扶持幼主安定國家之苦心，而痛斥鴟鴞之破壞國家，其第一首就說：「鴟鴞呀，鴟鴞呀，你既捕取我的兒子，不要再毀壞我的窩巢了！我所以辛辛苦苦，勤勞工作，完全是為的稚子的可憐！」這就表示他所以攝政的苦心。㈤訓：一作「誚」，責備。

成王七年二月乙未，王朝步自周，至豐，使太保召公先之雒相土㈠。其三月，周公往營成周雒邑，卜居焉，曰吉，遂國之。

【註】㈠之：往。雒：洛陽。相：觀察。

成王長，能聽政。於是周公乃還政於成王，成王臨朝。周公之代成王治，南面倍依以朝諸侯㈠。及七年後，還政成王，北面就臣位，匔匔如畏然㈡。

【註】㈠倍依：即「背依」。《禮記》曰：「周公朝諸侯於明堂之位，負斧依，南向而立。」背依，即背斧依，謂為斧文屏風於戶牖之間，周公於前立也。㈡匔匔：音窮窮。又作夔夔，敬謹的樣子。如畏然：好像是有所畏懼似的。

初，成王少時，病，周公乃自揃其蚤沈之河㈠，以祝於神曰：「王少未有識㈡，奸神命者乃旦也㈢。」亦藏其策於府。成王病有瘳。及成王用事，人或譖周公，周公奔楚。成王發府，見周公禱書，乃泣，反周公㈣。

【註】㈠自揃其蚤：即「自剪其爪」。㈡王年少，未有知識。㈢奸：違反，言違反神命者，乃是

我。㊃把周公請回來。

周公歸，恐成王壯，治有所淫佚㊀，乃作多士，作毋逸。毋逸稱：「為人父母，為業至長久，子孫驕奢忘之，以亡其家，為人子可不慎乎！故昔在殷王中宗，嚴恭畏天命，自度治民㊁，震懼不敢荒寧㊂，故中宗饗國七十五年㊃。其在高宗㊄，久勞于外㊅，為與小人㊆，作其即位㊇，乃有亮闇㊈，三年不言，言乃讙㊉，不敢荒寧，密靖殷國（一一），至于小大無怨（一二），故高宗饗國五十五年（一三）。其在祖甲，不義惟王（一四），久為小人于外（一五），知小人之依（一六），能保施小民（一七），不侮鰥寡（一八），故祖甲饗國三十三年（一九）。」多士稱曰：「自湯至于帝乙，無不率祀明德（二〇），帝無不配天者（二一）。在今後嗣王紂，誕淫厥佚，不顧天及民之從也（二二）。其民皆可誅（二三）。」（周多士）「文王日中昃不暇食（二四），饗國五十年（二五）。」作此以誡成王（二六）。

【註】㊀淫佚：貪於安逸。㊁自己恪守法度，拿出模範作用，以治理人民。㊂震：警也。提高警覺。懼：戒慎恐懼。荒：怠忽荒亂。寧：安逸。言其時時事事提高警覺，不敢怠荒安逸。㊃饗：享

也。所以中宗能夠享受國運至七十五年之久。㊄高宗：武丁也。㊅長期的在民間勞動。㊆與一般平民共同工作。㊇到了他即位為帝的時候。㊈居其父親小乙之喪，沉默不言。三年之久，不曾說話。㊉三年以後說話了，話一出口，大家都覺得歡樂和睦。⑪他也是不敢怠荒安逸，只是一心一意的想法子安定殷國。⑫以至於大大小小對於他都沒有一點的怨恨。⑬所以高宗能夠享受國運至於五十五年之久。⑭到了高宗之子帝甲的時候，以為自己是弟弟，不應當先於其兄祖庚而為王，所以以為王是不義的舉動，乃逃亡於外。⑮曾經有一段長的時間在外邊過著平民的生活。⑯所以他能夠知道一般人民生活的依靠與辛苦。⑰到了他為王的時候，他就能夠保護人民，施恩德於人民。⑱連那些鰥寡孤獨的人，他都一點不敢欺侮。⑲所以祖甲能夠享受國運至於三十三年之久。」⑳在〈多士〉一篇中，周公又說：「從湯王以至於帝乙，沒有不是慎重祭祀與修明其德行的。㉑沒有不是配合上天的意思的。㉒但是到了紂王繼承王位，他便大大的淫蕩享樂，毫不顧及上天的法度與人民的幸福。㉓紂王的行為，引起人民的怨恨，而紂王不知自我檢討，反而以為人民都是該殺。」㉔「文王為了忙於國事民生，常常到了太陽偏西的時候，還沒有空暇來吃午飯。㉕所以文王能夠享受國運至於五十年之久。」㉖周公根據歷代治亂興亡的故事，作了這些文件，以告誡成王。

成王在豐㊀，天下已安，周之官政未次序㊁，於是周公作周官，官別其宜㊂作立政，以便百姓㊃。百姓說㊄。

【註】㈠豐：在今陝西鄠縣東。㈡周家的政府組織及各機構的工作分配，尚未有系統的編製。㈢周公於是作〈周官〉一篇，分別規定其職掌。㈣周公又作〈立政〉一篇，教成王以明德慎罰，愛護百姓之道。㈤所以百姓們都非常之喜悅。說：同「悅」。

周公在豐，病，將沒，曰：「必葬我成周㈠，以明吾不敢離成王。」周公既卒，成王亦讓，葬周公於畢，從文王㈡，以明予小子不敢臣周公也。

【註】㈠據此段的意思，「成周」，是成王所葬的周地。㈡成王謙讓，不敢使周公作陪，於是葬於文王所葬之地畢原，以陪文王。畢原在陝西咸陽北十三里。

周公卒後，秋未穫㈠，暴風雷（雨），禾盡偃，大木盡拔㈡。周國大恐。成王與大夫朝服以開金縢書㈢，王乃得周公所自以為功代武王之說。二公及王乃問史百執事曰：「信有，昔周公命我勿敢言㈣。」成王執書以泣，曰：「自今後其無繆卜乎！昔周公勤勞王家，惟予幼人弗及知。今天動威以彰周公之德，惟朕小子其迎，我國家禮亦宜之㈤。」王出郊㈥，天乃雨，反風，禾盡起㈦。二公命國人，凡大木所偃，盡起而築之㈧。歲則大孰㈨。於是成王乃命魯得郊祭文王㈩。魯有天子禮樂者，以褒周公之德也㈡。

【註】㈠在秋季的農作物尚未收穫的時候。㈡一陣暴風雷把秋禾都吹倒了，把大木頭都連根拔掉了。㈢金縢書：周公為武王祈禱之文件所貯藏的器物。㈣史官及百執事們都說：「實在是有的，只是周公囑咐我們不准說出，所以我們就不敢說了。」㈤成王執書以泣，說道：「自今以後就不必再占卜了！回想當年周公為王家勤勞服務，惟以當時我年紀幼小，不能知道，現今上天大顯威靈以表彰周公的美德。我小子要設祭以迎，按我們國家崇德報功之禮，也應當盛大表示。」㈥於是成王出郊，舉行祭天之禮，配祭周公。（此言乃周公死後之事，而《尚書》所記則周公尚未死也，兩說衝突）。㈦成王出郊，天乃雨，風向又反轉過來，把以前吹倒的禾又吹立起來了。㈧二公又囑咐人們把壓倒的大樹，都扶起來，並且用土培植得很穩固。㈨大孰：即「大熟」，豐收也。㈩於是成王命令魯國得以郊祭之禮祭文王。（《禮記》曰：諸侯不得祭天子，今魯國得祭文王，乃成王對周公特別優待之禮也）。㈡魯國所以得有天子之禮樂者，因為是褒揚周公的美德。

周公卒，子伯禽固已前受封，是為魯公㈠。魯公伯禽之初受封之魯，三年而後報政周公。周公曰：「何遲也？」伯禽曰：「變其俗，革其禮，喪三年然後除之，故遲。」太公亦封於齊，五月而報政周公。周公曰：「何疾也？」曰：「吾簡其君臣禮，從其俗為也。」及後聞伯禽報政遲，乃嘆曰：「嗚呼，魯後世其北面事齊矣！夫政不簡不易，民不有近；平易近民，民必歸之㊁。」

【註】㊀周公長子就封於魯，次子留相王室，代為周公。其餘食邑於小國者六人，即凡、蔣、邢、茅、胙、祭也。㊁政治工作不簡便，就不容易實行；不容易實行，人民就不親近。只有簡便易行而親近民眾的政治，人民才會歸附。

伯禽即位之後，有管、蔡等反也，淮夷、徐戎亦並興反㊀。於是伯禽率師伐之於肸㊁，作肸誓，曰：「陳爾甲冑，無敢不善㊂。無敢傷牿㊃。馬牛其風，臣妾逋逃，勿敢越逐，敬復之㊄。無敢寇攘，踰牆垣㊅。魯人三郊三隧，峙爾芻茭、糗糧、楨榦，無敢不逮㊆。我甲戌築而征徐戎，無敢不及㊇，有大刑㊈。」作此肸誓，遂平徐戎，定魯。

【註】㈠伯禽即位之後，有管叔、蔡叔等人的反叛，淮河流域的夷人與徐州附近的戎人，也同時並起而反叛。㈡肸：音細（ㄒㄧˋ），地名，在山東費縣。㈢整理（陳）你們的甲冑，不准馬馬虎虎。㈣不准傷害畜圈中的牛馬。牿：音梏（ㄍㄨˋ），牛馬之圈也。㈤看見了走失的牛馬，或者是逃亡的奴僕婢妾，不准離開崗位去追捕他們。只是恭敬的報告上來就可以了。㈥不准偷竊人家的東西，不准跳越人家的牆垣。㈦在魯國東方、西方、南方郊區住的人們，準備好（峙）你們的草料（芻茭），乾糧，以及築城用的木版（楨：作兩邊用的木版。榦：作兩頭用的木版），不准趕不上用。㈧我定於甲戌之日築城而征討徐戎，不准屆時不到。㈨如果不服從以上的命令，就要治之以大刑。

魯公伯禽卒，子考公酋立。考公四年卒，立弟熙，是謂煬公。煬公築茅闕門。六年卒，子幽公宰立。幽公十四年，幽公弟濆殺幽公而自立，是為魏公。魏公五十年卒，子厲公擢立。厲公三十七年卒，魯人立其弟具，是為獻公。獻公三十二年卒，子真公濞立。

真公十四年，周厲王無道，出奔彘，共和行政。二十九年，周宣王即位。

三十年，真公卒，弟敖立，是為武公。

武公九年春，武公與長子括，少子戲，西朝周宣王。宣王愛戲，欲立戲為魯太子。周之樊仲山父諫宣王：「廢長立少，不順㊀；不順，必犯王命㊁；犯王命，必誅之：故出令不可不順也㊂。令之不行，政之不立㊃；行而不順，民將弃上㊄。夫下事上，少事長，所以為順㊅。今天子建諸侯，立其少，是教民逆也㊆。若魯從之，諸侯效之，王命將有所壅㊇；若弗從而誅之，是自誅王命也㊈。誅之亦失，不誅亦失，王其圖之㊉。」宣王弗聽，卒立戲為魯太子。夏，武公歸而卒，戲立，是為懿公。

【註】㊀廢其長子而立其少子，是不順於理。㊁不順於理，必有人反抗王命。㊂反抗王命，必然誅殺。所以發出命令不可不順於理。㊃命令不行，政府的威信就不能建立。㊄強制執行而不能順乎情理，人民就要離棄其君上。㊅以下事上，以少事長，這就叫做「順」。㊆現今天子建置諸侯，舍其長而立其少，等於是教人民作出違反倫理的事。㊇如果魯國服從這種舍長立少的命令，而各國諸侯都效法魯國的行為，那麼，王的命令遲早有一天會壅塞而不通行了。㊈如果魯國不服從而處罰他，

那就等於是自己處罰自己先王的命令了。⑩總而言之，這種作法，處罰不對，不處罰也不對，王要仔細考慮啊！

懿公九年，懿公兄括之子伯御與魯人攻殺懿公，而立伯御為君。伯御即位十一年，周宣王伐魯，殺其君伯御，而問魯公子能道順諸侯者㊀，以為魯後。樊穆仲曰㊁：「魯懿公弟稱，肅恭明神，敬事耆老；賦事行刑，必問於遺訓而咨於固實㊂；不干所問，不犯所（知）〔咨〕㊃。」宣王曰：「然，能訓治其民矣。」乃立稱於夷宮㊄，是為孝公。自是後，諸侯多畔王命。

【註】㊀宣王問魯國公子之中誰能夠領導而訓治東方的諸侯者，立以為魯君。㊁樊穆仲：即樊仲山父也。㊂對人民徵收租稅或使用刑罰，一定要問教於先王的遺訓而諮詢於歷史的故事。㊃只要是問教過的，他就不破壞；只要是諮詢過的，他就不違反。㊄夷宮：宣王祖父夷王之廟。古者爵命必於祖廟。

孝公二十五年，諸侯畔周，犬戎殺幽王。秦始列為諸侯。

二十七年，孝公卒，子弗湟立，是為惠公。

惠公三十年，晉人弒其君昭侯。四十五年，晉人又弒其君孝侯。四十六年，惠公卒，長庶子息攝當國，行君事，是為隱公。初，惠公適夫人無子㊀，公賤妾聲子生子息。息長，為娶於宋。宋女至而好，惠公奪而自妻之。生子允。登宋女為夫人，以允為太子。及惠公卒，為允少故，魯人共令息攝政，不言即位。

【註】㊀適夫人：即「嫡夫人」。

隱公五年，觀漁於棠㊀。八年，與鄭易天子之太山之邑祊㊁及許田㊂，君子譏之。

【註】㊀棠：在山東魚臺縣東北十二里。㊁祊：天子所賜與鄭國的祭泰山之邑地。㊂許田：天子所賜與魯國的朝宿之邑地。祊，在魯境，許距離鄭國近，所以魯鄭各以其方便而交換之。君子所以譏之者，因天子在上，天子所賜之物，諸侯不得私相交換也。

十一年冬，公子揮諂謂隱公曰：「百姓便君，君其遂立。吾請為君殺子允，君以我為相。」隱公曰：「有先君命。吾為允少，故攝代。今允長矣，吾方營菟裘之地而老焉㈠，以授子允政。」揮懼子允聞而反誅之，乃反譖隱公於子允曰：「隱公欲遂立，去子，子其圖之。請為子殺隱公。」子允許諾。十一月，隱公祭鍾巫㈡，齊于社圃㈢，館于蔿氏㈣。揮使人弒隱公於蔿氏，而立子允為君，是為桓公。

【註】㈠菟裘：在山東新泰縣。經營菟裘之地而終老。㈡鍾巫：古之神巫之名。㈢齋戒沐浴於社圃。㈣住於魯大夫蔿氏之家。

桓公元年，鄭以璧易天子之許田㈠。二年，以宋之賂鼎入於太廟，君子譏之㈡。

【註】㈠鄭國以祊田不足以當魯國許田之值，故又加璧以交換之。㈡受宋國之賄賂而取鼎，又以鼎納於周公之廟，更是不敬，所以君子譏之。

三年，使揮迎婦于齊為夫人。六年，夫人生子，與桓公同日，故名曰同。同長，為太子。

十六年，會于曹，伐鄭，入厲公。

十八年春，公將有行㈠，遂與夫人如齊㈡。申繻諫止，公不聽，遂如齊。齊襄公通桓公夫人。公怒夫人，夫人以告齊侯。夏四月丙子，齊襄公饗公㈢，公醉，使公子彭生抱魯桓公，因命彭生摺其脅㈣，公死于車。魯人告於齊曰：「寡君畏君之威，不敢寧居，來脩好禮。禮成而不反，無所歸咎，請得彭生以除醜於諸侯㈤。」齊人殺彭生以說魯㈥。立太子同，是為莊公。莊公母夫人因留齊，不敢歸魯。

【註】㈠公將有出行之事。㈡如：往也。夫人，齊襄公之妹，在其未嫁時，曾與齊襄公通姦。㈢饗：宴請，款待。㈣摺：同「折」，摧折也。㈤除醜：消除家醜的新聞。㈥說：同「悅」。

莊公五年冬，伐衞，內衞惠公。

八年，齊公子糾來奔。九年，魯欲內子糾於齊㈠，後桓公㈡，桓公發兵擊魯，魯急，殺子糾。召忽死。齊告魯生致管仲㈢。魯人施伯曰：「齊欲得管仲，非殺之也，將用之，用之則為魯患。

不如殺，以其屍與之㈣。」莊公不聽，遂囚管仲與齊。齊人相管仲。

【註】㈠內：同「納」，送衞惠公回衞。㈡落於桓公之後，桓公先一步回到齊國。㈢齊國告訴魯國要把管仲活著送來。㈣以管仲之屍體交給齊國。

十三年，魯莊公與曹沫會齊桓公於柯㈠，曹沫劫齊桓公，求魯侵地，已盟㈡而釋桓公。桓公欲背約，管仲諫，卒歸魯侵地。十五年，齊桓公始霸。二十三年，莊公如齊觀社㈢。

【註】㈠柯：山東東阿縣。㈡已盟：即「既盟」。㈢夏至祭地，曰「社」，齊桓公借社祭之名義，檢閱軍隊，以顯示其軍力，魯莊公往齊觀社禮。曹劌諫其不可以去，但莊公不聽。

三十二年，初，莊公築臺臨黨氏㈠，見孟女㈡，說而愛之，許立為夫人，割臂以盟㈢。孟女生子斑。斑長，說梁氏女㈣，往觀。圉人犖自牆外與梁氏女戲㈤。斑怒，鞭犖。莊公聞之，曰：「犖有力焉，遂殺之，是未可鞭而置也㈥。」斑未得殺。會莊公有疾。莊公有三弟，長曰慶父，次曰叔牙，次曰季友。莊公取齊女為夫人曰哀姜。哀姜無子。哀姜娣曰叔姜，生子開。莊公無適嗣㈦，愛孟女，欲立其子斑。莊公病，而問嗣於弟叔牙。叔牙曰：「一繼一及㈧，魯之常也。慶父在，可為嗣，君何憂？」莊公患叔牙欲立慶父，退而問季友。季友曰：「請以死立斑也。」莊公曰：「曩者叔牙欲立慶父，奈何？」季友以莊公命命牙待於鍼巫氏㈨，使鍼季劫飲叔牙以鴆㈩，曰：「飲此則有後奉祀；不然，死且無後。」牙遂飲鴆而死，魯立其子為叔孫氏⑪。八月癸亥，莊公卒，季友竟立子斑為君，如莊公命。侍喪，舍于黨氏。

【註】㈠黨氏：魯大夫，姓任。㈡孟女：黨氏之長女。㈢孟女割臂以為盟。㈣梁氏：魯大夫也。㈤圉人：主管養馬之人，名犖。犖，音落（ㄌㄨㄛˋ）。㈥犖是有力之人，應該即刻殺了，豈可僅僅鞭打幾下便算罷休。㈦適嗣：即「嫡嗣」。㈧父死子繼，兄終弟及。㈨鍼巫氏：魯大夫。㈩強迫叔牙飲酒，酒內置有毒藥。⑪不以罪誅，故得立其後人以世繼其祿也。

先時慶父與哀姜私通，欲立哀姜娣子開。及莊公卒而季友立斑，十月己未，慶父使圉人犖殺魯公子斑於黨氏。季友犇陳。慶父竟立莊公子開，是為湣公㊀。

【註】㊀湣公：《春秋》作「閔公」。

湣公二年，慶父與哀姜通益甚㊀。哀姜與慶父謀殺湣公而立慶父。慶父使卜齮襲殺湣公於武闈㊁。季友聞之，自陳與湣公弟申如邾，請魯求內之。魯人欲誅慶父。慶父恐，奔莒。於是季友奉子申入，立之，是為釐公㊂。釐公亦莊公少子。哀姜恐，奔邾。季友以賂如莒求慶父，慶父歸，使人殺慶父，慶父請奔，弗聽，乃使大夫奚斯行哭而往。慶父聞奚斯音，乃自殺。齊桓公聞哀姜與慶父亂以危魯，乃召之邾而殺之，以其屍歸，戮之魯。魯釐公請而葬之。

【註】㊀通姦更甚。㊁闈：宮中之門。㊂釐公：即「僖公」。僖公乃莊公之子，湣公之庶兄。

季友母陳女，故亡在陳，陳故佐送季友及子申。季友之將生也，父魯桓公使人卜之，曰：「男也，其名曰『友』，閒於兩社㈠，為公室輔。季友亡，則魯不昌。」及生，有文在掌曰「友」，遂以名之，號為成季。其後為季氏，慶父後為孟氏也㈡。

【註】㈠兩社：周社，亳社也，兩社之間，朝廷執政之臣所在。㈡季友之後為季氏。慶父之後為孟氏。

釐公元年，以汶陽鄪封季友㈠。季友為相。

【註】㈠汶陽：在今山東寧陽縣北。鄪：山東費縣。

九年，晉里克殺其君奚齊、卓子。齊桓公率釐公討晉亂，至高梁㈠而還，立晉惠公。十七年，齊桓公卒。二十四年，晉文公即位。

【註】㈠高梁：山西臨汾縣。

三十三年，釐公卒，子興立，是為文公。

文公元年，楚太子商臣弑其父成王，代立。三年，文公朝晉襄公。

十一年十月甲午，魯敗翟于鹹㈠，獲長翟喬如，富父終甥㈡舂其喉以戈㈢，殺之埋其首於子駒之門㈣，以命宣伯㈤。

【註】㈠鹹：在今河北濮陽縣東南六十里。㈡富父終甥：魯大夫也。㈢舂：突擊也。㈣子駒：魯郭門名。㈤宣伯：叔孫得臣子也。得臣為將，終甥是其同乘之人，得臣追長翟喬如其功尤大，故以所獲之人，名其子，使後世永記其功也。

初，宋武公之世㈠，鄋瞞伐宋㈡，司徒皇父帥師禦之，以敗翟于長丘㈢，獲長翟緣斯㈣。晉之滅路㈤，獲喬如弟棼如。齊惠公二年，鄋瞞伐齊，齊王子城父獲其弟榮如，埋其首於北門。衛人獲其季弟簡如。鄋瞞由是遂亡。

【註】㈠武公：周平王時，在春秋前二十五年。㈡鄋瞞：長翟（狄）國名。長狄兄弟三人，擾害中國，瓦石不能傷，叔孫得臣最善射者也，射其目，身橫九畝，斷其首而載之，眉見於軾。㈢長丘：宋地名。㈣長翟緣斯：長翟喬如之祖。㈤路：即潞，山西潞城縣東北。有赤狄之別種。晉滅潞事在

魯宣公十五年。長翟：在周時稱為長翟，在虞、夏、商，稱為汪罔，汪罔氏之君，守封禺之山。長翟者，體格長而大之異種也。鄭瞞兄弟，身軀身大，其勇蓋亦殊絕於一時，恃此以暴橫於諸夏。

十五年，季文子使於晉。

十八年二月，文公卒。文公有二妃：長妃齊女為哀姜，生子惡及視；次妃敬嬴，嬖愛，生子俀㈠。俀私事襄仲㈡，襄仲欲立之，叔仲曰不可。襄仲請齊惠公，惠公新立，欲親魯，許之。冬十月，襄仲殺子惡及視而立俀，是為宣公。哀姜歸齊，哭而過市，曰：「天乎！襄仲為不道，殺適㈢立庶！」市人皆哭，魯人謂之哀姜。魯由此公室卑，三桓彊㈣。

【註】㈠俀：音腿（ㄊㄨㄟˇ）。㈡襄仲：公子遂也。㈢適：同「嫡」。㈣三桓：魯桓公之族仲孫，叔孫，季孫。

宣公俀十二年，楚莊王彊，圍鄭。鄭伯降，復國之。

十八年，宣公卒，子成公黑肱立，是為成公。季文子曰：「使我殺適立庶失大援者，襄仲。」襄仲立宣公，公孫歸父有寵。

宣公欲去三桓，與晉謀伐三桓。會宣公卒，季文子怨之，歸父奔齊㈠。

【註】㈠歸父：襄仲之子。

成公二年春，齊伐取我隆㈠。夏，公與晉郤克敗齊頃公於鞌㈡，齊復歸我侵地。四年，成公如晉，晉景公不敬魯。魯欲背晉合於楚，或諫，乃不。十年，成公如晉。晉景公卒，因留成公送葬，魯諱之。十五年，始與吳王壽夢會鍾離㈢。

【註】㈠隆：《左傳》作「龍」。在山東泰安縣西南。㈡鞌：一說在山東平陰，一說在山東歷下。㈢鍾離：在安徽鳳陽縣東北二十里。

十六年，宣伯告晉㈠，欲誅季文子。文子有義，晉人弗許。

【註】㈠宣伯：叔孫僑如。

十八年，成公卒，子午立，是為襄公。是時襄公三歲也。

襄公元年，晉立悼公。往年冬，晉欒書弒其君厲公。四年，襄公朝晉。

五年，季文子卒。家無衣帛之妾，廄無食粟之馬，府無金玉，以相三君㊀。君子曰：「季文子廉忠矣。」

【註】㊀三君：宣公、成公、襄公。

九年，與晉伐鄭。晉悼公冠襄公於衛㊀，季武子從，相行禮。

【註】㊀《左傳》謂：「冠於成公之廟，假鐘磬焉，禮也。」

十一年，三桓氏分為三軍㊀。

【註】㊀三軍，魯之舊也。古者，大國三軍，次國二軍，小國一軍。魯侯封於曲阜，地方數百里，天下莫強焉。及僖公時，能復周公之宇，而史克作頌，其詩曰：「公車千乘」，說者以為大國之賦也。又曰：「公徒三萬」，說者以為大國之軍也。故知三軍，魯之舊耳。然車而謂之公車，則臣下無私乘也；徒而謂之公徒，則臣下無私民也。若有侵伐，諸卿更帥以出，事畢，則將歸於朝，車復於甸，甲散於邱，卒還於邑。將皆公家之臣，兵皆公家之眾，不相繫也。文、宣以來，政在私門，襄公

幼弱，季氏益張，廢公室之三軍，而三家各有其一，季氏盡征焉，而舊法亡矣。作三軍之後，三分公室，而各有其一，公室失去兵權，而三家各有其征兵的辦法，季氏使其乘之人，以其邑入者，無征；不入者，倍征。孟氏使半為臣，若子若弟，叔孫氏使盡為臣，不然不舍。自三家分軍，而人民與其兵權皆脫離公室之掌握了。

十二年，晉朝。十六年，晉平公即位。二十一年，朝晉平公。

二十二年，孔丘生㊀。

【註】㊀孔子生於周靈王二十一年，即西曆紀元前五五一年。孔子的誕生是中國文化史上的一個劃時代的紀念日，孔子以前的中國文化，賴孔子加以整理纂述而成為集大成的結晶體；孔子以後的中國文化，賴孔子加以創導開拓，而成為永遠適存的生命力。大哉孔子，如天地之無不覆載，聖哉孔子，實真理之化身，彼毛江匪類欲以馬列主義暴戾恣睢的異端邪說，而顛覆孔子之道，亦不過桓魋陽虎輩之故伎重演而已，無害於孔子思想之發揚光大，無傷於中國文化之壯濶進行也。

二十五年，齊崔杼弒其君莊公，立其弟景公。

二十九年，吳延陵季子使魯，問周樂，盡知其意，魯人敬焉。

三十一年六月，襄公卒。其九月，太子卒。魯人立齊歸之子裯為君，是為昭公。

昭公年十九，猶有童心㊀。穆叔不欲立，曰：「太子死，有母弟可立，不即立長㊁。年鈞擇賢㊂，義鈞則卜之㊃。今裯非適嗣㊄，且又居喪意不在戚而有喜色㊅，若果立，必為季氏憂。」季武子弗聽，卒立之。比及葬，三易衰㊆。君子曰：「是不終也。」

【註】㊀年十九而心理猶是幼稚，大概是標準的低能兒。㊁否則的話，就應該立其長子。㊂年齡相等，就選擇其才德之賢者而立之。㊃年齡相等而才德又相等，就以占卜決定之。㊄適嗣：即「嫡嗣」。㊅居喪的時候，一點悲哀的表情沒有，而且還有喜色。㊆到了埋葬的時候，就有三次換喪服，可見他是嬉戲無度。

昭公三年，朝晉至河，晉平公謝還之，魯恥焉。四年，楚靈王會諸侯於申㊀，昭公稱病不往。七年，季武子卒。八年，楚靈王就章華臺，召昭公㊁。昭公往賀，賜昭公寶器；已而悔，復詐取之㊂。十二年，朝晉至河，晉平公謝還之。十三年，楚公子弃疾弒其君靈王，代立。十五年，朝晉，晉留之葬晉昭公，魯恥之。二十年，齊景公與晏子狩竟，因入魯問禮。二十一年，朝晉至河，晉謝還之。

【註】㈠申：故城在河南南陽縣北二十里。㈡楚靈王建築章華之臺落成（就），召魯昭公到楚國參加落成典禮。㈢楚子款待魯侯於章華臺，並贈之以大曲之弓，既而悔之。

二十五年春，鸜鵒來巢㈠。師己曰：「文成之世童謠曰『鸜鵒來巢㈡，公在乾侯㈢。鸜鵒入處，公在外野』。」

【註】㈠鸜鵒：俗名「八哥」，能學人語。鸜：音瞿（ㄑㄩˊ），鵒：音育（ㄩˋ）。《公羊傳》曰：「非中國之禽也，宜穴而巢。」㈡師己：魯大夫。文：魯文公。成：魯成公。㈢乾侯：在今河北成安縣。此言非中國之鳥而來巢居，表示受了外國的侵略，於是乎君王被逼而出亡於外，這就是「公在乾侯」，「公在外野」的下場。

季氏與郈氏鬬雞㈠，季氏芥雞羽㈡，郈氏金距㈢。季平子怒而侵郈氏㈣，郈昭伯亦怒平子㈤。臧昭伯之弟會偽讒臧氏，匿季氏㈥，臧昭伯囚季氏人㈦。季平子怒，囚臧氏老㈧。臧、郈氏以難告昭公㈨。昭公九月戊戌伐季氏，遂入㈩。平子登臺請曰：「君以讒不察臣罪，誅之，請遷沂上⑪。」弗許。請囚於鄪⑫，弗許。請以五乘亡，弗許。子家駒曰：「君其許之。政自季氏久矣，為徒者眾，眾將合謀⑬。」弗聽。郈氏曰：「必殺之。」叔孫氏之臣戾謂其眾曰：「無季氏與有，孰利⑭？」皆曰：「無季氏是無叔孫氏⑮。」戾曰：「然，救季氏⑯！」遂敗公師。孟懿子⑰聞叔孫氏勝，亦殺郈昭伯。郈昭伯為公使，故孟氏得之。三家共伐公，公遂奔⑱。己亥，公至于齊。齊景公曰：「請致千社待君⑲。」子家曰：「弃周公之業而臣於齊，可乎⑳？」乃止。子家曰：「齊景公無信，不如早之晉。」弗從。叔孫見公還，見平子，平子頓首。初欲迎昭公，孟孫、季孫後悔，乃止。

【註】㈠季平子與郈昭伯兩家相近，故作鬥雞之戲。㈡季氏把他的雞子的翅膀上武裝了甲介。㈢郈氏把他的雞子的腳爪上武裝了銅具。這是兩家鬥雞子，而都把雞子加以武裝。㈣季平子發怒而壓迫郈氏。㈤郈昭伯也怨恨季平子。㈥臧昭伯之弟名會，揑造假話，讒害臧氏而隱匿於季氏之家。㈦臧昭伯也把季氏的人囚了起來。㈧季平子怒，也把臧氏的家臣囚了起來。㈨於是臧、郈兩氏就以

此種禍難報告於魯昭公。⑩魯昭公於九月帶兵打進季平子家。⑪沂：山東臨沂縣。⑫鄪：山東費縣。⑬子家駒：魯大夫仲孫氏之族。子家駒告訴魯昭公說：「你可以答應了，政權被季氏所霸佔，已經為時很久了，他們的羣眾勢力很大，有這麼大的羣眾力量，他們會結合起來的。」⑭叔孫氏的家臣鬷戾對他們的羣眾問道：「沒有季氏與有季氏，那一件對於我們有利？」⑮大家都說：「沒有季氏，就等於沒有叔孫氏！」⑯戾說：「很對！我們就去救季氏！」⑰孟懿子：仲孫何忌。⑱三家：仲孫、叔孫、季孫。三家共同討伐魯昭公，昭公失敗而出亡。⑲齊景公對魯昭公說：「願意貢奉千社之邑為君之食地。」⑳子家說：「拋棄周公之基業而為齊國的臣屬，可以做得出嗎？」

二十六年春，齊伐魯，取鄆而居昭公焉①。夏，齊景公將內公②，令無受魯賂。申豐、汝賈③許齊臣高齕、子將粟五千庾④。子將言於齊侯曰：「羣臣不能事魯君，有異焉⑤。宋元公為魯如晉，求內之，道卒⑥。叔孫昭子求內其君，無病而死⑦。不知天弃魯乎⑧？抑魯君有罪于鬼神也⑨？願君且待⑩。」齊景公從之。

【註】①鄆：山東鄆城縣。②安置昭公於鄆縣。③內：同「納」。③申豐、汝賈：兩人皆魯大夫。④高齕：子將之家臣也。子將：即梁丘據也。魯大夫申豐、汝賈答應齊臣高齕以五千庾（十六斗為一庾，五千庾共八萬斗）的穀物行賄於齊之大臣梁丘據。⑤梁丘據對齊景公說：「羣臣不能事

奉魯君，因為有特別的徵兆顯示出來。㈥宋元公為了魯侯的事情，往晉國去求援，希望晉國幫忙他回國，結果半路而死。㈦叔孫昭子想迎接魯君回國，也無病而死。㈧像這種啟示，不知道是上天棄絕魯國呢？㈨或者是魯君得罪於鬼神了呢？㈩這件事情，還是待等一下再說，不必急著把他送回國了。」

二十八年，昭公如晉㈠，求入㈡。季平子私於晉六卿㈢，六卿受季氏賂，諫晉君，晉君乃止，居昭公乾侯㈣。二十九年，昭公如鄆。齊景公使人賜昭公書，自謂「主君」㈤。昭公恥之，怒而去乾侯。三十一年，晉欲內昭公，召季平子。平子布衣跣行，因六卿謝罪㈥。六卿為言曰：「晉欲內昭公，眾不從。」晉人止。三十二年，昭公卒於乾侯。魯人共立昭公弟宋為君，是為定公。

【註】㈠如：往。㈡請晉君助之返國。㈢魯國季平子與晉國六卿私下相勾結。㈣晉君安置昭公於乾侯。（這就應了鸜鵒之歌的民謠）㈤齊景公賜書於魯昭公，自居於「主君」的地位。魯昭公以為是恥辱。㈥季平子布衣赤腳，到了晉國靠著晉國六卿的支持而謝罪。

定公立，趙簡子問史墨㈠曰：「季氏亡乎？」史墨對曰：「不亡。季友有大功於魯，受鄪為上卿，至于文子、武子，世增其業。魯文公卒，東門遂㈡殺適立庶㈢，魯君於是失國政。政在季氏，於今四君矣。民不知君，何以得國！是以為君慎器與名，不可以假人㈣。」

【註】㈠史墨：晉之史官名蔡墨。㈡東門遂：襄仲也，居於東門，故稱東門遂。㈢適：同「嫡」。㈣為人君者，要慎重名器，惟器（車服）與名（爵號），不可以假借於人。

定公五年，季平子卒。陽虎私怒，囚季桓子，與盟，乃捨之。七年，齊伐我，取鄆，以為魯陽虎邑以從政。八年，陽虎欲盡殺三桓適㈠，而更立其所善庶子以代之㈡；載季桓子將殺之，桓子詐而得脫。三桓共攻陽虎，陽虎居陽關㈢。九年，魯伐陽虎，陽虎奔齊，已而奔晉趙氏。

【註】㈠陽虎欲盡殺三桓之嫡嗣（適）。㈡而更立其所友善之庶孽子嗣（非嫡嗣）以代之。㈢陽關：在山東寧陽縣東北。

十年，定公與齊景公會於夾谷㊀，孔子行相事。齊欲襲魯君，孔子以禮歷階㊁，誅齊淫樂，齊侯懼，乃止，歸魯侵地而謝過。十二年，使仲由㊂毀三桓城㊃，收其甲兵。孟氏不肯墮城，伐之，不克而止。季桓子受齊女樂，孔子去㊄。

【註】㊀夾谷：在山東萊蕪縣。㊁歷階：登於階上。㊂仲由：子路。㊃孔子為魯相，要毀三桓之城，收其甲兵，這些措置都是要消滅特殊勢力，以恢復政治的常規。㊄季桓子使定公接受齊人所餽之女樂，君臣相與觀之，三日不理朝政，於是孔子遂去。

十五年，定公卒，子將立，是為哀公。

哀公五年，齊景公卒。六年，齊田乞弒其君孺子。

七年，吳王夫差彊，伐齊，至繒㊀，徵百牢於魯。季康子使子貢說吳王及太宰嚭，以禮詘之㊁。吳王曰：「我文身，不足責禮㊂。」乃止。

【註】㊀繒：故城在今山東嶧縣東八十里。㊁以禮而挫折吳國的要求。㊂「我是一個身上畫龍畫虎的國家，不知何謂禮儀，所以不必責我以禮。」

八年，吳為鄒伐魯，至城下，盟而去。齊伐我，取三邑。十年，伐齊南邊。十一年，齊伐魯。季氏用冉有有功，思孔子，孔子自衛歸魯。

十四年，齊田常弒其君簡公於俆州㈠。孔子請伐之，哀公不聽。十五年，使子服景伯、子貢為介㈡，適齊，齊歸我侵地。田常初相，欲親諸侯。

十六年，孔子卒㈢。

二十二年，越王句踐滅吳王夫差。

二十七年春，季康子卒。夏，哀公患三桓，將欲因諸侯以劫之，三桓亦患公作難，故君臣多閒㈣。公游于陵阪㈤，遇孟武伯於街㈥，曰：「請問余及死乎㈦？」對曰：「不知也。」公欲以越伐三桓㈧。八月，哀公如陘氏㈨。三桓攻公，公奔于衛，去如鄒，遂如越。國人迎哀公復歸，卒于有山氏。子寧立，是為悼公。

【註】㈠俆州：《左傳》作「舒州」。在山東滕縣。㈡介：助手。傳賓主之言者，為「介」。㈢孔子卒，時在魯哀公十六年，周敬王四十一年，西曆紀元前四七九年享年七十三歲。㈣閒：有隔閡，

有怨隙。㊄陵阪：地名，在曲阜城東北。㊅《左傳》為「孟氏之衢」。㊆請問我可以善終而死嗎？㊇哀公欲借越國的力量以伐三桓。㊈陘氏：即有山氏：大概在山東之西邊與河北省接近之地。

悼公之時，三桓勝，魯如小侯，卑於三桓之家㊀。十三年，三晉滅智伯，分其地有之。

三十七年，悼公卒，子嘉立，是為元公。元公二十一年卒，子顯立，是為穆公。穆公三十三年卒，子奮立，是為共公。共公二十二年卒，子屯立，是為康公。康公九年卒，子匽立，是為景公。景公二十九年卒，子叔立，是為平公。是時六國皆稱王。

【註】㊀悼公之時，魯公的勢力卑於三桓之家。自此以後，大約有一百五十年，而六國皆稱王。

平公十二年，秦惠王卒。二十年，平公卒，子賈立，是為文公。文公（七）〔元〕年，楚懷王死于秦。二十三年，文公卒，子讎立，是為頃公。

頃公二年，秦拔楚之郢，楚頃王東徙於陳。十九年，楚伐我，取徐州㊀。二十四年，楚考烈王伐滅魯㊁。頃公亡，遷於卞邑㊂，為家人㊃，魯絕祀。頃公卒于柯㊄。

魯起周公至頃公，凡三十四世㊅。

【註】㊀徐州：山東滕縣。㊁魯頃公二十四年，即西曆紀元前二五〇年，被楚國考烈王所滅。㊂卞邑：在山東泗水縣東五十里。㊃家人：庶民，無官職。㊄柯：山東東阿縣。㊅魯國自周公起至頃公亡國，凡三十四世，八百六十五年。即自伯禽就封之西曆紀元前一一一五年算起至魯頃公亡國之西曆紀元前二五〇年為止。

太史公曰：「余聞孔子稱曰甚矣魯道之衰也！洙泗之閒斷斷如也㊀。」觀慶父及叔牙閔公之際，何其亂也？隱桓之事；襄仲殺適立庶㊁；三家北面為臣，親攻昭公㊂，昭公以奔。至其揖讓之禮則從矣㊃，而行事何其戾也㊄。

【註】㊀斷斷：音銀（一ㄣˊ），為小事而爭辯不休。言魯道真是衰微之極了。洙泗之間的社會風氣，往往為了一點小利小害，而爭辯不息。㊁隱公、桓公之事，襄仲殺嫡而立庶。㊂三桓是北面為臣之人，而竟敢親攻昭公。㊃揖讓之禮，照樣的表演著。㊄而實際的行事為什麼那樣的暴戾呢?!

卷三十四　燕召公世家第四

召㈠公奭㈡與周同姓，姓姬氏㈢。周武王之滅紂，封召公於北燕㈣。

【註】㈠召：畿內采邑之名，食邑於召，故曰召公。㈡奭：音事（ㄕˋ），召公之名。㈢姓：氏族團體之總名。氏：乃大團體中所滋出之支體，其範圍小於姓。㈣北燕：在河北薊縣。擁有河北省東北部及遼東省之地。

其在成王時，召公為三公：自陝以西㈠，召公主之；自陝以東，周公主之。成王既幼，周公攝政㈡，當國踐祚㈢，召公疑之，作君奭。君奭不說周公㈣。周公乃稱「湯時有伊尹，假于皇天㈤；在太戊時，則有若伊陟、臣扈，假于上帝，巫咸治王家；在祖乙時，則有若巫賢；在武丁時，則有若甘般：率維茲有陳㈥，保乂有殷㈦。」於是召公乃說㈧。

【註】㈠陝：河南陝縣。㈡代營統治大權。㈢負責國家重任，踐登元首之位。㈣說：同「悅」。

君奭：《尚書》現有〈君奭〉之文。此文全意是周公勸召公不可有消極辭職的念頭，說召公是全國人民的模範，責任重大，如果召公不幹，周公自己一個人也撐不住台了，非兩個人合力擔當不可。意思非常誠懇。這就是今日所謂之雙輪馬車政治。㈤假：至誠感動了上天，故得上天之祐。㈥率：皆，大都。都是因為有這些忠貞能幹的賢臣參加政府（陳）－貢獻力量。㈦保護殷家的安定。㈧召公受了周公這一番忠勸，才打消辭意。說：同「悅」－喜悅而打消辭意。

召公之治西方，甚得兆民和㈠。召公巡行鄉邑，有棠樹，決獄政事其下，自侯伯至庶人各得其所，無失職者㈡。召公卒，而民人思召公之政，懷棠樹不敢伐，歌詠之，作甘棠之詩㈢。

【註】㈠兆民：千千萬萬的人民，極言其多。㈡召公到各鄉各區去巡察地方政治，人民有什麼民事或刑事案件，他就在棠、梨樹下當場調解或審判，這真算是便民政治的模範人物。要真想做到便民政治，必須要打破官僚主義的衙門政治，而走到民眾的面前去。㈢甘棠之詩，充分流露出鄉村之愚夫愚婦對於召公無限留戀之情。詩有三章，大意是這樣：「茂盛的甘棠樹啊！大家千萬不要剪它斫它，那是召伯當年所曾經休息的地方啊！」另有兩章，也是與此章同格同調，而引伸繚繞其留戀思慕之情。只此一詩，召伯之政治作風及其影響，使人仿佛其全貌。

自召公已下九世至惠侯。燕惠侯當周厲王奔彘，共和之時。

【註】厲王無道，引起人民全體反抗，於是厲王出奔，流亡於彘（在山西霍縣）。中央政治由周召二公合作主持，故謂之「共和」。所謂周、召二公者，乃周、召二公之後人，世世擔任中央輔相之工作，故仍稱其名為周公、召公。周、召二公，本來在京畿之內有采邑，而在京畿之外有封地，封地由其嫡子系統任之；采邑由庶子系統任之，故其庶子在京畿食采邑而任職於中央者，仍是周公、召公的子系，而沿稱其舊號也。

惠侯卒，子釐侯立㈠。是歲，周宣王初即位。釐侯二十一年，鄭桓公初封於鄭。三十六年，釐侯卒，子頃侯立。

頃侯二十年，周幽王淫亂，為犬戎所弒㈡。秦始列為諸侯。二十四年，頃侯卒，子哀侯立。哀侯二年卒，子鄭侯立。鄭侯三十六年卒，子繆侯立。

繆侯七年，而魯隱公元年也。十八年卒，子宣侯立。宣侯十三年卒，子桓侯立。桓侯七年卒，子莊公立。

莊公十二年，齊桓公始霸。十六年，與宋、衛共伐周惠王，惠王出奔溫，立惠王弟穨為周王。十七年，鄭執燕仲父而內惠王于周。二十七年，山戎來侵我㊂，齊桓公救燕，遂北伐山戎而還。燕君送齊桓公出境，桓公因割燕所至地予燕，使燕共貢天子，如成周時職；使燕復修召公之法。三十三年卒，子襄公立。

【註】㊀釐侯：即「僖侯」。㊁犬戎：西戎種名，亦名畎夷，又名昆吾。㊂山戎：在河北遷安縣，春秋時代，常為齊燕之患。

襄公二十六年，晉文公為踐土之會㊀，稱伯。三十一年，秦師敗于殽㊁。三十七年，秦穆公卒。四十年，襄公卒，桓公立。

桓公十六年卒，宣公立。宣公十五年卒，昭公立。昭公十三年卒，武公立。是歲晉滅三郤大夫㊂。

武公十九年卒，文公立。文公六年卒，懿公立。懿公元年，齊崔杼弒其君莊公。四年卒，子惠公立。

惠公元年，齊高止來奔。六年，惠公多寵姬，公欲去諸大夫而立寵姬宋，大夫共誅姬宋，惠公懼，奔齊。四年，齊高偃如晉，請共伐燕，入其君。晉平公許，與齊伐燕，入惠公。惠公至燕而死。燕立悼公。

【註】㈠踐土：在河南滎澤縣西北。㈡殽：在河南洛寧縣西北六十里。有東西二崤，皆長坂絕險。所謂「殽（崤）函之固」是也。㈢三郤大夫：即晉景公時之郤至、郤錡、郤犨三家是也。三家皆侈而多怨，至晉厲公之時，皆被長魚矯所殺。

悼公七年卒，共公立。共公五年卒，平公立。晉公室卑，六卿始彊大。平公十八年，吳王闔閭破楚入郢。十九年卒，簡公立。簡公十二年卒，獻公立。晉趙鞅圍范、中行於朝歌。獻公十二年，齊田常弒其君簡公。十四年，孔子卒。二十八年，獻公卒，孝公立。

孝公十二年，韓、魏、趙滅知伯，分其地，三晉彊。

十五年，孝公卒，成公立。成公十六年卒，湣公立。湣公三十一年卒，釐公立。是歲，三晉列為諸侯。

釐公三十年，伐敗齊于林營。釐公卒，桓公立。桓公十一年卒，文公立。是歲，秦獻公卒。秦益彊。

文公十九年，齊威王卒。二十八年，蘇秦始來見，說文公。文公予車馬金帛以至趙，趙肅侯用之。因約六國，為從長㊀。秦惠王以其女為燕太子婦。

【註】㊀東方六國諸侯聯合以抗秦，時在燕文公二十八年，即西曆紀元前三三四年。

二十九年，文公卒，太子立，是為易王。

易王初立，齊宣王因燕喪伐我，取十城；蘇秦說齊，使復歸燕十城。十年，燕君為王㊀。蘇秦與燕文公夫人私通，懼誅，乃說王使齊為反閒㊁，欲以亂齊。易王立十二年卒，子燕噲立。

【註】㊀燕君：即易王。㊁反閒：《孫子兵法》曰：「反閒者，因敵閒而用之者也。凡軍之所欲擊，城之所欲攻，人之所欲殺，必先知其守將，左右謁者，門者，舍人之姓名，令吾閒必索敵閒之來閒我者，因而利導，舍之，故反閒可得用也。」

燕噲既立，齊人殺蘇秦，蘇秦之在燕，與其相子之為婚，而蘇代與子之交。及蘇秦死，而齊宣王復用蘇代。燕噲三年，與楚、三晉攻秦，不勝而還。子之相燕，貴重，主斷。蘇代為齊使於燕，燕王問曰：「齊王奚如？」對曰：「必不霸。」燕王曰：「何也？」對曰：「不信其臣。」蘇代欲以激燕王以尊子之也。於是燕王大信子之。子之因遺蘇代百金，而聽其所使。鹿毛壽謂燕王：「不如以國讓相子之。人之謂堯賢者，以其讓天下於許由，許由不受，有讓天下之名而實不失天下。今王以國讓於子之，子之必不敢受，是王與堯同行也。」燕王因屬國於子之㈠，子之大重。或曰：「禹薦益，已而以啟人為吏。及老，而以啟人為不足任乎天下，傳之於益。已而啟與交黨攻益，奪之。天下謂禹名傳天下於益，已而實令啟自取之。今王言屬國於子之，而吏無非太子人者，是名屬子之而實太子用事也。」王因收印自三百石吏已上而效之子之㈡。子之南面行王事，而噲老不聽政，顧為臣㈢，國事皆決於子之。

三年，國大亂，百姓恫恐㈣。將軍市被與太子平謀，將攻子之。諸將謂齊湣王曰：「因而赴之，破燕必矣。」齊王因令人謂燕太子平曰：「寡人聞太子之義，將廢私而立公，飭君臣之義，明父子之位。寡人之國小，不足以為先後。雖然，則唯太子所以令之。」太子因要黨聚眾，將軍市被圍公宮，攻子之，不克。將軍市被及百姓反攻太子平，將軍市被死，以徇。因搆難數月，死者數萬，眾人恫恐，百姓離志。孟軻謂齊王曰：「今伐燕，此文、武之時，不可失也㈤。」王因令章子將五都之兵，以因北地之眾以伐燕。士卒不戰，城門不閉，燕君噲死，齊大勝。燕子之亡二年，而燕人共立太子平，是為燕昭王。

【註】㈠燕國君臣處於暴秦窺伺之下，不知上下一心，整軍經武，以圖生存，反而妄想表演揖讓的故事，以求虛名於天下，此之謂不務正業，自取滅亡。「國家將亡，必有妖孽」，其燕噲、子之之謂歟。㈡效：呈獻。㈢顧：有作「願」。㈣恫：音洞（ㄉㄨㄥˋ），痛苦、恐怖。㈤孟子所與言之齊王，是齊宣王，不是齊湣王，故有人以為齊湣王之句，應是齊宣王。

燕昭王於破燕之後即位㈠，卑身厚幣以招賢者。謂郭隗曰：

「齊因孤之國亂而襲破燕，孤極知燕小力少，不足以報。然誠得賢士以共國㈡，以雪先王之恥，孤之願也。先生視可者，得身事之。」郭隗曰：「王必欲致士㈢，先從隗始。況賢於隗者，豈遠千里哉！」於是昭王為隗改築宮而師事之。樂毅自魏往，鄒衍自齊往，劇辛自趙往，士爭趨燕。燕王弔死問孤，與百姓同甘苦。

二十八年，燕國殷富，士卒樂軼輕戰㈣，於是遂以樂毅為上將軍，與秦、楚、三晉合謀以伐齊。齊兵敗，湣王出亡於外。燕兵獨追北，入至臨淄，盡取齊寶，燒其宮室宗廟。齊城之不下者，獨唯聊、莒、即墨㈤，其餘皆屬燕，六歲。

【註】 ㈠燕昭王於燕國殘破之後即位。㈡共謀國事。㈢招致天下之士。㈣樂軼：快樂安逸。軼：同「逸」。輕戰：輕視戰鬥。只知享樂，不願意戰鬥。㈤聊：山東聊城縣。莒：音（ㄐㄩˇ），山東莒縣。即墨，山東即墨縣。

昭王三十三年卒，子惠王立。

惠王為太子時，與樂毅有隙；及即位，疑毅，使騎劫代將。樂毅亡走趙。齊田單以即墨擊敗燕軍，騎劫死，燕兵引歸，齊悉復得其故城。湣王死于莒，乃立其子為襄王。

惠王七年卒。韓、魏、楚共伐燕。燕武成王立。

武成王七年，齊田單伐我，拔中陽。十三年，秦敗趙於長平四十餘萬㊀。十四年，武成王卒，子孝王立。

孝王元年，秦圍邯鄲者解去。三年卒，子今王喜立。

今王喜四年，秦昭王卒。燕王命相栗腹約歡趙，以五百金為趙王酒。還報燕王曰：「趙王壯者皆死長平，其孤未壯，可伐也。」王召昌國君樂閒問之。對曰：「趙四戰之國㊁，其民習兵，不可伐。」王曰：「吾以五而伐一㊂。」對曰：「不可。」燕王怒，羣臣皆以為可。卒起二軍，車二千乘，栗腹將而攻鄗㊃，卿秦攻代。唯獨大夫將渠謂燕王曰：「與人通關約交，以五百金飲人之王，使者報而反攻之，不祥，兵無成功。」燕王不聽，自將偏軍隨之。將渠引燕王綬止之曰：「王必無自往，往無成功。」王蹴之以足㊄。將渠泣曰：「臣非以自為，為王也！」燕軍至宋子㊅，趙使廉頗將，擊破栗腹於鄗。〔樂乘〕破卿秦〔樂乘〕於代㊆。樂閒奔趙。廉頗逐之五百餘里，圍其國。燕人請和，趙人不許，必令將渠處和。燕相將渠以處和。趙聽將渠，解燕圍。

【註】㊀長平：在山西商平縣西北二十里。㊁趙東鄰燕，西接秦境，南錯韓魏，北連胡貊，故曰「四戰之地」。㊂以五人而伐一人。㊃鄗：在河北柏鄉縣北。㊄蹵：以足踢之也。㊅宋子：在河北趙縣北二十五里。㊆《戰國策》曰：「廉頗以二十萬遇栗腹於鄗，樂乘以五萬遇爰秦於代，燕人大敗。」

六年，秦滅東（西）周，置三川郡㊀。七年，秦拔趙榆次三十七城，秦置大原郡。九年，秦王政初即位。十年，趙使廉頗將攻繁陽㊁，拔之。趙孝成王卒，悼襄王立。使樂乘代廉頗，廉頗不聽，攻樂乘，樂乘走，廉頗奔大梁。十二年，趙使李牧攻燕，拔武遂方城㊂。劇辛故居趙，與龐煖善，已而亡走燕。燕見趙數困于秦，而廉頗去，令龐煖將也，欲因趙弊攻之。問劇辛，辛曰：「龐煖易與耳。」燕使劇辛將擊趙，趙使龐煖擊之，取燕軍二萬，殺劇辛。秦拔魏二十城，置東郡㊃。十九年，秦拔趙之鄴九城。趙悼襄王卒。二十三年，太子丹質於秦，亡歸燕。二十五年，秦虜滅韓王安，置潁川郡。二十七年，秦虜趙王遷，滅趙。趙公子嘉自立為代王。

【註】㊀三川郡：在洛陽，以其有黃河，洛河，伊河也。㊁繁陽：在河南內黃縣東北。㊂武遂：在河北徐水縣。方城：在河北固安縣南。㊃東郡：秦取魏地置東郡，前直隸大名府，山東東昌府，及長清縣以西，皆其地。

燕見秦且滅六國，秦兵臨易水，禍且至燕。太子丹陰養壯士二十人，使荊軻獻督亢地圖於秦，因襲刺秦王。秦王覺，殺軻，使將軍王翦擊燕。二十九年，秦攻拔我薊，燕王亡，徙居遼東，斬丹以獻秦。三十年，秦滅魏。

三十三年，秦拔遼東，虜燕王喜，卒滅燕。是歲，秦將王賁亦虜代王嘉。

太史公曰：召公奭可謂仁矣！甘棠且思之，況其人乎？燕（北）〔外〕迫蠻貉，內措齊、晉㈠，崎嶇彊國之閒㈡，最為弱小，幾滅者數矣㈢。然社稷血食者八九百歲㈣，於姬姓獨後亡，豈非召公之烈邪㈤！

【註】㈠措：同「錯」，邊境與齊晉相交錯。㈡崎嶇強國之間，形容其處境困難，行動委屈，常受客觀環境的干擾，不能樂觀前進。㈢幾幾乎陷於滅亡者，有好多次了。㈣社稷得以奉祀不斷謂之「血食」。㈤烈：功勞。

卷三十五　管蔡世家第五

管叔鮮、蔡叔度者㈠，周文王子而武王弟也。武王同母兄弟十人。母曰太姒㈡，文王正妃也。其長子曰伯邑考，次曰武王發，次曰管叔鮮㈢，次曰周公旦，次曰蔡叔度㈣，次曰曹叔振鐸㈤，次曰成叔武㈥，次曰霍叔處㈦，次曰康叔封㈧，次曰冄季載㈨。冄季載最少。同母昆弟十人，唯發、旦賢，左右輔文王，故文王舍伯邑考而以發為太子。及文王崩而發立，是為武王。伯邑考既已前卒矣。

【註】㈠管叔，名鮮。蔡叔，名度。㈡太姒者，武王之母，禹後姒姓之女，仁而明道，文王嘉之，親迎於渭，而成為模範夫妻。太姒生十男，教誨自少及長，未嘗見邪僻之事。《詩經．大雅》有幾篇敘述文王與太姒婚姻之美滿，能組織起良好的家庭，以為國人模範，所以能成就一番事業。㈢管：河南鄭縣，鮮封於此地，故曰管叔鮮。㈣蔡：河南上蔡縣。㈤曹：在山東定陶縣西北四里。㈥成：在今河南舊河南府境內。㈦霍：山西霍縣。㈧康：畿內國名。㈨冄：國名。載：人名。季：言其為最小之子也。或曰冄，即那，楚地。

武王已克殷紂，平天下，封功臣昆弟。於是封叔鮮於管，封叔度於蔡：二人相紂子武庚祿父，治殷遺民。封叔旦於魯而相周，為周公。封叔振鐸於曹，封叔武於成，封叔處於霍。康叔封、冄季載皆少，未得封。

武王既崩，成王少，周公旦專王室㈠。管叔、蔡叔疑周公之為不利於成王，乃挾武庚以作亂㈡。周公旦承成王命伐誅武庚，殺管叔，而放蔡叔，遷之，與車十乘，徒七十人從。而分殷餘民為二：其一封微子啟於宋㈢，以續殷祀；其一封康叔為衛君㈣，是為衛康叔。封季載於冄。冄季、康叔皆有馴行㈤，於是周公舉康叔為周司寇㈥，冄季為周司空㈦，以佐成王治，皆有令名於天下㈧。

【註】㈠專王室：獨自主持王室的政治。㈡武庚：商紂之子，名祿父。㈢宋：河南商邱縣南。㈣衛：河南淇縣東北朝歌城。㈤馴：順良的。㈥司寇：主持刑法之事。㈦司空：主持水土之事。㈧令名：美好的名譽。

蔡叔度既遷而死。其子曰胡，胡乃改行，率德馴善㈠。周公聞之，而舉胡以為魯卿士，魯國治。於是周公言於成王，復封胡於蔡㈡，以奉蔡叔之祀，是為蔡仲。餘五叔皆就國，無為天子吏者。

【註】㈠馴：同「順」，言其德行順善。㈡胡由上蔡徙居新蔡。

蔡仲卒，子蔡伯荒立。蔡伯荒卒，子宮侯立。宮侯卒，子厲侯立。厲侯卒，子武侯立。武侯之時，周厲王失國，奔彘，共和行政，諸侯多叛周。

武侯卒，子夷侯立。夷侯十一年，周宣王即位。二十八年，夷侯卒，子釐侯所事立。

釐侯三十九年，周幽王為犬戎所殺，周室卑而東徙。秦始得列為諸侯。

四十八年，釐侯卒，子共侯興立。共侯二年卒，子戴侯立。戴侯十年卒，子宣侯措父立。

宣侯二十八年，魯隱公初立。三十五年，宣侯卒，子桓侯封人立。桓侯三年，魯弒其君隱公。二十年，桓侯卒，弟哀侯獻舞立。

哀侯十一年，初，哀侯娶陳，息侯亦娶陳㈠。息夫人將歸，過蔡，蔡侯不敬。息侯怒，請楚文王：「來伐我，我求救於蔡，蔡必來，楚因擊之，可以有功。」楚文王從之，虜蔡哀侯以歸。哀侯留九歲，死於楚。凡立二十年卒。蔡人立其子肸，是為繆侯。

【註】㈠息：河南息縣。

繆侯以其女弟為齊桓公夫人。十八年，齊桓公與蔡女戲船中，夫人蕩舟，桓公止之，不止，公怒，歸蔡女而不絕也㈠。蔡侯怒，嫁其弟㈡。齊桓公怒，伐蔡；蔡潰，遂虜繆侯，南至楚邵陵㈢。已而諸侯為蔡謝齊，齊侯歸蔡侯。二十九年，繆侯卒，子莊侯甲午立。

【註】㈠蔡女善於划船，與齊桓公戲於船中，故意使船搖撓不定，桓公叫她停止，她偏不停，齊桓

公怒，把她送回娘家，但是，並沒有說明是斷絕關係。㈡弟：女弟，即妹妹蔡姬。㈢邵陵：河南郾城縣東三十五里。

莊侯三年，齊桓公卒。十四年，晉文公敗楚於城濮㈠。二十年，楚太子商臣弒其父成王代立。二十五年，秦穆公卒。三十三年，楚莊王即位。三十四年，莊侯卒，子文侯申立。

文侯十四年，楚莊王伐陳，殺夏徵舒。十五年，楚圍鄭，鄭降楚，楚復醳之㈡。二十年，文侯卒，子景侯固立。

景侯元年，楚莊王卒。四十九年，景侯為太子般娶婦於楚，而景侯通焉。太子弒景侯而自立，是為靈侯。

靈侯二年，楚公子圍弒其王郟敖而自立，為靈王。九年，陳司徒招弒其君哀公。楚使公子弃疾滅陳而有之。十二年，楚靈王以靈侯弒其父，誘蔡靈侯于申㈢，伏甲飲之，醉而殺之，刑其士卒七十人。令公子弃疾圍蔡。十一月，滅蔡，使弃疾為蔡公。

【註】㈠城濮：在河南陳留縣，或云在山東濮縣東南。㈡醳：同「釋」。釋放。㈢申：在河南南陽縣北二十里。

楚滅蔡三歲，楚公子弃疾弒其君靈王代立，為平王㊀。平王乃求蔡景侯少子廬，立之，是為平侯。是年，楚亦復立陳。楚平王初立，欲親諸侯，故復立陳、蔡後。

【註】㊀楚世家謂公子比弒楚靈王，而此謂棄疾弒其君靈王。

平侯九年卒，靈侯般之孫東國攻平侯子而自立，是為悼侯。悼侯父曰隱太子友。隱太子友者，靈侯之太子，平侯立而殺隱太子，故平侯卒而隱太子之子東國攻平侯子而代立，是為悼侯。悼侯三年卒，弟昭侯申立。

昭侯十年，朝楚昭王，持美裘二，獻其一於昭王而自衣其一。楚相子常欲之，不與。子常讒蔡侯，留之楚三年。蔡侯知之，乃獻其裘於子常；子常受之，乃言歸蔡侯。蔡侯歸而之晉，請與晉伐楚。

十三年春，與衞靈公會邵陵。蔡侯私於周萇弘以求長於衞㊀；衞使史鰌言康叔之功德，乃長衞。夏，為晉滅沈㊁，楚怒，攻蔡。蔡昭侯使其子為質於吳，以共伐楚。冬，與吳王闔閭遂破楚入郢。蔡怨子常；子常恐，奔鄭。十四年，吳去而楚昭王復國。十六年，楚令尹為其民泣以謀蔡，蔡昭侯懼。二十六年，孔子如蔡。楚昭王伐蔡，蔡恐，告急於吳。吳為蔡遠，約遷以自近，易以相救㊂；昭侯私許，不與大夫計。吳人來救蔡，因遷蔡于州來。二十八年，昭侯將朝于吳，大夫恐其復遷，乃令賊利殺昭侯；已而誅賊利以解過，而立昭侯子朔，是為成侯。

【註】㊀蔡侯暗地裏與周天子之大夫萇弘商量，想著在盟書上記載於衞侯之上。㊁沈：在河南沈邱縣。㊂吳國因為蔡國距離他遠，所以約蔡國遷都與吳較近的地方，蔡於是遷都於州來。州來在今安徽鳳臺縣。蔡國初建都於上蔡，後遷於新蔡，今又遷於州來，謂之下蔡。

成侯四年，宋滅曹。十年，齊田常弒其君簡公。十三年，楚滅陳。十九年，成侯卒，子聲侯產立。聲侯十五年卒，子元侯立。元侯六年卒，子侯齊立。

侯齊四年，楚惠王滅蔡，蔡侯齊亡，蔡遂絕祀。後陳滅三十三年㈠。

【註】㈠魯哀公十七年，楚滅陳，又過了三十三年而滅蔡，在春秋時代結束後之二十三年。

伯邑考，其後不知所封。武王發，其後為周，有本紀言。管叔鮮作亂誅死，無後。周公旦，其後為魯，有世家言。蔡叔度，其後為蔡，有世家言。曹叔振鐸，其後為曹，有世家言。成叔武，其後世無所見。霍叔處，其後晉獻公時滅霍。康叔封，其後為衞，有世家言。冄季載，其後世無所見。

太史公曰：管蔡作亂，無足載者。然周武王崩，成王少，天下既疑，賴同母之弟成叔、冄季之屬十人為輔拂㈠，是以諸侯卒宗周，故附之世家言。

【註】㈠輔拂：輔佐而匡正其過也。故為輔弼之臣者，遇君上之言行，其是者則順成之；其非者，則匡正之，如其有非而不加以忠諫匡正，即謂之奸佞。孟子所謂「法家拂士」，即此意也。

曹叔振鐸者㈠，周武王弟也。武王已克殷紂，封叔振鐸於曹㈡。

【註】㊀曹國事迹少，不能獨立成篇，故附於此。㊁曹：山東定陶縣。

叔振鐸卒，子太伯脾立。太伯卒，子仲君平立。仲君平卒，子宮伯侯立。宮伯侯卒，子孝伯雲立。孝伯雲卒，子夷伯喜立。

夷伯二十三年，周厲王奔于彘。

三十年卒，弟幽伯彊立。幽伯九年，弟蘇殺幽伯代立，是為戴伯。戴伯元年，周宣王已立三歲。三十年，戴伯卒，子惠伯兕立。

惠伯二十五年，周幽王為犬戎所殺，因東徙，益卑，諸侯畔之。秦始列為諸侯。

三十六年，惠伯卒，子石甫立，其弟武殺之代立，是為繆公。繆公三年卒，子桓公終生立。

桓公三十五年，魯隱公立。四十五年，魯弒其君隱公。四十六年，宋華父督弒其君殤公，及孔父。五十五年，桓公卒，子莊公夕姑立。

莊公二十三年，齊桓公始霸。

三十一年，莊公卒，子釐公夷立。釐公九年卒，子昭公班立。昭公六年，齊桓公敗蔡，遂至楚召陵。九年，昭公卒，子共公襄立。

共公十六年，初，晉公子重耳其亡過曹，曹君無禮，欲觀其駢脅㈠。釐負羈諫，不聽，私善於重耳。二十一年，晉文公重耳伐曹，虜共公以歸，令軍毋入釐負羈之宗族閭㈡。或說晉文公曰：「昔齊桓公會諸侯，復異姓㈢；今君囚曹君，滅同姓，何以令於諸侯？」晉乃復歸共公。

【註】㈠晉公子重耳，即以後稱霸之晉文公。當他出外流亡的時候，經過曹國。曹君很沒有禮貌，當公子重耳洗澡的時候，他要看公子重耳的肋骨。公子重耳的肋骨，是好多根連結在一塊，根本變成為一根大肋骨，其結構很特別。公子重耳以為是受了他的侮辱，所以以後成為霸主，就先伐曹，把曹君也俘擄走了。事前，曹國的賢大夫釐負羈（《左傳》稱為僖負羈）曾勸諫曹君，不可以看，曹君硬是好奇要看，所以闖禍。㈡晉文公勝曹之後，下令軍中不得干擾僖負羈之家鄉。㈢異姓有亡國者，助其再建立起來。

二十五年，晉文公卒。三十五年，共公卒，子文公壽立。文公二十三年卒，子宣公彊立。宣公十七年卒，弟成公負芻立。成公三年，晉厲公伐曹，虜成公以歸，已㊀復釋之㊁。五年，晉欒書、中行偃使程滑弒其君厲公。武公二十六年，楚公子弃疾弒其君靈王代立。二十三年，成公卒，子武公勝立。武公二十六年，楚公子弃疾弒其君靈王代立。二十七年，武公卒，子平公（頃）〔須〕立。平公四年卒，子悼公午立。是歲，宋、衞、陳、鄭皆火。

【註】㊀已：即「既」，以後。㊁《左傳》成公十五年：「晉厲公執負芻歸於京師。晉立宣公弟子臧，子臧曰：『聖達節，次守節，下失節，為君非吾節也。』遂逃奔宋。曹人請於晉。晉人謂子臧『返國，吾歸而君。』子臧反，晉於是歸負芻。」

悼公八年，宋景公立。九年，悼公朝于宋，宋囚之；曹立其弟野，是為聲公。悼公死於宋，歸葬。

聲公五年，平公弟通弒聲公代立，是為隱公。隱公四年，聲公弟露弒隱公代立，是為靖公。靖公四年卒，子伯陽立。

伯陽三年，國人有夢眾君子立于社宮，謀欲亡曹；曹叔振鐸止之，請待公孫彊，許之。旦，求之曹，無此人。夢者戒其子曰㊀：「我亡，爾聞公孫彊為政，必去曹，無離曹禍㊁。」及伯陽即位，好田弋之事。六年，曹野人公孫彊亦好田弋，獲白鴈而獻之，且言田弋之說，因訪政事。伯陽大說之，有寵，使為司城以聽政㊂。夢者之子乃亡去。

【註】㊀以夢決定行動，可見這種迷信為時已久。㊁離：同「罹」，遭受，陷入也。㊂司城：即司空。

公孫彊言霸說於曹伯㊀。十四年，曹伯從之，乃背晉干宋。宋景公伐之，晉人不救㊁。十五年，宋滅曹，執曹伯陽及公孫彊以歸而殺之。曹遂絕其祀。

【註】㊀公孫彊向曹伯進言如何圖霸的建議。㊁背叛晉國而侵犯宋國，結果，力量不夠而失敗。

太史公曰：余尋曹共公之不用僖負羈㊀，乃乘軒者三百人㊁，知唯德之不建㊂。及振鐸之夢㊃，豈不欲引曹之祀者哉㊄？如公孫彊不脩厥政㊅，叔鐸之祀忽諸㊆？

【註】㈠尋：研索、探討。太史公說：我研討曹共公不用賢臣僖負羈之諫。㈡乘軒：大夫以上有爵位者所乘之車。而只知愛好女色，美女三百人皆乘大夫以上有爵位者所乘之車。㈢就知道曹國君主道德的墮落（不建）。㈣以後有曹叔振鐸的託夢。㈤豈不是想著要延長（引）曹國的國命（祀）嗎？㈥假定不是公孫彊那樣的不自量力，操切從事，㈦叔鐸的祭祀怎麼會忽然斷絕了呢？

卷三十六　陳杞世家第六

陳胡公滿者，虞帝舜之後也。昔舜為庶人時，堯妻之二女，居于嬀汭㊀，其後因為氏姓，姓嬀氏。舜已崩，傳禹天下，而舜子商均為封國㊁。夏后之時，或失或續。至于周武王克殷紂，乃復求舜後，得嬀滿㊂，封之於陳㊃，以奉帝舜祀，是為胡公。

【註】㊀嬀：水名，在山西永濟縣南六十里。㊁商均，舜子，封於虞：在山西永濟縣。或謂即河南之虞城縣。㊂嬀滿之父，名遏父，為周陶正，主持陶器之官。㊃陳：河南淮陽。

胡公卒，子申公犀侯立。申公卒，弟相公皋羊立。相公卒，立申公子突，是為孝公。孝公卒，子慎公圉戎立。慎公當周厲王時。慎公卒，子幽公寧立。

幽公十二年，周厲王奔于彘。

二十三年，幽公卒，子釐公孝立。釐公六年，周宣王即位。

三十六年，釐公卒，子武公靈立。武公十五年卒，子夷公說立。

是歲，周幽王即位。夷公三年卒，弟平公燮立。平公七年，周幽王為犬戎所殺，周東徙。秦始列為諸侯。

二十三年，平公卒，子文公圉立。

文公元年，取蔡女，生子佗。十年，文公卒，長子桓公鮑立。

桓公二十三年，魯隱公初立。二十六年，衞殺其君州吁。三十三年，魯弒其君隱公。

三十八年正月甲戌己丑，桓公鮑卒。桓公弟佗，其母蔡女，故蔡人為佗殺五父及桓公太子免而立佗，是為厲公。桓公病而亂作，國人分散，故再赴㊀。

【註】㊀赴：同「訃」，報喪也。

厲公二年，生子敬仲完。周太史過陳，陳厲公使以周易筮之，卦得觀之否㊀：「是為觀國之光，利用賓于王㊁。此其代陳有國乎？不在此，其在異國㊂？非此其身，在其子孫㊃。若在異國，必姜姓㊄。姜姓，太嶽之後㊅。物莫能兩大，陳衰，此其昌乎㊆？」

【註】㈠賈逵曰：「坤下巽上觀，坤下乾上否，觀爻在六四，變而之否。」㈡杜預曰：「此周易觀卦六四爻辭也。易之為書六爻皆有變象，又有互體，聖人隨其義而論之。」㈢六四變，內卦為中國，外卦為異國。㈣內卦為本身，外卦為子孫，變在外，故知在子孫。㈤六四變，此爻是辛未，觀上體巽，未為羊，巽為女，女乘羊，故為姜，姜，齊姓，故知在齊。㈥姜姓之先，為堯四嶽。㈦周敬王四十一年，楚惠王殺陳湣公。

厲公取蔡女，蔡女與蔡人亂，厲公數如蔡淫㈠。七年，厲公所殺桓公太子免之三弟，長曰躍，中曰林，少曰杵臼，共令蔡人誘厲公以好女，與蔡人共殺厲公㈡而立躍，是為利公。利公者，桓公子也。利公立五月卒，立中弟林，是為莊公。莊公七年卒，少弟杵臼立，是為宣公。

【註】㈠如：往。㈡《公羊傳》曰：「厲公淫於蔡，蔡人殺之。」

宣公三年，楚武王卒，楚始彊。十七年，周惠王娶陳女為后。二十一年，宣公後有嬖姬生子款，欲立之，乃殺其太子禦寇。禦寇素愛厲公子完，完懼禍及己，乃奔齊。齊桓公欲使陳完為卿，完曰：「羈旅之臣㈠，幸得免負檐㈡，君之惠也，不敢當高位。」桓公使為工正㈢。齊懿仲欲妻陳敬仲㈣，卜之，占曰：「是謂鳳皇于飛，和鳴鏘鏘㈤。有嬀之後，將育于姜㈥。五世其昌，並于正卿㈦。八世之後，莫之與京㈧。」

【註】㈠羈旅：寄身於異國作旅客。㈡負檐：身上所擔負之責任。得免於負擔，即言無事一身輕也。㈢工正：製造之長。㈣敬仲：即陳完之號。㈤占卜之辭，謂其婚姻配合美好而吉利。㈥有嬀之後，要在姜家滋育繁榮。㈦到了五世，其地位就發展到與正卿相比。㈧到了八世之後，就沒有任何一種勢力能與他相等。這就是說陳家（即田家）要掌握齊國的政權了。果然不錯，到了魯哀公十四年，即西曆紀元前四八一年，陳恒弒齊簡公而專國政，齊自此為陳氏矣。

三十七年，齊桓公伐蔡，蔡敗；南侵楚，至召陵，還過陳。陳大夫轅濤塗惡其過陳，詐齊令出東道。東道惡㈠，桓公怒，執陳轅濤塗。是歲，晉獻公殺其太子申生。

四十五年，宣公卒，子款立，是為穆公。穆公五年，齊桓公卒。十六年，晉文公敗楚師于城濮。是歲，穆公卒，子共公朔立。共公六年，楚太子商臣弑其父成王代立，是為穆王。十一年，秦穆公卒。十八年，共公卒，子靈公平國立。

靈公元年，楚莊王即位。六年，楚伐陳。十年，陳及楚平。十四年，靈公與其大夫孔寧、儀行父皆通於夏姬㈡，衷其衣以戲於朝㈢。泄冶諫曰：「君臣淫亂，民何效焉？」靈公以告二子，二子請殺泄冶，公弗禁，遂殺泄冶。十五年，靈公與二子飲於夏氏。公戲二子曰：「徵舒似汝。」二子曰：「亦似公。」徵舒怒。靈公罷酒出，徵舒伏弩廄門射殺靈公。孔寧、儀行父皆奔楚，靈公太子午奔晉。徵舒自立為陳侯㈣。徵舒，故陳大夫也。夏姬，御叔之妻，舒之母也。

【註】㈠東邊的道路很壞，很難走。㈡通：通姦。夏姬：鄭穆公之女，陳大夫御叔之妻，夏徵舒之母。㈢陳靈公和他的大夫孔寧、儀行父等，皆通姦於夏姬，他們都穿著夏姬的衣服，在朝廷之上開玩笑。㈣有一次，陳靈公和孔寧、儀行父在夏姬家裏喝酒，陳靈公就和他們兩個開玩笑說道：「夏徵舒長得很像你們兩個。」他們兩個也說：「也很像你。」夏徵舒聽到他們的說話，就羞憤交加，把陳靈公一箭射死，把孔寧、儀行父也嚇得奔於楚國。夏徵舒就自立為陳侯。

成公元年冬，楚莊王為夏徵舒殺靈公，率諸侯伐陳。謂陳曰：「無驚，吾誅徵舒而已。」已誅徵舒，因縣陳而有之㊀，羣臣畢賀。申叔時使於齊來還，獨不賀。莊王問其故，對曰：「鄙語有之，牽牛徑人田，田主奪之牛。徑則有罪矣，奪之牛，不亦甚乎㊁？今王以徵舒為賊弒君，故徵兵諸侯，以義伐之，已而取之㊂，以利其地，則後何以令於天下！是以不賀。」莊王曰：「善」。乃迎陳靈公太子午於晉而立之，復君陳如故，是為成公。孔子讀史記至楚復陳，曰：「賢哉楚莊王！輕千乘之國而重一言㊃。」

【註】㊀縣陳：以陳國為楚國之一縣。㊁牽牛以踐踏別人的田地，地主就把他的牛奪走了。牽牛以踐踏別人的土地，誠然是有罪的；但是，地主把他的牛也奪走了，那豈不是作的太過甚了嗎？㊂已而：即「既而」，之後。㊃把千乘之國看得很輕，而把一言之信，看得很重。所以孔夫子為了此事稱楚莊王為賢。

(二十)八年，楚莊王卒。二十九年，陳倍楚盟㊀。三十年，楚共王伐陳。是歲，成公卒，子哀公弱立。楚以陳喪，罷兵去。哀公三年，楚圍陳，復釋之。二十八年，楚公子圍弒其君郟敖自立，為靈王。

三十四年，初，哀公娶鄭，長姬生悼太子師，少姬生偃。二嬖妾，長妾生留，少妾生勝。留有寵哀公，哀公屬之其弟司徒招。哀公病，三月，招殺悼太子，立留為太子。哀公怒，欲誅招，招發兵圍守哀公，哀公自經殺㈡。招卒立留為陳君。四月，陳使使赴楚。楚靈王聞陳亂，乃殺陳使者，使公子弃疾發兵伐陳，陳君留奔鄭。九月，楚圍陳。十一月，滅陳。使弃疾為陳公。

【註】㈠倍：同「背」。㈡自經：自殺，上吊而死。

招之殺悼太子也，太子之子名吳，出奔晉。晉平公問太史趙曰：「陳遂亡乎？」對曰：「陳，顓頊之族㈠。陳氏得政於齊，乃卒亡。自幕至于瞽瞍，無違命㈡。舜重之以明德。至於遂㈢，世世守之。及胡公，周賜之姓，使祀虞帝。且盛德之後，必百世祀。虞之世未也，其在齊乎㊃？」

【註】㊀陳祖為舜，舜出於顓頊，故為顓頊之族。㊁幕：為瞽瞍之先。㊂遂：舜之後。㊃虞帝的世祚不會完的，大概到了齊國還會更加興盛的。這是在卜兆上顯示出來的。

楚靈王滅陳五歲，楚公子弃疾弒靈王代立，是為平王。平王初立，欲得和諸侯，乃求故陳悼太子師之子吳，立為陳侯，是為惠公。惠公立，探續哀公卒時年而為元，空籍五歲矣㊀。

【註】㊀惠公立為陳侯的時候，要研尋（探）繼續哀公卒時的年月而建元，在資料上已經空白了五年了。（空籍：資料空白，因為亡國，故無歷史紀錄。）

十年，陳火。十五年，吳王僚使公子光伐陳，取胡、沈而去㊀。二十八年，吳王闔閭與子胥敗楚入郢。是年，惠公卒，子懷公柳立。

【註】㊀胡：在安徽阜陽縣西北二里。沈：今河南沈丘縣。

懷公元年，吳破楚，在郢，召陳侯，陳侯欲往，大夫曰：「吳新得意；楚王雖亡，與陳有故，不可倍。」懷公乃以疾謝吳。四年，吳復召懷公。懷公恐，如吳。吳怒其前不往，留之，因卒吳。陳乃立懷公之子越，是為湣公。

湣公六年，孔子適陳。吳王夫差伐陳，取三邑而去。十三年，吳復來伐陳，陳告急楚，楚昭王來救，軍於城父㊀，吳師去。是年，楚昭王卒於城父。時孔子在陳。十五年，宋滅曹。十六年，吳王夫差伐齊，敗之艾陵㊁，使人召陳侯。陳侯恐，如吳。楚伐陳。二十一年，齊田常弒其君簡公。二十三年，楚之白公勝殺令尹子西、子綦，襲惠王。葉公攻敗白公，白公自殺。

【註】㊀城父：在安徽亳縣東南。㊁艾陵：在今山東泰安縣博縣故城南。

二十四年，楚惠王復國，以兵北伐，殺陳湣公，遂滅陳而有之。是歲，孔子卒㊀。

【註】㊀孔子卒於周敬王四十一年，即西曆前四七九年。

杞東樓公者，夏后禹之後苗裔也。殷時或封或絕。周武王克殷紂，求禹之後，得東樓公，封之於杞㈠，以奉夏后氏祀。

【註】㈠杞：河南杞縣。

東樓公生西樓公，西樓公生題公，題公生謀娶公。謀娶公當周厲王時。謀娶公生武公。武公立四十七年卒，子靖公立。靖公二十三年卒，子共公立。共公八年卒，子德公立。德公十八年卒，弟桓公姑容立。桓公十七年卒，子孝公匄立。孝公十七年卒，弟文公益姑立。文公十四年卒，弟平公鬱立。平公十八年卒，子悼公成立。悼公十二年卒，子隱公乞立。七月，隱公弟遂弒隱公自立，是為釐公。釐公十九年卒，子湣公維立。湣公十五年，楚惠王滅陳。十六年，湣公弟閼路弒湣公代立，是為哀公。哀公立十年卒，湣公子敕立，是為出公。出公十二年卒，子簡公春立。立一年，楚惠王之四十四年，滅杞。杞後陳亡三十四年。

杞小微，其事不足稱述。

舜之後，周武王封之陳，至楚惠王滅之，有世家言。禹之後，周武王封之杞，楚惠王滅之，有世家言。契之後為殷，殷有本紀言。殷破，周封其後於宋，齊湣王滅之，有世家言。后稷之後為周，秦昭王滅之，有本紀言。皋陶之後，或封英㈠、六㈡，楚穆王滅之，無譜。伯夷之後，至周武王復封於齊，曰太公望，陳氏滅之，有世家言。伯翳之後，至周平王時封為秦，項羽滅之，有本紀言。垂、益、夔龍，其後不知所封，不見也。右十一人者，皆唐虞之際，名有功德臣也；其五人之後皆至帝王，餘乃為顯諸侯。滕㈢、薛㈣、騶㈤、夏、殷、周之閒封也，小，不足齒列，弗論也。

【註】㈠英：在今安徽英山縣東北。㈡六：皋陶之後，在今安徽六安縣北。或云在今安徽舒城縣東南六十里。㈢滕：故城在今山東滕縣西南十五里。㈣薛：故城在今山東滕縣東南四十四里。㈤騶：即「鄒」，在今山東鄒平縣。

周武王時，侯伯尚千餘人。及幽、厲之後，諸侯力攻相幷。江、黃、胡、沈之屬㊀，不可勝數，故弗采著于傳（上）〔云〕。

【註】㊀江：周國名，春秋時滅於楚，在今河南息縣西南。黃：周國名，嬴姓，春秋時滅於楚，故城在今河南潢川縣西十二里。

太史公曰：舜之德可謂至矣！禪位於夏，而後世血食者歷三代。及楚滅陳，而田常得政於齊，卒為建國，百世不絕，苗裔茲茲㊀，有土者不乏焉。至禹，於周則杞，微甚，不足數也。楚惠王滅杞，其後越王句踐興㊁。

【註】㊀茲茲：同「滋滋」，滋長繁榮之意。㊁或謂句踐並非禹王之後。

卷三十七　衞康叔世家第七

衞康叔㈠名封，周武王同母少弟也。其次尚有冄季，冄季最少。

【註】㈠衞康叔：初封於康，在京畿內，後徙封於衞，在河南淇縣東北朝歌城。

武王已克殷紂，復以殷餘民封紂子武庚祿父，比諸侯，以奉其先祀勿絕。為武庚未集㈠，恐其有賊心，武王乃令其弟管叔、蔡叔傅相武庚祿父，以和其民。武王既崩，成王少。周公旦代成王治，當國。管叔、蔡叔疑周公，乃與武庚祿父作亂，欲攻成周㈡。周公旦以成王命興師伐殷，殺武庚祿父、管叔，放蔡叔，以武庚殷餘民封康叔為衞君，居河、淇閒故商墟㈢。

【註】㈠集：有向心力、服從。㈡成周：在洛陽。㈢黃河與淇水之間的商家的舊地。

周公旦懼康叔齒少㈠，乃申告康叔曰㈡：「必求殷之賢人君子長者，問其先殷所以興，所以亡，而務愛民。」告以紂所以亡者以淫於酒㊂，酒之失，婦人是用，故紂之亂自此始。為梓材，示君子可法則㊃。故謂之康誥、酒誥、梓材以命之。康叔之國，既以此命，能和集其民㊄，民大說㊅。

【註】㊀齒少：年少。㊁申告：申誡訓導。㊂淫：貪戀，過度的嗜好。㊃〈梓材〉一篇，是周公誥誡康叔以治國之道，在於人君先要修明自己的德行，然後才能教導羣臣及國民。人君的主要任務是愛民，尤其對於鰥寡孤獨，更不可虐待。所以〈梓材〉一篇，是教導人君要以良善的行為，作為人民的榜樣，可以為人民的法則。否則就要失去其為人君的資格了。㊄能使人民互相親善而團結。㊅說：同「悅」。

成王長，用事，舉康叔為周司寇，賜衞寶祭器㊀，以章有德㊁。

【註】㊀《左傳》曰：「分康叔以大路，大旂，少帛，綪茷，旃旌，大呂。」大路：即大輅，大車也。旂：音祈（ㄑㄧˊ），旗上有鈴者，曰旂。少帛：雜帛也。綪茷：紅色的旗尾。綪：音倩（ㄑㄧㄢˋ）紅色的。茷：即「旆」，音配（ㄆㄟˋ），旗尾。旃：旗身。音沾（ㄓㄢ）。大呂：鐘名。㊁章：同「彰」，表揚，表彰。

康叔卒，子康伯代立。康伯卒，子考伯立。考伯卒，子嗣伯立。嗣伯卒，子庳伯立。庳伯卒，子靖伯立。靖伯卒，子貞伯立。貞伯卒，子頃侯立。

頃侯厚賂周夷王，夷王命衞為侯。頃侯立十二年卒，子釐侯立。釐侯十三年，周厲王出犇于彘，共和行政焉。二十八年，周宣王立。

四十二年，釐侯卒，太子共伯餘立為君。共伯弟和有寵於釐侯，多予之賂；和以其賂賂士，以襲攻共伯於墓上，共伯入釐侯羨自殺。衞人因葬之釐侯旁，謚曰共伯，而立和為衞侯，是為武公。

武公即位，修康叔之政，百姓和集。四十二年，犬戎殺周幽王，武公將兵往佐周平戎，甚有功，周平王命武公為公。五十五年，卒，子莊公揚立。

莊公五年，取齊女為夫人，好而無子。又取陳女為夫人，生子，蚤死。陳女女弟亦幸於莊公，而生子完。完母死，莊公令夫人齊女子之，立為太子，莊公有寵妾，生子州吁。十八年，州吁長，好兵，莊公使將。石碏諫莊公曰：「庶子好兵，使將，亂自此起。」不聽。二十三年，莊公卒，太子完立，是為桓公㈠。

【註】㈠莊姜無子，以陳女戴嬀所生之子完為子，立為太子，莊公卒，完即位，是為桓公，嬖人之子州吁弒桓公，戴嬀乃歸於陳，莊姜送她，作燕燕于飛一詩，以說明戴嬀德性之美，並表示其無限留戀之情。見《詩經．邶風》。

桓公二年，弟州吁驕奢，桓公絀之㈠，州吁出犇。十三年，鄭伯弟段攻其兄，不勝，亡，而州吁求與之友。十六年，州吁收聚衛亡人以襲殺桓公，州吁自立為衛君。為鄭伯弟段欲伐鄭，請宋、陳、蔡與俱，三國皆許州吁。州吁新立，好兵，弒桓公，衛人皆不愛。石碏乃因桓公母家於陳，詳為善州吁㈡。至鄭郊，石碏與陳侯共謀，使右宰醜進食，因殺州吁于濮，而迎桓公弟晉於邢而立之㈢，是為宣公。

【註】㈠絀：管制之使不得驕奢。㈡詳：同「佯」，假裝。㈢邢：河北邢臺縣西南。

宣公七年，魯弒其君隱公。九年，宋督弒其君殤公，及孔父。十年，晉曲沃莊伯弒其君哀侯。

十八年，初，宣公愛夫人夷姜，夷姜生子伋，以為太子，而令右公子傅之。右公子為太子取齊女，未入室，而宣公見所欲為太子婦者好，說而自取之，更為太子取他女。宣公得齊女，生子壽、子朔，令左公子傅之。太子伋母死，宣公正夫人與朔共讒惡太子伋。宣公自以其奪太子妻也，心惡太子，欲廢之。及聞其惡，大怒，乃使太子伋於齊而令盜遮界上殺之，與太子白旄，而告界盜見持白旄者殺之。且行，子朔之兄壽，太子異母弟也，知朔之惡太子而君欲殺之，乃謂太子曰：「界盜見太子白旄，即殺太子，太子可毋行。」太子曰：「逆父命求生，不可。」遂行。壽見太子不止，乃盜其白旄而先馳至界。界盜見其驗，即殺之。壽已死，而太子伋又至，謂盜曰：「所當殺乃我也。」盜并殺太子伋，以報宣公。宣公乃以子朔為太子。十九年，宣公卒，太子朔立，是為惠公。

左右公子不平朔之立也，惠公四年，左右公子怨惠公之讒殺前太子伋而代立，乃作亂，攻惠公，立太子伋之弟黔牟為君，惠公犇齊。

衞君黔牟立八年，齊襄公率諸侯奉王命共伐衞，納衞惠公，誅左右公子。衞君黔牟犇于周，惠公復立。惠公立三年出亡，亡八年復入，與前通年凡十三年矣。

二十五年，惠公怨周之容舍黔牟，與燕伐周。周惠王犇溫，衞、燕立惠王弟穨為王。二十九年，鄭復納惠王。三十一年，惠公卒，子懿公赤立。

懿公即位，好鶴，淫樂奢侈。九年，翟伐衞㊀，衞懿公欲發兵，兵或畔。大臣言曰：「君好鶴，鶴可令擊翟。」翟於是遂入，殺懿公。

【註】㊀翟：同「狄」。

懿公之立也，百姓大臣皆不服。自懿公父惠公朔之讒殺太子伋代立至於懿公，常欲敗之，卒滅惠公之後而更立黔牟之弟昭伯頑之子申為君，是為戴公。

戴公申元年卒。齊桓公以衞數亂，乃率諸侯伐翟，為衞築楚丘㊀，立戴公弟燬為衞君，是為文公。文公以亂故犇齊，齊人入之。

【註】㊀楚丘：在山東曹縣東南有楚丘亭。

初，翟殺懿公也，衞人憐之，思復立宣公前死太子伋之後，伋子又死，而代伋死者子壽又無子。太子伋同母弟二人：其一曰黔牟，黔牟嘗代惠公為君，八年復去；其二曰昭伯。昭伯、黔牟皆已前死，故立昭伯子申為戴公。戴公卒，復立其弟燬為文公。

文公初立，輕賦平罪㊀，身自勞，與百姓同苦，以收衞民㊁。

【註】㊀征收人民之租稅甚輕。對於有罪嫌之人，以公平之法審判之，使人民無怨言。㊁親身勞作，與人民同苦，以收復衞國人民的心理。

十六年，晉公子重耳過，無禮。十七年，齊桓公卒。二十五年，文公卒，子成公鄭立。

成公三年，晉欲假道於衛救宋，成公不許。晉更從南河度，救宋。徵師於衛，衛大夫欲許，成公不肯。大夫元咺攻成公，成公出犇。晉文公重耳伐衛，分其地予宋，討前過無禮及不救宋患也。衛成公遂出犇陳。二歲，如周求入，與晉文公會。晉使人鴆衛成公，成公私於周主鴆㈠，令薄㈡，得不死。已而周為請晉文公，卒入之衛，而誅元咺，衛君瑕出犇。七年，晉文公卒。十二年，成公朝晉襄公。十四年，秦穆公卒。二十六年，齊邴歜弒其君懿公㈢。三十五年，成公卒，子穆公遬立㈣。

【註】㈠私：行賄。主鴆：負責製造毒酒之人。㈡令薄：把毒藥下的很少。㈢邴歜：邴，音丙。歜：音觸（ㄔㄨˋ）。㈣遬：音速。

穆公二年，楚莊王伐陳，殺夏徵舒。三年，楚莊王圍鄭，鄭降，復釋之。十一年，孫良夫救魯伐齊，復得侵地。穆公卒，子定公臧立。定公十二年卒，子獻公衎立。

獻公十三年，公令師曹教宮妾鼓琴，妾不善，曹笞之。妾以幸，惡曹於公，公亦笞曹三百。十八年，獻公戒孫文子、甯惠子食，皆往㈠。日旰不召㈡，而去射鴻於囿。二子從之㈢，公不釋射服與之言㈣。二子怒，如宿㈤。孫文子子數侍公飲，使師曹歌巧言之卒章。師曹又怒公之嘗笞三百，乃歌之，欲以怒孫文子，報衞獻公㈥。文子語蘧伯玉，伯玉曰：「臣不知也。」遂攻出獻公。獻公犇齊，齊置衞獻公於聚邑。孫文子、甯惠子共立定公弟秋為衞君，是為殤公。

【註】㈠孫文子：孫林父。甯惠子：甯殖。獻公預先約定二人與公同進飲食。二人服朝衣待命。㈡日旰：日落的時候。旰：音幹（ㄍㄢˋ）㈢二人亦前往苑囿。㈣獻公不脫皮冠而與之言。㈤如：往。宿：孫文子之食邑。在河南濬縣。宿：即「戚」。㈥獻公使師曹歌巧言之末章，其詩曰：「彼何人斯？居河之麋。無拳無勇，職為亂階」。麋：同「湄」，河邊。詩意謂：「那個人是什麼人呢？居住在黃河的邊上。他既無拳，又無勇，只會作亂。」獻公以作亂的人，暗指孫文子。孫文子之子孫蒯以其事告訴於孫文子，故孫文子怒而驅逐獻公。

殤公秋立，封孫文子林父於宿。十二年，甯喜與孫林父爭寵相惡，殤公使甯喜攻孫林父。林父犇晉，復求入故衛獻公。獻公在齊，齊景公聞之，與衛獻公如晉求入。晉為伐衛，誘與盟。衛殤公會晉平公，平公執殤公與甯喜而復入衛獻公。獻公亡在外十二年而入。

獻公後元年，誅甯喜。

三年，吳延陵季子使過衛，見蘧伯玉、史鰌，曰：「衛多君子，其國無故。」過宿，孫林父為擊磬，曰：「不樂，音大悲，使衛亂乃此矣。」是年，獻公卒，子襄公惡立。

襄公六年，楚靈王會諸侯，襄公稱病不往。

九年，襄公卒。初，襄公有賤妾，幸之，有身，夢有人謂曰：「我康叔也，令若子必有衛，名而子曰『元』。」妾怪之，問孔成子。成子曰：「康叔者，衛祖也。」及生子，男也，以告襄公。襄公曰：「天所置也」。名之曰元。襄公夫人無子，於是乃立元為嗣，是為靈公。

靈公五年，朝晉昭公。六年，楚公子弃疾弒靈王自立，為平王。十一年，火。

三十八年，孔子來，祿之如魯。後有隙，孔子去。後復來。

三十九年，太子蒯聵與靈公夫人南子有惡㈠，欲殺南子。蒯聵與其徒戲陽遬謀㈡，朝，使殺夫人。戲陽後悔，不果。蒯聵數目之，夫人覺之，懼，呼曰：「太子欲殺我！」靈公怒，太子蒯聵犇宋，已而之晉趙氏㈢。

【註】㈠南子：宋女。㈡戲陽遬：太子家臣。戲通戲。㈢已而：即「既而」。之：往。

四十二年春，靈公游于郊，令子郢僕㈠。郢，靈公少子也，字子南。靈公怨太子出犇，謂郢曰：「我將立若為後㈡。」郢對曰：「郢不足以辱社稷，君更圖之。」夏，靈公卒，夫人命子郢為太子，曰：「此靈公命也。」郢曰：「亡人太子蒯聵之子輒在也，不敢當。」於是衞乃以輒為君，是為出公。

【註】㈠僕：御也。㈡若：汝，你。

六月乙酉，趙簡子欲入蒯聵，乃令陽虎詐命衞十餘人衰絰歸，簡子送蒯聵。衞人聞之，發兵擊蒯聵。蒯聵不得入，入宿而保，衞人亦罷兵。

出公輒四年，齊田乞弒其君孺子。八年，齊鮑子弒其君悼公。孔子自陳入衞。九年，孔文子問兵於仲尼，仲尼不對。其後魯迎仲尼，仲尼反魯。

十二年，初，孔圉文子取太子蒯聵之姊，生悝。孔氏之豎渾良夫美好，孔文子卒，良夫通於悝母。太子在宿，悝母使良夫於太子。太子與良夫言曰：「苟能入我國，報子以乘軒㈠，免子三死，毋所與㈡。」與之盟，許以悝母為妻。閏月，良夫與太子入，舍孔氏之外圃㈢。昏，二人蒙衣而乘㈣，宦者羅御，如孔氏。孔氏之老欒甯問之，稱姻妾以告㈤。遂入，適伯姬氏㈥。既食，悝母杖戈而先㈦，太子與五人介，輿猳從之㈧。伯姬劫悝於廁，彊盟之，遂劫以登臺㈨。欒甯將飲酒，炙未熟，聞亂，使告仲由㈩。召護駕乘車⑪，行爵食炙，奉出公輒犇魯⑫。

【註】㊀軒：大夫之車也。㊁假設你能夠使我回國，免除你三次的死罪。㊂圃：園。㊃良夫與太子打扮成婦人的裝飾，以巾蒙其頭而同乘一車。老：家臣。㊄姻妾：姻家之妾。㊅先入孔氏家，適伯姬（即悝母）所居。㊆杖戈：執戈。先到孔悝所。㊇介：被甲以車載豭豚，欲以為盟故也。㊈於衞臺上召衞羣臣。㊉仲由時為孔氏邑宰，故告之。⑪召護：衞大夫，駕乘車，不駕兵車，表示無拒父之意。⑫欒甯派人召子路，表面上借口說是請他來喝酒吃烤肉，事實上是叫他來救難。

仲由將入，遇子羔將出㊀，曰：「門已閉矣㊁。」子路曰：「吾姑至矣㊂。」子羔曰：「不及，莫踐其難㊃。」子路曰：「食焉不辟其難㊄。」子羔遂出。子路入，及門，公孫敢闔門，曰：「毋入為也㊅！」子路曰：「是公孫也？求利而逃其難。由不然，利其祿，必救其患。」有使者出，子路乃得入㊆。曰：「太子焉用孔悝？雖殺之，必或繼之㊇。」且曰：「太子無勇。若燔臺，必舍孔叔㊈。」太子聞之，懼，下石乞、盂黶敵子路，以戈擊之，割纓㊉。子路曰：「君子死，冠不免。」結纓而死⑪。孔子聞衞亂，曰：「嗟乎！柴也其來乎？由也其死矣⑫。」孔悝竟立太子蒯聵，是為莊公。

【註】㊀子路將要進去的時候，恰好碰到子羔剛剛要出來。㊁子羔告訴子路說：「門已經關閉了。」㊂子路說：「我姑且進去。」㊃子羔說：「趕不及了，不要作那不必要的犧牲！」㊄子路說：「吃了俸祿就不可以逃避患難！」於是子羔就走開了。子路往裏邊進。到了門口，公孫敢正在關門。㊅公孫敢對子路說：「不須進來了。」㊆子路說：「你就是公孫敢嗎？貪求利益而逃避患難。我子路不是這樣的人，我是吃人家的俸祿，一定要救人家的患難！」恰好有一位使者出來，子路乃得乘機而入。㊇進去之後，在臺下就大聲的講：「太子脅迫孔悝有什麼用處？即使把孔悝殺了，也會有人繼續攻擊你。」㊈並且繼續的說：「太子真是沒有勇氣。你必須把孔叔放出來，否則我就把臺子整個燒掉。」㊉太子聽了之後很害怕，就派石乞、盂黶下去與子路相鬥。這兩個人用戈攻擊子路，把子路的冠纓都割斷了。㊁子路說：「君子至死，帽子不能脫去。」於是結纓而死。㊂孔子聽說衞國有亂，說道：「唉！子羔可能會回來的，子路必然是要死在那裏了！」

莊公蒯聵者，出公父也，居外，怨大夫莫迎立。元年即位，欲盡誅大臣，曰：「寡人居外久矣，子亦嘗聞之乎？」羣臣欲作亂，乃止。

二年，魯孔丘卒。

三年，莊公上城，見戎州㊀。曰：「戎虜何為是㊁？」戎州病之㊂。十月，戎州告趙簡子，簡子圍衛。十一月，莊公出犇，衛人立公子斑師為衛君。齊伐衛，虜斑師，更立公子起為衛君。

【註】㊀戎州：在山東曹縣東南。㊁莊公上城，看見戎州，說道：「戎虜們為什麼住在這個地方？」（以為這是我們姬姓的地盤，不當有戎虜們在此住。）㊂戎州人聽到這話，心中很不高興。

衛君起元年，衛石曼尃逐其君起，起犇齊。衛出公輒自齊復歸立。初，出公立十二年亡，亡在外四年復入。出公後元年，賞從亡者。立二十一年卒，出公季父黚攻出公子而自立，是為悼公。

悼公五年卒，子敬公弗立。敬公十九年卒，子昭公糾立。是時三晉彊，衛如小侯，屬之。

昭公六年，公子亹弒之代立，是為懷公。懷公十一年，公子穨弒懷公而代立，是為慎公。慎公父，公子適；適父，敬公也。慎公四十二年卒，子聲公訓立。聲公十一年卒。子成侯遬立。成侯十一年，公孫鞅入秦。十六年，衛更貶號曰侯。

二十九年，成侯卒，子平侯立。平侯八年卒，子嗣君立。嗣君五年，更貶號曰君，獨有濮陽。

四十二年卒，子懷君立。懷君三十一年，朝魏，魏囚殺懷君。魏更立嗣君弟，是為元君。元君為魏壻，故魏立之。元君十四年，秦拔魏東地，秦初置東郡，更徙衛野王縣，而幷濮陽為東郡。二十五年，元君卒，子君角立。君角九年，秦幷天下，立為始皇帝。二十一年，二世廢君角為庶人，衛絕祀。

太史公曰：余讀世家言，至於宣公之太子以婦見誅，弟壽爭死以相讓，此與晉太子申生不敢明驪姬之過同，俱惡傷父之志。然卒死亡，何其悲也！或父子相殺，兄弟相滅，亦獨何哉㊀？

【註】㊀太史公寫衛國之亂，自宣公始，很對。《詩經．邶風》有二子乘舟一篇，為太子伋與弟壽鳴無窮之冤，其詩曰：「二子乘舟，汎汎其影；願言思子，中心養養！」又曰：「二子乘舟，汎汎其逝；願言思子，不瑕不害？」意思就是說，二子的影子，慢慢的看不見了，大家都很想念你們，你們會不會遭了危險呢？自宣公之後，紀綱廢弛，子弒其父、弟殺其兄者，史不絕書，宜乎衛祀之斷也。

卷三十八　宋微子世家第八

微子開者，殷帝乙之首子而帝紂之庶兄也。紂既立，不明，淫亂於政(一)，微子數諫，紂不聽。及祖伊以周西伯昌之修德，滅阢國，懼禍至，以告紂(二)。紂曰：「我生不有命在天乎？是何能為(三)！」於是微子度紂終不可諫，欲死之(四)，及去，未能自決，乃問於太師、少師(五)曰：「殷不有治政，不治四方(六)。我祖遂陳於上(七)，紂沈湎於酒，婦人是用，亂敗湯德於下(八)。殷既小大好草竊姦宄(九)，卿士師師非度(一〇)，皆有罪辜，乃無維獲(一一)，小民乃並興，相為敵讎(一二)。今殷其典喪(一三)！若涉水無津涯(一四)。殷遂喪，越至于今(一五)。」曰：「太師、少師，我其發出往(一六)？吾家保于喪(一七)？今女無故告予(一八)，顛躋(一九)，如之何其(二〇)？」太師若曰：「王子，天篤下菑亡殷國，乃毋畏畏(二一)，不用老長(二二)。今殷民乃陋淫神祇之祀(二三)。今誠得治國(二四)，國治身死不恨(二五)。為死，終不得治，不如去(二六)。」遂亡(二七)。

【註】㊀紂王因為貪嗜酒色，所以把政治攪得亂七八糟。㊁阢國：阢，音耆，即黎，在山西長子縣附近。周文王滅了耆國，說明周家的勢力已擴及於山西之東部，而與紂都朝歌相距不遠，周家的勢力已侵略到中原了，所以微子認為時局危急。而賢臣祖伊亦以此事告紂。㊂紂王還是毫不覺悟的說道：「我的存在不是已經得了上天命令的保證嗎？西伯昌即使侵佔了一些地方，還能有什麼作用？」㊃微子斷定了紂王已經是無可救藥，所以便要一死了之。㊄太師：箕子。少師：比干。㊅微子對箕子、比干說道：「我們殷家現在沒有好的政治，不能治理四方。㊆我們的祖先在前世表現了許多努力奮鬥的成就（陳：努力工作的表現，所謂「陳力就列」是也）。㊇而紂王沉醉於酒，聽信婦人之言，在後世儘量敗壞湯王的事業。㊈殷國之民，不分大小，沒有不喜歡鈔掠（草：同「鈔」）。偷竊作姦犯法的。㊉大小官員們互相效法著去幹那些不合法的事情。⑪這些人都是些犯罪之人，但是沒有一個被捕獲而繩之以法的。⑫於是乎一般小民們都亂糟糟的起來了，彼此互相仇視，互相殺害。（政治風氣之敗壞，引起社會風氣之混亂）。⑬現在我們殷家是必然要滅亡了（典喪）。⑭好像是過那漫無邊際的大水一樣，舉目四望，水天一色，前途茫茫。⑮挨到今天，我們殷家是非亡不可了。」⑯微子又說：「太師！少師啊！我將何去何從？⑰我們殷家還能保住不亡嗎？⑱現在你們兩位不指導我一下。⑲硬是看著我摔倒嗎？（顛躋）⑳到底我該怎麼樣呢？」㉑太師箕子說道：「王子（指微子）啊！上天重重的（篤）降下了災禍（菑），要滅亡我們殷家，他（指紂王）不害怕上天的威嚴㉒不信任老成忠良的人。㉓而一般人民也竟至於下賤的（陋）偷竊敬神的祭品。㉔現在假定說我們

能把國家治好。㉕即使死了，我們也死而無恨。㉖如果死了，仍然無救於國家之滅亡，那就不如一走了之了。」㉗微子本來是要死而殉國的，聽了箕子的話，他決定逃亡。

箕子者，紂親戚也㈠。紂始為象箸㈡，箕子歎曰：「彼為象箸，必為玉桮㈢；為桮，則必思遠方珍怪之物而御之矣㈣。輿馬宮室之漸自此始，不可振也㈤。」紂為淫泆，箕子諫，不聽。人或曰：「可以去矣。」箕子曰：「為人臣諫不聽而去，是彰君之惡而自說於民㈥，吾不忍為也。」乃被髮㈦詳狂而為奴㈧。遂隱而鼓琴以自悲，故傳之曰箕子操㈨。

【註】㈠箕子：箕，國名。子，爵名。紂王的叔叔。㈡象箸：象牙筷子。㈢玉桮：即：「玉杯」，玉石製的酒杯。㈣御：用。㈤振：救也。㈥彰揚君上之惡，而自己討好於人民。說：同「悅」，取悅於人。㈦被髮：頭髮不理不整，被頭散髮。㈧詳：同「佯」，假裝瘋狂。㈨操：憂傷困苦之曲調。

王子比干者㈠，亦紂之親戚也。見箕子諫不聽而為奴，則曰：「君有過而不以死爭，則百姓何辜！」乃直言諫紂。紂怒曰：

「吾聞聖人之心有七竅，信有諸乎？」乃遂殺王子比干，刳視其心㊁。

【註】㊀比干：紂王的叔叔。㊁比干以直言諫紂王，紂王大怒，說道：「我聽說聖人的心臟有七個洞穴，果真是這樣的嗎？」遂剖開比干之心而看之。（好殘忍的暴君。）

微子曰：「父子有骨肉，而臣主以義屬。故父有過，子三諫不聽，則隨而號之；人臣三諫不聽，則其義可以去矣。」於是太師、少師乃勸微子去，遂行。

周武王伐紂克殷，微子乃持其祭器造於軍門㊀，肉袒面縛㊁，左牽羊，右把茅㊂，膝行而前以告㊃。於是武王乃釋微子，復其位如故。

【註】㊀造：赴。㊁肉袒：袒臂而露肉。面縛：縛手於背後，而面向前。㊂左手牽羊，右手把茅。（此兩句與上句之面縛矛盾，因為既然雙手縛於背後，那裏還有手去牽羊把茅呢？）㊃膝行：跪著走。

武王封紂子武庚祿父以續殷祀，使管叔、蔡叔傅相之。

武王既克殷，訪問箕子。

武王曰：「於乎㈠！維天陰定下民㈡，相和其居㈢，我不知其常倫所序㈣。」

【註】㈠於乎：即「嗚乎」。㈡陰定：《尚書・洪範》篇為「陰騭」，保護之意。比「陰定」兩字為佳。太史公翻譯《尚書》之文，有許多並不恰當，所以我們後世讀史之人，不可因其距古較近，即信其為完全可靠也。如用為參考資料，則頗有價值，如完全相信，不再研究，即失之於陋矣。㈢輔導他們（相）在一塊和睦相處。㈣常倫所序：書經為「彝倫攸敘」。倫：倫理，即五常之倫理，即各種社會成員在各種社會生活中應盡之各種責任，即夫婦，父子，兄弟，朋友，君臣，各色人等所應盡之社會責任。這就是所謂社會「常倫」。中國民族很古以來，就是一個注重倫常關係的民族，無論展佈政治，推行教育，其重大目的，皆不外於使人人明白社會常倫，實踐社會道德，協調社會生活，孟子所謂：「學則三代（夏、商、周）共之，皆所以明人倫也。人倫明於上，小民親於下。」又謂：「人人親其親，長其長，而天下平。」可見治天下之道，首在於維護社會常倫的協調進行。武王所問，箕子所答者，也都是這個問題。武王問箕子道：「我不知道如何纔能使社會常倫得以秩然有序的協調進行之道理？」所以「常倫所序」四字，是本篇問答的主題，也是中國傳統政治思想的根本觀念。「常倫所序」，不如《尚書》原文之「彝倫攸序」，攸字帶有「由」字之意，由何而序。

箕子對曰：「在昔鯀陻鴻水㈠，汩陳其五行㈡，帝乃震怒㈢，不從鴻範九等㈣，常倫所斁㈤。鯀則殛死㈥，禹乃嗣興㈦。天乃錫禹鴻範九等㈧，常倫所序㈨。

【註】㈠陻：音堙（ㄧㄣ），堵塞。鴻水：即「洪水」，以前鯀去堵塞大水。㈡汩：音骨（ㄍㄨˇ），錯亂。陳：擺佈。五行：金、木、水、火、土。鯀把五行錯亂顛倒的擺佈。㈢帝：上天。於是上天大為發怒。㈣不從：書經作「不畀」，即不給予。鴻範：偉大的典範，法則。疇，音酬（ㄔㄡˊ），種類，等類。不把九種偉大的法則傳給他。㈤因而社會倫常就大為敗壞。斁：音杜（ㄉㄨˋ），敗壞。㈥鯀就被誅責（殛，音極ㄐㄧˊ）而死。㈦禹乃繼續起而擔負治水之任。㈧上天給他以九種偉大的法則。㈨於是乎社會倫常纔得以秩然有序的協調進行。「常倫所序」和「常倫所斁」這兩句話是相對而言。為什麼倫常敗壞呢？因為沒有洪範九疇的指導；為什麼倫常協調呢？因為有了洪範九疇的指導。可見洪範九疇就是倫常協調的決定條件，也是治國平天下的至德要道。

「初一曰五行；二曰五事；三曰八政；四曰五紀；五曰皇極；六曰三德；七曰稽疑；八曰庶徵；九曰嚮用五福，畏用六極㈠。

【註】㈠初一：第一。第一是五行；第二是五事；第三是八政；第四是五紀；第五是皇極；第六是

三德；第七是稽疑；第八是庶徵；第九是五福六極。這九項就是九種偉大的法則。

「五行：一曰水，二曰火，三曰木，四曰金，五曰土㊀。水曰潤下㊁，火曰炎上㊂，木曰曲直㊃，金曰從革㊄，土曰稼穡㊅。潤下作鹹㊆，炎上作苦㊇，曲直作酸㊈，從革作辛㊉，稼穡作甘㊁。

【註】㊀第一種法則是研究與利用五行之道。因為金、木、水、火、土這五種天然物質是人類生活的基本憑藉，必須研究並善於利用這五種物質條件，纔能解決人類的生活問題，也纔能使社會倫常得以協調進行。㊁水的性質是往下濕潤的。㊂火的性質是往上燃燒的。㊃木的性質是可以彎曲，可以伸直。㊄金屬可以隨人之意，改變（革）成各種形器。㊅土地可以種植百穀。㊆往下潤濕的東西，氣味就鹹。㊇往上燃燒的東西，氣味就苦。㊈可曲可直的東西，氣味就酸。㊉金屬的東西，氣味就辣。㊁百穀的東西，氣味就甜。

「五事：一曰貌，二曰言，三曰視，四曰聽，五曰思㊀。貌曰恭㊁，言曰從㊂，視曰明㊃，聽曰聰㊄，思曰睿㊅。恭作肅㊆，從作治㊇，明作智㊈，聰作謀㊉，睿作聖㊁。

【註】㊀第二種法則是發揮五項官能的作用。所謂五項官能（五事），第一是容貌，第二是說話，

第三是視覺，第四是聽覺，第五是思想。㊁容貌要恭敬。㊂說話要和順。㊃視覺要明白。㊄聽覺要靈光。㊅思想要通達。㊆容貌恭敬可以表示嚴肅。㊇說話和順可以辦成事情。㊈視覺明白可以見微知著（哲）。㊉聽覺靈光可以充實謀略。㊁思想通達可以大化成聖。（孟子曰：「大而化之謂聖」。）

「八政：一曰食，二曰貨，三曰祀，四曰司空，五曰司徒，六曰司寇，七曰賓，八曰師㊀。

【註】㊀第三種大法是八種政事的協調：第一是食糧；第二是貨幣金融；第三是祭祀（國之大事在祀與戎）；第四是水土管理；第五是教育；第六是捕盜除暴；第七是外交；第八是軍事。（這八種政事，差不多具有了現在中央政府組織機構的主要功能。）

「五紀：一曰歲，二曰月，三曰日，四曰星辰，五曰曆數㊀。

【註】㊀第四種大法是對於五種天象時令之有系統的觀察與登記：第一是一年的變化；第二是一月的變化；第三是一日的變化；第四是星辰的變化；第五是閏月的變化；以調整（數）若干年間的曆法，使之與時令的變化相符應。這個第四種大法，完全是觀察時令的變化，以教民農作，何時宜於種植何物，皆有確當的指示。《左傳》魯文公八年傳謂：「閏以正時，時以作事，事以厚生，皆所以定

令也。」可見閏月的確定，關係很大。杜預謂：「四時漸差，則置閏以正之。」若干年之內，定出一個閏月，就是為的調整時間。所以所謂「曆數」的內容，主要是閏月的變化。另外的意思是關於國家氣運的，如所謂「天之曆數在爾躬」。這裡主要是指閏月的變化。孔安國曰：「曆數：節氣之度，以為曆數，敬授民時。」此言亦有參考價值。

「皇極㈠：皇建其有極㈡，斂時五福㈢，用傅錫其庶民㈣，維時其庶民于女極㈤，錫女保極㈥。凡厥庶民，毋有淫朋㈦，人毋有比德㈧，維皇作極㈨。凡厥庶民，有猷有為有守㈩，女則念之(一一)。不協于極(一二)，不離于咎(一三)，皇則受之(一四)。而安而色(一五)。曰：『予所好德』，女則錫之福(一六)。時人斯其維皇之極(一七)。毋侮鰥寡而畏高明(一八)。人之有能有為，使羞其行，而國其昌(一九)。凡厥正人(二〇)，既富方穀(二一)。女不能使有好于而家(二二)，時人斯其辜(二三)。于其毋好，女雖錫之福，其作女用咎(二四)。毋偏毋頗，遵王之義(二五)。毋有作好，遵王之道(二六)。毋有作惡，遵王之路(二七)。毋偏毋黨，王道蕩蕩(二八)。毋黨毋偏，王道平平，毋反毋側，王道正直(二九)。會其有極(三〇)，歸其有極(三一)。曰：『王極之傅言，是夷是訓，于帝其順(三二)。』凡厥庶民，極之傅言，是順是行，以近天子之光㊂。曰：『天子作民父母，以為天下王㊃。』

【註】㊀第五種大法是為君主者要建立起最高的德行標準。皇：君主。極：最高標準，最高模範。極者，中準之意也。這個理論就是孔子所謂「為政以德」。㊁為君主者如能建立起最高的德行標準。㊂那麼，就可以收得五種福利。斂：收得。時：即「是」，這。五種福利，下面有解釋。㊃就可以把這種福利普遍的佈賜於全國人民。用：以也。傅：同「敷」，普遍的散佈。錫：賜予，施予。㊄於是乎全國人民都效法君主的最高德行。維時：於是乎。女：即「汝」。於汝極：以你為最高德行標準而仿效之。㊅而與君主共同的來保持這種德行準則。㊆一切人民們，都沒有淫邪的幫會組織。毋：同「無」。淫：邪惡的。朋：朋黨，幫會組織。㊇也沒有自私自利的行為。比德：自私自利的行為。㊈惟以君主的最高標準為模範。㊉一切的人民們，只要他是有謀略（猷），有作為，有操守。⑪你（君主）就把他們常常記在心中。⑫有些人民，雖然不能完全合於標準，⑬但是也並沒有走到犯罪的程度。離：同「罹」，陷入於。咎：罪過。⑭你要大度的包含他們。受：包含。⑮在你的表情上要祥和而自然。而：同「爾」，你。安：安詳而自然。色：表情。⑯如果有人說：「我所喜歡的就是美好的德行」，你就賜給他以福利。⑰於是乎所有的人們都要以你的最高德行為模範了。⑱你不可以輕侮那些孤苦無依的鰥寡，不可以畏懼那些聲勢煊赫的豪強。高明：不是指學問能力高明之人說

的，是指赫赫有名聲勢高大的豪強們而言的，《詩經》所謂「不侮鰥寡，不畏強禦」，「高明」就是「強禦」。馬融曰：「高明顯寵者，不枉法畏之」，即此意也。㊈對於有能力有作為的官員，要表揚他們的行為，那麼，國家就可以昌盛了。羞：薦也，推薦，表揚。如「可羞於王公」。又一種解釋，以「羞」為「修」，修明也，使之修明其德行。言不僅有才，且望其有德。才德兼備，謂之君子。⑳凡是作官的人。正：長官。㉑既經濟富裕而又食國家俸祿。方：又也。穀：俸祿。古時薪俸以穀物計算。《論語》：「邦有道，穀；邦無道穀，恥也」，穀就是俸祿。㉒如果你不能使他們對於國家有好的表現。㉓那麼，這些官員們就是犯了罪過了。㉔對於沒有美好德行的人，你即使賜給他們以福利，結果，他們會造成你以錯失的。㉕最好是沒有偏私，沒有傾邪，遵循聖王的正義。陂：偏邪。㉖不要以個人的私見而有所偏好，要遵循聖王的道路。㉗不要以個人的私見而有所偏惡，要遵循聖王的道路。㉘沒有偏私，沒有黨派，聖王的道路是寬寬蕩蕩的。㉙沒有黨派，沒有偏私，聖王的道路是平平坦坦的。沒有崎嶇（反，同阪，崎嶇也），沒有傾斜，聖王的道路是正正直直的。㉚因為有了最高的德行標準，所以天下之人都來會合了。㉛因為有了最高的德行標準，所以天下之人都來歸服了。㉜大家都說：「對於具有最高德行標準的君王所發佈（傅：同「敷」，普遍佈達）下來的話語，要平心靜氣的順從，這才合乎上天的心。」夷：平也。訓：順也，同「馴」。帝：上天。㉝一切的人民們，對於最高標準所發佈的話語，要順從而實行，以接近天子的光寵。㉞這就是說：「天子是人民的父母，要愛護人民，所以天下之民心悅誠服而歸之，就成為天下之人共同擁戴的君王了。」

「三德：一曰正直，二曰剛克，三曰柔克㊀。平康正直㊁，彊不友，剛克㊂，內友，柔克㊃，沈漸剛克㊄，高明柔克㊅。維辟作福㊆，維辟作威㊇，維辟玉食㊈。臣無有作福作威玉食㊉，臣有作福作威玉食⑪，其害于而家，凶于而國⑫。人用側頗辟⑬，民用僭忒⑭。

【註】㊀第六種大法是德性。德性有三種，第一種是正直的德性，第二種是剛強的德性，第三種是柔和的德性。㊁公平大方就是正直。平：公平。康：廣大，大方。㊂強硬而不溫和，就是剛強過度。㊃一惟溫順就是柔和過度。㊄對於個性過分沈默潛伏的人，就應當濟之以剛強。漸：同「潛」，潛藏不振作。㊅對於個性過分高亢爽朗的人，就應當濟之以柔和。㊆只有君主可以賜福於人。辟：君主。㊇只有君主可以加刑於人。威：刑威。㊈只有君主可以享受美食。玉食：美味之食。㊉為臣下者，不得賜福於人，不得加刑於人，不得用美好的食品。⑪如果為臣下者賜福於人，加刑於人，並且享受美好的食物。⑫就會有害於你的家族，造凶於你的國家。⑬官員們就因之而偏傾邪僻。辟：同「僻」。⑭民眾們就因之而越禮犯分了。僭：不守本分而野心自大。忒：音特（ㄊㄜˋ）差錯，過失。

「稽疑㈠：擇建立卜筮人㈡。乃命卜筮㈢，曰雨，曰濟，曰涕，曰霧，曰克，曰貞，曰悔，凡七㈣。卜五，占之用二，衍貣㈤。立時人為卜筮㈥，三人占則從二人之言㈦。女則有大疑㈧，謀及女心，謀及卿士，謀及庶人，謀及卜筮㈨。女則從，龜從，筮從，卿士從，庶民從，是之謂大同㈩，而身其康彊，而子孫其逢吉⑪。女則從，龜從，筮從，卿士逆，庶民逆，吉⑫。卿士從，龜從，筮從，女則逆，庶民逆，吉⑬。庶民從，龜從，筮從，女則逆，卿士逆，吉⑭。女則從，龜從，筮逆，卿士逆，庶民逆，作內吉，作外凶⑮。龜筮共違于人，用靜吉，用作凶⑯。

【註】㈠第七種大法是稽考並解決疑難問題。稽：考察，研判。㈡選擇並且建置卜筮之人。以龜占吉凶，曰卜。以蓍草占吉凶，曰筮。考正疑難事件，當選擇精通卜筮之人而建立之。㈢於是命令他們卜龜占卦。㈣龜兆的形體，有的像雨，有的像是雨止之後雲氣在上（濟，同「霽」），有的像是涕泣連緜的樣子。有的像霧，有的像互相侵剋的凶殺之氣。以上是五種龜兆的形體。還有卜筮的貞，悔兩卦。內卦曰貞，貞者正也。外卦曰悔，悔者晦也，悔猶終也。㈤卦象多變，故言「衍貣」，衍貣者，推演而變化之也。衍：推行。貣：音忒（ㄊㄜˋ），變化也。㈥設置這個人擔任卜筮。時，同

「是」，此也。㊆三個人占卜，就聽從兩個人相同的研判。㊇你如果有大的疑難問題。則：如果。㊈你就要先在自己的心中加以考慮，然後再同卿士們商量商量。然後再同庶人們商量商量。然後再同卜筮商量商量。㊉若是你贊成了，龜也贊成了，筮也贊成了，卿士們也贊成了，庶民們也贊成了，大家都贊成了，這就叫做「大同」。㊁那麼，你的身體就健康，你的子孫就大吉大利。而：同「爾」，汝也。逢：大也。㊂你贊成了，龜也贊成了，筮也贊成了，卿士們反對，庶民們反對，這算是吉利。㊂卿士們贊成了，龜贊成了，筮也贊成了，而你反對，庶民們也反對，這也算是吉利。㊃庶民們贊成了，龜也贊成了，筮也贊成了，而你反對，卿士們也反對，這也算是吉利。㊄你贊成了，龜也贊成了，而筮反對，卿士們也反對，庶民們也反對，在這種情形下，作內部的事情是吉利的，而作外部的事情就不吉利了。㊅龜和筮兩方面的表示，如果都跟人們的意見相衝突的話，那麼，最好是靜一靜，否則輕舉妄動，必然招致凶禍。

「庶徵㊀：曰雨，曰陽，曰奧，曰寒，曰風，曰時㊁。五者來備㊂，各以其序㊃，庶草繁廡㊄。一極備，凶㊅。一極亡，凶㊆。曰休徵㊇：曰肅，時雨若㊈；曰治，時暘若㊉；曰知，時奧若㊁；曰謀，時寒若㊂；曰聖，時風若㊂。曰咎徵㊃：曰狂，常雨若㊄；曰僭，常暘若㊅；曰舒，常奧若㊆；曰急，常寒若㊇；曰霧，常風若(一九)；王眚維歲(二〇)，卿士維月(二一)，師尹維日(二二)。歲月日畯毋易(二三)，百穀用成(二四)，治用明(二五)，畯民用章(二六)，家用平康(二七)。日月歲時既易(二八)，百穀用不成(二九)，治用昏不明(三〇)，畯民用微(三一)，家用不寧(三二)。庶民維星(三三)，星有好風(三四)，星有好雨(三五)。日月之行，有冬有夏(三六)。月之從星，則以風雨(三七)。

【註】㊀第八種大法是講天人感應的各種吉凶徵驗。㊁各種徵驗，就是：雨（下雨），陽（晴天），奧（煖和），寒（寒冷），風（刮風），時（合乎時令）。㊂這五種氣候，來的都很完全。㊃各種氣候都按照它應當來的時間而來（序）。㊄那麼，各種草木（包括一切農作物）就都繁盛起來了。㊅相反的，如果只有一種氣候來的過分的多，那麼，就會造成了凶災。㊆或者是一種氣候來的過分的欠缺，那麼，也要造成凶災。㊇上天所降下的各種氣候的變化，是看人君的行為表現而定。人君的表現美好，上天就報之以美好的徵驗。美好的徵驗都是些什麼呢？㊈如果人君的行為是肅敬的，那麼，上天便報之以合時的雨量。㊉如果人君的行為是工作勤奮的，那麼，上天便報之以合時的陽光。(一一)如果人君的行為是明智的，那麼，上天便報之以合時的溫暖。(一二)如果人君的行為是有謀略的，那麼，上天便報之以合時的寒冷。(一三)如果人君的行為是聖善的，那麼，上天便報之以合時的風力。(一四)人君的表現惡劣，上天便報之以惡劣的徵驗。惡劣的徵驗都是些什麼呢？(一五)如果人君的行為

是狂妄的，那麼，上天便報之以經常下雨，陰雨連綿。⑯如果人君的行為是僭越的，那麼，上天便報之以經常日曬，高天流火。⑰如果人君的行為是安逸的，那麼，上天便報之以經常燠煖，致人懶散。⑱如果人君的行為是急切的，那麼，上天便報之以經常寒冷，百物不生。⑲如果人君的行為是迷忽的，那麼，上天便報之以經常刮風，人畜飄蕩。⑳君主的職責重大，好像是關係於整個的一年。眚：職責。㉑卿士的關係，只是一個月的時間。㉒師尹的關係只是一天的時間。㉓歲月日時的進行都很正常。易：忽然的變化，變動失常。㉔那麼，百穀就可以有豐滿的收成。㉕政治就可以清明。㉖才俊的人就可以有所表現。㉗國家也就可以太平而康寧了。㉘反而言之，日月歲時的進行，變亂失常。㉙那麼，百穀就不能有豐滿的收成。㉚政治就昏暗而不明。㉛才俊的人就處身卑微。㉜國家也就不能安定了。㉝一般民眾們，好像是星星似的。㉞有的星星喜歡風。㉟有的星星喜歡雨。㊱日月的運行，就造成了冬天和夏天。（意謂地位重要的人，發生大的影響。）㊲但是月亮遇見星星，也會刮風下雨。（意謂民眾地位雖微，但亦可以影響政府。）

「五福㊀：一曰壽，二曰富，三曰康寧，四曰攸好德，五曰考終命㊁。六極：一曰凶短折，二曰疾，三曰憂，四曰貧，五曰惡，六曰弱㊂。」

【註】㊀第九種大法，是講五福與六極。㊁五福都是那幾種呢？第一是壽命長；第二是富有；第三

是平安健康；第四是德性良好；第五是老而善終。㊂六極都是那幾種呢？極：困厄危險。第一是橫死而夭折；第二是疾病纏身；第三是憂愁苦惱；第四是貧窮無聊；第五是生性頑惡；第六是身體虛弱。

（綜讀〈洪範九疇〉一篇，可知中國上古政治思想與社會思想之大概輪廓。政治之主要作用，在於安定民眾生活，而民眾生活之安定，一在於研究自然資源與利用自然資源，使生產豐富，食用充足，這是在第一種大法中首先指明的，而在第四種大法中又加以申論。二在於建立良好的政治風氣，從而帶動並建立良好的社會風氣。要建立良好的政治風氣，首先要居於最高領導地位的君主，能夠以身作則，建立起最高德行標準，使全國人民心悅誠服而歸往之，而所謂最高德行標準者，就是大公無私，愛民任賢，所謂「天子作民父母，以為天下王。」天下之父母，沒有不愛護其子女者，而天子為天下人之父母，更應當愛護天下人之子女。這是在第一種大法中講的最切實明白的。原來中國仁民愛物之政治思想，久矣夫建立完善，並不自孔孟始，孔孟乃對此久已建立之政治思想予以最精工之集大成而已。第八種講天人感應之說，尤足為暴戾恣睢之君主誡，其理論固有涉於迷信，但其基本用心亦良苦也。我們中國政治思想，很早就是注重人民生活的，天子是人民的父母，人民是天子的根本，所以有「民本」政治之論，從來不是把人民當作奴隸的，所以奴隸不能成為國家的基礎，從堯舜禹湯以至於貫通全部的三代（夏、商、周）國家基礎，社會基礎，都不是建立於奴隸之上，而是建立於自由民之上。乃共匪御用之文氓如郭沫若輩竟襲取馬克斯奴隸社會階級之謬論，曲解甲骨卜辭以為商代是中國之奴隸社會時代，毫無虛心之研究，只知學馬列主義之舌以為能事，其喪心病狂之狀，令人作嘔。今日世界上研究歷史者，尚有幾人肯相信馬克斯社會發展階級之謬論?!

於是武王乃封箕子於朝鮮而不臣也㈠。

【註】㈠高麗平壤城，即古朝鮮也。

其後箕子朝周，過故殷虛㈠，感宮室毀壞，生禾黍，箕子傷之，欲哭則不可，欲泣為其近婦人，乃作麥秀之詩以歌詠之。其詩曰：「麥秀漸漸兮，禾黍油油。彼狡僮兮，不與我好兮㈡！」所謂狡童者，紂也。殷民聞之，皆為流涕。

【註】㈠殷虛：殷代故都，即朝歌，在河南淇縣北。箕子朝周，經過河南淇縣，見殷之故都宮室毀壞，野生禾黍，頓興亡國之嘆，乃作〈麥秀之歌〉。㈡歌曰：「麥秀尖尖而生芒了，禾黍油油而發亮。那個無賴的童子呀！不和我相親近啊！」漸漸：同「尖尖」，芒狀。

武王崩，成王少，周公旦代行政當國。管、蔡疑之，乃與武庚作亂，欲襲成王、周公。周公既承成王命誅武庚，殺管叔，放蔡叔，乃命微子開代殷後，奉其先祀，作微子之命以申之，國于宋㊀。微子故能仁賢，乃代武庚，故殷之餘民甚戴愛之。

【註】㊀宋：在今河南商邱縣南。

微子開卒，立其弟衍，是為微仲。微仲卒，子宋公稽立。宋公稽卒，子丁公申立。丁公申卒，子湣公共立。湣公共卒，弟煬公熙立。煬公即位，湣公子鮒祀弒煬公而自立，曰「我當立」，是為厲公。厲公卒，子釐公舉立。

釐公十七年，周厲王出奔彘。

二十八年，釐公卒，子惠公覸立。惠公四年，周宣王即位。三十年，惠公卒，子哀公立。哀公元年卒，子戴公立。

戴公二十九年，周幽王為犬戎所殺，秦始列為諸侯。

三十四年，戴公卒，子武公司空立。武公生女為魯惠公夫人，生魯桓公。十八年，武公卒，子宣公力立。

宣公有太子與夷。十九年，宣公病，讓其弟和，曰：「父死子繼，兄死弟及，天下通義也。我其立和。」和亦三讓而受之。

宣公卒，弟和立，是為穆公。

穆公九年，病，召大司馬孔父謂曰：「先君宣公舍太子與夷而立我，我不敢忘。我死，必立與夷也。」孔父曰：「羣臣皆願立公子馮。」穆公曰：「毋立馮，吾不可以負宣公㊀。」於是穆公使馮出居于鄭。八月庚辰，穆公卒，兄宣公子與夷立，是為殤公。君子聞之，曰：「宋宣公可謂知人矣，立其弟以成義，然卒其子復享之㊁。」

【註】㊀穆公說：「不要立馮，我不可以對不起宣公」。㊁然而他死了以後，其兒子復能享受君位。

殤公元年，衞公子州吁弒其君完自立，欲得諸侯，使告於宋曰：「馮在鄭，必為亂，可與我伐之。」宋許之，與伐鄭，至東門而還。二年，鄭伐宋，以報東門之役。其後諸侯數來侵伐。

九年，大司馬孔父嘉妻好，出，道遇太宰華督，督說㊀，目而觀之㊁。督利孔父妻，乃使人宣言國中曰：「殤公即位十年耳，而十一戰㊂，民苦不堪，皆孔父為之，我且殺孔父以寧民。」是歲，魯弒其君隱公。十年，華督攻殺孔父，取其妻。殤公怒，遂弒殺殤公，而迎穆公子馮於鄭而立之，是為莊公。

【註】㊀說：同「悅」。㊁眼睛不轉的看。㊂宋殤公十一次對外作戰：一戰，伐鄭；二戰，取鄭之禾；三戰，取郜田；四戰，與鄭郜作戰；五戰，伐鄭；六戰，與鄭戰；七戰，與魯戰；魯敗宋師於菅；八戰，與鄭戰；九戰，伐戴；十戰，與鄭戰，鄭入宋；十一戰，鄭伯以虢師大敗宋師。

莊公元年，華督為相。九年，執鄭之祭仲，要以立突為鄭君。祭仲許，竟立突。十九年，莊公卒，子湣公捷立。

湣公七年，齊桓公即位。九年，宋水，魯使臧文仲往弔水。湣公自罪曰：「寡人以不能事鬼神，政不脩，故水。」臧文仲善此言。此言乃公子子魚教湣公也。

十年夏，宋伐魯，戰於乘丘㊀，魯生虜宋南宮萬㊁。宋人請萬，萬歸宋。十一年秋，湣公與南宮萬獵，因博爭行，湣公怒，辱之，曰：「始吾敬若㊂；今若，魯虜也。」萬有力，病此言㊃，遂以局㊄殺湣公于蒙澤㊅，大夫仇牧聞之，以兵造公門㊆。萬搏牧，牧齒著門闔死㈧。因殺太宰華督，乃更立公子游為君。諸公子犇蕭，公子禦說犇亳㈨。萬弟南宮牛將兵圍亳。冬，蕭及宋之諸公子共擊殺南宮牛，弒宋新君游而立湣公弟禦說，是為桓公。宋萬犇陳。宋人請以賂陳㈩。陳人使婦人飲之醇酒，以革裹之，歸宋。宋人醢萬也⑪。

【註】㈠乘丘：在今山東滋陽縣西北。㈡南宮萬：宋卿，姓南宮，名萬。㈢若：汝，你。㈣以此言為苦痛。㈤局，行博之盤。㈥蒙澤：在河南商邱縣東北蒙縣故城。㈦造：往。㈧門闔：門扇。㈨蕭亳：皆宋邑。蕭：今江蘇蕭縣。亳：在河南商邱縣北四十里。㈩行賄賂於陳。⑪醢：剁成肉醬。

桓公二年，諸侯伐宋，至郊而去。三年，齊桓公始霸。二十三年，迎衛公子燬於齊，立之，是為衛文公。文公女弟為桓公夫人。秦穆公即位。三十年，桓公病，太子茲甫讓其庶兄目夷為嗣。桓公義太子意，竟不聽。三十一年春，桓公卒，太子茲甫立，是為襄公。以其庶兄目夷為相。未葬，而齊桓公會諸侯于葵丘，襄公往會。

襄公七年，宋地霣星如雨，㈠與雨偕下；六鶂退蜚，風疾也㈡。

【註】㈠霣：同「殞」（ㄩㄣˇ），落下。㈡鶂：同「鷁」（ㄧˋ），水鳥名，形如鷺而較大，羽色蒼白，能高飛，遇風不避。退飛：向後倒退而飛行。鷁本遇風不避，今因風力過猛而退飛。

八年，齊桓公卒，宋欲為盟會。十二年春，宋襄公為鹿上之盟㈠，以求諸侯於楚，楚人許之。公子目夷諫曰：「小國爭盟，禍也。」不聽。秋，諸侯會宋公盟于盂㈡。目夷曰：「禍其在此乎？君欲已甚，何以堪之㈢！」於是楚執宋襄公以伐宋。冬，會于亳，以釋宋公。子魚曰：「禍猶未也㈣。」十三年夏，宋伐鄭。子魚曰：「禍在此矣。」秋，楚伐宋以救鄭。襄公將戰，子魚諫曰：「天之弃商久矣，不可㈤。」冬，十一月，襄公與楚成王戰于泓㈥。楚人未濟，目夷曰：「彼眾我寡，及其未濟擊之。」公不聽。已濟未陳，又曰：「可擊。」公曰：「待其已陳。」陳成，宋人擊之。宋師大敗，襄公傷股。國人皆怨公。公曰：「君子不困人於阸，不鼓不成列㈦。」子魚曰：「兵以勝為功，何常言與！必如公言，即奴事之耳，又何戰為㈧？」

【註】㈠鹿上：在今安徽阜陽縣南。㈡盂：在今河南睢縣。㈢君之野心太大了，如何能受得起？言宋以小國而求為盟主，其實力與其野心不相稱。㈣災禍還不會停止。㈤因宋國係商民族的後代，故曰天之棄商久矣。㈥泓：在今河南柘城縣。㈦君子不在敵人處於危險之地去壓迫敵人；不在敵人沒有擺好陣勢之前，去攻擊敵人。這是宋襄公的迂腐之言。㈧作戰用兵，以打勝仗為有功，何必講那些庸俗的理論？這是子魚反對宋襄公的話。常言：即庸俗平常的理論。子魚又說：「假定像你所說的話，我們乾脆當人家的奴隸，去事奉人家好了，何必作戰？」

楚成王已救鄭，鄭享之㈠；去而取鄭二姬以歸㈡。叔瞻曰：「成王無禮，其不沒乎？為禮卒於無別，有以知其不遂霸也㈢。」

【註】㈠楚成王已經救了鄭國，鄭國大大的招待。㈡臨走的時候，取了鄭國的二姬以歸。㈢叔瞻就說：「楚成王太無禮了，將來大概不會好死吧？本來是相待以禮，而結果竟至於男女無別。就從這件事情，可以知道楚成王是不能完成霸業的」。遂：達成。

是年，晉公子重耳過宋，襄公以傷於楚，欲得晉援，厚禮重耳，以馬二十乘㊀。

【註】㊀二十乘：八十匹馬。

十四年夏，襄公病傷於泓而竟卒，子成公王臣立。

成公元年，晉文公即位。三年，倍楚盟親晉，以有德於文公也。四年，楚成王伐宋，宋告急於晉。五年，晉文公救宋，楚兵去。九年，晉文公卒。十一年，楚太子商臣弒其父成王代立。十六年，秦穆公卒。

十七年，成公卒。成公弟禦殺太子及大司馬公孫固而自立為君。宋人共殺君禦而立成公少子杵臼，是為昭公。

昭公四年，宋敗長翟㊀緣斯於長丘㊁。七年，楚莊王即位。

【註】㊀翟：同「狄」。長翟：狄種之長人。緣斯，乃長人之名。㊁長丘：春秋文公十一年，魯敗翟於鹹（在河北濮陽縣東南），獲長狄緣斯於長丘。大概在河南封丘縣附近。

九年，昭公無道，國人不附。昭公弟鮑革賢而下士。先，襄公夫人欲通於公子鮑，不可㈠，乃助之施於國㈡，因大夫華元為右師㈢。昭公出獵，夫人王姬使衞伯攻殺昭公杵臼。弟鮑革立，是為文公。

【註】㈠襄公夫人，周襄王之姊王姬也。不可：鮑不肯。㈡襄公夫人助公子鮑布施恩惠於國人。㈢因大夫華元之請，而公子鮑得為右師。

文公元年，晉率諸侯伐宋，責以弒君。聞文公定立，乃去。二年，昭公子因文公母弟須與武、繆、戴、莊、桓之族為亂，文公盡誅之，出武、繆之族㈠。

【註】㈠出：驅逐出國。

四年春，楚命鄭伐宋。宋使華元將，鄭敗宋，囚華元。華元之將戰，殺羊以食士，其御羊羹不及，故怨，馳入鄭軍，故宋師敗，得囚華元。宋以兵車百乘文馬四百匹贖華元。未盡入，華元亡歸宋。

十四年，楚莊王圍鄭。鄭伯降楚，楚復釋之。

十六年，楚使過宋，宋有前仇，執楚使。九月，楚莊王圍宋。十七年，楚以圍宋五月不解，宋城中急，無食，華元乃夜私見楚將子反。子反告莊王。王問：「城中何如？」曰：「析骨而炊㈠，易子而食。」莊王曰：「誠哉言！我軍亦有二日糧。」以信故，遂罷兵去㈡。

【註】㈠破骨頭為柴而燒火煮飯。㈡因為宋華元肯說實話，故楚莊王罷兵。

二十二年，文公卒，子共公瑕立。始厚葬。君子譏華元不臣矣。

共公（元）〔十〕年，華元善楚將子重，又善晉將欒書，兩盟晉楚。十三年，共公卒。華元為右師，魚石為左師。司馬唐山攻殺太子肥，欲殺華元，華元犇晉，魚石止之，至河乃還，誅唐山。乃立共公少子成，是為平公。

平公三年，楚共王拔宋之彭城㈠，以封宋左師魚石。四年，諸侯共誅魚石，而歸彭城於宋。三十五年，楚公子圍弒其君自立，為靈王。四十四年，平公卒，子元公佐立。

元公三年，楚公子弃疾弒靈王，自立為平王。八年，宋火。十年，元公毋信㊁，詐殺諸公子，大夫華、向氏作亂。楚平王太子建來犇，見諸華氏相攻亂，建去如鄭。十五年，元公為魯昭公避季氏居外，為之求入魯，行道卒，子景公頭曼立。

【註】㊀彭城：今江蘇銅山縣。㊁毋信：即無信，沒有信義。

景公十六年，魯陽虎來犇，已復去。二十五年，孔子過宋㊀，宋司馬桓魋惡之，欲殺孔子，孔子微服去。三十年，曹倍宋，又倍晉，宋伐曹，晉不救，遂滅曹有之。三十六年，齊田常弒簡公。

【註】㊀孔子過宋，在魯定公十五年，西曆紀元前四九五年。

三十七年，楚惠王滅陳。熒惑守心。心，宋之分野也㊀。景公憂之。司星子韋曰：「可移於相。」景公曰：「相，吾之股肱。」曰：「可移於民。」景公曰：「君者待民。」曰：「可移於歲。」景公曰：「歲饑民困，吾誰為君！」子韋曰：「天高聽卑㈡。君有君人之言三，熒惑宜有動㈢。」於是候之，果徙三度。

六十四年，景公卒。宋公子特攻殺太子而自立，是為昭公。昭公者，元公之曾庶孫也。昭公父公孫糾，糾父公子褍秦，褍秦即元公少子也。景公殺昭公父糾，故昭公怨殺太子而自立。

【註】㈠分野：領空。㈡天雖高而聽得很近。㈢君有作君人的話三句，應該可以感動熒惑。熒惑：火星之別名。

昭公四十七年卒，子悼公購由立。悼公八年卒，子休公田立。休公田二十三年卒，子辟公辟兵立。辟公三年卒，子剔成立。剔成四十一年，剔成弟偃攻襲剔成，剔成敗奔齊，偃自立為宋君。

君偃十一年，自立為王。東敗齊，取五城；南敗楚，取地三百里；西敗魏軍，乃與齊、魏為敵國。盛血以韋囊，縣而射之，命曰「射天」。淫於酒婦人。羣臣諫者輒射之。於是諸侯皆曰「桀宋」。「宋其復為紂所為，不可不誅。」告齊伐宋。王偃立四十七年，齊湣王與魏、楚伐宋，殺王偃，遂滅宋而三分其地。

太史公曰：孔子稱「微子去之，箕子為之奴，比干諫而死，殷有三仁焉。」春秋譏宋之亂自宣公廢太子而立弟，國以不寧者十世。襄公之時，修行仁義，欲為盟主。其大夫正考父美之，故追道契、湯、高宗，殷所以興，作商頌㊀。襄公既敗於泓，而君子或以為多㊁，傷中國闕禮義，褒之也，宋襄之有禮讓也。

【註】㊀據太史公此言，可知〈商頌〉乃宋襄公時之作品。㊁多：值得稱讚。

史記今註　第三冊

主編◆中華文化復興運動推行委員會（國家文化總會）
國立編譯館中華叢書編審委員會
註者◆馬持盈
發行人◆王學哲
總編輯◆方鵬程
執行編輯◆葉幗英　吳素慧
校對◆趙蓓芬 徐平
美術設計◆吳郁婷

出版發行：臺灣商務印書館股份有限公司
臺北市重慶南路一段三十七號
電話：（02）2371-3712
讀者服務專線：0800056196
郵撥：0000165-1
網路書店：www.cptw.com.tw
E-mail：ecptw@cptw.com.tw
網址：www.cptw.com.tw

局版北市業字第 993 號
初版一刷：1979 年 7 月
二版一刷：2010 年 7 月
定價：新台幣 520 元

ISBN 978-957-05-2469-7（精裝）

史記今註／中華文化復興運動推行委員會（國家文化總會），國立編譯館中華叢書編審委員會主編；馬持盈註. --二版. --臺北市：臺灣商務，2010. 07
冊；　公分

ISBN 978-957-05-2469-7（第三冊：精裝）

1. 史記　2. 註釋
610.11　　99001276

《史記今註》

文復會（國家文化總會）、國立編譯館 主編

馬持盈 註

《史記》是中國歷史上蘊藏史學與文學薈萃的首部經典。由漢朝司馬遷撰，共一百三十卷。起自黃帝，訖漢武帝，分為本紀十二、表十、書八、世家三十、列傳七十。為二十四史之一，是我國第一部紀傳體的史書。

讀者回函卡

感謝您對本館的支持，為加強對您的服務，請填妥此卡，免付郵資寄回，可隨時收到本館最新出版訊息，及享受各種優惠。

- 姓名：________________　　性別：□ 男 □ 女
- 出生日期：________年________月________日
- 職業：□學生 □公務(含軍警) □家管 □服務 □金融 □製造
　　□資訊 □大眾傳播 □自由業 □農漁牧 □退休 □其他
- 學歷：□高中以下（含高中）□大專 □研究所（含以上）
- 地址：________________
　　________________
- 電話：(H) ________________ (O) ________________
- E-mail：________________
- 購買書名：________________
- 您從何處得知本書？
　　□網路 □DM廣告 □報紙廣告 □報紙專欄 □傳單
　　□書店 □親友介紹 □電視廣播 □雜誌廣告 □其他
- 您喜歡閱讀哪一類別的書籍？
　　□哲學・宗教 □藝術・心靈 □人文・科普 □商業・投資
　　□社會・文化 □親子・學習 □生活・休閒 □醫學・養生
　　□文學・小說 □歷史・傳記
- 您對本書的意見？（A/滿意 B/尚可 C/須改進）
　　內容________編輯________校對________翻譯________
　　封面設計________價格________其他________
- 您的建議：________________

____

※ 歡迎您隨時至本館網路書店發表書評及留下任何意見

臺灣商務印書館 The Commercial Press, Ltd.

台北市100重慶南路一段三十七號　電話：(02)23115538
讀者服務專線：0800056196　傳真：(02)23710274
郵撥：0000165-1號　E-mail：ecptw@cptw.com.tw
網路書店網址：www.cptw.com.tw 部落格：http://blog.yam.com/ecptw

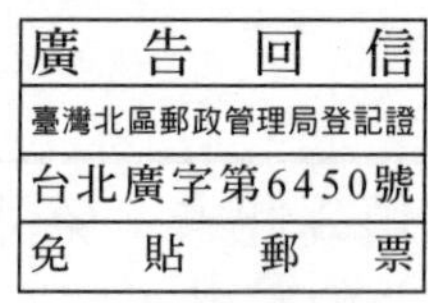

100台北市重慶南路一段37號

臺灣商務印書館 收

傳統現代　並翼而翔

Flying with the wings of tradtion and modernity.